Die Töchter von Karl Marx

Aus dem Französischen und
aus dem Englischen von
Karin Kersten und Jutta Prasse
Ediert von Olga Meier

Die Töchter von Karl Marx

Unveröffentlichte Briefe

Kiepenheuer & Witsch

Bildvorlagen: Internationaal Instituut voor Sociale Geschiedenis, Amsterdam

Titel der Originalausgabe *Les filles de Karl Marx. Lettres inédites*
Zuerst erschienen © 1979 by Éditions Albin Michel
Aus dem Französischen (Editionstexte) und aus dem Englischen (Originalbriefe)
von Karin Kersten und Jutta Prasse
© 1981 by Verlag Kiepenheuer & Witsch, Köln
Schutzumschlag Klaus Detjen, München
Gesamtherstellung Clausen & Bosse, Leck
ISBN 3 462 01432 3

Inhalt

Einleitung

Die hier vorliegenden Briefe der drei Marx-Töchter und ihrer Ehemänner erscheinen erstmalig in deutscher Sprache. Sie beginnen
mit einem Brief der jüngsten Tochter Eleanor an ihren Vater, der
das Datum vom 19. 3. 1866 trägt. Der letzte hier veröffentlichte
Brief vom 10. 1. 1897 stammt wiederum von Eleanor und ist an
ihre Schwester Laura gerichtet.

Jenny (1814–1881) und Karl Marx (1818–1883) hatten sieben Kinder: Jenny (1844–1883), Laura (1845–1911), Edgar (1847–1855),
Heinrich-Guido (1849–1850), Franziska (1851–1852) und Eleanor,
genannt Tussy (1855–1898). Ein 1857 im Juli geborenes letztes
Kind starb drei Tage nach seiner Geburt. Vier der Marx-Kinder
lebten also nur kurz, Edgar starb nach 8 Jahren, die anderen kurz
nach der Geburt innerhalb des ersten Lebensjahres. Nur die drei
Töchter Jenny, Laura und Eleanor überlebten die Kinderjahre.
Das Schicksal der Marx-Familie war in bezug auf die Kindersterb-
lichkeit durchaus zeittypisch. Über die psychische Bedeutung, die
der Tod so vieler Kinder für die Überlebenden hatte, ist bis heute
wenig bekannt. Es ist aber anzunehmen, daß sich die Depressionen der Mutter, Jenny Marx, dadurch vertieften. Der Briefwechsel
wird anfänglich vor allem von Jenny und Laura getragen, später
nach ihrer Ehe kommen Briefe ihrer Ehemänner hinzu. Laura heiratete 1868 Paul Lafargue und Jenny 1872 Charles Longuet. Viele
der Briefe sind an den Vater, Karl, gerichtet, der viele Spitznamen
wie Mohr, Old Nick etc. hatte, nur wenige an die Mutter, Jenny.
Als die beiden Schwestern mit ihren Männern in Frankreich leben,
übernimmt die jüngste und begabteste Tochter Tussy den Haupt-
teil der Korrespondenz, die nach dem Tod der Eltern sich vor allem zwischen Eleanor und Laura abspielt. Die meisten Briefe (69
von 106) stammen von Tussy. Sie hängt besonders am Vater, auf
dessen Briefe sie immer sehnsüchtig wartet. Aber auch für die anderen Schwestern, insbesondere Jenny, von der man sagt, daß sie
die Lieblingstochter von Marx gewesen sei, ist der geliebte und
idealisierte Vater der Mittelpunkt der Familie.

Es ist bekannt, wie häufig die Veröffentlichung von historisch
bedeutsamen Korrespondenzen zurückgehalten wird. Angehörige

IX

und Verehrer des »großen Mannes«, um den es sich in solchen Fällen meist handelt, fürchten sich offenbar davor, daß die darin zum Vorschein kommenden »Schwächen« ihres Helden seiner »Sache« schaden könnten. Aber gerade die Konfrontation mit den Mühen oder auch mit den Freuden des Alltags, die Briefe dem Leser vermitteln, die typischen Verhaltensweisen, die sie aufzeigen, geben in viel unmittelbarerer Weise Leben und Charakter der Briefpartner wieder, als das gewöhnlich in einer Biographie der Fall ist. Auch werden in Briefen manchmal Gedanken geäußert, die die späteren Theorien und Erkenntnisse des Schreibers *in stato nascendi* vorwegnehmen. Es sei in diesem Zusammenhang an den Marx-Brief an seinen Vater vom 10. 11. 1837 erinnert. Seine kritische Lesewut, die ein Leben lang bestehen bleibt, führte schon beim 19jährigen zu Ansätzen wie »im konkreten Ausdruck lebendiger Gedankenwelt ... muß das Objekt selbst in seiner Entwicklung beleuchtet, willkürliche Einteilungen dürfen nicht hineingetragen werden, die Vernunft des Dinges selbst muß als in sich Widerstreitendes fortrollen und in sich seine Einheit finden« (MEW, Ergänzungsband, Schriften bis 1844, I. Teil, S. 5). Durch das Lesen solcher aufschlußreicher Korrespondenzen wird einem schmerzlich bewußt, was uns in der heutigen Zeit verlorengeht, in der Briefe fast nur noch dazu dienen, kurze sachliche Inhalte zu vermitteln.

Als die Schwestern diese Briefe schrieben, lebte die Familie Marx – im wesentlichen durch die Unterstützung von Engels – schon in besseren ökonomischen und weit großzügigeren Wohnverhältnissen als in den ersten Londoner Exiljahren, in denen sie in sehr bedrängter Umgebung (zwei Zimmer für zeitweilig 8 Personen) existieren mußten. Besonders Frau Marx litt über viele Jahre unter den armseligen und erniedrigenden Lebensumständen. Täglich bedrängt von Geldsorgen, der Krankheit und dem Tod von vier Kindern ausgesetzt, fühlte sie sich oft krank und depressiv. Dennoch half sie ihrem Mann, wann immer ihr es möglich war, schrieb seine Manuskripte ab und setzte sich unermüdlich für ihn und seine Ideen ein.

Diese Briefe zeigen, daß die Familie Marx typisch patriarchalisch strukturiert und von viktorianischen Sittenvorstellungen beherrscht war. Aber gerade weil der Vater im Mittelpunkt der Liebe und des Interesses stand, waren alle gleichermaßen, die Schwiegersöhne eingeschlossen, von der welterlösenden Idee des Sozialismus durchdrungen, der sie den größten Teil ihres Lebens widmeten. Marx war durchaus ihr »Gott«.

Das hindert aber die Schwestern in ihren Briefen keineswegs daran, ihrem Vergnügen am Klatsch nachzugehen. Nicht ohne herablassenden Spott oder mit mokantem Ton lassen sie sich gern über andere aus. Trotz aller Armut erlebte sich die Marx-Familie immer als etwas Besonderes, sie fühlte sich – nicht zu Unrecht, wie man später sehen konnte – als Vorreiter neuer Ideen und als Mittelpunkt der politischen und geistigen Welt ihrer Zeit. Ihr elitäres Familienbewußtsein hat bekanntlich viele ihrer Zeit- und politischen Glaubensgenossen irritiert.

In den ersten sechs Jahren, die dieser Briefwechsel wiedergibt, spielt sich das Leben der Schwestern in Modena Villas ab, dem großen Haus der Marx' in London. Eleanor ist damals erst 11 Jahre, Jenny 22 und Laura 21 Jahre alt. Die Armut ist, wie gesagt, keineswegs mehr so drückend wie in den vorhergehenden Jahren; Bälle und Feste werden gefeiert, Liebesgeschichten spielen sich ab, erst heiratet Laura, dann Jenny. Zur gleichen Zeit entsteht der erste Band von *Kapital* (1867), die Erste Internationale gewinnt zunehmend an Bedeutung, das revolutionäre Verhalten der Pariser Kommune während des deutsch-französischen Krieges erweckt Hoffnungen und Ängste. Zwischen 1872 und 1880 ist die Familie Marx mitsamt Töchtern und Schwiegersöhnen, die zeitweilig aus Frankreich verbannt sind, in London versammelt. London wird zur Hauptstadt des Sozialismus.

Nach der Amnestie 1880 können die französischen Schwiegersöhne von Marx nach Frankreich zurückkehren. Die private und politische Auseinandersetzung mit der neuen Umgebung spielen in den Briefen der Schwestern eine große Rolle. Sehr bald kommt dann die Zeit der schweren Krankheit der Mutter. Auch Marx kränkelt viel. Der Mittelpunkt der Familie, die Eltern Marx, die älteste Schwester Jenny sowie ihr Sohn Harra Longuet sterben im Laufe weniger Jahre, erst Frau Jenny Marx (1881), ihr folgt die älteste Tochter Jenny (1883) und kurz darauf Karl Marx (1883).

Mit 17 Jahren verliebte sich Eleanor in Lissagaray, auch ein aus

Frankreich ausgewiesener französischer Sozialist. Er ist 16 Jahre älter als sie und wird von den Eltern Marx als möglicher Schwiegersohn abgelehnt. Marx verbietet Tussy mehr oder weniger die Beziehung zu Lissagaray, so daß sie ihn, wenn überhaupt, nur äußerst selten sehen kann. Die Beziehung zu ihm blieb dennoch über neun Jahre bestehen.

Schon vor dem Tode der Eltern hatte Eleanor versucht, sich selbständig zu machen, sie versuchte Schauspielerin zu werden. Marx war immer dagegen, daß seine Töchter berufstätig wurden. Jenny mußte hinter dem Rücken des Vaters als Gouvernante arbeiten. Tussy fühlt zeitweilig, daß das Leben an ihr vorbeigeht, sie möchte »etwas tun«, bevor es zu spät ist. Sie klagt darüber, daß ihr geistig und beruflich nicht genügend Ausbildung gewährt wurde. Zeitweilig leidet sie unter Magersucht, Depressionen und Schlaflosigkeit, sie hat Angst vor dem psychosomatischen Zusammenbruch. Marx zeigt ihren Krankheitssymptomen gegenüber wenig Geduld und Verständnis, sie sei hysterisch, so äußert er sich abfällig. Als sie nach dem Tode der Mutter mit ihrem Vater – zu dessen Erholung – nach Ventnor auf die Isle of Wight fährt, schreibt sie: »Ich klage überhaupt nicht gern – und vor allem gegenüber Papa nicht – denn er schimpft mich dann richtig aus, als ob ich mich auf Kosten der Familie ›gehenließe‹ ... Was weder Papa noch die Ärzte noch sonst jemand verstehen will, ist, daß ich hauptsächlich seelischen Kummer habe ... Sie (die Ärzte, d. Verf.) können und wollen nicht sehen, daß seelische Bedrängnis genauso eine Krankheit ist wie körperliche Beschwerden es wären.«* Kurze Zeit darauf schreibt sie: »Und noch selbstsüchtiger scheint es, daß ich überhaupt an mich denke, statt nur an unseren lieben Mohr. Wie sehr ich ihn liebe, kann niemand wissen, und doch müssen wir alle schließlich unser eigenes Leben leben ...«**

Was die Beziehung der Geschlechter betrifft, war Marx ein überaus konventioneller Mann. So schreibt er z. B. an seinen zukünftigen Schwiegersohn Paul Lafargue, als dieser um Laura wirbt, »wenn Sie Ihre Beziehung zu meiner Tochter fortsetzen

* Brief 47, Eleanor an Jenny, 15. 1. 1882
** Brief 48, Eleanor an Jenny, 8. 1. 1882

XII

wollen, werden Sie Ihre Art ›den Hof zu machen‹ aufgeben müssen ... Meiner Meinung nach äußert sich wahre Liebe in Zurückhaltung, Bescheidenheit und sogar in Schüchternheit des Verliebten gegenüber seinem Idol und ganz und gar nicht in Gemütsexzessen und einer zu frühen Vertraulichkeit ... Sie wissen, daß ich mein ganzes Vermögen dem revolutionären Kampf geopfert habe. Ich bedauere es nicht. Im Gegenteil. Wenn ich mein Leben noch einmal beginnen müßte, ich täte dasselbe. Nur würde ich nicht heiraten. Soweit es in meiner Macht steht, will ich meine Tochter vor den Klippen bewahren, an denen das Leben ihrer Mutter zerschellt ist ...«*

Erst nach dem Tod ihres Vaters lebte Tussy mit Edward Aveling zusammen, den sie wahrscheinlich schon 1882 kennenlernte. In dieser Zeit ist sie politisch sehr engagiert. Laura wird über ihre politischen Aktivitäten immer informiert, beide lassen sich von Engels beraten.

Im letzten Teil der Briefe schreibt Eleanor viel über ihre Beziehung zu Engels, über die Zustände in seinem Haus, in dem es oft sehr lebhaft zugeht. Nachdem Helene Demuth (1890) gestorben ist, die Engels nach dem Tode von Karl Marx den Haushalt führte, nahm Mary-Ellen, genannt Pumps, die gern und viel trinkende Nichte Engels', die Zügel in die Hand, bis Luise Kautsky den Haushalt und die Pflege von Engels übernimmt. Mit ihr gibt es viel Streit, beide erleben sich offenbar als Rivalen. Eleanor beklagt sich häufig bei Laura und bittet um ihre Hilfe, meist vergeblich. Die Verstimmungen zwischen den Schwestern sind offenbar tiefgehend, denn nicht einmal zur Beerdigung des Vaters kommt Laura nach London.

1883 beginnt das komplexe und schwierige Zusammenleben Eleanors mit Edward Aveling. Die Freundschaft zu ihrem Halbbruder Freddy gewinnt nach dem Tode von Helene Demuth an Bedeutung für sie. Schon bevor Engels stirbt, gibt es Auseinandersetzungen darüber, wem die Manuskripte von Marx hinterlassen werden sollen. Schwierigkeiten zwischen den Schwestern, grotes-

---

* Karl Marx an Paul Lafargue, 15. 8. 1866. In MEW Bd. 31, S. 518f, zit. nach Raddatz, K. M., S. 193–94.

ke Szenen mit Luise Kautsky beherrschen das Bild. Einige Jahre nach dem Tode von Engels, der sie noch auf dem Sterbebett wissen läßt, daß nicht er, sondern Marx der Vater von Freddy ist, nimmt sich Eleanor das Leben. Sie stirbt, indem sie eine große Dosis Gift »für Hunde« schluckt.

Eleanor ist schließlich an der immer unerträglicher werdenden Beziehung zu Aveling zerbrochen. Letztlich mag aber auch an ihrem endgültigen Zusammenbruch erst die Einfühlungsunfähigkeit des Vaters ihr gegenüber, später die Verständnislosigkeit Lauras mit daran Schuld tragen. Nach dem Tode der ältesten Schwester Jenny, von der ihr viel Verständnis entgegengebracht wurde, klagt Tussy zunehmend darüber, daß Laura ihr bei den Auseinandersetzungen mit Engels und Luise Kautsky nicht zu Hilfe kommt, ihre Briefe nur selten beantwortet. Auch für die Männerbeziehungen von Tussy zeigt Laura wenig Verständnis. Erst ist es Lissagaray, der abgelehnt wird, später die Art ihrer Beziehung zu Aveling. Laura und ihr Mann verhalten sich Lissagaray gegenüber wie Marx selber, völlig ablehnend.

Das Tragische im Leben dieser Familie läßt sich anfänglich an dem psychischen Elend und der Überforderung von Frau Jenny Marx, geborene von Westphalen, ablesen. Sie, die »Ballkönigin« und »schönste Frau von Trier«, ist, wie Marx schreibt, an den Klippen des ökonomisch-psychischen Elends ihres Lebens im Exil, an den zahlreichen Schwangerschaften, dem Tod vieler Kinder, zerschellt. Tragisch endet dann auch das Leben der drei Töchter. Jenny, die älteste, stirbt mit 38 Jahren an Blasenkrebs, nachdem sie von Ehe und vielen Kindern sich ähnlich überfordert und enttäuscht fühlte wie ihre Mutter. Laura sterben ihre drei Kinder, sie selbst nimmt sich gemeinsam mit ihrem Mann 1911 mit 66 Jahren das Leben, um mit dem Elend des Alterns nicht konfrontiert zu werden. Tussy, die bekannteste und begabteste der drei Schwestern, nahm sich 1898 mit 43 Jahren das Leben. Sie spielte bei der Gründung der Zweiten Internationale und in Teilen der englischen Gewerkschaftsbewegung eine hervorragende Rolle.

Alle drei fühlten sich dem Vermächtnis des Vaters verantwortlich, sie waren ganz von der »Bewegung« in Anspruch genommen.

XIV

»Küche, Kinder und Sozialismus«* beherrschten ihr Leben nicht weniger als die drei K's (Küche, Kinder, Kirche) dasjenige der durchschnittlichen bürgerlichen Hausfrauen ihrer Zeit; wobei der Sozialismus auf Grund der tiefen Bindung an den Vater noch eine weit größere innere Verpflichtung für sie darstellte als für die meisten anderen die Kirche. Die Marx-Töchter waren davon überzeugt, es dem geliebten Vater schuldig zu sein, für ihn und seine Sache bedingungslos einzutreten. Gleichzeitig bemühten sie sich, ihm gute Töchter zu sein, sich als seine Sekretärinnen zu bewähren und so zu heiraten, wie er es wünschte. In dieser aufopfernden Haltung identifizierten sie sich mit ihrer Mutter, obwohl sie diese oft nicht ganz ernst nahmen und sie sich wohl dem Vater gegenüber als ihr überlegen erlebten.

Trotz Sozialismus und fortschrittlicher Ideen war die Familie Marx in weiten Bereichen eine typisch bürgerliche Familie, die z. B. auch im Elend des Exils immer Dienstmädchen zur Verfügung hatte. Helene Demuth, die Haushälterin der Familie Marx, war Köchin, Putzfrau, Krankenpflegerin, Kindermädchen und spätere Vertraute der Töchter in einer Person.

Das uneheliche Kind dieser sich der Familie Marx aufopfernden Frau war Freddy Demuth, der am 23. 6. 1851 geborene Sohn von Marx, dessen Vaterschaft Engels übernahm. Erst am Totenbett von Engels erfährt Tussy die Wahrheit. Das war ein schwerer Schock für sie, besonders deswegen, weil sie wußte, daß Freddy nach seiner Geburt gleich in Pflege gegeben wurde, kaum jemand sich um ihn kümmerte, geschweige denn, daß er das Haus der Marx' betreten konnte, als Marx noch lebte und seine Mutter dort Haushälterin war. Solange Tussy glaubte, daß Engels der Vater von Freddy war, hatte sie ihm wegen seines ablehnenden Verhaltens diesem gegenüber viele direkte und indirekte Vorwürfe gemacht. Das mag dazu beigetragen haben, daß Engels am Ende seines Lebens nicht mehr bereit war, über seinen Tod hinaus diese »Schande« auf sich zu nehmen oder als Schuft angesehen zu werden.

Zweifellos sollte ursprünglich Frau Jenny Marx geschont wer-

---

* Siehe auch Michelle Perrots Einleitung zur französischen Ausgabe.

den, die drei Monate vor Freddys Geburt eine Tochter, Franziska, gebar, ihr fünftes Kind, das bereits im Jahr darauf verstarb. Ob Frau Marx tatsächlich nicht gewußt hat, wer der wirkliche Vater war? Da der Briefwechsel zwischen Marx und seiner Frau zu großen Teilen von Laura und Eleanor vernichtet wurde, erheben sich zumindest Zweifel daran. Denn sonst wäre es unverständlich, daß sie sich um das Kind ihrer so hochgeschätzten Haushälterin so wenig kümmerte, obwohl sie gewußt haben muß, daß dies in denkbar armseligen Verhältnissen aufwuchs. Deswegen muß man meines Erachtens vermuten, daß sich Konflikte zwischen Jenny und Karl Marx einerseits, Helene Demuth andererseits abgespielt haben, die nur dadurch einigermaßen ertragen werden konnten, daß Jenny Marx, die oft am Rande ihres psychischen Gleichgewichts war, dieses Kind ihres Mannes nicht sehen und sich mit seiner Existenz nicht auseinandersetzen mußte. Denn erst als Helene Demuth, nach dem Tode von Jenny und Karl Marx, die Haushälterin von Engels wurde, besuchte sie ihr Sohn dort häufig. Erst jetzt lernte ihn wohl auch Tussy kennen.

Viele Schwangerschaften durchmachen zu müssen und viele Kinder zu haben, von denen etliche starben, war nicht nur das Schicksal von Frau Marx, sondern auch das ihrer älteren Töchter. Jenny gebar in 10 Jahren Ehe sechs Kinder, Laura in 4 Jahren drei Kinder. Von Jennys Kindern blieben vier am Leben, von Lauras keines. Jenny starb, wie bereits erwähnt, in jungen Jahren an Blasenkrebs, der deswegen zu spät erkannt wurde, weil sie in ihren Unterleibsbeschwerden eine erneute Schwangerschaft vermutete. Jenny wie auch Laura und Tussy waren gute, aufopfernde Töchter ihres Vaters, gewissenhafte und treue Ehefrauen, die sich um ihre Kinder kümmerten und als Mitarbeiterinnen von ihren Männern geduldet und ausgebeutet wurden; eine Situation, die sich bis heute, ob es sich um politisch rechts oder links stehende Ehemänner handelt, kaum geändert haben dürfte. »Du weißt, daß Tooley Lafargue, d. Verf.) früher nichts von Frauen außerhalb der Küche oder des Ballsaals hören wollte«, schreibt Laura einmal an Penny, als sie eifersüchtig war, weil ihr Mann einer Frau dazu verhalf, die Nationalbibliothek zu betreten, was sonst nur Männern gestattet war.

XVI

Die Ungerechtigkeit zwischen den Geschlechtern war aber keineswegs nur auf die Ehe beschränkt, die nicht-eheliche Verbindung, siehe Eleanor und Aveling, ließ sich noch mehr als die Ehe durch den Mann ausbeuten.

In Eleanors Briefen an Freddy Demuth wird einem ihr Elend an Avelings Seite voll bewußt. Er war offenbar in bezug auf Frauen und Geld ein Mann ohne Skrupel. Als sie ihn kennenlernte, lebte er von seiner Frau getrennt, war aber noch verheiratet. Nachdem sie sich entschlossen hatte, auch ohne Eheschließung mit ihm zusammenzuleben, teilte sie das ihren Freunden mit, damit diese sich für oder gegen eine weitere Bekanntschaft mit ihr entscheiden konnten. Ein mutiger Schritt in der damaligen Zeit und bei der viktorianischen Erziehung, die sie genossen hatte. Aveling kämpfte an ihrer Seite loyal für die Sache des Sozialismus, im übrigen war wenig Verlaß auf ihn. Er erlaubte sich alle nur denkbaren Freiheiten, Eleanor sich hingegen keine, sondern blieb in jeder Hinsicht verläßlich und treu.

Als Edward nach zeitweiliger Abwesenheit wieder zu ihr zurückgekehrt ist, schreibt Tussy an Freddy, daß sie vor dem völligen finanziellen Ruin oder vor der völligen öffentlichen Bloßstellung stünde (2. September 1897).* Offenbar fand so etwas wie eine Erpressung statt. Aveling, dessen erste Frau mittlerweile gestorben war, hatte mit Hilfe seines Künstlernamens eine junge Schauspielerin hinter dem Rücken Eleanors geheiratet. Der Schock war zu groß für sie, jedenfalls scheint diese immer unerträglicher werdende Situation sie schließlich in den Selbstmord getrieben zu haben. Dennoch schreibt sie am 5. 2. 1898** einen weiteren Brief an Freddy, in dem sie um Verständnis für Edward fleht. Sie schreibt darin von der moralischen Krankheit, der manche anheimfallen, wie auch Edward, und bittet Freddy, ihn deswegen nicht völlig abzulehnen. Manchen fehle das moralische Empfinden, wie andere taub oder blind seien. Sowenig wie man andere Krankheiten verurteilen dürfe, solle man auch die moralische nicht verdammen. Sie selber hätte dieses nach langem, fast unerträglichem Leiden ge-

---

* Yvonne Kapp, Eleanor Marx, 2. Bd., London 1976, S. 682
** ebenda, S. 688

XVII

lernt, sie könne heute nur noch lieben. Das trifft wohl auch für ihre Gefühle ihrem Vater gegenüber zu, den sie über alle Maßen liebte und idealisierte und dessen Werk sie ihr Leben widmete. Sie wird deswegen den Schock nicht überwunden haben, den sie erlebte, als Engels ihr kurz vor seinem Tod mitteilen ließ, daß nicht er, sondern Marx der Vater von Freddy sei. So mag das, was sie einige Jahre früher durchmachen mußte, wodurch das Bild ihres Vaters ins Wanken geriet, dazu beigetragen haben, daß sie schließlich die doppelte Moral ihres Lebensgefährten Aveling nicht mehr zu ertragen vermochte. Als Edward Aveling nach langer Krankheit, in der ihn Tussy aufopfernd gepflegt hatte, einigermaßen genesen war, sich aber am 31. 3. 1898 gegen ihren Willen nach London begab, offensichtlich um dort seine junge Frau zu besuchen, ist für sie die Grenze des Erträglichen erreicht. Sie nimmt sich das Leben.

Von vielen Freunden Eleanors wurde Aveling als Schuft bezeichnet. Hätten diese Freunde von Marx, von Helene Demuth und Freddy gewußt, wer weiß, vielleicht hätten sie über Marx ein ähnliches Urteil gefällt. Zumindest muß Eleanor im Geheimen ihrem geliebten Vater gegenüber nicht selten solche schmerzlichen Gefühle einer moralischen Verurteilung empfunden haben. Denn wie man weiß, war sie über das Verhalten von Engels tief empört, weil er sich um Freddy so gut wie gar nicht gekümmert hatte. Marx wurde von Engels beschützt, vielleicht auch von seiner Frau Jenny, ähnlich versuchte auch Tussy Aveling zu schützen und nahm sich selber lieber das Leben, als ihn anzuklagen. Andere allerdings taten das nach ihrem Tod. Sie griffen Aveling offen an und machten ihn für das Ende Eleanors verantwortlich. Sicher nicht zu Unrecht, denn nachdem Aveling eine geheime Ehe hinter dem Rücken Tussys eingegangen war, lag ihm wahrscheinlich mehr daran, Tussy zu beerben, als daß es Liebe war, die ihn am Zusammenleben mit ihr festhalten ließ. Viele verurteilten ihn, einige versuchten ihn zu verteidigen. G. B. Shaw meinte beispielsweise, ihm gerechter zu werden, wenn er in ihm einen Mann sah, der für die Sache des Sozialismus oder Atheismus durchs Feuer zu gehen bereit war, dem nur im privaten Leben, insbesondere in bezug auf Frauen oder auch auf Geld, jedes Gewissen gefehlt hätte. Diese

XVIII

Teilung des Gewissens – von der wohl auch Marx nicht völlig frei war – in ein gesellschaftlich vorhandenes und privat fehlendes, ist nach Shaws Ansicht bei Männern nicht selten anzutreffen.

Obwohl alle drei Marx-Töchter über das »Hausfrauenelend«, das ewige Warten der Frauen klagen, obwohl sie das Gefühl nicht loswerden, daß ihnen durch Marx und ihre Männer ein Schicksal aufgezwungen wurde, das sie nicht zu sich selber kommen läßt, hat sich keine von ihnen als Feministin erlebt. Der Kampf gegen den jahrtausendealten Geschlechterkampf, gegen die Unterdrückung der Frau durch den Mann, wird dem Klassenkampf untergeordnet. Das ist auch die Auffassung, die Tussy in einer mit Edward gemeinsam verfaßten Arbeit *The Woman Question* (1886) vertritt.

Im Grunde blieb Eleanor wie auch ihre Schwestern mit der Haltung ihrer Mutter als Frau identifiziert. Arbeiten zu können, schien ihr der einzige Weg zur Selbständigkeit und Selbstverwirklichung zu sein. Sie war zeitweilig außerordentlich aktiv, wobei sie sich mehr als für alles andere für die Verbreitung der Werke ihres Vaters und seiner Ideen einsetzte. Politisch orientierte sie sich also völlig an Marx; seiner und Edwards doppelter Moral gegenüber blieb sie hilflos. Sie versuchte, ihre Gefühle der Ablehnung und Empörung zu unterdrücken. Für beide durfte sie nichts als Liebe empfinden. Obwohl Edward sie immer mehr allein ließ, ihre Einsamkeits- und Verzweiflungsgefühle dementsprechend zunahmen, blieb sie ihm gegenüber loyal und treu und verteidigte ihn bis zum Schluß. Die Abwehr ihrer Wut gelang ihr aber nur partiell; sie wendete ihre Aggressionen gegen die eigene Person. Die Depressionen, die sie überfielen, führten schließlich zum Selbstmord.

Eleanor lernte also sowenig wie ihre Mutter und ihre Schwestern, sich gegen die Männer, die sie liebte, aufzulehnen. Auch dann, wenn sie eigene Wege zu gehen versuchte, orientierte sie sich an der Haltung und den Ansichten der ihr am nächsten stehenden Männer. Solidarität mit anderen Frauen, gemeinsamer Kampf gegen die Tyrannei der Männer, kam ihr gar nicht in den Sinn, sowenig wie sie Werte vertreten oder ein weibliches Selbstverständnis entwickeln konnte, das nicht den Ansichten ihrer männlichen Vorbilder entsprach. Frauen, wie ihre Mutter und ihre

XIX

Schwester Jenny, liebte und bemitleidete sie, aber Vorbilder waren sie, verglichen mit den Männern, die sie verehrte, kaum. Die Briefe der Marx-Töchter muten in Ton und Inhalt sehr modern an. Die Probleme dieser Frauen und die Art, wie darüber gesprochen wird, unterscheiden sich nur wenig von denen der Frauen heute. Ein von den Vorstellungen der Männer unabhängiges Selbstverständnis aufzubauen, ist offenbar ein langwieriger Prozeß, der noch keineswegs abgeschlossen ist.

März 1981   Margarete Mitscherlich-Nielsen

Vorbemerkung

Die hier veröffentlichten Briefe datieren aus den Jahren zwischen 1866 und 1898 und sind Teil eines Archivs von 339 Dokumenten, das Marcel-Charles Longuet, der Urenkel von Karl Marx, Emile Bottigelli übermacht hat. Marx-Forschern, denen diese Dokumente dank Emile Bottigellis gewohnter Großzügigkeit jederzeit zur Konsultation zur Verfügung standen, sind sie unter dem Namen *Sammlung Bottigelli* bekannt, der Bezeichnung, unter der sie auch in den wissenschaftlichen Arbeiten gewöhnlich erwähnt oder auszugsweise zitiert werden.

Aus Gründen der Kohärenz mußte bei dieser Veröffentlichung eine Auswahl getroffen werden; alle an dritte Personen gerichteten oder von dritten Personen geschriebenen Briefe sind weggefallen, nur die Briefe der Marx-Töchter und der Schwiegersöhne von Marx erscheinen hier im Druck. Trotz einiger Lücken in den Daten lassen sie ein genaues Bild nicht nur der Familienbeziehungen, sondern auch der Interessen und Sorgen ihrer Verfasser entstehen und zeigen, wie eng bei ihnen die Familienereignisse und das politische Geschehen verknüpft waren.

Vor zehn Jahren sind mir diese Briefe von Emile Bottigelli zur Entzifferung anvertraut worden. Er hat dann, vielbeschäftigt wie er als Lehrer und Forscher war und dazu völlig durch die Veröffentlichung der Werke von Marx und Engels absorbiert, die Herausgabe dieses Briefwechsels auf später aufgeschoben, nicht ahnend, daß seine Tage gezählt waren. Sein Tod 1975 hat eine große Leere hinterlassen, nicht nur im Herzen seiner Freunde, sondern auch auf dem Gebiet, in dem er sich auskannte wie kein anderer. Marcelle Bottigelli-Tisserand, seine Frau, hat mich dann gebeten, die unterbrochene Arbeit wiederaufzunehmen.

Wir haben versucht, uns so genau wie möglich an seine Vorstellung von dieser Publikation zu halten. Diese Arbeit ist seinem Gedächtnis gewidmet, der Erinnerung an diesen großzügigen, lebhaften, vitalen Menschen, von dem es uns immer noch fast unmöglich ist, in der Vergangenheit zu sprechen.

Unter den abgedruckten Briefen sind einige unvollständig, ein paar Blätter sind im Lauf ihrer vielen Wanderungen verlorengegangen.

Bei anderen sind absichtlich einige völlig unbedeutende Passagen weggelassen worden. Eine gewisse Anzahl der Briefe trug kein Datum; im allgemeinen ist es gelungen, es, wenigstens annähernd, zu rekonstruieren. In diesem Fall steht das Datum am Kopf des Briefes in Klammern. Um die Anmerkungen nicht zu sehr auszudehnen, wurden alle Eigennamen im Verzeichnis am Schluß des Werkes zusammengestellt. Die von den Verfassern unterstrichenen Wörter erscheinen kursiv.

Ich möchte an dieser Stelle Frau Bottigelli-Tisserand meinen Dank für ihre großzügige Gastfreundschaft aussprechen, die es mir ermöglicht hat, die reiche wissenschaftliche Bibliothek ihres Mannes zu benutzen.

Zum Schluß muß ich auch besonders Yvonne Kapps schönes Buch *Eleanor Marx* (London, bei Lawrence & Wishart) erwähnen, dessen reicher Dokumentation und menschlichem Verständnis meine Anmerkungen viel verdanken.

OLGA MEIER

2

Briefe

Eleanor ist elf, als sie diesen Brief schreibt. Marx war am 14. März 1866 nach Margate gefahren, um sich dort nach einem schweren Anfall von Furunkulose zu erholen. Er ist in einem zu dieser Jahreszeit relativ leeren Hotel abgestiegen, wo ihn aber das Benehmen eines Gastes stört, den er erst für einen Blinden hält, der sich dann aber als Tauber herausstellt. Gleich am Tag darauf zieht er aus und mietet sich bei einer Mrs. Grach ein, bei der er sich sehr wohlfühlt, obwohl auch sie stocktaub ist. Er unterbricht seinen sportlichen Erholungsaufenthalt – Meerbäder, die er herrlich findet (im März?), und lange Wanderungen – nur, um an einem Empfang, den seine Töchter am 22. März geben und zu dem er zu kommen versprochen hat, teilzunehmen. Nach diesem gesellschaftlichen Ereignis fährt er sofort nach Margate zurück, wohin Eleanor und Jenny nachkommen. Er kehrt am 10. April nach London zurück,
Ellie ist nur einer der vielen Kosenamen Eleanors. Der Kosename, der ihr dann geblieben ist und mit dem sie ihre Briefe zeichnet, ist Tussy. So wird sie bis zum Ende dieses Briefwechsels genannt, und auch wir werden uns erlauben, sie, die in ihren Briefen so unkompliziert und so geradeheraus ist, so zu nennen.

1. Eleanor an Karl Marx

1, Modena Villas
19. März 1866

Mein lieber Dada,
da Jenny Dir schreibt, will ich auch einen kurzen Brief mitschicken. Dein erstes Abenteuer ist sehr lustig. Daß Du einen *Tauben* für einen *Blinden* gehalten hast, ist toll. Ich wundere mich, daß bei Deiner Ankunft die »Ohren des Tauben« nicht aufgegangen sind. Ich kann gut verstehen, daß Du *verlegen* warst, als man Dich mit einem Tauben allein gelassen hat, der blind war.
Also – Dr. Karl Marx der schlechten Philosophie, ich hoffe, Du wirst Dein Versprechen halten und am Donnerstag kommen. Ganz herzlich auf Wiedersehen und glaub mir, ich bin

Deine Dich liebende
ELLIE

5

Laura (einundzwanzig Jahre alt) schreibt an ihre Schwester Jenny (zweiundzwanzig), die mit Tussy zu Marx nach Margate gefahren ist.

2. Laura an Jenny

(nach dem 22. März 1866)

Liebe Jane,

ich hätte Euch allen früher schreiben sollen, wenn es mir möglich gewesen wäre. Aber der einzige freie Augenblick, den ich dazu gehabt hätte, wurde von unserem guten Freund Mr. Faraday beansprucht, mit dem ich am Donnerstag abend *tête à tête* ein langes Gespräch geführt habe, bei dem wir uns übrigens beide von unserer nettesten Seite gezeigt haben und ich ihn so reizend fand wie er mich offensichtlich auch. Nachdem wir unseren Vorrat an Gesprächsstoff (ohne zu flirten) erschöpft hatten, denn er war schließlich nicht wie der von Mrs. Marks geborene Hubbard schlechthin unerschöpflich, – kam Möhme dazu, ohne ihre Stiefelchen und mit nur gerade so viel an, daß sie sich nicht ganz auf die nackte Wirkung der Natur verlassen mußte, und auch wieder gerade nur so bekleidet, daß sie mehr zeigte als verhüllte. Du weißt, wie empfindlich unser Freund ist und wie leicht er erröten kann. Da hatte er nun allerdings einen guten Grund. Ich für meinen Teil habe einfach die Augen zugemacht und nicht hingeschaut, wo ich nicht hinschauen konnte, ohne rot oder blaß zu werden.

Am Freitagmorgen hatte ich mit »Osterarbeit« zu tun, was das ist, wirst Du bald erfahren. Nach Mittag habe ich mich angekleidet, habe gegessen und Möhme zur Haustür gebracht, die in ihre King Street (»National Reformers«) losgepilgert ist – ja und wer kam da in meine Einsamkeit hereingeschneit? – von allen Männern auf der Welt ausgerechnet Peter Fox. O mein Gott, ich Arme! Hatte ich eine Angst! Der Mann, der auf den ersten Blick erkannt hatte, daß mir der absolut unersetzliche geistige Funken fehlt und der daher nie mehr als zwei Worte an mich gerichtet hatte – was sollte ich jetzt bloß anfangen, ganz allein mit ihm! Er hatte aber derartig viel Schweres auf dem Herzen und im Kopf, daß es ihn überwältigte

6

und er damit nicht hinterm Berg halten konnte. Und so hat er denn seine klappernden Lemuren herausgelassen: Polen – Irland – die »Reform Leage« – »die Feudale Aristokratie« – der »Britische Klerus – nicht eins nach dem andern, sondern alles in einem Klumpen, so daß es im Zimmer richtig dunkel wurde, vermutlich von all diesen lebenden Gespenstern toter Dinge, die seine wilden Worte heraufbeschworen, bis er schließlich so stammelte und stotterte, daß er nicht weiterreden konnte.

Die ganze Zeit über (eineinhalb Stunden) saß ich da und hörte ihm zu und konnte kaum das Lachen unterdrücken angesichts meiner neuen Lage, daß mir da Reden gehalten wurden über Themen, von denen ich keine Ahnung hatte, und dazu noch im sicheren Glauben auf seiten des Redners, ich verstünde alles, was er sagte oder sagen könnte.

Ich war nicht böse, als Möhmes Ankunft mich endlich von diesen Vertraulichkeiten erlöste, denn so schmeichelhaft für meine Intelligenz sie auch waren, ich hatte doch große Angst wegen meiner Unwissenheit und Nervosität.

Ein wenig später kam Evelina. Ich ging mit ihr weg und begleitete sie dann zu ihr nach Hause, wo ich mich überreden ließ, über Nacht zu bleiben. So war ich gezwungen, mir eine Ewigkeit lang Mr. Hirschs musikalische Impromptus anzuhören, Azelias ziemlich unvernünftiges Benehmen und Mr. Strongs Verlegenheit mitzukriegen und zu guter Letzt eine Hasenpastete mitzuessen, die dadurch, daß Charles [1] da war, nicht gerade besser schmeckte. Der Narr hat sich für acht Guineas eine Anstecknadel mit einer Gemme gekauft und hinten, in die Rückseite, mein Bild hineingesteckt, und Möhme wundert sich noch, daß mich das ärgert. Er läßt Dich herzlich grüßen.

Es ist wirklich nicht recht von Dir, daß Du Karfreitag nicht da warst. Die sind hier so schlechte Weckenesser, und ich mußte allein das ganze Spiel bestreiten; ohne Beistand habe ich einen zwanzig Jahre alten Ruf verteidigt und damit eine Rolle gespielt, die mir, wie Du ja weißt, ausgezeichnet liegt. Aber doch braucht ein Held auch seine Heldin, und es macht keinen Spaß, auf leerer Bühne aufzutreten. Obwohl ich also so kühn wie immer war, wenn es auf so etwas ankommt, und obwohl ich um der »Familienehre« willen einen gan-

7

zen Berg von Wecken verputzt habe,[2] können die Anstrengungen eines einzigen Akteurs eine Aufführung nicht vor dem Durchfallen retten. Und Möhme und Helen[3], die ihren Part ohne Eifer oder Geist heruntergespielt haben, haben das Ganze zu einer traurigen Farce werden lassen. Ich versichere Dir, ich bin fast unter der Last der *Kreuze*, die ich trug, zusammengebrochen.

Ich habe immer noch keine Zeile an Challey[4] geschrieben, der böse auf mich ist und mit dem ich immer noch Frieden schließen muß. Außerdem, wozu schreibe ich Dir eigentlich? Du würdest mich zwar, wenn ich nicht geschrieben hätte, faul und noch Schlimmeres nennen, aber auch so wirst Du diesem Geschreibsel nichts Besseres entnehmen, als daß ich mich gerne reden höre. Deshalb Lebwohl, bis ich diese Sucht bei mir dadurch rechtfertigen kann, daß ich etwas zu sagen habe.

Herzlich Deine
LAURA MARX

Es ist nicht unwahrscheinlich, daß eine Schachtel auf Wanderschaft ihren Weg zu Dir nach Margate findet. Sollte sie das tun, wirst Du darin in einem Buch, *Delphine*[5] (das Möhme Dir unbedingt schikken wollte; sie meint, Du hättest jetzt sicher Zeit, es zu lesen, aber ich denke, es wird Dir nicht besonders gefallen, weil die Geschichte gerade da abbricht, wo man gerne wüßte, wie es weitergeht) einen Brief von Nelly Cunningham[6] entdecken. Wirklich, glaub mir, ich habe ihn nicht gelesen: ich habe ihn nur aufgemacht, um zu sehen, ob Alice mir etwas dazugekritzelt hat. Aber wie bei einer gewissen Witwe, von der Du zu singen pflegst (ich erinnere mich nur vage an die Melodie), scheint es: »*Ich bin vergessen*«.

Delphine ist aus der Leihbücherei, und Du mußt gut darauf acht geben. Ich habe es natürlich nicht gelesen.

Lebwohl

Es tut mir schrecklich leid, daß Du immer noch stark erkältet bist. Mein eigener Schnupfen bringt mich allmählich auf den Stand der Tauben, Stummen und Blinden herunter.

Wenn Du meine Handschrift siehst, wirst Du denken, daß er mir dazu noch die rechte Hand gelähmt hat. Benedicite.

Ich habe wie ein Wirbelwind geschrieben, Fehler inbegriffen.

1. Charles Manning hatte am 1. Mai 1865 erfolglos um Lauras Hand angehalten.

2. Es war ein Osterbrauch, Wecken mit einem eingeschnittenen Kreuz darauf zu backen und damit ein Wettessen zu veranstalten.

3. Helene Demuth, die Hausangestellte und treue Freundin der Familie, auch Nim oder Nimmie genannt.

4. Challey ist einer der zahlreichen Kosenamen der Marx-Töchter für ihren Vater, den sie auch Charley, Mohr, Meister und Old Nick (Teufel) nennen.

5. Es handelt sich vielleicht um den Roman der Mme. de Staël.

6. Alice und Nelly Cunningham waren Freundinnen von Laura und Jenny.

Ende August 1866 sind Laura und Tussy in Hastings in einer Pension bei einer Miss Davies, wohin Jenny später nachkommt. Frau Marx und ihre Töchter waren bereits zweimal an diesem Badeort gewesen: im September 1862 und 1863. Damals hatte sie Henry Banner, der Musiklehrer, begleitet. Laura, die sich vor knapp einem Monat mit Paul Lafargue verlobt hat, ist in diesem Brief in sehr romantischer Stimmung. Denkt sie, wenn sie vom »Schauplatz früherer Freuden« spricht, an ihren Klavierlehrer und an eine mögliche zarte Idylle zwischen Jenny und ihm?

3. Laura an Jenny

6, Havelock Rd.
Hastings
1. September 1866, ach du liebe Zeit!

Liebe Jenny, Miss Davies sagt mir, ich müsse meinen Brief vor halb zwölf einwerfen, wenn er vor Montag in London sein soll. Ich setze mich daher hin und versuche soviel zu schreiben, wie in fünf Minuten möglich ist.

Gestern war der erste wirklich schöne Tag, warm und sonnig. Wir sind ins Ecclesbourne Valley und zum Dripping Well gegangen und haben all die Felsen, Hügel und Täler wiedergesehen, die wir vor Jahren mit Dir zusammen gesehen haben – Du hast mir gefehlt, wie Du Dir denken kannst.

Ich wollte, Naturszenerien hätten etwas von Pauls »Veränderungssucht« und spotteten nicht in ihrer immer gleichen Schönheit und Ruhe der Menschen, die schon nach kurzer Abwesenheit immer *allzu* sehr verändert zurückkommen. Die Quelle sprudelt wie immer, und die Bäume beschatten mit ihrem Geäst wie einst den zerklüfteten feuchten Grund: Aber wo sind die, mit denen wir hier spazierengegangen sind und geplaudert und (aus einer einzigen Tasse) Milch getrunken haben?

Ich bin jetzt hoffentlich nicht sentimental, aber ich habe eben die Kunst des Vergessens nicht gelernt, und die Erinnerung an das, was nicht mehr ist, macht mich traurig.

Ich hatte vor, sofort Challey zu bitten, Dich herzuschicken.

10

Aber irgendwie denke ich jetzt anders darüber. In unserem eigenen Interesse möchte ich Dich natürlich hier haben und auch im Interesse Deiner Gesundheit –, aber vieles würde Dir hier, denke ich, die Freude verderben. Du besuchst nicht gern wieder Schauplätze früherer Freuden, und Du hast recht, wenn der Schauplatz der gleiche geblieben und die Freude vergangen ist.

Mich überfallen schon tausend Erinnerungen an die verlorene Zeit (so unverändert ist hier alles): *Dich* würden daher viele Sachen traurig stimmen.

Trotzdem, das Baden ist so lustig, und die Wellen und der Wind und das Wetter! Tussy sagt, wir können zu dritt in einem Bett schlafen, was meinst Du?

Miss Davies ist wirklich sehr liebenswürdig: Sie kann zwar nicht gegen ihre etwas zänkische Natur an, aber sie ist bemüht, es uns recht zu machen, und sie bringt uns zuliebe viele Extras auf den Tisch und macht auch sonst Konzessionen. Sie und die mimosenhafte Dame stehen dauernd auf Kriegsfuß; natürlich nicht offen, sie versetzen sich lächelnd tödliche Stiche. Sie nehmen mich in die Zange mit ihrem Geschwätz, aber ich nehme es von der komischen Seite und ärgere mich nicht mehr darüber wie am Anfang.

Ihre Eigenheiten und »kleinen Aufmerksamkeiten« sind eine unerschöpfliche Quelle der Heiterkeit für Tussy und mich, und wir können draußen stundenlang darüber lachen und die Szenen nachmachen, die wir zu Hause beobachten.

Die Kapellen spielen hier immer noch von morgens bis nachts, und die Rufe der Badenden, Neger, ambulanten Händler und Seeleute erfüllen die Luft mit fröhlichem Lärm.

Am Strand geistert ein melancholischer Mann herum und spielt traurige Lieder auf einem schlechten Instrument; wenn das nicht Kaub selbst ist, muß es Kaubs Bruder sein.

Heute morgen hat es wieder stark geregnet (ich will nicht sagen »junge Hunde«, schließlich ist mein Vater kein Dichter).

Hastings sieht eben nie zwei Tage lang hintereinander gleich aus, doch »Hastings mit all deinen Fehlern, immer noch liebe ich dich«![1]

Keine Zeit mehr. Herzliche Grüße an Mohr und Helen von

Deiner

LAURA

11

P. S. Ich schreibe Dir zwar, aber ich bin doch sehr böse auf Dich.
Ich habe noch keinen Brief von Dir.
Du hast ein komisches Gewissen.

1. Paraphrase eines Verses von Cowper (Timepiece, 206): »England, with all thy faults, I love thee still.«

Während ihre Schwestern die Hastinger Ferienfreuden genießen und Jenny ihre Backexperimente macht, findet in Genf (3. bis 8. September 1866) der Kongreß der Internationalen Arbeiterassoziation statt. Marx, der persönlich nicht daran teilnimmt, war zum Präsidenten des Generalrats vorgeschlagen worden. Er lehnt ab und schlägt Odger vor, der gewählt wird. Marx wird seinerseits zum Sekretär für Deutschland wiedergewählt.

4. Jenny an Laura und Eleanor

(September 1866)
Donnerstag nachmittag

Edler Kronprinz [1], niedriggeborener Hottentotte [2],
Zwei auf einen Streich! Ich habe nicht die Zeit, jeder von Euch getrennt zu schreiben – es ist halb vier, und ich habe versprochen, mich um das Essen zu kümmern. Armer Lafargue, falls er heute mit einer guten Pastete rechnet – das Schicksal hat eine Enttäuschung für ihn in petto! Wie ich das Mehl und die Butter hier vor mir zusammenbringen soll, ist mir schleierhaft. Gestern habe ich einen Kuchen gebacken, er kam steinhart aus dem Ofen. Helen meint, ich hätte ihn zu stark geknetet. Wenn Ihr mich bei der Arbeit hättet sehen können, hättet Ihr gedacht, die Trojaner seien von den Toten auferstanden. Ich fürchte, meine Beförderung zur Köchin wird Challeys Gesundheit nicht bekommen, aber Helen hat soviel mit anderem zu tun, sie schrubbt gerade so energisch den Fußboden über mir, daß ich mir manchmal vorstelle, er wird einkrachen und sie mir auf den Kopf herunterfallen (ich bin in der Küche).
Das Haus ist ein richtiges Pandämonium, überall Unordnung, Eile, Schmutz, Lärm. Teppiche, Stühle, Besen, Wolldecken fliegen in alle Richtungen. Türen werden zugeschlag und nach rechts und links spritzt Scheuerwasser. Parkers dauerndes Geschnatter geht in all dem anderen Lärm fast unter.
Helen ist entzückt zu hören, daß ihre künstlerischen Anstrengungen so geschätzt worden sind, und sie dankt dem Hottentotten für seinen Brief, mit dessen Inhalt sie sich allerdings noch nicht ganz hat

13

vertraut machen können, weil sie im Moment auf die Dienste ihres Sekretärs Tommy verzichten muß, der sich anderen Aufgaben zu widmen hat. Er hat uns wieder einmal mit einem Wurf Kätzchen gesegnet, zwei sind getigert, glaube ich, und eins hat die gleiche Zeichnung wie Tibi. Sie sind noch nicht in eine bessere Welt befördert worden. Mit Ausnahme der Ankunft dieser drei kleinen Fremdlinge ist während Eurer Abwesenheit nichts vorgekommen. Ein Tag ist wie sein Nachbar, ich kann sie fast gar nicht mehr unterscheiden. Der Metzger, der Bäcker, der Gemüsemann und der Zeitungsjunge kommen täglich vorbei. Ich mache mit Challey unseren täglichen Spaziergang, nehme vier Mahlzeiten ein (seit Eurer Abreise habe ich nicht Klavier geübt), rede ein bißchen mit Paul[3] oder einem andern vereinzelten Besucher und gehe zu Bett. Voilà tout. Der verliebte Jüngling wird immer unruhiger. Mit seinen Augen und mit seinem Herzen ist er in Hastings. Letzten Sonntag hat er wie ein Neger an der Schaukel gearbeitet. Das ganze Eisen ist jetzt mit hübschem crèmefarbenem Leder überzogen. Sogar Lessner hat diese handwerkliche Leistung bewundert (Paul hat das Leder am Griff draufnähen müssen).

Die Mannings[4] sind beunruhigend lieb zu mir gewesen. Jeden Tag habe ich von einem von ihnen Besuch gehabt. Gerade ist die kleine Eva weggegangen und sendet Euch »viele Grüße und ebensoviele Küsse«. Sie ist ein bißchen gekränkt, daß Ihr ihr nicht wie versprochen geschrieben habt. Wenn Ihr ein bißchen Zeit erübrigen könnt, tut es noch. Sie wird sich so freuen, das arme Kind ist so unglücklich. Letzte Woche ging ich mit dem »Großen« und Helena ihr neues Haus anschauen. Es ist sehr hübsch. Das Wohnzimmer ist so groß wie unseres, Charles' Schlafzimmer ist riesig, und das Frühstückszimmer ist hell und luftig. Es ist das hübscheste Zimmer im Haus und geht nach hinten auf einen reizenden Garten, den die schöne Azelia in einen Krocket-Rasen verwandelt hat. Lieber Himmel! Ein Klavier, eine Gitarre, Gesangsunterricht und Krocket. Wer kann so einer Batterie widerstehen! Und was wird erst aus den empfänglichen Herzen werden!

Von den Faradays habe ich seit ihrer Rückkehr noch niemanden gesehen und kann Euch daher nicht sagen, wie weit der Alte gegangen ist. Um etwas über den neuen Stand der Dinge zu erfahren, bin

14

ich zum College gegangen, aber leider war nur Mrs. Boynell[5] da. Sie hat mir folgende Neuigkeit erzählt, aber Ihr müßt mir versprechen, Du, Hottentotte, bei dem Respekt, den Du Deinen Herren, den Kaisern, schuldest, und Du, Kronprinz, bei allen Auszeichnungen, die Du erhalten hast, niemandem davon etwas zu verraten. Es ist ein großes Geheimnis, das nur ich, Mrs. Fletcher und Hove kennen. Mrs. C. hat abgedankt und will den Thron, den sie so lange Jahre besetzt hat, Marion überlassen. Die arme Marion! Ich neide ihr diese Ehre nicht. Sie wird eine Menge Sorgen und Schwierigkeiten haben. Sie haben bis jetzt noch keinen Partner finden oder die ganze Anstalt verkaufen können, so daß Mrs. C. viel Geld dabei verlieren wird. Mir tut die arme Alte leid. »Wenn Marion einen Mann finden könnte und gut versorgt wäre, würden mir meine eigenen Verluste nicht so viel ausmachen«, sagte sie. »O *Männer, Männer*, gäbe es doch nur mehr Männer auf der Welt!«, stöhnte sie. Aber jetzt Schluß mit diesem Geschwätz. Wenn Paul mich gehört hätte, würde er rufen: »Ah que vous êtes bavarde, pire qu'une vieille commère«.[6] Ich lege einen Brief vom Möhme bei und ein schottisches Gedicht von Burns ... Ich hoffe, ich sehe Euch beide am Montag füllig, hübsch und noch nicht vierzig.[7]

Herzlich Euer Euch liebender
KAISER

Der Kongreß ist, scheint es, ein großer Erfolg. Die Abordnungen sind begeistert empfangen worden. Trommeln und Trompeten haben den Einzug der großen Männer begleitet, sie sind gefeiert und geehrt worden. Ich fürchte, George hat Eccarius ganz vergessen. Jung hat nicht geschrieben, daher wissen wir nicht, wer zum Vorsitzenden des Kongresses gewählt worden ist.
Wie schrecklich dieses Wetter ist! Ich fürchte, es wird Euch langweilig im Haus unter den Augen von Miss D. und ihren reizenden altjüngferlichen Freundinnen.

1. Laura
2. Tussy
3. Lafargue
4. Befreundete Familie, bei der Jenny später eine Zeitlang als Gouvernante arbeitet.

5. Direktorin des South Hampstead College, wo Jenny und Laura ihre höhere Schulbildung genossen hatten.
6. Sind Sie aber schwatzhaft, schlimmer als ein altes Waschweib.
7. »Fat fair and forty
Were all the toast of the -'young men.«

Irish Minnie, 2, John O'Keefe (1747–1833)

Am 26. September 1866 findet die offizielle Verlobungsfeier von Laura und Paul Lafargue statt. Paul hält sich praktisch ständig bei den Marx auf, was Marx, da er dazu die Kosten für die Feier bestreiten muß, in eine schwierige finanzielle Lage bringt: Wieder einmal wandert alles nicht unbedingt Notwendige ins Pfandhaus. Einige Gläubiger drohen mit gerichtlichen Maßnahmen, während die Familie vor dem jungen Verlobten den Schein zu wahren sucht. Marx appelliert verzweifelt an seinen Onkel Lion Philips in Holland (der auch einer der Testamentsvollstrecker seiner Mutter ist), an Kugelmann in Deutschland und an Engels, der ihm zweimal hintereinander Geld schickt.

Marx sieht sich auch gezwungen, den feurigen jungen Verlobten, der seiner entzückenden Laura gegenüber ein echt französisches Draufgängertum an den Tag legt, in die Schranken zu weisen.

Mitte November schickt er Meißner, seinem Verleger in Deutschland, die ersten Kapitel vom Kapital.

Marx hatte am 10. April 1867 London verlassen und das Manuskript des ersten Bands vom Kapital *mitgenommen, das er eigenhändig seinem Verleger Meißner in Hamburg übergeben wollte. Er bleibt sechs Wochen fort, um die Druckfahnen des Buchs zu korrigieren, das bei Otto Wigand in Leipzig gedruckt wird und in einer Auflage von 1000 Exemplaren erscheint. Marx ist von Meißner begeistert, denn der sorgt für eine glatte Abwicklung des Unternehmens, und das Buch erscheint bereits am 14. September.*

Vom 17. April ab wohnt Marx in Hannover bei der Familie Dr. Kugelmanns, eines seiner glühendsten Bewunderer.

Während seiner Abwesenheit bombardiert ihn seine Familie buchstäblich mit Briefen.

Marx antwortet am 5. Mai. Die fünf folgenden Briefe datieren alle aus dieser Zeit.

5. Jenny an Karl Marx

(Ende April 1867)

Lieber Challey,

der letzte Brief, den Du aus Modena Villas bekommen hast, war so dick und schwer, daß ich zusätzlich zu den Episteln von Möhme, Fox und Tussy Deine Geduld nicht auch noch durch einen Beitrag von mir auf die Probe stellen wollte. Aber jetzt will ich Dich nicht länger verschonen. Meine Zunge juckt, ich muß jetzt einfach mit Dir schwatzen. – Als erstes und wichtigstes laß mich Dir sagen, wie ich mich freue zu hören, daß Du so zufrieden mit Deinem Verleger bist. Es ist ein wahrer Segen, daß er nicht ist wie dieser verdammte lahme Kerl, der Duncker[1], und ein noch größerer Segen ist, daß das Buch nicht unter den Auspizien Deines guten Freundes Lassalle erscheinen wird. Der Himmel bewahre uns vor unseren guten Freunden! – Heute morgen hat Möhme einen Brief von Engels bekommen (beigelegt 10 PF). Der gute alte Kerl ist verrückt vor Freude. Er sagt, nichts hätte ihn je so gefreut wie Dein letzter Brief. *Ida*[2] dagegen, fürchte ich, wird sich über die Nachricht von der schnellen Veröffentlichung Deines Buchs nicht so ungebrochen freuen.

Vielen Dank, mein lieber Mohr, für das in Deinem Brief enthaltene Geburtstagsgeschenk. Wie wirst Du mir am ersten Mai fehlen. Es wird mein erster Geburtstag ohne Dich sein. Kommst Du vor dem Fünften des Monats[3] zurück? Es ist wirklich lieb von Dir, daß Du daran denkst, mir einen schönen Aufenthalt in Deutschland zu organisieren. Ich muß aber doch in einem Punkt protestieren. Du scheinst zu glauben, ich bräuchte Veränderung, während ich mich ganz im Gegenteil, wirklich, sehr wohl fühle, wo ich bin. Du hast wirklich Unrecht, lieber Challey, wenn Du annimmst, ich sei hier am »Verschmachten«. Ich lege ganz bestimmt auch nicht den allergeringsten Wert darauf, daß man mir so ungeheuer mitleidsvoll zulächelt (ich wüßte nicht weswegen), obwohl ich reichlich damit bedacht werde. Ich bin noch nicht darauf angewiesen, nach allen möglichen Zerstreuungen und Aufregungen zu verlangen. Ich finde immer noch genug, was mir Spaß macht. Jetzt lese ich mit großem Genuß Carlyles *Chartism*. Ich bin voller Bewunderung für seinen originellen Stil, seine edlen Ansprüche, seinen guten Instinkt und vor allem für seine erhabene Verachtung für den gegenwärtigen »vollkommenen Zustand der Gesellschaft«, die »beispielhafte englische Konstitution« und das Palaver ihrer reformierten und nichtreformierten Parlamente.[4] Aber alles in allem, verglichen mit Engels' Buch[5], scheint mir Carlyles Werk doch »abgestanden und unnütz«[6]; es ist mir nie so klar geworden wie jetzt, was für ein Unterschied doch zwischen einem Literaten und einem Wissenschaftler besteht.

Vor ein paar Tagen hatten wir eine angenehme Überraschung. Es kam ein Päckchen mit einem eisernen Kreuz, einer Silbermedaille und einem kleinen Ring, ich weiß nicht, ob aus Messing oder Gold. Es sind Sachen, die wir in der polnischen Lotterie gewonnen haben. Ist das nicht toll? Das Kreuz ist zur Erinnerung an die Massaker von '61[7] geschmiedet worden, und eine Polin hat es getragen, bis die Moskowiter es ihr entrissen. Es ist ein Palmzweig darauf und eine Dornenkrone, und das Wort Warschau ist eingraviert. Die Silbermedaille wurde aus Löffeln und anderen der Nation geopferten Silbersachen gegossen und zur Erinnerung an die Landschenkungen an die Bauern geprägt. Du kannst Dir vorstellen, wie entzückt Tussy von den Sachen ist und mit welchem Stolz »Joe« sie tragen und herumzeigen wird. Zu Hause läuft alles glatt. Wir haben Sorge getragen, nicht auf Quicksand zu laufen, sind bis jetzt nicht auf Klippen oder Untiefen gestoßen und steuern ruhig über eine klare See. Freunde, die uns besuchen, sind Jung, der mit seiner Frau hier war, und Fox[8], der jeden Sonntag kommt und uns Reden hält über die Staël, die Polnische und die Irische Frage und seine geliebten Feuillants. (Frz.: Feuillantinermönche; gemäßigte Republikaner.) Wenn er dann noch die Währungsfrage aus dem Sack holt, kann ich es nicht länger aushalten und gebe Fersengeld. Wir sehen oft den Sekretär für Spanien[9]. Wenn Du zufällig ein Porträt von Hegel findest, könntest Du es *ihm* mitbringen, es würde ihn so freuen. A propos Porträt: das erinnert mich daran, daß Du versprochen hast, eins von Dir machen zu lassen – ein großes Bild, Du weißt schon. Ich hätte *so gern* eins.

Laura geht es viel besser. Heute nimmt sie eine Reitstunde. Sie hält sich großartig im Sattel und sieht zu Pferd besonders hübsch aus. Paul ist ein bißchen wackelig und packt manchmal die Mähne statt der Zügel. Diese reiterlichen Darbietungen sind natürlich in Haverstock Hill eine richtige Sensation – alle Nachbarn sind in Aufruhr.

In Liebe und mit vielen Küssen
bin ich, liebster Challey,
Deine Jenny

Laura würde gern Hegels *Geschichtsphilosophie* lesen. Vielleicht kannst Du das Buch in Deutschland kaufen.

1. Marx' voriger Verleger, bei dem er *Zur Kritik der Politischen Ökonomie* veröffentlichte.
2. Frau des mit Marx befreundeten Dichters Freiligrath.
3. Marx' Geburtstag.
4. Es handelt sich um die Wahlreform von 1832, die die Klasse der Wahlberechtigten ausdehnte und die industrielle Bourgeoisie am politischen Leben des Landes beteiligte.
5. *Die Lage der arbeitenden Klasse in England*
6. »How weary, stale and unprofitable«, *Hamlet* I, 2
7. Am 25. und 27. Februar feuerten russische Gendarmen in Warschau auf eine patriotische polnische Gedächtnisprozession. Es gab Tote und Verwundete. Die ganze Warschauer Bevölkerung legte Trauer an, und an den Zaren wurde eine Protestadresse mit achtzehntausend Unterschriften ge-

sandt. Die durch die Thronbesteigung des neuen Zaren Alexander II. ermutigte polnische Nationalbewegung sollte im Aufstand von 1863 gipfeln.
8. Einer der Gründer der Ersten Internationale
9. Paul Lafargue

6. Eleanor an Marx

1, Modena Villas
26. April 1867

Lieber Dada,
gerade als Dein Brief kam, hatte ich erklärt, daß Du einfach nicht zwei ganze Wochen wegbleiben darfst, ohne zu schreiben, und daß ich Dir das nie verzeihen werde, aber mein Zorn ist erstaunlich schnell vergangen, als Dein Brief vorgelesen wurde, und jetzt schreibe ich Dir sofort. Ich habe nicht wie früher in den Betten nach Dir gesucht, aber ich singe dauernd: »Wenn ich ein Vöglein wär und auch zwei Flügel hätt', flög' ich zu dir.« Paul hat mich weiterhin mit Büchern versorgt, er hat mir Coopers *Deerslayer* gebracht, *Homeward Bound* und *The Effinghams*, und jetzt fange ich *Watermate* an und *Two Admirals*. Du siehst, ich lasse nicht locker. Vom Kap[1] haben wir PF 5 geschickt bekommen, was eine angenehme Überraschung war. Deine Bücher habe ich noch nicht aufgeräumt, aber morgen werde ich damit anfangen. »Der Ritter von der traurigen Gestalt«[2] sieht trauriger aus denn je, weil nächste Woche seine Ferien zu Ende sind.
An Karfreitag habe ich (!) 16 heiße Kreuzwecken[3] gegessen, Laury und Jenny jede (!) 8. Louisa und Percy Freiligrath[4] sind neulich dagewesen, und Percy ist aus dem Fenster im ersten Stock gesprungen, weil ich sagte, ich könnte das nicht, und er hat mir geschrieben, er würde wieder hinausspringen, wenn ich ihn darum bitte. Tommy, Blacky und Whisky[5] lassen Dich grüßen. Paul und Laura haben drei Reitstunden gehabt. Laura sieht in ihrem Reitkostüm sehr hübsch aus, und Paul wirkt ein bißchen wackelig (!). An den Tagen nach ihren Stunden waren allerdings beide ziemlich *steifbeinig*, und ich mußte Paul ein Kissen machen zur Erholung für seinen schmer-

zenden Hintern. Zu meiner großen Überraschung habe ich einen Brief von Franziska[6] bekommen.

Nun, lieber Daddy, lebwohl.
Mit besten Empfehlungen
Deine *un*ehrerbietige Tochter
ELEANOR.

1. Eine Schwester von Marx, Louise, war mit Jan-Carel Juta, Buchhändler in Kapstadt, verheiratet.
2. Paul Lafargue
3. Wecken, in die ein Kreuz eingeschnitten war (s. Anm. 2, S. 9)
4. Kinder des Dichters Freiligrath
5. Katzen der Familie Marx
6. Tochter von Dr. Kugelmann

7. Paul Lafargue an Karl Marx (auf französisch)

(April–Mai 1867)

Lieber Herr Marx,
Sie hatten also Angst, das Haus würde Ihnen am Tag Ihrer Abreise über dem Kopf zusammenfallen; denn das muß der Grund gewesen sein, warum Sie so früh aufgebrochen sind, ohne zur verabredeten Stunde auf mich zu warten; ich bin nämlich genau zur ausgemachten Zeit gekommen, aber der Käfig war leer, Sie hatten Jenny und Tussy mitgenommen, und Laura war in der Küche und wartete auf mich. Da ich Sie nicht mehr antraf, wollte ich Ihnen wenigstens auf dem Schiff noch die Hand schütteln. Wir nahmen einen Fiaker und fuhren los; aber als wir ans Themseufer kamen, wurde uns – ein bißchen spät – klar, daß Sie in Ihrer Ungeduld natürlich nicht mehr an Land waren. Laura und ich haben uns dann mit einem riesigen Spaziergang über unsere Enttäuschung hinweggetröstet.
Ich habe Ihren Auftrag beim Zentralrat ausgeführt. Als ich dem Zentralrat Ihren Antrag das erste Mal vorlegte, wurde die Beratung verschoben, weil man Odgers Ankunft abwarten wollte. Es wurde ihm geschrieben, aber er kam nicht und geruhte nicht einmal, seine

23

Abwesenheit zu entschuldigen. Auf meinen Vorschlag hin wurde die Sache dann ohne weiteren Verzug in Angriff genommen. Carter hat uns mit drei oder vier langen Reden in den Ohren gelegen, die nur den kleinen Fehler hatten, daß es immer schwächere und blassere Wiederholungen waren. Er verteidigte Odger als Engländer und nicht als Präsidenten der Internationalen. Ich konnte mich anstrengen, soviel ich wollte, um ihm zu zeigen, daß wir es nicht mit dem Engländer Odger zu tun hatten, sondern mit dem Präsidenten des Zentralrats; es wäre mir eher gelungen, Blei in Gold zu verwandeln, als eine so einfache Tatsache in diesen volltönenden Dudelsack hineinzubekommen. Schließlich wurde nach den einschläfernden Reden Carters folgende von mir vorgeschlagene und von Lessner unterstützte Resolution angenommen; ich teile sie Ihnen dem Sinn nach mit: Der Zentralrat verwirft entschieden das Lob, das sein Präsident Bismarck erteilt hat. Sie werden zufrieden sein.

Danach ging es um eine andere sehr wichtige Frage, das Gehalt des Sekretärs. Young[2] hat die Frage aufgeworfen. Es ist beschlossen worden, daß er 10 Shilling die Woche bekommen soll und daß diese Summe ein freiwilliger Beitrag der Mitglieder des Rats sein wird; man hat sofort eine Liste herumgehen lassen, und es haben sich Subskripteure für 14 Shilling gefunden. Als die Geldfrage erledigt war, ging es darum, einen Sekretär zu finden. Shaw ist nämlich zurückgetreten, er wollte nicht bezahlt werden; Fox hat abgelehnt, Eccarius auch. Selbst Eccarius ist großartig gewesen, er ist jetzt im Streik, und Fox sagte, Eccarius müsse annehmen, weil ihm das helfen würde, den Streik leichter durchzuhalten. Aber er lehnte rundweg ab und fügte hinzu, in solchen Angelegenheiten dürfe man niemals *humanitäre Gesichtspunkte* anführen.

Shaw sah sich also gezwungen, auf seinem Sekretärposten zu bleiben und gegen seinen Willen bezahlt zu werden. Er wollte nicht einmal das Geld, das auf dem Tisch lag, nehmen, bis ich ihm sagte: »Nehmen Sie es und werfen Sie es aus dem Fenster, wenn Sie wollen!«

Sie haben sicher von den Streiks gehört[3]; es ist großartig. Das *Journal des Débats* hat einen donnernden Artikel gegen die Vereinigung der Arbeiter verschiedener Nationen veröffentlicht. Veuillot hat in seiner in diesen letzten Tagen wiedererschienenen Zeitung den Streik verdammt, ihn als *Brüllen des sozialistischen Löwen* bezeichnet (sic) und gefordert, alle anständigen Staatsbürger sollten sich unter einer Fahne vereinigen und das Ungeheuer bekämpfen. Die Priester würden die Kämpfer segnen und wie die Raben nach der Schlacht ihr Blut trinken, und Herr Veuillot könnte sicher viel Geld verdienen mit Nachrichten und Lobgesängen über diese Armee Gottes. Die Schamhaftigkeit der *Times* ist in diesen Tagen auf eine harte Probe gestellt worden; der Himmel möge sie vor solchen Prüfungen bewahren, sie gehen über die menschliche Natur, vor allem über die bourgeoise. Die Untersuchung über die *Trades Unions* geht sehr aktiv weiter, die *Leader* der Arbeiterklasse sind zitiert worden und werden streng examiniert. Einer unter andern, Colonny, *stonemason* (engl.: Steinmetz), behauptete, die Arbeiterklasse habe nichts mit den Interessen des Kapitals zu schaffen und müsse ihm im Gegenteil schwere Schläge versetzen. Sie können sich das Gezeter der *Times* vorstellen; aber das ist noch nicht alles. Colonny fügte mit großartigem, dieser großen Tage würdigem Zynismus hinzu, ein Arbeiter (*stonemason*) betrachte es als seine Pflicht, einen schadhaften Stein in ein Gebäude einzumauern oder seine Arbeit schlecht zu machen. Ich weiß, daß die übliche Moral so etwas verurteilen würde, sagte er, aber wir pfeifen auf die Moral (we don't care). Das ging nun endgültig zu weit, die *Times* hat diesem Ausspruch einen ganzen Artikel gewidmet.

Ich brauche Ihnen keine Nachrichten von Ihrer Familie zu geben, alle haben Ihnen geschrieben; aber ich weiß nicht, ob man Ihnen gesagt hat, wie sehr wir hier nach Ihnen verlangen, vor allem Tussy, sie braucht Sie offensichtlich, um leben zu können. Wenigstens haben wir gute Nachrichten von Ihnen; ich wünsche Ihnen den größten moralischen und finanziellen Erfolg; aber kommen Sie, um Gottes willen, so bald wie möglich zurück. Sie finden hier einen beigelegten Brief für Moilin[5], ich werde ihm noch schreiben, aber ich danke Ihnen aufrichtig, meinem Freund einen Kunden besorgt zu haben.

Mit herzlichem Händedruck
P. LAFARGUE

1. Bismarck hatte 1866 vorgeschlagen, daß der Reichstag des Norddeutschen Bundes durch allgemeine Wahlen gewählt werden sollte. Odger billigte das. Aber in bezug auf andere Fragen stand er Bismarck kritisch gegenüber. Diese Widersprüche brachten Odger dazu, zwischen 1868 und 1870 ganz auf seine Tätigkeit in der Internationalen Arbeiterassoziation zu verzichten.

2. Es handelt sich um Jung, den Lafargue nach der englischen Orthographie schreibt.

3. Streik der Bronzearbeiter der Fabrik Barbedienne als Protest gegen das Verbot der Fabrikleitung, daß die Arbeiter in die *Société de Solidarité* eintreten. Sie rufen die anderen Arbeiter zu einem Solidaritätsstreik auf. Der Generalrat der Internationale bezeugt seine Solidarität durch eine Geldsammlung bei den englischen Arbeitern und durch internationale Kundgebungen. Am 24. März muß die Fabrikleitung den Forderungen der Arbeiter nachgeben.

4. Louis Veuillots Zeitung war *L'Univers*.

5. Einer der Medizinprofessoren von Lafargue.

Dieser Brief ist die Antwort auf einen Brief, den Marx am 5. Mai an Jenny schrieb. Jenny behandelt hier hauptsächlich die Ereignisse um die Reform League. *1867 wurde England durch Massendemonstrationen, die vor allem im Hyde Park stattfanden, auf die geforderte Reform des Wahlrechts aufmerksam gemacht. Die Regierung, die eine noch stärkere Radikalisierung der Bewegung fürchtete, wurde zum Nachgeben gezwungen. Nur wer Besitz hatte oder als Pächter Gemeindesteuer entrichtete, durfte wählen. Die Zahl der Wähler verdoppelte sich dadurch zwar, aber zwei Drittel der Bevölkerung einschließlich der Frauen blieb weiterhin vom Wahlrecht ausgeschlossen. Diese Reform betraf Irland nicht, 1868 wurde sie in Schottland eingeführt.*
In ihrem Brief vom 8. Mai kommt Laura auf diese Ereignisse zurück.

8. Jenny an Karl Marx

(Anfang Mai 1867)

Lieber Challey [1],
ich bin begeistert von der Photographie. Ich erinnere mich nicht, je eine schönere Überraschung bekommen zu haben. Sie ist wunderschön, völlig ähnlich. Kein Maler hätte mehr Ausdruck hineinlegen können. Ich fange an zu glauben, daß dieser Mann wirklich ein Künstler ist. Ich habe sie schon gerahmt und dabei, was Dich freuen wird zu hören, »ausgedrückt, was mir am Herzen liegt« – ich habe mich selbst übertroffen.
So, also *endlich*, lieber Mohr [1], haben wir gewisse Aussicht, Dich demnächst wieder bei uns zu haben. Wir haben uns *so* über Deinen Brief heute morgen gefreut. Dein langes Schweigen hat bei uns alle möglichen schwarzen Vorstellungen ausgelöst. Ich hatte Angst, Du wärst krank oder Du wärst nach Berlin gegangen, und Bismarck hätte sich mehr als erwünscht um Dich gekümmert oder Du hättest in Holland Wurzeln geschlagen. Wir alle dachten, Du wärst längst aus Hannover weg, und das war der Grund, warum Laura Dir nicht geschrieben hat.
Hier sind die Leute in Aufruhr. Die ungewöhnliche Hitze – (über

26 Grad im Schatten) – hat Beales & Co. das Blut zum Wallen gebracht. In den letzten vierzehn Tagen ist es zu ständigen Auseinandersetzungen zwischen der Regierung und den Reformern gekommen, bei denen die erstere aufs Schändlichste durcheinandergeraten ist. Die Liga verdankt ihren Erfolg Bradlaugh, der die ganze Zeit über kühn und entschlossen gehandelt hat: Bei der letzten Sitzung der Liga hatten die meisten Reformer es für klüger gehalten nachzugeben, weil sie dachten, besser mit Vorsicht zu fahren als mit Wagemut. Aber Bradlaugh erklärte in einer richtigen Kampfrede, wenn sonst niemand das Volk in den Park führen wolle, sei er bereit, es allein zu tun. Während er noch redete, kamen Polizeibeamte von Walpole mit einer Proklamation, daß der Park allein zur Erholung für die Bevölkerung bestimmt ist und es daher gegen das Gesetz verstößt, ihn zu anderen Zwecken zu benutzen, kurz, daß jeder Versuch, dort eine Versammlung abzuhalten, verhindert werden würde. Die Anführer würden verhaftet und die Zuschauer mit Geldbußen bestraft werden. Als sie das hörten, brummte der alte Beales ein bißchen, der Feigling Conolly war völlig verstört vor Angst, Thomas Hughes riet weiter zur Mäßigung, – aber Bradlaugh behielt die Oberhand über alle. Die Resolution, trotz Königin und Regierung die Versammlung abzuhalten, wurde unter begeisterten Zurufen und geschwenkten Mützen beschlossen. Von dem Augenblick an wurden die »Upper classes« von Panik ergriffen. Die Angst machte sie zu richtigen Schmierenkomödianten. Ein phantastisches Aufgebot an berittener Polizei, Gardeleuten, Artillerie von Woolwich und freiwilligen Schutzleuten (15000) wurde bereitgestellt. Die Times warnte erst, dann bat sie dringlich um Einsicht, dann rief sie zur Rache gegen die Aufrührer auf. Der Standard wurde rabiat, der sanfte, immer milde und gutmütige Star schluchzte über die dem Besitz drohende Gefahr. Jeremiahs und Kassandren ließen an allen Ecken ihre Lamentos und schwarzen Prophezeiungen ertönen.

»O armes liebes Leben, o armer lieber Besitz«, war der Schreckensruf.

Das Parlament war in größtem Aufruhr. Benjamin[2] wußte nicht, ob er lachen oder weinen sollte. Walpole versuchte, den Helden zu markieren, Gladstone schwankte und zögerte, John Bright war der

28

einzige, der sich männlich der Sache stellte, und die hysterischen Weiber um ihn herum bekamen Krämpfe vor Schreck.

Am Obersten Gerichtshof von Westminster kamen die Perücken nicht mehr aus dem Schütteln heraus; knöcherne Finger knüpften alte Pergamente auf, um irgendwelche gesetzlichen Schliche zu finden, die das Unrechtmäßige politischer Demonstrationen in einem Park erweisen sollten. Der patriotische Sergeant Knox erklärte sich bereit, am Montag von acht Uhr morgens bis zehn Uhr abends zu tagen, um die Friedensstörer der Justiz zu überliefern. Doch diese Vaterlandstreue wurde dann gar nicht mehr in Anspruch genommen. Noch bevor der ominöse 6. Mai anbrach, versagten Walpole die überforderten Nerven, er wurde weinerlich und gab nach; Beales durfte seine Sache vorbingen, und alles lief glatt wie eine Hochzeitsfeier, die Schlacht endete als Landpartie. Der triumphierende Mob spielte nicht mit Köpfen, sondern mit Lebkuchen. Und was sollte das Volk schließlich anderes tun? Wie kann es den Widerstand einer Regierung *brechen*, wenn die *nachgiebig* wie Gummi ist.

Es gab keine Zwischenfälle, ein einziger freiwilliger Schutzmann wurde etwas rauh behandelt und mußte mit allen seinen stolzen Insignien einen schnellen Rückzug antreten.

Der Schneider-Streik[3] geht weiter. Die Meister sind außer sich. Die *Times* singt Trauerhymnen auf den freien Handel und den freien Wettbewerb. – Aber ich rede und rede, und es wird viel zu lang. Ich wollte Dir nur ein paar Zeilen schreiben, um Dir für die freudige Überraschung heute morgen zu danken.

   In der Hoffnung, Dich bald zu sehen, lieber Challey,
   Dein Dich liebender »JOE«[4]

1. Kosenamen von Marx
2. Disraeli
3. Der Streik der Schneider von London, bei dem ungefähr 3000 Personen mitmachten, dauerte von April bis Oktober 1867. Er wurde von der Gewerkschaft der Schneider geführt, die sich der Internationale angeschlossen hatte, und wurde von verschiedenen Sektionen der Internationale, insbesondere von der deutschen, finanziell unterstützt.
4. Einer von Jennys Kosenamen nach einer Figur aus *Little Women*, dem Mädchenroman von Louisa May Alcott.

9. Laura an Karl Marx

8. Mai 1867

Lieber Meister,

ich war sehr enttäuscht, als Deine Briefe an meine beiden natürlichen Vorgesetzten kamen, denn ich hatte mir irgendwie auch ein paar an mich gerichtete Zeilen erwartet. Eine Erwartung, die natürlich völlig unberechtigt ist und die Du der angeborenen Anmaßung der Schneider im allgemeinen und eines gewissen Schneiders im besonderen zuschreiben mußt. Ich war auch sehr erbittert darüber zu hören, daß Du glaubst, meine Reit- und sonstigen Übungen hielten mich vom Schreiben an Dich ab: die Wahrheit ist, daß wir, seit Jennys Brief an Dich auf die Post ging – hätte ich etwas davon gewußt, hätte ich Dir ein paar Zeilen mitgeschickt –, täglich auf Nachricht von Dir und deiner Rückkunft warten und daß man es mir daher jedesmal, wenn ich Dir schreiben wollte, ausredete ...

Ich bin entzückt zu hören, daß Du ans Heimkommen denkst, denn ich habe allmählich wirklich gedacht, Du hättest Dich auf französisch empfohlen und Deine Familie endgültig und auf immer verlassen: Weißt Du, daß Du jetzt volle vier Wochen fort bist und in dieser ganzen Zeit kaum ein Lebenszeichen gegeben hast? Aber ich will nicht streng mit Dir sein: Es ist jetzt die rechte Jahreszeit, um auf Wanderschaft zu gehen, und ich bin sicher, es muß ein herrliches Gefühl sein, zeitweilig mal diesen konventionellen »Familienkram« loszuwerden, mitsamt den »Quo-Quos«[2] und den Schneidern und allem; ganz zu schweigen von der Erleichterung, die es für Dich sein muß, daß dieser Alptraum, Dein Buch, nicht mehr länger auf Deinen Schultern lastet oder jedenfalls nur noch angenehm ins Gewicht fällt; und ganz zu schweigen von der Gesellschaft, in der Du Dich jetzt bewegst. Da ist eine gewisse Dame, die, wie ich bemerkt habe, recht häufig in Deinen Briefen erwähnt wird[3]: Ist sie jung? Ist sie geistreich? Ist sie hübsch? Flirtest Du mit ihr, oder läßt Du zu, daß sie mit Dir flirtet? Du scheinst sie sehr zu bewundern, und es wäre trop bête anzunehmen, die ganze Bewunderung wäre nur auf Deiner Seite. Wenn ich Möhme wäre, wäre ich eifersüchtig.

Wir haben das angenehmste Wetter: Es war ein schöner Tag, als die

30

Reformer ihre letzte Expedition veranstalteten. Sie war übrigens ein großer Erfolg oder, wie die *Times* höhnisch schreibt, »ein glorreicher Sieg«. Die Tories, die die ganze Zeit versucht hatten, die Leute nicht in den Park zu lassen, drohten ihnen mit Bestrafung wegen illegaler Handlungen und entdeckten erst im letzten Augenblick, daß die parkwärts strebenden Demonstranten im Recht waren und sie im Unrecht. Daher wurde die Versammlung im Park erlaubt, allerdings mit aller gehörigen Vorsicht auf der Tory-Seite, denn 5000 Mann berittene Polizei und 15 000 freiwillige Schutzleute (*einschließlich Mr. Waldeck*) wurden zu diesem Anlaß aufgeboten und vereidigt. Beales hat also seinen Willen bekommen und hat sich als starker Mann gezeigt, äußerlich und auch innerlich, wo der geheimnisvollere inwendige Beales im Beales steckt, und auch Bradlaugh und so alle übrigen großen Männer der »Reform League« haben, wie es scheint, ihr eigenes oder geborgtes Licht besonders strahlend leuchten lassen. Der Mob hat sich so gesittet verhalten wie überhaupt möglich, sehr zum Kummer der *freiwilligen Schutzleute*, die mit ihren funkelnagelneuen Schlägern »den Park hinaufmarschierten und dann wieder den Park hinunter« und nur müde vom Marschieren waren. Ich habe diese Einzelheiten alle vom Hörensagen, nicht aus den Zeitungen, die Möhme und Joe (der scheint's die Idee einer »Propagandatour durch die Provinz« noch nicht ganz aufgegeben hat) exklusiv mit Beschlag belegen, aber ich erfahre genug durch die Gerüchte, von denen die Luft geschwängert ist, und denen entnehme ich, daß der Wind in Richtung Bradlaugh weht: daß der *Bilderstürmer* der Gott der Stunde ist.

> Who of heros is the last?
> 'Tis the famed Iconoclast!
> In whose favour blows the blast?
> His – the bold Iconoclast!
> Beales within Beales dwindling fast,
> Who remains? Iconoclast![4]

Neuigkeiten darfst Du von mir nicht erwarten, denn ich habe nur alte Neuigkeiten. Für meinen Teil habe ich mich, da seit Deiner Abreise nichts »auf meinem Spezialgebiet« zu tun war und die Schneider streiken, neuerdings dem Kochen gewidmet, wobei ich mich jetzt recht ordentlich anstelle, wie ich Dir versichern kann. Ich kann zur allgemeinen Zufriedenheit einen Pudding machen – einen sehr schmackhaften und nicht besonders unverdaulichen Pudding.

Und das ist nebst Spazierengehen und Reiten alles, womit ich mir die Zeit vertrieben habe.

Old Morality hat uns gestern abend beehrt: Wie üblich ist er erst um halb elf erschienen, wie üblich »*il venait de souper*«⁵, aber da er noch düsterer war als *üblich*, schließe ich, daß er seine heiteren Gedanken im Herzen verschlossen hielt, und das war bei – Sarah.

Madame Lormier⁶ hebt acht Zigaretten für Dich auf. Neulich hatten wir eine Gymnastikstunde, an der auch die schöne Azelia teilnahm und sich durch großen Wagemut und große Geschicklichkeit in den unteren Regionen auszeichnete, obwohl wie immer völlige Anarchie unter den verschiedenen Gliedern ihres Körpers herrschte. Sie scheinen zu jeder Art von Übereinstimmung unfähig: auf ewig gegeneinander verschworen und doch auf immer verdammt, zusammenhalten zu müssen.

Deine Photographie hat uns ungeheuer gefallen. Ich bewundere vor allem die Augen, die Stirn und den Ausdruck: – die Augen haben das echte »schurkische Glitzern«, das ich am Original so liebe, und das ist die einzige Deiner Ablichtungen, die gleichzeitig Sarkasmus und Gutartigkeit ausdrückt: Ein Fremder, denke ich, würde wohl nur die Gutmütigkeit sehen, aber ich mit meinem besonderen »Adlerauge« entdecke in dem Porträt auch ein bißchen Bosheit, die zweifellos Deine Freunde amüsiert, aber Deine Feinde erschrecken soll. Paul und ich hatten eine Meinungsverschiedenheit über Dein Bild: Er erklärte nämlich, er hätte Dich nie so gepflegt und elegant gesehen, sondern immer (mit einer einzigen Ausnahme) in Deinem zerrissenen Rock und mit zerzaustem Haar, wohingegen ich ihm sagte, ich hätte Dich *oft* genau so elegant gesehen, und ich würde Dich schließlich besser kennen als er.

Ich habe nichts von den chinesischen Tyrannen, den Quo-Quos und den Que-Ques⁷, erzählt, weil sie für sich selbst gesprochen haben. Ich wollte Dir nur einen gewissen Schneider in Erinnerung bringen, den Du in Deiner Abwesenheit vielleicht vergessen hast. Hoffentlich schimpfst Du mich nicht aus, weil dieses Gekritzel so

lang geworden ist, doch falls Du diese Absicht hast, bin ich bereit, auf einen Wochenlohn zu verzichten, um Dich zu besänftigen.
Auf Wiedersehen, liebster Meister,

immer Dein Dich liebender KAKADU[8]

Wenn Du nach Hause kommst, lade ich Dich zu einem »Hampstead-Tee« ein, Tee und Zucker mußt Du natürlich selbst mitbringen, aber alles übrige sollst Du reichlich und vom Besten haben. Wenn Dich das nicht reizt, bald zurückzukommen, was sonst? Wheeler hat vor ein paar Tagen die Schuldbestätigung zurückgeschickt und sich für das Kärtchen, das ihm Engels geschrieben hat, bedankt.

1. Einer der Kosenamen Lauras (sie bezieht sich hier auch auf den Londoner Schneiderstreik)
2. Eleanor
3. Es handelt sich um Frau Tenge, Gattin eines westfälischen Gutsbesitzers und Freundin von Frau Kugelmann
4. Wer ist der letzte Held?
Der berühmte Bilderstürmer!
Wem weht der Wind günstig?
Dem kühnen Bilderstürmer!
Der Beales im Beales schrumpft schnell dahin,
Wer bleibt übrig? Der Bilderstürmer!
5. kam er gerade vom Abendessen
6. Die Lormiers waren eine mit den Marx befreundete französische Familie, die nicht politisch engagiert gewesen zu sein scheint.
7. Jenny
8. Anderer Kosename Lauras

Am 19. Mai kehrt Marx, nachdem er noch zwei Tage bei seinem Verleger in Hamburg verbracht hat, nach London zurück und reist fast sofort (am 22.) zu Engels nach Manchester weiter.

Inzwischen haben Paul Lafargues Eltern die drei Schwestern zu einem Sommeraufenthalt nach Bordeaux und Royan eingeladen. Marx findet die Gesundheit seiner Töchter wichtiger als seine finanziellen Probleme und opfert die ersparte Summe für die Miete, um deren Reisekosten zu bezahlen und die verpfändeten Kleider und Uhren einzulösen, ohne die ehrbare junge Damen nun einmal nicht verreisen können. Ihr Frankreichaufenthalt dauert vom 21. Juli bis zum 10. September, aber aus dieser ganzen Zeit ist kein Brief erhalten.

In den Tagen des zweiten Kongresses der Internationale in Lausanne erscheint Band I des Kapital. Mitte September verbringen Marx und Paul Lafargue ein paar Tage bei Engels in Manchester, nachdem Engels seinem Freund vorher 5 Pfund geschickt hat.

Das Jahr 1868 bringt Marx den üblichen Turnus von finanziellen Schwierigkeiten, Migränen, Furunkuloseattacken.

Am 2. April findet die zivile Trauung von Laura und Paul Lafargue statt. Der folgende Brief ist am Tag nach diesem denkwürdigen Datum geschrieben worden, auf der Hochzeitsreise nach Paris. Doch schon am 5. Mai kommen die beiden jungen Eheleute, die sehr an Familientraditionen hängen, zurück, um Marx' Geburtstag mitzufeiern. Im August kommen sie bereits wieder nach England, diesmal mit Pauls Eltern, und machen mit Frau Marx, Jenny und Tussy zusammen Ferien in Margate, wo Marx sie vom 21. bis zum 24. August kurz besucht. Die Lafargues bleiben bis Mitte Oktober in London.

10. Laura Lafargue an Karl Marx

Freitag, den 3. April (1868)

Lieber Challey,

Du wirst an diesem Briefbogen sehen, daß wir nicht mehr in New-haven sind, wie wir ursprünglich vorhatten, sondern schon in Dieppe. Als wir nämlich in Newhaven ankamen, konnten wir nichts entdecken, wofür es gelohnt hätte, die eineinhalb Tage, die zwischen der Ankunft des einen und der Abfahrt des nächsten Schiffes liegen, dort zu verbringen. Ich habe deshalb vorgeschlagen, gleich nach Dieppe weiterzufahren, und da Paul nichts dagegen hatte, haben wir das getan.

Wir hatten das schönste Wetter für unsere Reise, aber trotz der spiegelglatten See haben sich unsere Reisegefährten erlaubt, aufs ekelhafteste seekrank zu werden, was mich nicht gerade erbaut hat. Doch dieser Teil unserer Abenteuer ist zu lang, als daß ich ihn Dir jetzt erzählen könnte, ich hebe ihn mit einer Menge anderer Anekdoten für meinen nächsten Brief auf. Wir haben ein herrliches Exemplar von einem großen »fettleibigen« Kaufmann getroffen, der ein paar Tage Ferien machte, aber kein Wort in irgendeiner anderen Sprache außer seiner eigenen konnte (obwohl er in den letzten 20 Jahren zwischen London und Paris hin und her gereist ist) und schreckliche Angst hatte, unterwegs betrogen zu werden. Das einzige Wort, das er auf seinen vielen Reisen aufgeschnappt hatte, war das Wort »damp-skippen«, der deutsche Ausdruck für »Dampfer«, wie er mir salbungsvoll mitteilte. Er hielt mich für eine Französin.

Wir sind gegenwärtig in einem Hotel in Dieppe, wo wir alles gefunden haben, was wir wollen, und eigentlich mehr, als wir unbedingt wollen. Das Wetter ist schön und der Ort äußerst reizvoll.

Samstag morgen um 11 Uhr fahren wir nach Paris weiter, und sobald wir ankommen, schreiben Paul oder ich Dir. Ich hoffe, es geht Dir besser, lieber Papa; ich habe so Angst, daß Dir die Zeremonie im Gehrock, die Du am Donnerstag hast über Dich ergehen lassen müssen, geschadet hat.

Ich kann mir einfach nicht vorstellen, daß ich Euch wirklich und

wahrhaftig verlassen haben soll, usw., usw. Wenn ich Dir ausführlich davon schreiben würde, würde ich Dich zu lange aufhalten.
Ich verbleibe Dein Dich liebender Schneider
KAKADU

Grüße alle herzlich; Mama, Jenny, Tussy, Helen und Engels nicht zu vergessen.
Auch Meister Whiskey, den kleinen Santo und Joco und Blackie und Martha (unleserlich)

Liebe Janey,
ich habe Dir wirklich zu viel zu erzählen, als daß es noch in diesen Brief ginge, und da Paul schon ziemlich ungeduldig ist, lasse ich ihm den Rest des Bogens.
Deine Dich liebende Schwester
LAURA LAFARGUE

(Paul Lafargue auf französisch)
Liebe Jenny,
oft denke ich an Sie und an die Dummheiten, die wir auf unserer berühmten Reise begangen haben. Ich hätte Sie gern hier, Sie und Ihren Vater. Eines Tages werden wir wieder alle zusammen sein. Meine Frau hat Ihnen schon das Interessanteste von unserer Reise berichtet. Schreien Sie Engels ins Ohr, daß wir den Zug nicht verpaßt haben.
Mit herzlichem Händedruck
PAUL LAFARGUE

11. Laura Lafargue an Karl Marx

25, Rue des Saints-Pères
Paris, den 26. Oktober 1868
Lieber Challey,
da ich seit unserer Ankunft in Paris so viele Briefe zu schreiben hatte, habe ich den Brief an Dich in diesen ersten paar Tagen aufge-

schoben, weil ich dachte, mein alter Meister wird von allen meinen Korrespondenten am ehesten mein Schweigen richtig auffassen und sich nicht allzu sehr darüber grämen. Aber jetzt bin ich soweit, daß ich ein bißchen brieflich mit Dir plaudern kann, und ich hoffe, Du wirst mir ein Ohr leihen, aber nicht das taube.

Anbei der gewünschte Brief. Schily [1] möchte die Exemplare Deines Buchs erst übernehmen, wenn er genauere Informationen über den Vertrag zwischen Frank und seinem Nachfolger hat.

Der alte Herr war wie gewöhnlich sehr liebenswürdig, aber er scheint ein bißchen pikiert, weil Du ihm nicht mehr geschrieben hast. Er ist nicht viel heller, als er vor sechs Monaten war: Ich nehme an, er hat sich mehr dem Domino-Spielen hingegeben, als gut für ihn war.

Was das Nachsenden unserer Kisten betrifft, so danke ich Mama sehr, daß sie sich nach der besten Transportmöglichkeit erkundigt hat, aber im Moment müssen sie noch in London bleiben. Es ist nämlich so, daß wir wahrscheinlich viel länger, als wir dachten in unserem gegenwärtigen Logis bleiben müssen, denn Pauls Aussichten, sein Diplom hier zu bekommen, sind noch sehr problematisch. Erst einmal muß er Duruy und seinen Untergebenen sprechen und seine Absicht erklären, hier in Paris für sein Diplom zu arbeiten. Die Erlaubnis dazu hängt nicht nur von der Entscheidung des Ministers ab, sondern auch von der des Conseil académique, der vor Dezember nicht zusammentritt. Wenn er diese Erlaubnis nicht bekommen sollte, müßte Paul seine Prüfungen in irgendeiner anderen Stadt in Frankreich ablegen. Du siehst also, daß wir, wie immer die Dinge auch ausfallen mögen, in nächster Zeit noch im Ungewissen darüber sein werden. Es wäre deshalb absurd, uns jetzt ein paar Räume mit Möbeln einzurichten, wie Pauls Vater das will, weil wir vielleicht nach ein paar Monaten schon die eben gekauften Möbel wieder verkaufen müßten.

Was für Neuigkeiten gibt es zu Hause? Was ist mit den englischen Wahlen [2]? Die französischen Zeitungen bringen keine ausländischen Nachrichten über Spanien [3]. Der *Univers* ist sehr spaßig in seinen Ausbrüchen gegen die Revolution dort. Er leugnet, daß es sich um eine Revolution des Volkes handelt, behauptet, Spanien sei zehn Dieben zum Opfer gefallen, und stellt Prim als *son doméstique endimanché*[4] hin. Nach der Meinung des *Univers* ist das schändlichste Ereignis dieses gloriosen 19. Jahrhunderts, das Prim Girardin berufen hat, das Land des Cid, Ferdinands und Karls V. neu zu gestalten.

So hat also das Geschrei von Le Lubez und Konsorten wieder im üblichen *Flüsterton* geendet. Ich hatte mit Nachrichten dieser Art gerechnet und war sehr froh, daß Du sie ihre »Knallpistolen« hast abschießen lassen, ohne sie Deiner Achtung zu würdigen.

Wie geht es allen zu Hause? Ich hoffe, der kleinen Sprat (?) geht es wieder gut und sie ist ihrer Physiologie und ihren übrigen anspruchsvollen Studien gewachsen. Ich wünschte, ein guter Wind käme auf die Idee, Dich hier herüber zu wehen; vorläufig ist es ihm nur gelungen, mir einen Schnupfen zu verschaffen, der mich, wie Paul behauptet, völlig verblödet.

Und nun Lebwohl für heute, mein lieber kleiner Herr Marx (wie Evelin sagt),

Dein Dich liebender

KAKADU

1. Es handelt sich um Marx' Buch *Das Elend der Philosophie*, das gleichzeitig in Brüssel und in Paris bei A. Frank erschienen war. 1865 verkaufte Frank seinen Verlag an F. Vieweg. Marx wollte die restlichen Exemplare (im Ganzen 92) der selten gewordenen Ausgabe wiederhaben, um sie über Lafargues Vermittlung an seine Freunde zu verkaufen, und er gab Schily die Vollmacht, sich um die Sache zu kümmern.

2. Wahlen nach der Einführung der »Reform Act«.

3. Bürgerliche Revolution gegen die reaktionäre Monarchie Isabellas II., die am 18. September 1868 mit der Erhebung der Flotte in Cadix anfing. Das Volk, dem sich fast alle Regierungtruppen angeschlossen hatten, spielte bei diesem Aufstand eine aktive Rolle. Bürger und Landbesitzer bildeten am 3. Oktober eine provisorische Regierung mit General Serrano an der Spitze. Die 1869 zusammengetretenen *Cortès* gewährten das allgemeine Wahlrecht. Nach einer Zeit sich verschärfenden Klassenkampfes wurde eine föderative Republik ausgerufen. Aber 1874 kamen dank der Allianz der Großbourgeoisie und der Grundbesitzer die Bourbonen wieder auf den Thron.

4. seinen Diener im Sonntagsstaat.

Im Herbst 1868 nimmt Jenny ohne Wissen der Eltern eine Gouvernantenstelle bei einer englischen Familie, den Monroes, an. Ende Dezember haben sich die Lafargues in einer Wohnung in der Rue du Cherche-Midi in Paris eingerichtet, wo Laura im Januar 1869 ihr erstes Kind bekommt, Charles-Etienne, der Schnaps, Schnappy oder Fouchtra genannt wird.

Tussy und Jenny besuchen sie dort im März, Frau Marx kommt nach. Sie und Tussy bleiben bis Mitte Mai bei den Lafargues, während Jenny am 14. April abreist, um ihre Arbeit wieder aufzunehmen.

Paul Lafargue, der seine Prüfungen in Straßburg hätte wiederholen müssen, um seine englischen Diplome in Frankreich anerkannt zu bekommen, wirft sich auf den Journalismus. La Renaissance, von der im folgenden Brief und in Lauras Brief an Jenny vom 9. Mai so viel die Rede ist, sollte eine Wochenzeitschrift der Blanquisten und Republikaner werden. Aber die Zeitschrift wird, wie so manche andere geplante, nie erscheinen.

12. Laura an Jenny

(Paris) 28. Februar 1869

Liebe Jenny,

Dein letzter Brief mit all den neuesten Hampsteader Nachrichten hat mich sehr amüsiert, und ich antworte Dir jetzt gleich bei der ersten Gelegenheit. Die Browning-Affäre ist wirklich so hochdramatisch und enthält alle komischen und tragischen Elemente, daß man daraus ein großartiges Buch oder ein sensationelles Drama machen könnte. Ich hatte schon vor, entweder an Azelia oder an Helena zu schreiben, und will es sobald wie möglich tun. Aber am meisten amüsierte mich Dein Bericht über Annettes Liebesgeschichte, die eben auch nicht glatter zu verlaufen scheint als die anderer Leute. Die zukünftige Mrs. Walter Hunt scheint ja recht niedergeschlagener Stimmung, und das ist kein Wunder, wenn sie vorhat, ihr Eheleben in London zu führen. Warum kommt (unleserlich) *la bella* mit ihrem verantwortlichen *éditeur nicht nach Paris? Hier hätte sie doch Gelegenheit, sich zu amüsieren und das lustige Leben, das*

friends. But he has not said "Dies" yet, I yesterday wrote to Delboi to ask his assistance. There will be an answer next week, I suppose.

Marion wrote to me some time ago to announce her intended visit to me on the 8th of March, I quietly her word the day & I should be very glad to see her, although I was rather annoyed at the idea of her coming. I get up for but a very short time every day & as I have been in bed for very nearly three months our rooms are not exactly in apple pie order. But it can't be helped.

I am very sorry to hear of your catching cold so often. I don't quite understand your being so well & yet ill at the same time. Your fellow-students would declare you were a "bird" for according to them, birds are the only creatures who can feel two things & be in two places at once & the same time.

I am greatly disappointed to

sie in Hampstead angefangen hat, erfolgreich weiterzuführen. Die Franzosen sind nicht wie die Engländer, die Frauen hier denken nicht wie Annette, daß nur ihre Ehemänner das Recht haben, »sich ihnen zu widmen«: im Gegenteil, ihre Ehemänner sind manchmal die einzigen Männer, die sich ihnen nicht widmen. Ein Franzose schämt sich ziemlich häufig zu gestehen, daß er seine Frau liebt, aber eine Französin geniert sich nie zuzugeben, daß sie von einer ganzen Schar von Männern geliebt wird, außer natürlich von ihrem Ehemann. Mr. Walter Hunt muß ein unmöglicher Mensch sein, wenn er auch nur ein Viertel der Vorzüge besitzt, mit denen ihn seine zukünftige bessere Hälfte ausstattet.

Sein Großvater, Leigh Hunt, der sich einen Namen machte und ins Gefängnis mußte, weil er in seiner Jugend die Hannoveraner attakkierte, ist später ein höchst ehrbarer Bourgeois geworden, und ich zweifle nicht daran, daß Mr. Walter Hunt aus Versehen die zweite Hälfte der großväterlichen Existenz zum Vorbild nehmen wird.

La Renaissance, die neue Zeitschrift, in die ihre Planer so große Erwartungen setzen, hat große Startschwierigkeiten. Das Geld, die über 250 PF, die als Kaution nötig sind, ist einfach nirgendwo aufzutreiben. Moilin, der es geben könnte, wenn er wollte, und so weit gegangen ist, es Paul fest zu versprechen, hat sich im letzten Augenblick geweigert, weil er fand, er bekäme nicht genau das, was er für sein Geld wollte. Paul war sehr erbittert über ihn, aber mir tut es nicht leid, daß er seinen Freund ein bißchen besser kennengelernt hat. Tooley[1] hatte auch an Prud'homme geschrieben und ihn um Hilfe bei der Suche nach Abonnenten gebeten, aber dieser kleine Mann mit seiner üblichen schwarzen Laune hat sofort geantwortet, er weigere sich entschieden, irgend etwas für eine Zeitschrift zu tun, die ihm völlig widerstrebende Prinzipien vertrete und ganz la morale außer acht lasse, das wahre Fundament, auf das seiner Meinung nach eine neue Gesellschaftsordnung sich gründen müsse.

Du siehst also, daß Tooley bis jetzt kein großes Glück mit seinen Freunden hatte; aber er hat noch nicht *die* (Fahr wohl) gesagt und hat gestern an Delvoi geschrieben und ihn um Hilfe gebeten. Nächste Woche wird die Antwort kommen, hoffe ich.

Marion hat mir vor einiger Zeit geschrieben und ihren Besuch zum 3. März angekündigt; ich habe ihr kurz geantwortet und gesagt, ich würde mich sehr freuen, sie zu sehen, aber ich wundere mich etwas, daß sie kommen will. Ich kann täglich nur ganz kurze Zeit das Bett verlassen, und da ich jetzt fast drei Monate lang praktisch bettlägerig war, ist unsere Wohnung nicht gerade wie aus dem Ei gepellt. Aber da kann man nichts machen.

Es tut mir sehr leid zu hören, daß Du so oft erkältet bist. Ich verstehe nicht ganz, wie es Dir so gut gehen kann, während Du gleichzeitig krank bist. Pauls Studienkollegen würden Dich zum »Vogel« erklären, denn sie versichern, Vögel seien die einzigen Geschöpfe, die gleichzeitig zwei Sachen fühlen und an zwei Orten sein können.

Ich bin sehr enttäuscht über die Nachricht, daß Papas *Brumaire*[2] nicht ins Französische übersetzt werden soll. De Paepes Briefe scheinen eine ziemliche Veränderung in Deinen Gefühlen bewirkt zu haben; ich bin mit Dir darin einig, daß seine Beharrlichkeit und sein tätiges Wesen bewundernswert sind, aber ich mag ihn dafür, daß er kein Kinn hat, nicht lieber, eher im Gegenteil.

Die Monroes scheinen Dich ja sehr zu mögen, aber ich würde der Frau eines Narren nicht erlauben, so großartig über Erziehung zu reden, sondern würde ihr den Wind aus den Segeln nehmen, wenn sie anfängt, über das Thema Vorträge zu halten. Alles in allem scheinst Du ziemlich Glück gehabt zu haben, Verrückte sind schließlich, wie man sieht, auch nicht schlimmer als gewöhnliche Leute.

Es freut mich sehr zu hören, daß Du nicht länger als nötig bei ihnen bleibst.

Lebwohl, liebe Jenny, mein kleiner Säufer läßt Dich grüßen.

Grüße alle herzlich von mir
Deine Dich liebende Schwester
LAURA

Es ist ärgerlich, daß die Mannings Euch so wegen der Taufe von Schnaps bestürmen, aber Du weißt, Ihr könnt ihnen erzählen, was Ihr wollt, daß er ein guter Protestant werden wird und daß der eine oder der andere von Euch sein Pate ist.

Übrigens werden wir in Zukunft alle unsere Briefe an Miss H. Demuth adressieren, und Ihr müßt Eure an Madame Santi[3] schicken.

45

Unter den Drucksachen, die ich Dir schicke, wirst Du eine Broschüre von Moilin finden, *La Liquidation Sociale*. Schau sie Dir an. Es liest sich schnell und erfordert keine große Konzentration oder gedankliche Anstrengung.

Lebwohl

L. L.

1. Toole oder Tooley sind Kosenamen von Paul Lafargue.
2. *Der 18. Brumaire des Louis Bonaparte* wird in Frankreich erst 1891 in *Le Socialiste* und darauf als Broschüre erscheinen.
3. Kusine von Mme. Lafargue, Pauls Mutter, die Laura den Haushalt führen hilft.

13. Eleanor an Frau Marx

47, Rue du Cherche-Midi
31. März 1869

Liebe Mama,

ich hätte gestern oder vorgestern geschrieben, aber dieser kleine Pascha von einem Fouchtra läßt einem einfach keine Zeit zu anderem, selbst wenn er in seiner Wiege liegt und schläft, muß man ihn doch anschauen und bewundern. Nein wirklich, ich habe noch nie so ein schönes Kind gesehen. Er hat ein süßes Gesichtchen, wunderschöne Augen, einen hübschen Mund, auch die Nase ist nicht so schlimm, wie behauptet wird, und er hat eine riesige Stirn. Ganz wie Papa.

Er ist auch immer prächtig aufgelegt und guter Dinge, und wenn er mal zu schreien anfängt, braucht man ihm nur den Finger hinzuhalten und ihn daran lutschen zu lassen oder den kleinen Bauch zu tätscheln, und sofort ist er wieder still. Seine Zähne kommen wirklich schon durch, man kann sie schon ganz deutlich sehen. Heute morgen habe ich ihn zwei Stunden zu mir ins Bett genommen, und er war ganz brav.

Wir haben sehr schlechtes Wetter gehabt, aber heute, denk' ich, sieht es so aus, als wolle es sich aufklären. Sonntagabend waren wir auf der Pfefferkuchen-Kirmes. Erst war es sehr lustig, aber als wir aus einem kleinen Theater herauskamen, schneite es ganz schrecklich, und das Schlimmste war, daß wir furchtbar lange gehen mußten, bis wir einen Wagen fanden. Am Montag sind wir ins *Gymnase* gegangen und haben ein Stück von Sardou gesehen: *Séraphine*. Es ist wirklich ein sehr schönes Stück, und es war gut gespielt. Gestern kam Sassanoff Paul besuchen. Er hat sich äußerlich ganz phantastisch zu seinem Vorteil verändert und sieht jetzt sehr gut aus (!). Paul, Jenny und ich sind auch in der Stadt herumgegangen und haben Geschäfte angeschaut.

Aber vor lauter Fouchtra und unseren Pariser Unternehmungen habe ich ganz vergessen, Dir von einem höchst seltsamen Abenteuer zu erzählen, das uns passiert ist, als wir von einem Bahnhof, wo wir umgestiegen waren, abfuhren. So ein Abenteuer kann nur drei Personen zustoßen, »Harry Lorrequer«[1], »Handy Andy«[2] und »Jenny Marx«. Wir mußten umsteigen, wie ich schon sagte, und Jenny stieg statt in ein »Damen«-Coupé in ein »Raucher«-Abteil. Und da stiegen natürlich dann mehrere Herren ein, vor allem Franzosen. Sie trugen Brillen gegen die Seekrankheit! Hast Du je schon so etwas gehört? Unsere Koffer sind überhaupt nicht geöffnet worden. Jenny wurde nur gefragt, ob die Sachen darin für unseren persönlichen Gebrauch seien. Paul und Laura haben uns am Bahnhof abgeholt. Beide sahen sehr gut aus. Paul hätte ich fast nicht wiedererkannt. Er hat sich einen großen dicken Bart wachsen lassen und sieht so komisch damit aus, ich mochte ihn lieber ohne Bart. Madame Santi, ihre Haushaltshilfe, ist sehr liebenswürdig, aber arg konfus und ziemlich verrückt. Laura hat sich so über die Kleidchen für Fouchtra gefreut, sie findet sie so schön gearbeitet. Ihre Wohnung wirkt sehr klein nach unserer, aber sie ist sehr hübsch. Sie haben phantastische Möbel, nur Pauls Zimmer ist noch nicht eingerichtet. Ich hoffe, Helen hat den *Irishman*[3] nicht vergessen.

Jetzt, liebe Mama, auf Wiedersehen. Ich gehe mich jetzt um Fouchtra kümmern und muß daher schnell schließen. Dir tausend Küsse und auch Papa, Helen und allen meinen anderen Freunden.

Immer Deine
ELEANOR

Alle lassen Dich herzlich grüßen.

1. *Harry Lorrequer*, Roman von C. Lever.
2. *Handy Andy*, Roman von S. Lover.
3. In Dublin erscheinende Wochenzeitschrift der irischen Nationalisten. Die vierzehnjährige Tussy vergißt also offensichtlich über ihrem reizenden kleinen Neffen und den Pariser Vergnügungen ihre politischen Interessen nicht ganz.

14. Laura an Jenny

47, Rue du Cherche-Midi
9. Mai 1869

Liebe Jenny,
ich schulde Dir großen Dank für Deinen Brief: Es ist wirklich sehr lieb von Dir, daß Du uns bei Deiner beschränkten Freizeit so oft schreibst. Du wirst mir nicht böse sein, daß ich etwas langsam im Antworten bin: Ich weiß nicht, wie die Zeit ganz von selbst vergeht, aber ich finde jedenfalls kaum einen Augenblick, nicht einmal, um schnell ein Blatt mit meinem Geschwätz vollzukritzeln. Mein armer kleiner Mimi hat in letzter Zeit das Haus hüten müssen; er hat ein bißchen Fieber vom Impfen bekommen, aber leider hat der Schnitt in seinen kleinen Arm nicht das gewünschte Ergebnis gezeigt, und ich fürchte, er wird »sich einer zweiten Operation unterziehen« müssen, wie Tussy es nennt. Wir sind alle entzückt von dem kleinen Hut, den Mama ihm mitgebracht hat: Er ist genau das, was wir wollten, besonders wenn wir dann, wie wir immer noch hoffen, ein paar Wochen aufs Land fahren. Wir haben ihn ihm aufgesetzt (den Hut meine ich), und er sieht süß damit aus, mit seinem drolligen starren Pierrot-Blick. Ich finde, er wird immer netter – in seiner Art, nicht im Aussehen – seit Deiner Abreise; er war ja schon sehr lieb, als Du hier warst, aber jetzt lacht er noch viel mehr und ganz laut, und das ist das lustigste Geräusch, das ich mir denken kann. Er hat auch ein gesundes Paar Lungen, aber er schreit nicht mehr, als es ihnen gut tut.
So viel zu Mimi: Jetzt zu Mama. Es tut mir so leid, daß Möhme, während sie hier ist, so mit ihrem Gehör zu tun hat: Es verdirbt ihr den ganzen Aufenthalt. Zuerst dachte ich, es sei einfach nur einer

Erkältung zuzuschreiben, aber jetzt fürchte ich allmählich, daß es etwas ziemlich Ernstes sein könnte. Natürlich würde sie nicht viel von einem Theaterbesuch haben: Paul schlug vor, daß wir in die *Opéra Comique* gehen sollten, aber Mama sagt, sie wolle lieber ein Stück sehen – etwas richtig Pariserisches. Aber Du weißt, »etwas richtig Pariserisches« bedeutet, daß die Ausdrücke einen Doppelsinn haben, und um den zu erfassen, muß man scharf hören. Ich hoffe aber, daß in ein paar Tagen ihr Ohr besser wird; in der Zwischenzeit werde ich versuchen, sie in *Vert–Vert* zu schikken, die neue Operette, die halb Paris (die weibliche Hälfte) hingerissen hat. Capoul, der *tenorino*, singt darin, Du hast sicher von ihm gehört.

Ich bin äußerst empört über das Benehmen dieser Familientyrannin Mrs. Monroe in bezug auf die Bezahlung der Dienste, die Du ihr geleistet hast (wie Proudhon sagen würde). Es ist natürlich reine Vergeßlichkeit, aber es ist kurios, wie Geld-Schulden das beste Gedächtnis schwächen. Was Deine Ausbeutung durch die Äpfelchen angeht, die nicht weit von diesem majestätischen weiblichen Stamm gefallen sind, wirst Du dem hoffentlich ein Ende setzen. Warum bringst Du ihre erhabene Mutter nicht dazu, ihnen ihr kommerzielles Geschmiere zu redigieren? Gib ihr zu verstehen, daß sie auf diese Weise ihre Kinder ewig unter dem Daumen halten kann – ja, unter dem kleinen Finger. Sie scheinen eine Schar Dummköpfe, und der Königin Monroe kann es doch nicht besonders schwer fallen, über so ein Volk zu herrschen.

Übrigens, die *Renaissance* – die letzte Ankündigung, daß sie am zwölften erscheinen würde, war ein falscher Alarm – wird erst nach den Wahlen gedruckt werden können.

Moilin hat vor ein paar Tagen geschrieben und Paul aufgefordert, ihn zu besuchen. Paul tat es und erfuhr, daß der große Doktor Versammlungen bei sich zu Hause abhält, sich eine Gruppe von Anhängern seiner Theorien und Prinzipien geschaffen hat, die er als seine »Partisanen« hochstilisiert, und – zur Krönung des Ganzen – daran denkt, eine Zeitschrift herauszugeben (eine ökonomische). Er hatte die Unverschämtheit, Paul um Beiträge anzugehen, und bat ihn auch, ihm Redakteure für seine zukünftige Zeitschrift zu verschaffen. Wenn ich daran denke, wie er sich Paul gegenüber letzt-

lich verhalten hat, muß ich das ganz schön kaltblütig nennen. Er lud Paul auch ein, ... (Der Brief ist unvollständig)
Liebe Grüße an Nicky [1] von uns allen und von seiner Frau.

1. Nicky oder Old Nick, Kosenamen für Marx

Kaum aus Paris zurück, verreist Tussy von neuem. Diesmal geht es mit ihrem Vater zu Engels nach Manchester, wo sie vom 25. Mai bis zum 14. Oktober 1869 bleibt und während dieser Zeit Engels und Lizzie Burns auf einer kleinen Irlandreise begleitet. Dieser Aufenthalt in Irland bestärkt sie noch in ihren pro-irischen Gefühlen. Marx kehrt am 14. Juni nach London zurück und macht Anfang Juli eine Blitzreise nach Paris (unter dem Namen Williams, um der Aufmerksamkeit der Polizei zu entgehen). Er möchte nicht nur Laura, die schwer erkrankt war, wiedersehen, sondern auch Fragen, die Pauls Zukunft angehen, regeln.

Am 1. Juli 1869 zieht sich Engels endgültig aus der Textilfabrik Ermen und Engels zurück. Von nun an wird es ihm möglich sein, für die finanzielle Stabilität der Familie Marx zu sorgen und sich seinem persönlichen Werk zu widmen.

Die beiden folgenden Briefe geben einen Einblick in Engels' Privatsphäre und in die Freizügigkeit, die in seinem Haushalt herrschte.

15. Eleanor und Karl Marx an Jenny

86, Mornington Street
Stockport Rd.
(Manchester)
2. Juni 1869

Liebe Jenny,

eben haben wir Deinen Brief erhalten, und da Du Dich um Papa zu sorgen scheinst, will ich Dir ohne Aufschub antworten. Ich bin glücklich, Dir sagen zu können, daß es dem lieben Papa *viel* besser geht und daß sein Arm sicher bald wieder ganz in Ordnung ist. Am Freitag fahren Papa, Engels, Moore[1], Jollymeier[2], Mrs. Burns[3], Mary-Ellen[4] und ich nach Yorkshire, einen Freund von Moore besuchen, und wir bleiben von Freitag bis Sonntagabend oder Montagmorgen dort. Ist das nicht fein?

Heute abend gehen wir nach Belle Vue, um das Feuerwerk anzuschauen. Gestern waren Mrs. Burns und ich auf dem Markt, und Mrs. Burns zeigte mir den Stand, wo Kelly Töpfe verkaufte und das Haus, in dem er gewohnt hat. Es war wirklich spaßig, Mrs. Burns

hat mir eine Menge lustiger Geschichten über »Kelly und Daisy⁵«
erzählt, die sie sehr gut gekannt hat, sie hat nämlich bei ihnen ver-
kehrt und hat sie manchmal drei- oder viermal in der Woche besucht.
Papa fährt am Dienstag oder Mittwoch nach Hause, glaube ich wenigstens, aber ich denke, er wird mich noch ein bißchen länger hier
lassen. Papas Hühnerauge hat ihm ziemlich weh getan, deshalb hat
er gestern nacht eine Salbe aufgelegt, die Mrs. B. selbst gemacht hat
und von der sie und Engels behaupten, sie kuriere jedes Hühnerauge. Nächstes Mal, wenn ich Dir schreibe, schicke ich Dir das Rezept
für Helen, heute kann ich nicht, weil ich diesen Brief so schnell wie
möglich schließen muß, damit Du ihn morgen früh bekommst. Ich
habe das Schondeckchen, das ich gemacht habe, fertig und muß
jetzt nur noch die Fransen dranknüpfen. Der arme Lessner! Es hat
mir so leid getan, daß der Arme nach Brasilien geht. Wird er Nelly
mitnehmen oder sie bei der Großmutter lassen? Jetzt, liebe Jenny,
lebwohl, denn Papa möchte sicher noch ein paar Zeilen dazuschreiben. Ich umarme Euch alle und grüße Dich von Herzen
Deine Dich liebende SCHWESTER

Es freut mich, daß Dir *Willy Keilly* gefällt. Du mußt auch *Body The
Mover* lesen.

Lieber Kaiser,
das Ding unter dem Arm war kein Karbunkel, sondern eine andere Art
Abszeß, der mich sehr geplagt hat, aber seit gestern schnell abheilt. Es
war ein Glück, daß ich in Manchester war. Es hätte sonst eine dumme
Geschichte werden können. Es geht mir jetzt wieder ganz gut.
Ich hoffe, im Lauf der nächsten Woche nach Hause zu kommen.
Tussy wird wahrscheinlich länger in Manchester bleiben. Nach den
Zwängen, die sie sich in Paris hat auferlegen müssen, fühlt sie sich
hier wohl wie ein eben flügge gewordenes Vögelchen.
Ich hoffe, Lessners Aufbruch nach Brasilien ist noch nicht endgül-
tig entschieden. Es tut mir sehr leid, daß ich nichts für ihn tun kann.«
In Deiner Freundlichkeit scheinst Du Dich ja am letzten Sonntag
bei diesem endlosen *tête-à-tête* geopfert zu haben.
In bezug auf Lafargues Zeitschrift habe ich kein gutes Gefühl. Ei-

nerseits würde ich gerne Blanqui[6] einen Gefallen tun. Andererseits lassen mir meine anderen Beschäftigungen kaum Zeit dazu, und dann fürchte ich vor allem, beim alten Lafargue in den Verdacht zu geraten, ich würde seinen Sohn zu unzeitiger politischer Aktion antreiben und ihn seine beruflichen Pflichten vernachlässigen lassen. Wie die Dinge im Augenblick stehen, hat er nicht viel Grund, sich über seine Verbindung mit der Familie Marx zu freuen.

Und jetzt, Liebe, auf Wiedersehn, lebwohl und Grüße an alle

Dein Diener

OLD NICK[7]

1. Der Rechtsanwalt Sam Moore war ein enger Freund von Engels und wurde später einer seiner Testamentsvollstrecker.
2. Kosename des Chemikers Schorlemmer, eines anderen intimen Freundes von Engels
3. Lizzie Burns war Engels' Lebensgefährtin, die er an ihrem Totenbett 1878 heiratete.
4. Mary-Ellen Burns (Pumps genannt), Lizzies Nichte.
5. Thomas Kelly und Timothy Deasy (den Mrs. Burns wie *daisy* ausspricht) waren zwei Offiziere der 1861 gegründeten revolutionären irischen »Fenier«-Bewegung, die sich der polizeilichen Verfolgung hatten entziehen können.
6. Blanqui wollte die Zeitschrift *La Renaissance* herausgeben.
7. Dieser Brief von Marx ist 1958 von Emile Bottigelli in den *Annali dell'Istituto Giangiacomo Feltrinelli* auf englisch veröffentlicht worden.

16. Eleanor an Jenny

(Manchester) 20. Juli 1869

Liebste kleine Jenny,

eben habe ich Deinen lieben Brief bekommen, und obwohl ich die ganze Woche mit mir geschimpft habe, weil ich Dir nicht geschrieben habe, konnte ich mich einfach nicht zusammennehmen und mich zum Schreiben hinsetzen, aber jetzt habe ich mich wirklich sehr über mich geschämt, als ich sah, daß Du so lieb warst, mir Faulpelz zu schreiben. Eine Entschuldigung habe ich, diese verwünschte Hitze nämlich. Am Samstag war es so heiß, daß wir, das heißt Tantchen, ich und Sarah [1], uns den ganzen Tag auf den Fußboden legten und Bier, Weißwein usw. tranken. Engels, der arme Kerl, war bei einem Picknick, wo ungefähr dreißig Personen waren, darunter eine Menge »Zeitschriftendamen« (wie Moore sagt), und die unglücklichen »Herren der Schöpfung« mußten den ganzen Tag diesen »niedrigerstehenden Geschöpfen« den Tribut ihrer Aufmerksamkeit zollen. Als Onkel am Abend nach Hause kam, fand er Tantchen, Ellen und mich alle der Länge nach auf dem Fußboden liegen, ohne Korsett, ohne Schuhe, mit nur einem einzigen Unterrock und einem Baumwollkleid an, und Ellen erzählte uns irische Geschichten.

Wir denken, daß Jollymeier nächsten Samstag heimkommen wird. Du weißt ja, daß er einen Monat in Deutschland war. Am Abend vor seiner Abreise kam er uns besuchen und hatte dann so schwer »geladen«, daß wir ihm ein Bett machen mußten, und er hat dann auch bei uns geschlafen, weil er nicht mehr nach Hause gehen konnte. Onkel hat vor zwei oder drei Wochen ein paar von seinen Freunden im Handelshaus bewirtet und kam »blau wie eine Haubitze« heim. Liebe Jenny, Du wunderst Dich sicher, daß ich von »Tantchen und Onkel« spreche, aber Du mußt wissen, daß Mrs. Burns bis ungefähr vor einem Monat, eigentlich mehr zum Spaß, darauf bestand, mich mit »Miss Marx« anzureden. Als ich es schließlich nicht mehr länger leiden wollte, kamen wir zu der Übereinkunft, daß ich sie »Tantchen« nennen solle wie Mary Ellen und sie mich Tussy. Wir haben auch die Regel aufgestellt, daß jeder, der mich nicht Tussy nennen würde, sich auf einen Stuhl stellen sollte und sechsmal Tussy sagen, und wenn ich aus Versehen Mrs. Burns sagen würde, müßte ich »Tantchen« sagen. An dem Abend nannten sie mich alle »Miss Marx«, und ich stellte sie, Tantchen und Moore und Jollymeier und Sarah, in einer Reihe auf und ließ sie 24 mal Tussy sagen. Engels habe ich mir angewöhnt, »Onkel« zu nennen, weil ich höre, daß Mary Ellen ihn so anredet.

Jenny, mein Liebling, Du sagst, ich hätte Dich vergessen. Du darfst aber sicher sein, (»acushla ma chrec«), daß ich das nicht tun werde.

In der Tat rede ich so oft von Dir, daß alle wollen, Du wärst hier.

Lebwohl jetzt, laß es Dir in Eastbourne so gut gehen wie nur möglich.

Deine Dich liebende Schwester
TUSSY

Wie gut Du mit den Monroes zurechtkommst! Tantchen läßt Dich herzlichst grüßen und Onkel auch.

Der Prinz und die Prinzessin von Wales kommen morgen durch Manchester. Wir gehen gucken. Wäre das spaßig, wenn eine Kinderschar singen würde: »Der Prinz von Wales / der hohe Gast / stahl ein' Maß Ale / und hockt im Knast.« Das wird hier oft gesungen, vielleicht tun sie's wirklich morgen. Mit dem Knast meinen sie Belle Vue, das große Zuchthaus hier.

1. Engels' Hausmädchen.

Nach einem Aufenthalt in Boulogne kommen Laura, ihr Mann und das Kind nach London, von wo sie am 19. Oktober wieder abreisen. Laura ist wieder schwanger, aber dieses zweite Kind, die kleine Jenny, wird nur ein paar Monate leben.

Marx, der mit Jenny bei den Kugelmanns in Hannover ist, kehrt am 11. Oktober nach London zurück, gerade noch rechtzeitig, um die Lafargues zu sehen.

Nach ihrer Rückkehr nach Paris tritt für Laura die Politik in den Vordergrund. Der Erfolg der Opposition bei den Wahlen im Mai 1869 (über dreißig Republikaner wurden gewählt) feuert die Agitation an; es wird immer häufiger gestreikt und es kommt zu der berühmten Episode von La Ricamarie. Die Eröffnungssitzung der gesetzgebenden Versammlung, die auf den 26. Oktober festgesetzt war, wird auf den 29. November verschoben. Die Abgeordneten der Linken beschließen, am 26. demonstrativ zur Kammer zu ziehen, und rufen die Pariser Bevölkerung zu einer Massenkundgebung auf. Sie verzichten dann aber auf dieses Vorhaben, und die Demonstration findet nicht statt.

17. Laura an Jenny

(Paris) Montag, den 25. Oktober
(1869)

Liebe Jenny,

Du mußt nicht über meine Faulheit schimpfen: Ich hätte Dir sofort geschrieben, wenn ich die Zeit dazu gefunden hätte. Aber mit Schnappy und dazu all den Sachen, die es in unserer Wohnung zu richten gab, denn wir hatten sie nicht gerade mustergültig aufgeräumt verlassen, hatte ich letzte Woche einfach zu viel zu tun.

Ich hatte vor, Dir von unserem neuen Bekannten, M. Keller[1], zu berichten und hatte Paul gesagt, er solle sich ein anderes Thema für seinen Brief suchen, was er versprochen hat: Aber wenn ich jetzt seine Epistel überlese, muß ich feststellen, daß er Dir schon alles, was man nach einem einzigen Besuch sagen kann, mitgeteilt hat, und ich will Dir deswegen Wiederholungen ersparen.

Seit unserer Rückkehr nach Paris bin ich kaum aus dem Haus ge-

56

kommen, ich kann Dir daher von Paris nichts berichten, was ich auf der Straße gesehen hätte. Was die Zeitungen angeht, so hast Du die auch in London und hast sicher alles über das Geschrei gelesen, das sie hier über die für den 26. geplante und dann in letzter Minute abgeblasene Demonstration gemacht haben. Du hast vermutlich Raspails Brief gesehen: ein bißchen lang, nicht? Der arme Kerl ist in einer schmutzigen Ecke gelandet und muß sich in der Kammer inmitten lauter Honorables und Irréconciliables sehr unbehaglich fühlen. In der letzten Zeit haben ein paar private Versammlungen stattgefunden, bei denen die Herren Favre, Pelletan und Bancel ganz schön weit gegangen sind: Sie werden immer ungeschickter, diese Abgeordneten der »Linken«. Jules Simon scheint den faulen Zauber zu riechen und zeigt sich un peu moins doux que d'habitude[3].

Vom »Streik« der Angestellten[4] wirst Du gehört haben. Er ist hier ein großes Gesprächsthema.

Mein kleiner Schnaps gedeiht prächtig: Hampstead scheint ihm ungeheuer gut bekommen zu sein. Er ist noch nie so gesund und lustig gewesen wie jetzt. Er wird so lebhaft und unruhig, daß Paul ihn in seinem Bettchen anbinden muß, um einen »schrecklichen« Unfall zu verhindern, und das Kinderstühlchen, auf dem er sitzt, müssen wir wohl bald am Fußboden festschrauben, wenn er es weiter benutzen soll. Er wird wirklich ein drolliges Kind. Er will jetzt, daß man stundenlang mit ihm spielt und ihn herumwirft.

Ich freue mich auf Nachrichten von Dir und Deinen Heldentaten bei den Monroes. Laß mich wissen, ob Du wieder neue Eroberungen gemacht hast, ob es jetzt altjüngferliche Damen sind oder junge Iren. Danke Mama von mir für ihren Brief.

Herzliche Grüße an alle, Groß und Klein, und ich hoffe, den einen oder den andern von Euch im Frühling zu sehen.

Ich bleibe, liebe Jenny,
in Liebe Deine Schwester
LAURA

Sag Helen, daß ich nicht glaube, daß wegen ihrer goldenen Brosche zur Zeit was zu machen ist; aber sie soll ja nicht denken, wir hätten es aufgegeben und suchten nicht weiter. Lieber Gott! Das hieße ja, unser Vermögen zum Fenster hinauswerfen!

Möchtest Du mir bitte Caroline Schmalhausens[5] – Smiths meine ich natürlich – Adresse schicken? Sie hat mir ihre Hochzeit angezeigt. Ich muß ihr schreiben.

1. Charles Keller hatte mit der französischen Übersetzung vom *Kapital* begonnen, er sollte sie aber nicht zu Ende führen.
2. *Honorables* ist der Spottname für die Abgeordneten. *Irréconciliables* (Unversöhnliche) wurden die Republikaner um Gambetta genannt, die jeden Kompromiß mit dem Kaiserreich zurückwiesen.
3. etwas weniger sanft als sonst.
4. Streik der Pariser kaufmännischen Angestellten, einer der ersten dieser Berufsgruppe. Die Internationale Arbeiterassoziation hat die Streiks des Jahres 1869 stark unterstützt und großen Zuwachs an Mitgliedern bekommen.
5. Nichte von Marx, Tochter seiner Schwester Sophie.

Anfang Januar bringt Laura eine Tochter, Jenny (Schnapine oder Maigriotte genannt), zur Welt, die Ende Februar stirbt.

18. Paul Lafargue an Jenny (auf französisch)

(Paris) 9. Januar 1870

Liebe Jenny,

ich sehe, daß Sie wieder Quecksilber in den Fingern hatten; nun, umso besser! Nur, was mich ärgert, ist, daß erst Schnapine ankommen mußte, damit Sie so brieffreudig wurden, in bezug auf's Schreiben, meine ich. Zugegeben, ich darf Ihnen nicht den Prozeß machen, denn ich habe selbst ein schlechtes Gewissen.

Beruhigen Sie Hélène und alle anderen Familienmitglieder über Schnapines Schicksal; sie ist zwar mager, aber sie ist ein wahrer Teufel an Lebenslust, was sich in ohrenzerreißendem Geschrei ausdrückt, wenn der Hunger ihr ins Bäuchlein zwickt und sie nicht auf der Stelle befriedigt wird. Seit ihrer Geburt tut sie nichts anderes als trinken und schlafen, sie trinkt, um zu schlafen, und schläft, um zu trinken, was aber nicht heißt, daß sie nicht auch ihre anderen Funktionen erfüllt. Ich muß darauf hinweisen, daß sie seit ihrer Geburt auch nicht den Schatten einer Kolik gehabt hat, und das ärgert die Hebamme, die wie alle Hebammen ein Interesse daran hat, Ammen zu vermitteln, und uns gerne eine schicken würde. Ich habe ihr aber gesagt, ich würde, wenn das Kind keine Kuhmilch verträgt, eine Amme aus London kommen lassen, und das hat ihr den Mund geschlossen. Dann hat sie aber angefangen, mir wegen der Kindernahrung auf die Nerven zu gehen, das Kind braucht dies, das Kind braucht das; geben Sie ihm Wasserschleim, reiben Sie ihm einen Apfel, das ist Balsam für den Magen! Aber ich habe mir die Ohren verstopft und mich von eiserner Entschlossenheit gezeigt, ich bin felsenfest geblieben. Und da es dem Kind prächtig geht und es sich so schön macht, bin ich stolz auf meinen energischen Entschluß. Laura geht es diesmal viel besser als beim ersten Mal, ich glaube, in ein paar Tagen wird sie das Zimmer verlassen können, was ich mit großer Ungeduld erwarte.

Sie sehen also, womit wir uns beschäftigen, ich habe einen Kranken und zwei Hilflose zu pflegen; und ich muß zur Schande von

Schnaps sagen, daß er mir von allen dreien die größte Mühe macht. Allerdings ist er in letzter Zeit vorbildlich lieb und nett, und er nimmt ganz schrecklich zu, bald wird er ein fettes kleines Schweinchen für den Markt sein. Ich sage Ihnen das alles, damit Sie mich bei Mme. Lormier dafür entschuldigen, daß ich ihr nicht geschrieben habe, um ihr die gute Nachricht anzukündigen. Sie muß sich jetzt ja freuen, sie schwärmt ja nur für Mädchen und schaut verächtlich auf Jungen herab. Sagen Sie ihr auch, daß wir ihr unendlich dankbar sind für ihr Angebot und daß es uns in Versuchung geführt hätte, besonders auch wegen (Tintenfleck) der erleichterten Zahlungsbedingungen, aber ich will nicht in das Viertel ziehen. Ich habe vor, ihr deswegen noch zu schreiben.

Danken Sie Hélène für die fünf Franken, sagen Sie ihr, daß wir im Moment reich sind, aber daß wir uns, falls wir in ein paar Monaten wegen unseres Umzugs etwas brauchen, an sie wenden werden. Wir rechnen damit, im April aus unserer Rue Cherche-Midi auszuziehen, und ich werde mich jetzt auf die Suche nach einem kleinen Haus mit Garten machen; ich glaube, ich finde schon eins [1]...

Grüße an alle; ich drücke Ihnen herzlich die Hand

P. L.

1. Erst im Juli ziehen die Lafargues aus der Rue du Cherche-Midi aus und richten sich in Levallois, Place de la Reine-Hortense 7, ein.

19. Laura an Jenny

(Paris) 9. Februar 1870

Liebe Jenny,

was für eine Freude zu hören, daß es dem armen Challey wieder besser geht, ich danke Dir für Deinen Brief mit der Nachricht von seiner Genesung [1]. Seitdem ich zuletzt von Dir gehört habe, hatte ich viel mit den Kindern usw. zu tun, sonst hättest Du schon früher einen Brief bekommen. Ich hatte mich erkältet und hatte eine Halsentzündung und bin wieder ins Haus gebannt gewesen, was mich allmählich ungeduldig macht. Doch ich hoffe, in den nächsten Tagen wieder auf freien Fuß zu kommen ...

60

Monsieur Schnaps und Mademoiselle Schnapine haben gerade ihr letztes neues Duett gesungen: Ich könnte es mir etwas harmonischer vorstellen, obwohl ich vermutlich weniger darauf achten würde, wenn ihre Musik hübscher und melodiöser wäre, und die verwünschten kleinen Luder scheinen das auch zu denken.

... Eben habe ich Schnaps mit Madame Santi zum Spazierengehen geschickt und meiner kleinen Maigriotte eine Flasche Milch gegeben, über der sie eingeschlafen ist. Jetzt kann ich weiterschreiben.

Paris ist heute in einem Zustand größerer Aufregung als gewöhnlich: Rochefort ist nämlich gestern verhaftet und nach Ste. Pélagie[2] gebracht worden. Sämtliche Herausgeber der Marseillaise[3] stehen unter Arrest oder werden polizeilich gesucht: Das Blatt hat daher heute nicht erscheinen können. Gestern abend waren die Arbeiterviertel in Aufruhr, in vielen Straßen sind Barrikaden oder so etwas Ähnliches errichtet worden. Ich weiß nicht, wie weit die Unruhen dieses Mal gehen werden, aber was mich eigentlich überrascht, ist, daß es nicht schon vorher zu etwas Ernsthaftem gekommen ist. Seit letztem Juni sind die Leute in ununterbrochener Erregung gehalten worden: die Regierung, die gegenwärtig durch den bebrillten Judas Ollivier repräsentiert wird, macht einen Pfusch nach dem andern und provoziert geradezu eine Volkserhebung. Du hast ja Excitations à la révolte von Paul de Cassagnac[4] gelesen. Victor Noirs Ermordung und die Parteilichkeit, mit der sein Mörder behandelt wurde, haben der Agitation und Erbitterung der charognes (frz.: charogne = Aas), wie sie sich jetzt selbst nennen, frische Impulse gegeben. Die öffentlichen Versammlungen, die in allen Stadtteilen von Paris abgehalten werden, halten die Bewegung in Gang und schüren die Empörung.

Letzten Abend waren es wie gewöhnlich, glaube ich, die Pariser Straßenjungen, die als erste ans Barrikadenbauen gingen. Und seit Noirs Tod und Olliviers Erfolg haben die Frauen eine Wut auf den Kaiser: Wenn Du die Subskriptionsliste für Noirs Denkmal liest, wirst Du sehen, wie »exaltiert« sie sind und was für eine große Rolle sie in der ganzen Angelegenheit spielen. Ein paar Unterschriften sind kurios und einige natürlich lächerlich. Doch genug davon.

Du wirst gleichzeitig mit diesen Zeilen die Zeitungen bekommen, aus ihnen wirst Du alles erfahren, was wir bis jetzt wissen.

Wie geht es Euch allen? Challey geht es also wieder gut, und ist Helen jetzt wieder wohl?

Paul war am letzten Montag bei der Versammlung von Monsieur Diaf(i)orus[5]: Der gelehrte Doktor scheint mit seinen dreißig Männern inzwischen ganz nach seinem Belieben umzuspringen. Er herrscht offensichtlich durch seine große Gelehrsamkeit über seine Zuhörerschaft und auch durch eine riesige Glocke, die er bei dem leisesten Aufruhr schwenkt.

Ich weiß nicht, ob ich Dir erzählt habe, daß Madame Paule Mink, die hier auf vielen Volksversammlungen gesprochen hat, uns ein- oder zweimal besuchen gekommen ist. Sie ist eine sehr schlichte, liebenswerte und, meinem Eindruck nach, intelligente Person, aber sie kann einem auf die Nerven gehen, wenn sie auf das Thema *les devoirs* (frz.: die Pflichten) der Frauen zu sprechen kommt. Ich nehme an, Du hast ihre *Mouches et araignées*[6] gelesen, die ich persönlich *nicht* besonders gut finde, abgesehen von der lobenswerten *Zielsetzung* der Zeitung natürlich. Paul hat sie ein paarmal besucht und mag sie sehr gern.

Sassonov war ab und zu bei uns, er steckt tief in Schulden und muß demnächst Los ziehen, ob er seinen Militärdienst jetzt machen muß.

Von Keller haben wir in letzter Zeit nichts gehört, Paul hat ihn seit Geraumem nicht mehr besucht. Vermutlich ist er wie gewöhnlich mit aller möglichen Propaganda beschäftigt, vom Atheismus und der Frauenemanzipation bis zum Turnen hinunter, für welch edle Übung er sich tapfer schlägt.

Ich wäre froh zu erfahren, wie er mit Challeys Buch zurechtkommt. Er hält begeisterte Lobreden auf den *Brumaire*[7]. Leider habe ich mein Exemplar opfern müssen, und mein Ex-Meister scheint nicht vorzuhaben, mir wieder eins zu schicken.

Neulich haben Paul und ich abends einer Champagner-Flasche den Hals gebrochen – es war die Flasche, die ich zu Weihnachten geschenkt bekam – und auf Challeys schnelle Wiederherstellung und auf Euer aller Gesundheit getrunken. Ich hoffe, Ihr habt alle eine gute Wirkung gespürt.

Meine kleine Maigriotte gedeiht gut, seit zwei oder drei Tagen ist sie nicht mehr ganz so brav und still wie früher, aber sie wird dicker.

Schnaps wächst zu einem reizenden Kerlchen heran, Ihr könnt Euch gar keine Vorstellung von seinen tausend lustigen Einfällen und Gesten machen: nichts ist drolliger, als wenn er Maigriottes Köpfchen zu fassen kriegt, er reibt und streichelt ihr das Gesicht, faßt sie an der Nase und spielt mit ihren Händchen und Füßchen. Er hat ein bißchen Angst vor ihr, und wenn sie weint, möchte er eigentlich auch weinen. Er schaut dann auf uns, um zu sehen, was er tun soll, und wenn er uns lachen sieht, dann bricht er auch in Gelächter aus und jauchzt und kräht. Er ist ein drolliges, liebes Kind.

Wir ziehen im Juli um; oder schon vorher, wenn wir eine freie Wohnung oder ein Haus finden. Paul möchte nach Neuilly ziehen, weil wir dort leicht etwas mit Garten finden können und überhaupt dort in jeder Beziehung das Leben billiger ist. Neuilly liegt außerhalb Paris, was mich davon abhält, den Gedanken so gut zu finden. Nun, wir werden sehen.

Das Blatt ist vollgeschrieben und so verabschiede ich mich von Dir in der Hoffnung, bald etwas von daheim zu hören.

Immer, liebe Jenny,

Deine anhängliche

LAURA

Paul schickt Dir *L'homme sauvage*, als Bestätigung Deiner Theorie der Willenskraft, sagt er.[8]

1. Marx hatte einen Abszeß mit Ganglienentzündung.
2. Rochefort, Chefredakteur der *Marseillaise*, wurde am 8. Februar 1870 während einer Wahlversammlung in einem Arbeiterviertel von Paris festgenommen und ins Gefängnis Ste. Pélagie gebracht. Am 22. Januar war er wegen seines Artikels über die Ermordung des Journalisten Victor Noir durch den Prinzen Pierre-Napoléon Bonaparte zu sechs Monaten Gefängnis verurteilt worden.
3. Von Rochefort gegründete Tageszeitung, die von Dezember 1869 bis September 1870 erschien; sie wurde zum offiziellen Organ der Internationale.
4. Cassagnac, der Leitartikler des *Pays*, beschuldigte Rochefort und seine Freunde der Unruhestiftung, vor allem anläßlich der Kundgebungen bei der Beerdigung von Victor Noir und dann einige Tage später, als er selbst

63

bei einer Aufführung von Victor Hugos *Lucrèce Borgia* angegriffen wurde.

5. Diafiorus heißt der lächerliche Arzt in Molières *Eingebildetem Kranken*, gemeint ist hier Dr. Moilin.

6. Fliegen und Spinnen

7. *Der 18. Brumaire des Louis Bonaparte* war zunächst 1852 in New York in der deutschsprachigen Zeitschrift *Die Revolution* erschienen. Die französische Übersetzung sollte erst 1891 herauskommen.

8. Es könnte sich um Cleri Malèges 1864 erschienenes Buch *L'Homme sauvage et l'homme civilisé* handeln. In den sechziger Jahren des 19. Jahrhunderts wurden zahlreiche Bücher über dieses Thema veröffentlicht.

Im Jahr 1870 nehmen in Frankreich die Streiks beträchtlich zu. Die französische Sektion der Internationale, die sich Anfang 1865 auf im wesentlichen mutualistischer Basis formiert hatte, erkennt allmählich die Notwendigkeit des politischen Kampfes. Ihr Einfluß erstreckt sich auf die Provinz, und im Frühjahr 1870 kann sie mit mehreren zigtausend Anhängern als Massenorganisation auftreten. Die durch diese anschwellende Massenbewegung beunruhigte Regierung beschließt, am 8. Mai 1870 in einem Volksentscheid über eine geschickt formulierte Frage abstimmen zu lassen: »Das Volk billigt die liberalen Reformen, die der Kaiser seit 1860 im Rahmen der Verfassung auf dem Weg der staatlichen und rechtlichen Verwaltung durchgeführt hat, und bestätigt den Senatsbeschluß.« Darauf mit »ja« zu antworten, hieß praktisch freie Hand für das Second Empire. Die Antwort »nein« bedeutete die Verwerfung der liberalen Reformen. In einem Manifest fordern die Internationalen zur Stimmenthaltung auf. Am 30. April beschließt die Regierung die Verhaftung aller Mitglieder der Internationale in Paris und in der Provinz.
Am 19. Juli 1870 erklärt Frankreich Preußen den Krieg.

20. Laura an Jenny

47, Rue du Cherche-Midi
20. März 1870

Liebe Jenny,
hoffentlich bist Du mir nicht böse wegen meines Schweigens, denn ich habe keine Entschuldigung, außer daß mich der Tod meiner armen kleinen Jeannie so mitgenommen hat, daß ich weder ans Schreiben noch ans Lesen denken konnte.
Ich muß Dir zu Deiner Korrespondenz für die *Marseillaise* gratulieren[1]. Du darfst über Deinen Erfolg geschmeichelt sein, ich kann Dir nämlich versichern, daß nicht jeder in seinen Beziehungen zu dieser Zeitung so erfolgreich ist wie Du. Falls Dir Tooleys Bemerkungen an Dich etwas überkritisch vorkommen sollten, schreib es einfach einem amour-propre d'auteur qui a été un peu froissé[2] zu, er hat eine Pechsträhne gehabt. Während der Haft der Redakteure

der *Marseillaise* hat Paul nämlich verschiedene Versuche gemacht, bei dieser Zeitung Fuß zu fassen, aber immer umsonst. Dubosc, das Individuum, das zeitweilig die *Marseillaise* unter sich hatte, empfing Tolley jedesmal, wenn er mit einem Artikel in der Redaktion erschien, mit offenen Armen und der gewöhnlichen Portion von französischem Enthusiasmus. Paul war sein bester Freund; nach ein paar Minuten ihrer Bekanntschaft war Dubosc schon sein Busenfreund und Bruder, bereit, sein Leben für ihn hinzugeben oder, falls das nicht nötig werden sollte, jedenfalls bereit, soviel seiner linge sale (frz.: schmutzige Wäsche) mit ihm zu waschen, wie er nur wollte. Er erklärte, Pauls Arbeiten seien erstklassig und versprach, jeden Artikel zu veröffentlichen, den er nur bringen würde.

Keine einzige Zeile ist erschienen, wie Du Dir vorstellen kannst: Paul rannte dauernd auf die Redaktion, das einzige, was er erreichte, waren durchgelaufene Stiefelsohlen. Jaclard, Regnard und andere Freunde Pauls sind von diesem Gentleman ebenso behandelt worden. Als dann einige der Redakteure wiederkamen, stellte es sich heraus, daß M. Dubosc ein höchst verdächtiger Mann ist, er ist von der »gauche« bezahlt und ins Feindeslager gesetzt worden, um die Zeitung der *sainte canaille* (frz.: heilige Kanaille) in eines dieser Blätter zu verwandeln, die jetzt *honnête et moderne* (frz.: anständig und modern) heißen.

Aber leider muß ich sagen, daß es Tooley, seitdem die *Marseillaise* wieder in den Händen ihrer rechtmäßigen Redakteure ist, auch nicht besser erging; auch die Versuche mehrerer Freunde von ihm, dort etwas zu veröffentlichen, sind erfolglos gewesen.

Du siehst nach all dem, was ich Dir erzählt habe, daß Du großes Glück bei der Redaktion der *Maiseillaise* hast. Die Frage, die Du in Deinen Briefen behandelst, ist wirklich von allergrößter Bedeutung: Keine Zeitung hier kümmert sich auch nur im geringsten um englische Angelegenheiten, oder wenn sie es doch mal tun, dann nur, um England als ein Eldorado zu schildern und englische Gesetze und Sitten comme tout ce qu'il y a de mieux dans le meilleur des mondes possibles (frz.: i. O.)[3]. Die *Marseillaise* selbst hat England eine Zeitlang als Folie gebraucht, von der sich die französischen Mißstände abheben sollten. Es ist wirklich sehr gut – vor allem, da die Gladstonianer die Meinung ihrer französischen Nachbarn zu

66

fürchten scheinen –, daß den Parisern einmal gezeigt wird, daß zwischen den beiden Regierungen so gut wie kein Unterschied besteht. Die Korrespondenz aus Modena Villas [4] ist in jeder Beziehung erstklassig.

Paul hat seit ein paar Wochen viel zu tun. Er schreibt eine Artikelreihe über Victor Hugo, und da er dazu den größten Teil seiner Werke wiederlesen und viele Bücher konsultieren muß, um hinter das Geheimnis der politischen Karriere de cet homme immense (frz.: dieses ungeheuer großen Mannes) zu kommen, wird er eine Zeitlang brauchen, bis er mit seiner Biographie durch ist.

Paul läßt Dich bitten, ihm doch, in eine Zeitung oder sonst etwas eingelegt, Hugos Pamphlet über Napoléon Le Petit zu schicken. In London ist es sicher leicht zu finden; hier ist es nicht zu bekommen.

Das Wetter ist weiterhin schrecklich. Als ich mein Tuchkleid mit meinem schwarzen Seidenkleid vertauschte, habe ich mich so erkältet, daß ich für zwei oder drei Tage völlig die Stimme verlor. Gegenwärtig bin ich wieder in Ordnung. Schnappy, der diesen Winter so lange ins Haus verbannt war, darf jetzt wieder seinen täglichen Spaziergang machen und ist so munter wie je. Ich will gar nicht erst versuchen Dir zu beschreiben, was er alles macht. Er ist ein richtiger kleiner Affe, der jedes Wort, das man sagt, und jede Geste, die man macht, nachahmt. Wir haben ihm vor ein paar Tagen einen kleinen Wagen gekauft, der ihn entzückt, denn da er immer sein eigener Cromwell sein will, mag er es gar nicht, wenn man ihn ans Gängelband nimmt, und stellt sich lieber vor, er kutschiere selbst, während er am Zügel geführt wird. Sein Wagen fördert bei ihm diese »douce illusion« (frz.: süße Illusion), die er mit so vielen Menschen teilt.

Die Richards haben uns in der ersten Januarwoche einmal besucht, aber ich habe sie nicht gesehen. Arme Alice! Ich an ihrer Stelle würde eher in die Themse gehen, als mich wieder in dieser Gruft für Lebende in der Surrey Street begraben lassen. Sie hat mir während ihres Aufenthalts hier zweimal geschrieben; anscheinend hat ihr Paris nicht besonders gefallen, sie sprach nämlich mit Entzücken von einer Rückkehr nach London, wo sie einen Besuch machen wollte. Daß ihr Mann am Sonntag Besuche machte – was er sich hier angewöhnt hat –, scheint noch zu ihrer Unzufriedenheit beigetragen zu haben.

Alice Cunningham hat mir vor ungefähr sechs Wochen einen langen lieben Brief geschrieben. Sie ist jetzt in Pau am Fuß der Pyrenäen. Sie ist ganz die alte.

Nellys Mann ist in Indien, wo er einen Posten bekommen hat, und Nelly möchte ihm so bald wie möglich nachfahren. Ihre Kinder sind beide gefährlich krank gewesen. Sie selbst scheint seit ihrer Heirat mit dem schönen *Captain* zu verblöden.

Ich muß Dich bitten, Challey und Mama meinen herzlichen Dank für ihre lieben Briefe auszurichten. Schnappy wird demnächst Tussy schreiben. Er hat ihr noch nicht ganz verziehen, daß sie seinen Brief so lange unbeantwortet gelassen hat.

Liebe Jenny, es denkt in Liebe an Euch alle,
Deine Dich liebende Schwester
LAURA

1. Vom 1. bis zum 24. April 1870 erschien in der *Marseillaise* (unter dem Pseudonym William) eine Artikelreihe von Jenny über die Irische Frage.
2. Eigenliebe eines leicht gekränkten Autors
3. als das Beste in der besten aller Welten
4. Die Londoner Wohnung der Marx, wo sie seit 1864 lebten. Der Straßenname wurde 1868 in Maitland Park Road geändert, aber Laura benutzt noch die alte vertraute Bezeichnung.

21. Laura an Jenny

(Paris) Donnerstag, den 9. Juni 1870

Liebe Jenny,

in den letzten Wochen habe ich einfach keine Zeit finden können, um Dir zu schreiben. Schnaps beansprucht den ganzen Vormittag, und den übrigen Tag sind wir in letzter Zeit wie der Ewige Jude herumgewandert. Ich weiß nicht, wie oft wir nach Levallois hinausgefahren sind – das ist der Ort, wo wir hinziehen wollen – und nach einem Haus gesucht haben. Wir hatten ein halbes Dutzend Wohnungen und Vorstadthäuschen im Auge, aber aus irgendeinem Grund konnten wir uns bis jetzt einfach nicht entscheiden. Endlich werden wir uns also jetzt in einem kleinen Haus einrichten – sehr hübsch, aber leider fast ganz ohne Garten. Es hat nur einen kleinen Vorgarten – für Schnaps groß genug –, aber das ist alles. Zum Glück hat das Haus eine gute Lage, gegenüber ist ein offener Platz mit drei Bäumen. Der kleine Mann wird da so schön spielen können, als wäre es unser Privatbesitz.

Wir hatten viele andere Häuser mit großen und wunderschönen Gärten entdeckt, in einigen standen üppig tragende Aprikosen- und Kirschbäume, die einem den Mund wäßrig machten, aber die Häuser lagen alle so einsam – so ganz aus der Welt –, daß an unseren Einzug dort nicht zu denken war. Diebe und Einbrecher treiben gegenwärtig in den Pariser Vororten ganz schrecklich ihr Wesen, und da Paul sehr oft abends spät nach Hause kommt, hätten wir vielleicht sehr teuer für unsere Früchte und Blumen zahlen müssen. Daher haben wir den Wunsch nach einem großen Garten aufgegeben, nicht ohne Bedauern, wie Du Dir vorstellen kannst.

Ich war äußerst überrascht über die Neuigkeit, die Du in Deinem letzten Brief berichtest. Furtado ist also ganz anders, als ich vermutete. Es ist schrecklich schade, daß es mit Deinen Stunden bei ihm nichts ist. Aber der Beruf einer Sängerin – selbst der Pattis und Nillsons – scheint mir äußerst unangenehm. Da ist Schauspielerin schon viel besser, wenn man nicht gerade auf das Geld angewiesen ist, allerdings ist man in beiden Fällen sicher, daß man beim Theater mit ziemlich schlimmer Gesellschaft in Berührung kommt.

Hast Du die Zeitungen, die ich Dir geschickt habe, bekommen? Was hältst Du von dem Scherz im *Figaro*[1]? Hunderte von Personen in ganz Frankreich sind darauf hineingefallen und waren völlig verdattert, als sie die Täuschung entdeckten. Die Journalisten von der *Marseillaise*[2] waren wütend; Paul sagt, »qu'ils riaient jaune«. Hugo, lui a du rire vert, tellement on an ri de ses vers.[3]

Wo ich schon von der *Marseillaise* spreche: Da Du eine ihrer Korrespondenten bist, nehme ich an, daß Dich interessiert, was dort hinter den Kulissen vorgeht. Unter den verschiedenen Redakteuren entsteht mit der Zeit eine immer breitere Kluft. Die meisten von ihnen stehen Rochefort nahe und werden von ihm protegiert, aber Rochefort selbst steht – obwohl er doch der Chefredakteur ist – völlig unter der Fuchtel von Millière, mitsamt der *Lanterne* und dem Rest. Millière ist der *homme sérieux* der Zeitung, Rocheforts

Schulmeister, der seinem Schüler gute oder schlechte Noten verpaßt. *Le petit Henri* hat wie ein fauler Schüler große Angst vor dem Rohrstock und fürchtet, daß er in die Ecke muß. Aber kaum kehrt ihm Millière den Rücken zu, schneidet der Schuljunge Gesichter und spottet über seinen Lehrer. Er fragt jeden, den er sieht: »*Dites-donc, est-ce que vous lisez Millière, vous? Moi, je ne le peux pas, cela m'est impossible. Mais c'est dans les campagnes qu'il est aimé; si vous saviez combien il est lu et apprécié dans les campagnes!*« [4] Nun hat dieser selbe Millière einen Groll auf die eine Hälfte der Journalisten der *Marseillaise* und will sie hinauswerfen, und nicht eben auf die sanfteste Art. Da alle diese armen Kerle schreiben, um ihren Lebensunterhalt zu verdienen, kannst Du Dir denken, in was für einer Verfassung sie jetzt sind. Millière wird natürlich allgemein gehaßt; Rochefort ist beliebt, aber da er in seinem eigenen Königreich nicht regiert, ist seine Freundschaft wenig wert. Jedenfalls wird die Zeitung bei ihrem Wiedererscheinen ziemlich verändert sein.

Die *Libre Pensée* soll jetzt höchstwahrscheinlich eine politische Zeitung werden, die *L'Egalitaire* [5] heißen wird und dreimal in der Woche erscheint. Paul ist, wie Du Dir denken kannst, entzückt; er und Jaclard haben monatelang von nichts anderem geträumt. *Il est si bon de pouvoir placer sa prose quelque part* [6], vor allem, wenn man so ein fruchtbarer Schriftsteller ist wie Tooley! Ich freue mich sehr darüber, denn die Zeitung wird eine neue Fanfare für die Internationale sein, und in einer so guten Sache können es gar nie zuviel Fanfaren werden.

Ich glaube, ich habe Dir schon von Jaclards Russin erzählt. Jetzt sind sie Monsieur und Madame Jaclard. Sie ist Schriftstellerin und, in Rußland ziemlich bekannt. Paul hat sie oft in der Bibliothek getroffen und interessiert sich sehr für sie. Du weißt, daß Tooley früher nichts von Frauen außerhalb der Küche oder des Ballsaals hören wollte: jetzt sieht er sie lieber im Lesesaal. Er ist eben recht wandelbar in bezug auf seinen Geschmack und seine Meinungen, aber da es im allgemeinen Wandlungen zum Besseren hin sind, *il n'y a rien à dire* [7].

Ich habe Madame Jaclard noch nicht gesehen und bin weniger neugierig auf ihre Bekanntschaft, seit ich gehört habe, daß sie raucht. Ich mag keine Frauen, die Zigarren rauchen. Hast Du einen Besuch

70

von M. Rothschild bekommen? Stell Dir meine Überraschung vor, als vor ein paar Tagen ein großer bärtiger Mann ins Zimmer stolzierte und nach Madame Lafargue fragte! Ich dachte, wer zum Teufel mag dieser illustre Fremde bloß sein? Er war äußerst elegant gekleidet, Paul und ich dagegen wie gewöhnlich eher schäbig als fein. Ich war immer erstaunter, als er mich deutsch anredete und so vertraut tat, als würden wir uns schon zwanzig Jahre kennen. Ich sagte ihm, ich hätte wirklich nicht das Vergnügen, mich an ihn zu erinnern. Er sagte seinen Namen, Rothschild, und plötzlich stieg in mir wie eine Vision der große Ball der Internationale auf, wo ich mich erinnerte, ein Paar ähnlich langer Beine gesehen zu haben. Er ist ein sehr freundlicher Mann und sieht ziemlich gut aus, *mais par trop Juif*.[8]

Schnaps entwickelt sich zu dem liebevollsten Kind, das ich je gesehen habe. Er küßt uns den ganzen Tag lang. Er wird sicher Dein ganz besonderer Liebling werden, denn Du hast ja eine Vorliebe für Jungen, die ein bißchen *gnognotte*[9] sind.

Vielen Dank für Challeys und Mamas Briefe. Ich freue mich über die Bücherliste, die Challey uns geschickt hat, denn ich möchte etwas über die französischen Bauern usw. usw. wissen. Ich kann nicht weiterschreiben, weil das Blatt voll ist, und außerdem hast Du sicher genug.

Wir ziehen am Montag oder Dienstag um und werden daher eine Zeitlang bis über die Ohren in Staub und Arbeit stecken.

Liebe Jenny, herzlichst Deine
LAURA LAFARGUE

Schreib bald. Ich freue mich auf nichts so sehr wie auf Briefe von Modena Villas.

Unsere Adresse: 7, Place de la Reine Hortense, à Levallois-Perret, près Paris.

1. *Le Figaro* kündigte am 8. Juni an, er habe sich für eine enorme Summe von der republikanischen Partei aufkaufen lassen. Die ganze Nummer bestand aus einer Reihe von Imitationen der republikanischen Publizisten: apokryphe Briefe von Félix Pyat, Quinet u. a. und sogar ein »Victor Hugo« unterzeichnetes Stück in Versen.

71

2. Von einer Gruppe von Blanquisten (Flourens, Verlet) gegründetes Wochenblatt, an dem Lafargue mitarbeitete. Es erschien von Januar bis Juli 1870 und übte heftige Kritik am Zweiten Kaiserreich.

3. sie lachten etwas gezwungen. Hugo muß noch gezwungener gelacht haben, weil so über seine Verse gelacht worden ist.

4. Sagen Sie, lesen Sie Millière? *Ich* kann es nicht, es ist mir unmöglich. Aber auf dem Land ist er beliebt; wenn Sie wüßten, wie gerngelesen und geschätzt er auf dem Land ist!

5. Das Projekt sollte scheitern. Doch die blanquistische Wochenzeitung *La Libre Pensée*, die 1866 entstanden war, wurde 1871 durch die *Pensée nouvelle* ersetzt.

6. Es tut so gut, seine Prosa irgendwo unterzubringen.

7. man kann nichts dagegen sagen

8. aber zu jüdisch

9. weichlich

22. Paul Lafargue an Karl Marx (auf französisch)

(Juli) 1870

Lieber Herr Marx,

Ihr philosophical mind hat bestimmt leicht den Grund erraten, warum ich noch nicht auf Ihren Brief voller nützlicher Mitteilungen, für den Paul und Laurent[1] Ihnen herzlich danken, geantwortet habe.

Eine Woche lang sind wir unter Staub, Koffern, Wäsche und Gott weiß was noch alles begraben gewesen! – aber jetzt tauchen wir allmählich aus diesem Tohuwabohu wieder auf, und eine der ersten *altruistischen* Aktionen meinerseits ist, daß ich Ihnen schreibe. (Aus dem Wort *altruistisch* dürfen Sie schließen, daß ich mich gegenwärtig mit dem Positivismus beschäftige.) Wir waren sehr gerührt, daß Sie sich wegen der Blattern so *altruistisch* um uns gesorgt haben. Daß wir nicht in engeren Kontakt zu dieser charmanten Krankheit getreten sind, lag gewiß nicht an den Umständen, wir haben nämlich mitten im Infektionsherd gelebt. Die Rue de Sèvres, die in ein paar Meter Abstand parallel zu unserer verläuft, war bloß noch voller Leute, die an den Pocken gestorben oder erkrankt wa-

72

ren oder sie gerade bekamen oder in der Erwartung lebten, sie zu bekommen. Jetzt sind wir da weg und wohnen in einer kleinen Straße, die in der Nähe des Boulevard de Neuilly auf die Festungswälle führt, und wir haben einen schönen Garten von hundertzehn Quadratmetern. Wir lassen Monsieur Schnaps den ganzen Tag im Garten, wie ein kleines Pferd. In diesen paar Tagen ist bereits eine unvorstellbare Verwandlung mit dem Kerlchen vorgegangen: Er ist rund, fett und lebhaft wie eine Eidechse, er wälzt sich im Gras, wühlt im Dreck, leckt die Erde ab, zerdrückt die Kirschen, reibt sie mit Sand ein und ißt das Ganze dann. Und die ganze Zeit während dieser mehr oder weniger schmutzigen, aber ungeheuer lustvollen Übungen singt er laut und stößt die reizendsten Rufe aus: Ta ta, mama, baba, gragra – Kaka, gaga, maniloula, a r'voir, à boire, nanan! usw.

Toole und Madame Toole, beide in höchst einfacher, wenig gewählter Kleidung, lächeln selig angesichts der Wundertaten ihres Schnaps, wenn er Steinchen sammelt und sie mit Spucke putzt: falls diese Bewunderung für ihr Produkt (hier hat Lafargue ein Wort ausgelassen), glaube ich, daß die Verbindung Paul–Laurent von Tag zu Tag stärker werden wird, denn die Dummheit, die sie verbindet, wird so groß werden, daß keine gesellschaftliche oder anderweitige Zersetzung da mehr angreifen kann.

Neulich ist Keller, der junge Mann mit dem roten Bart, bei uns aufgetaucht, in Begleitung eines jungen Mannes mit blondem Bart, eines Russen des Namens Lopatin, der Sie, wie gewöhnlich die Russen, sehr bewundert und Sie schrecklich gerne einmal sehen möchte, um sich zu überzeugen, ob Sie nicht ein anomales Anhängsel haben wie meine Ahnen aus dem Walde, auf die uns Considérant zurückgehen lassen wollte. Außerdem scheint er von der russischen Jugend damit beauftragt worden zu sein, Ihnen seine Bewunderung auszusprechen, wenn er Sie treffen sollte. Ich konnte einfach nicht anders, als ihm Ihre Adresse und einen kleinen Einführungsbrief geben. Ich weiß, daß Sie diese Exhibitionen nicht lieben, mein Brief ist daher auch sehr kurz. Und Sie müssen das alles Kellers Enthusiasmus zuschreiben, der imstande wäre, Sie in Stückchen zu zerschneiden, um aller Welt eins davon geben zu können. Genau das hat er übrigens in *Le Socialiste* getan, der Zeitung der Pariser Vereinigung, die Sie bekommen haben müßten; er hat dort den wirklich ungeschicktesten Auszug aus Ihrem Buch veröffentlicht, den man nur nehmen konnte.

Danken Sie Jenny für ihren reizenden Brief und auch Frau Marx. Mit herzlichem Gruß und Händedruck

PAUL LAFARGUE

(Von Lauras Hand auf englisch)
Küsse von Schnaps und mir. Hoffentlich geht es Dir wieder gut.

KAKADU I.

1. Laura

Vom 9. bis zum 31. August 1870 hält sich Marx, der an Rheumatismus leidet, mit seiner Familie in Ramsgate auf.
Die Ankündigung der ersten französischen Niederlagen am 4. und am 6. August führt zu zahlreichen Straßendemonstrationen in Paris, besonders am 9. August, als die Menge das Corps législatif zu stürmen versucht. Der blanquistische Coup von La Villette stellt in diesem Zusammenhang einen ziemlich vereinzelten Handstreich dar. Der zum obersten Heerführer beförderte Bazaine wird erneut geschlagen (am 14. und 16. August), und der Rückzug auf Paris wird eingeleitet. Trochu, der zum Gouverneur von Paris ernannt wurde, rückt mit den Gardes mobiles ein, um die Ankunft des Kaisers vorzubereiten. Doch die Kaiserin widersetzt sich dem, weil sie nicht an einen Aufstand der Bevölkerung glauben will. Diese Uneinigkeiten erklären zum Teil die zögernde Kriegsführung von Bazaine und Mac-Mahon.
Nach der Niederlage von Sédan kapituliert Napoléon III., und am 4. September wird die Republik ausgerufen. Die Pariser Abgeordneten bilden unter dem Vorsitz von Trochu eine als Défense nationale bezeichnete Regierung.
Am 18. September besetzen die deutschen Truppen Paris. Am 22. September fordern die Abgeordneten der zwanzig Stadtteile von Paris und die Kommandanten der Garde nationale die Wahl der Kommune.
Von Ende Juni 1870 an bis Februar 1871 schreibt Engels für die Pall Mall Gazette *eine Reihe von Artikeln über den Krieg, die ihm den Spitznamen »General« einbringen.*
Am 2. September kommen die Lafargues in Bordeaux an und richten sich bei Pauls Eltern ein, während Engels am 20. September Manchester verläßt und nach London zieht, wo er in der Regent's Park Road, Nummer 122, wohnen wird.

23. Laura und Paul Lafargue an Karl Marx

(Zwischen dem 23. und dem 27. August 1870)

Lieber Challey,

wir haben uns so gefreut zu hören, daß es Dir etwas besser geht, und hoffen, die Seeluft wird Dich wieder ganz gesund machen.

Paul ist gerade auf Wohnungssuche gegangen: wir müssen nämlich jetzt doch ausziehen. Die Häuser um die Befestigungen herum sollen niedergerissen werden, und die Leute hier fangen an, nach den Preußen auszuschauen. Wir werden noch ein paar Tage in Paris bleiben, um unsere Möbel sicher einzulagern und unsere Vorbereitungen für die Reise nach Bordeaux zu treffen. Wir können natürlich gar nicht daran denken, Schnappy in Paris zu lassen, während die Stadt im Belagerungszustand ist, und selbst wenn wir vorgehabt hätten zu bleiben, hätten wir uns nun zu guter Letzt umentscheiden müssen, weil alle bouches inutiles (frz.: unnützen Esser) aus Paris ausgewiesen werden sollen. Schnaps und ich fallen unter diese Kategorie; Paul gilt als une bouche utile (frz.: nützlicher Esser). Eins ist sicher: sollten Fritz'[1] zukünftige Untertanen Kuchen mitbringen, würde er gräßlich unter ihnen hausen.

Paris bietet weiterhin das lächerlichste und schändlichste Schauspiel. Die Cafés sind jede Nacht voller Menschen; zu den Klängen von Musik, die alles andere, nur nicht militärisch ist, werden in erschreckenden Mengen Erfrischungen verzehrt. Soldatentrupps schlendern die Straßen entlang, während sich die moblots[2] in ihrem lächerlichen kriegerischen Aufputz brüsten und angeben und behaupten, sie würden Hackfleisch aus dem Feind machen, sobald er sich zeige. Aber sie erklären auch immer noch, er werde es nicht wagen und Paris bereite ihm ein tombeau (frz.: Grab) vor seinen Wällen. Und die Menge schreit ihnen kurz mal »Bravo« zu und geht weiter.

Dieselben tapferen moblots weigern sich allerdings, sich irgendwo anders als in Paris zu schlagen, und haben darauf bestanden, von Châlons nach St. Maur überführt zu werden, wo sie sich gegenwärtig einen schönen Tag machen und Scharen von Touristen anziehen.

Gleichzeitig sind gestern nacht überall in der Stadt Plakate angeschlagen worden, des Wortlauts, alle bouches inutiles würden bei der ersten Gelegenheit evakuiert. Diese Ankündigung hat die Pariser völlig gleichgültig gelassen, sie gewöhnen sich an die Aufregung und finden das ganz spannend.

Viele Pariser freuen sich auf den kommenden Besuch wie auf ein Fest: Der Direktor eines Theaters erklärte neulich, er warte nur auf

76

die Ankunft der Preußen, um sein neues Stück herauszubringen; die Preußen seien Theaterliebhaber und er hoffe, bei der Gelegenheit eine Menge einzunehmen. Die Schönen von den Boulevards warten ungeduldig auf die Invasoren; ein gewisser Teil der Bevölkerung wird sich bestimmt, wie Johannard zu Paul sagte, mit Freuden anbieten, die Preußen durch Paris zu führen und ihnen alle Sehenswürdigkeiten zu zeigen. Aber es hat doch einen Augenblick gegeben, als alle Bourgeois vor Panik und Schreck die Cholera kriegten. Da erhob sich der einstimmige Schrei nach Waffen und Munition, und Paris sollte in den Stand gesetzt werden, sich zu verteidigen. Sie erboten sich, mit Leib und Seele für ihr Land einzustehen, aber als sie selbst mit Hand anlegen und beim Bau der Schützengräben helfen sollten, kam kein einziger.

Die Arbeiter, und das ist das Seltsamste, scheinen völlig in Lethargie verfallen; mehrere, mit denen Paul gesprochen hat, erklärten, die große Masse betrachte die ganze Sache als etwas, was sie nichts angehe. Und inzwischen werden sie dahingemetzelt und werden allmählich verhungern müssen. Wie sie die ersten Tage nach den Niederlagen der französischen Armee vergehen lassen konnten, ohne sich zu rühren, ist ein Wunder, denn alles stand zu ihren Gunsten. Die *Gauche* selbst hatte Waffen verlangt und das Volk aufgefordert, sie sich im Fall der Verweigerung mit Gewalt zu holen. Ein Marinekorps, das die Regierung einsetzte, um in die Menge zu schießen, verweigerte den Gehorsam. Die Wachsoldaten an den Toren des Corps Législatif zeigten auf ihre Waffen und sagten zu den Arbeitern: »Nous ne pouvons pourtant pas vous les donner«[3], was eine herzliche Einladung an die Männer war, zu kommen und sie sich zu *nehmen*. Und keiner rührte sich[4]. Auf einer Versammlung im Haus von Jules Simon warf die *Gauche* den Arbeitern ihre Gleichgültigkeit und ihr ruhiges Verhalten vor; Combault antwortete, wenn die *Gauche* etwas tun wolle, müsse sie erst mal geschlossen zurücktreten, und in dem Fall könne sie dann auf eine Erhebung unter den Arbeitern zählen. Du kannst Dir die unbeschreibliche Empörung, die dieser Vorschlag auslöste, vorstellen. »Glaubt ihr«, brüllten die großen und kleinen Gambettas, »wir wollen alle in Ste. Pélagie eingeloch werden? Allons donc!«(frz.: gehen wir!) Und es war ja auch wirklich eine absurde Zumutung, wenn man bedenkt, wie sehr diese Herren erklärtermaßen die *Freiheit* lieben.

77

Diese Versammlung ist wie alles übrige ergebnislos verlaufen. Gegenwärtig scheint an der Oberfläche alles schön still, und die Leute schauen ruhig zu, wie die unglücklichen Männer der *La Villette-Affaire*[5] niedergeschossen werden.

In letzter Zeit stehen in der Presse wütende Angriffe auf die *Times*, die Zeitung wird beschuldigt, sich an Bismarck verkauft zu haben und wie gewöhnlich in den Diensten dessen zu stehen, der das höchste Angebot macht. »Times is money«, heißt es. Da Lowe Mitglied des englischen Kabinetts und gleichzeitig einer der Herausgeber der *Times* ist, überlegt Paul, ob das jetzt nicht eine Gelegenheit sein könnte, um die ganze Gladstone-Partei anzugreifen. Falls Du auch dieser Meinung bist, würdest Du ihm ein paar zu diesem Zweck geeignete Details schicken? Da Frankreich es sich allerdings gerade jetzt kaum leisten kann, eine Regierung, die in seinem Interesse vermitteln könnte, zu provozieren, denke ich nicht, daß die Presse hier so etwas überhaupt veröffentlichen würde.

Aber Du wirst selbst urteilen und es Tooley wissen lassen. Dieser Herr rast nun bei der Vorstellung, sein Haus und seinen Garten aufgeben zu müssen, diesen Garten, in dem er Wunder gewirkt, Gemüse und Blumen gezogen und Bäume beschnitten, gepflanzt und verdorben hat. Unsere Mauern hängen voller Trauben, die wir zurücklassen müssen. Tooley hat Lust, den alten Wilhelm umzubringen. Ich würde ihn gern mit dem alten Kaiser zusammen in einer Pastete verbacken mit Fritz oben auf der Kruste zur Verzierung. Nur wäre dies königliche Gericht leider ungenießbar.

Leb wohl, lieber Challey, hoffentlich hat Dir mein Geschwätz keinen neuen Rheumaanfall eingebracht. Ich weiß, Worte sind Wind.

Mit Küssen von Schnaps und mir und Liebe von uns allen

Herzlichst immer Dein

KAKADU

Danke für alle Briefe und Zeitungen.

(Von Lafargues Hand auf französisch:)

Montag oder Dienstag verlassen wir unser Häuschen und wahrscheinlich ein paar Tage später schon Paris, denn die Pariser werden bald die Ulanen kommen sehen, obwohl sie es nicht glauben können, daß die Preußen so dumm sein könnten, ihr Grab unter den Mauern von Paris zu suchen. Sie müssen wissen, daß die Pariser heute mehr denn je damit rechnen, daß sie einfach nur mal pusten müssen, und schon sind alle Feinde vernichtet. In der Tat hat Palikao so gut gelogen, daß sie nun fest überzeugt sind, Bazaine habe sie vernichtend geschlagen und Mac-Mahon werde ihnen den Rest geben; da braucht man sich gar nicht zu wundern[6]. Louis Noir, Victors Bruder, hat ein Buch geschrieben, des Titels: *L'Art de battre les Prussiens*[7]; Louis Noir ist ein *Figaro*-Anhänger und ehemaliger Zuave, daraus dürfen Sie auf das Niveau des Buches schließen. Trochu ist jetzt der Herr der Lage, es wird behauptet, er stehe unter dem Einfluß der Jesuiten.

1. Es handelt sich wahrscheinlich um den Kronprinzen Friedrich Wilhelm, der den Auftrag hatte, den Marsch auf Paris vorzubereiten. Er wurde 1888 unter dem Namen Friedrich III. Kaiser und starb drei Monate nach der Thronbesteigung.
2. Abteilungen der Pariser *Garde mobile*, die zuerst in Châlons stationiert waren. Trochu hatte sie Mitte August nach Paris zurückfahren lassen. Lauras Urteil befremdet: Die *moblots* waren nämlich republikanisch gesinnt und offen gegen den Krieg eingestellt: sie hatten Canrobert, als er am 1. August eine Truppeninspektion vornahm, verhöhnt.
3. »Wir können sie euch schließlich nicht *geben*.«
4. Dieses harte Urteil über die Pariser Bevölkerung bezieht sich auf die republikanische Kundgebung vom 9. August vor dem *Corps Législatif*. Die Arbeiter waren in großer Zahl daran beteiligt, doch die Aktion scheiterte, weil sie keinen Führer hatte und die bürgerlichen Republikaner sie nicht offen unterstützten.
5. Am 14. August versuchen Blanquisten, darunter Eudes und Granger, im Handstreich die Kaserne der Feuerwehr vom Boulevard de La Villette zu nehmen. Dieses schlecht geplante und organisierte Attentat, bei dem es zwei Tote und mehrere Verwundete gab, ist ein Anlaß für die Regierung, zahlreiche Personen zu verhaften.
6. Die Presse, besonders *Le Temps* und die *Times* vom 23. August, stellt die Dinge so dar, als habe Bazaine Erfolge zu verzeichnen, und bringt die Nachricht, Mac-Mahon rücke mit einem »Ersatzheer« auf Metz vor. Mac-Mahon mußte aber am 27. August umkehren.
7. »Die Kunst, die Preußen zu schlagen.«

79

24. Laura an Jenny

(Bordeaux) 6. Oktober 1870

Liebe Jenny,

ich war so glücklich, als heute morgen Dein Brief kam, denn ich habe allmählich schon geglaubt, Du wärst aus irgendeinem Grund böse mit mir und hättest das Schreiben für immer aufgegeben.

Die Nachricht, daß Du immer noch krank bist, war nicht gerade erfreulich, wie Du Dir denken kannst. Wir finden es doppelt schlimm, weil wir zur Ansicht neigen, daß Du zum guten Teil selbst daran schuld bist, daß Du Dir so eine schreckliche Erkältung zugezogen hast, denn Du warst bestimmt in Ramsgate so unvorsichtig wie immer. Sicher, Du tust alles, was Du kannst, um Dich zu kurieren, wenn Du einmal krank bist, aber es wäre besser, Du würdest von vornherein das Übel zu vermeiden suchen.

Eure Briefe – Mamas, Tussys und Deiner – waren für mich die schönste Überraschung. Wir sitzen hier im Käfig, trauern Paris nach und wissen so wenig, was dort vor sich geht, daß wir uns ganz schrecklich nach Nachrichten sehnen. Unsere Situation hier ist etwas eigenartig. Paul hat Schwierigkeiten mit seinem Vater, sobald er versucht, sich für die Internationale nützlich zu machen, während auf der anderen Seite seine Pariser Freunde ihm jetzt zweifellos vorwerfen, daß er nicht in Paris ist. Die erste Zeitung, bei der er es versucht hat, war ein kraft- und saftloses Blättchen, und ich war sehr dagegen, daß er sich da engagierte, da außer dem Ärger mit seinem Vater nichts dabei herauskommen konnte. Die kleine Zeitung, für die er jetzt arbeitet [1], hat vielleicht auch nicht mehr Erfolg, aber sie hat jedenfalls ein paar Chancen mehr. Und Du wirst zugeben, daß er in einem Augenblick wie diesem nicht müßig dasitzen kann.

Du möchtest etwas über die alten Lafargues hören. Ich weiß wirklich nicht, was ich über sie sagen soll. Sie sind ganz reizend zu Schnaps, der von Jung und Alt bewundert wird. Madame Lafargue ist wie gewöhnlich sehr liebenswürdig zu uns. Sie sieht viel schlechter aus als früher, ihre Gesundheit scheint sehr gelitten zu haben, seit Du sie gesehen hast. Und das ist kein Wunder, denn Monsieur Lafargues Charakter macht einem das Leben mit ihm fast unerträglich. Gegenwärtig, da wir nichts mehr von den Paris bedrohenden

Gefahren zu fürchten haben, saugt er Unglück aus allen sonstigen Vorkommnissen, denkt sich alle Arten von Miseren aus, grandes et petites (frz.: große und kleine), für sich, für die andern. Er hat Angst, sein Geld zu verlieren ...
(Das Ende des Briefes fehlt.)

1. *La Défense nationale*

25. Laura an Jenny

(Bordeaux) 12. Dezember 1870
Liebe Jenny,
vor etwa einer Woche habe ich Dir einen Brief geschrieben, den ich nicht abgeschickt habe, weil ich es dann nach reiflicher Überlegung doch besser fand, einen guten Teil der unangenehmen Nachrichten darin ungesagt zu lassen.
Es ist nämlich so: ich habe es aus verschiedenen Gründen so lange aufgeschoben, Dir zu berichten, was hier los ist, daß ich im Augenblick gar nicht weiß, wo ich anfangen soll. Damit Du einen Begriff von den letzten Ereignissen bekommst, müßte ich nachträglich eine Menge Unangenehmes aufrühren, wozu ich jetzt wirklich keine Lust mehr habe. Ich hoffe, ich kann Dir das alles einmal ausführlich mündlich erzählen, denn ein paar Details sind höchst grotesk.
Gegenwärtig stehe ich noch so unter dem Eindruck des ganzen Ärgers und Verdrusses, den wir hier hatten, daß ich Dir sicher ein übertriebenes Bild davon entwerfen würde, wollte ich es im Einzelnen berichten. Um es also so kurz wie möglich zu machen: ich muß sagen, daß ich noch nie in meinem Leben so ungerecht behandelt worden bin wie hier von meiner ehrwürdigen Schwiegermutter – seit Monsieur Lafargues Tod[1] wohlgemerkt. Sie ist Paul gegenüber so grob aufgetreten, wie man überhaupt nur kann, und als ich einmal – ein einziges Mal – so frei war, ihr etwas zu erwidern, als sie ihn beleidigte, sagte sie, nicht gerade auf die höflichste Art, zu mir, ich solle gefälligst den Mund halten. Aber das alles wäre nicht weiter schlimm gewesen, wenn sie es bei diesen Feindseligkeiten hätte bewenden lassen. Doch nein. Damit Du Dir nicht vorstellst, wir seien ihr gegenüber ungerecht, muß ich Dir ein, zwei Beispiele davon erzählen, wie sie uns von da an behandelt hat.

81

Schnaps und ich waren stark erkältet – vor allem Schnaps hustete viel –, und ich bat das Mädchen, zum Mittagessen im Wohnzimmer Feuer zu machen (das Wetter war bitterkalt, und in keinem Raum war geheizt). Sie ordnete sofort an, daß das Dienstmädchen weder dort noch in irgendeinem anderen Zimmer für uns heizen dürfe, und erklärte, ihr Mädchen sei nicht da, um *uns* zu bedienen, und wenn wir *Feuer* wollten, möge Paul es selbst anzünden. Außerdem verbot sie dem Mädchen, unser Schlafzimmer zu machen – das Zimmer, wo Schnaps und ich notgedrungen den größten Teil des Tages verbringen mußten –, und da Paul nicht wollte, daß ich selbst das Bett machte, mußte das Mädchen heimlich gegen sieben Uhr abends hereinschlüpfen und es in aller Eile tun, und Schnaps konnte daher nicht vorher schlafengehen.

Ich kann jetzt nicht in alle Einzelheiten gehen: soviel nur, daß sie uns schließlich unser Essen, den Wein, den wir tranken, das Öl und das Holz, das wir verbrannten, nicht mehr gönnte. Ich *schäme* mich wirklich zu sehr für Pauls Mutter, um Dir noch weitere Beispiele dieses kleinlichen, zänkischen Kriegs aufzuzählen, den sie – der Himmel weiß warum – gegen uns geführt hat.

Wir hatten das Zusammenleben hier so satt, daß wir beschlossen, ihm ein Ende zu machen und in möblierte Zimmer irgendwo in der Nachbarschaft umzuziehen. Kaum hatte Paul seiner Mutter unsere Entscheidung mitgeteilt, da erklärte sie, sie habe nicht die Absicht, allein in dem Haus wohnen zu bleiben; sie habe schon seit langem beschlossen auszuziehen und werde es unverzüglich tun. In der Tat ist sie dann ungefähr eine Woche danach ausgezogen und hat uns gerade nur das Allernötigste von der Einrichtung zurückgelassen. Wir haben Verschiedenes neu kaufen müssen, aber wenn wir umgezogen wären, hätten wir noch viel größere Ausgaben gehabt.

Es war nicht gerade die Lösung, die ich vorgezogen hätte, aber da wir kein Geld haben, konnte ich es mir nicht leisten, wählerisch zu sein.

Da ich schon von Geld spreche: Du hast sicher schon seit langem begriffen, daß der wahre Grund, der hinter dieser ganzen Geschichte steht, die *Geldfrage* ist. Hätten wir diesen wichtigen Ballast mitgeführt, wäre nichts von all dem geschehen oder falls es geschehen wäre, wäre es ganz leicht zu lösen gewesen.

82

Ich könnte noch viel zu dieser Sache sagen, möchte es aber auf eine spätere Gelegenheit aufschieben. All das, was ich hier gesehen und gehört habe, hat mich erstaunt und bestürzt: Ich dachte, so etwas gäbe es nur in den Romanen von Paul de Kock [2], aber die Wahrheit ist noch seltsamer als die Dichtung, wie ich feststellen mußte.

Jetzt haben wir das Haus für uns allein und können uns über nichts beklagen; wir leben zwar in sehr kärglichen Umständen, was Möbel, Leinen und Küchengeräte angeht, aber damit werden wir mit philosophischem Gleichmut fertig: Wir brauchen uns nur vorzustellen, unser Haus wäre ein paarmal von den Deutschen perquisiert worden, und können uns damit trösten, mit heiler Haut davongekommen zu sein.

Paul hat Antworten auf seine Briefe nach Marseille und Brest bekommen. Die Nachrichten aus Marseille sind ziemlich gut. Bastelica schreibt, die Internationale habe in ganz Südfrankreich Fuß gefaßt. In Brest scheinen die Dinge weniger gut zu stehen. Es soll dort eine starke reaktionäre Partei geben, die mit äußerster Schärfe gegen die Arbeiter vorgeht. Doré, an den Pauls Brief gerichtet war, ist im Augenblick im Gefängnis, er ist mit mehreren anderen Mitgliedern der Internationale zu drei Jahren Haft wegen eines *complot contre la sureté de l'État* [3] verurteilt worden. Sein Bruder, der schreibt, berichtet nichts Günstiges über die Bereitschaft der Arbeiterklasse in Brest. Er hat die Absicht, Dupont, um dessen Adresse er gebeten hat, einen detaillierten Bericht über die dortige Lage zu schicken. Paul schreibt ihm jetzt, er solle alle seine Mitteilungen an Challey senden, der sie dann an Dupont weiterleiten kann. Briefe an Le Doré sind an Jean Prétequin, Rue du Coat-Arguévin, 31, Brest, zu adressieren.

Die hiesige Sektion der Internationale macht gute Fortschritte.

Ich bin so froh zu hören, daß die Franzosen in diesem Krieg noch eine Chance haben [4]. Ich glaube, die Franzosen sind in diesem Augenblick mutloser, als sie es bisher waren. Es ist erstaunlich, daß es ihnen gelungen sein soll, in so kurzer Zeit eine so beträchtliche Armee aufzustellen, und das eigentlich ohne wirklichen Enthusiasmus, denn ein großer Teil der Franzosen hat jedenfalls bewiesen, daß sie nicht gerade von den Vorstellungen der *résistance à outrance* (frz.: Widerstand bis zum Äußersten) begeistert sind.

83

Ich habe fast keinen Platz mehr, um von Schnappy zu berichten. Der kleine Mann, den wir wegen seiner Bereitschaft, Fersengeld zu geben, sobald es gefährlich wird, den franc-fileur⁵ nennen, gedeiht und blüht prächtig, trotz des bösen Hustens, den er hatte. Er ist der süßeste, liebste kleine Kerl, den man sich nur vorstellen kann, plaudert den ganzen Tag lang und macht, ohne mit der Wimper zu zukken, schon Spaziergänge von ein oder zwei Stunden. Er hat hier in Bordeaux großen Eindruck gemacht und wird Peau-de-Satin (frz.: Satinhaut) genannt.

Es hat uns sehr unangenehm überrascht zu hören, daß Du immer noch krank warst. Hoffentlich steht in Deinem nächsten Brief, daß Du wieder völlig genesen bist. Ich muß Dir noch für Deinen letzten Brief, der uns so gefreut hat, danken.

Grüß alle herzlich von mir und richte ihnen meine besten Wünsche zum Neuen Jahr aus. Ich hoffe, Du wirst ein so fröhliches Weihnachtsfest verbringen, wie es in diesen traurigen Zeiten nur möglich ist.

Du mußt mir verzeihen, daß ich in letzter Zeit so lange geschwiegen habe. Ich hatte eine Menge zu nähen, und Schnaps mußte versorgt werden, und dazu mußte ich mich um das Haus kümmern, das nach Madame Lafargues Auszug in einem schrecklichen Zustand war, alles schmutzig und durcheinander.

Leb wohl, liebe Jenny,
Deine Dich liebende Schwester
LAURA

Küsse von Schnaps an Euch alle und nochmals herzliche Grüße von uns an alle. Lebt Whiskey noch? Wie geht es Challey? Und geht es Helen besser? Ich werde bald an Mama schreiben. Dank für Tussys Brief.

1. M. Lafargue starb am 18. November 1870
2. Verfasser zahlreicher, damals sehr beliebter Romane
3. wegen staatsgefährdender Verschwörung
4. Während Trochu in Paris die Regierung der *Défense nationale* leitet, fliegt eine vom Innenminister Gambetta dazu angeregte »Delegation« im Ballon in die Provinz, um dort den Widerstand zu organisieren. Nach einer

84

Zeit in Tours (seit Anfang Oktober) läßt sich die Delegation am 6. Dezember in Bordeaux nieder. Lauras Optimismus läßt sich durch Gambettas Erfolg erklären: Es gelingt ihm, 600000 Mann aufzustellen; französische Armeekorps und ausländische (Garibaldi) schließen sich ihm an, patriotische Begeisterung erfüllt die Reihen. Anfang Dezember scheint sich die militärische Lage zu bessern: Ducrot rückt auf Champigny vor (muß aber bald zum Rückzug blasen), und in Paris werden am 30. November und am 2. Dezember zwei Ausfälle gemacht, die aber scheitern.
5. »Hasenheld«, Wortspiel mit »franc-tireur«, Freischärler

26. Paul Lafargue an Karl Marx (auf französisch)

(Bordeaux, um den 15. Januar 1871)

Lieber Herr Marx,

über die traurige Niederlage von Mans sind Sie sicher genauer unterrichtet als wir hier. Hier ist die Wut auf Trochu so stark wie nie zuvor, seine Dummheit macht jetzt alle rasend, denn alle haben begriffen, daß die Bombardierung von Paris [1] nur eine Taktik war, um die Entblößung der um Paris herum stationierten Truppen zu verdecken, was Frederick erlaubt hat, mehr als 180000 Mann gegen Chanzi (!) zusammenzuscharen. Ich habe mit Ranc darüber gesprochen und ihm gesagt, daß man Trochu für einen Verräter hält, Ranc behauptet dagegen, Trochu habe nicht genug Energie, um eine solche Rolle zu spielen, er sei ganz einfach ein Packesel und in Paris sei die große Mehrheit gegen ihn gewesen und J. Favre habe Gambetta geschrieben, alle in der Regierung seien wütend auf ihn und wollten ihn zum Austritt zwingen, wogegen er sich mit der Begründung weigere, das hieße, Paris der Demagogie auszuliefern. Gambetta antwortete Favre, wie es seine Pflicht war: »Ihr Brief verurteilt Sie selbst.« Ranc ist verzweifelt und wütend, es ist nur zu hoffen, daß das vereinte Vorgehen der Regierungsmitglieder von Paris und der Provinzdelegation Trochu zum Handeln zwingen wird, denn in Paris allein werden sie nie stark genug sein, um Trochu auszubooten. Die Panik der Bretonen beim Kampf um La Tuilerie hat mehrere Gründe gehabt; erstens hatten sie keine Schnellfeuergewehre, sondern alte Flinten ohne Bajonett; und zweitens sind ihre Kom-

85

mandanten, die durch Wahlen ernannt werden, so schlecht wie nur denkbar, diese an sich sehr guten Soldaten bräuchten völlig neu organisierte Offizierskader.

Die Affäre von Lyon[2] ist bis jetzt allen ein Rätsel; aber die Wut der Reaktionäre kennt nun keine Grenzen mehr. Einer der Beschuldigten, der zwei Offizieren der Nationalgarde zur Bewachung anvertraut worden war, ist von ihnen auf dem Transport ins Gefängnis ermordet worden. Daß so etwas geschehen konnte, zeigt Ihnen wohl schon genügend, wie weit die Raserei gediehen ist. Als Gambetta in Lyon war, erschien eine Abordnung der Nationalgarde bei ihm und forderte, daß die rote Fahne auf dem Rathaus eingeholt werden solle. Gambetta antwortete ihnen, er könne das nicht tun, weil das zu einem Aufruhr führen würde. »Gut, umso besser! Das wollen wir ja gerade, wir werden sie zermalmen!« antworteten sie. Daraufhin machte Gambetta der Audienz ein Ende.

Die Sektion der Internat. von Bordeaux macht seit einiger Zeit Fortschritte: Zu ihrer Instruktion habe ich mit ihnen die ausgezeichnete Arbeit von Beesly[3] gelesen, die ich übersetzt habe und die ihnen sehr gefallen hat. Es sind hier ein paar sehr fähige und sehr begeisterte Männer dabei; wenn sie besser unterrichtet sein werden, werden sie unserer Sache großartig dienen. Wir haben hier einen grotesken Erfolg zu verzeichnen, einen Proudhonianer nämlich, einen engen Freund von Proudhon und Verfasser einer Menge äußerst komischer Broschüren. Dieses Individuum, das wie sein Meister dauernd nur Recht, Gerechtigkeit, Wahrheit, Moral usw. im Munde führt, hält uns schrecklich auf, denn zu allen Fragen hat er seine Schriften auf Lager, und wir sind gezwungen, dieses unverdauliche Zeug durchzukauen. Wir gründen jetzt eine Bibliothek, er wird sicher den ganzen Proudhon anschleppen. Als Gegengift werde ich *Das Elend der Philosophie* beisteuern.

Wenn wir die Adressen der anderen Sektionen in den andern Städten bekommen könnten, würden wir mit ihnen in Verbindung treten und könnten uns um eine Art von Zentralisierung bemühen, die nach der Belagerung von Paris auf einer höheren und aktiveren Ebene wiederaufgenommen werden könnte, aber leider haben wir nur die von Bastelica und seinem Stellvertreter Prenez in Marseille und die von Ledoré in Brest. Ich hatte auf Ranc gezählt, aber er hat mir gesagt, es sei ihm nicht möglich, denn er könnte sich die Anschriften nur über die Polizeikommissariate besorgen und die würden dann glauben, sie müßten die Mitglieder der Internat. überwachen, was er aus guten Gründen auf jeden Fall vermeiden will. Bitten Sie doch bitte Dupont um die Liste aller korrespondierenden Mitglieder, die er hatte, und lassen Sie sich von Robin die Liste seiner Korrespondenten in Paris geben; bestimmt hat er eine Liste mitgenommen, und jedenfalls muß er sich viele auswendig gemerkt haben. Bitte, kümmern Sie sich um diese Angelegenheit und lassen Sie mir durch Jenny antworten.

Jetzt müssen wir vom Geschäftlichem reden.

Ich bin ausgezahlt worden, und wir, Laura und ich, sind jetzt im Besitz einer Summe von hunderttausend Francs oder 4000 Pfund, von der mein Vater uns die Jahresrente zahlte. Ein Teil dieses Geldes ist in New Orleans angelegt, in Schuldverschreibungen der Stadt New Orleans und in Pfandbriefen auf den amerikanischen Staat; der andere Teil ist in Frankreich, es sind Hypotheken auf Grundbesitz und Aktien der Eisenbahn von Orléans.

Ich habe mit meinem Notar über die Hypotheken gesprochen, und er hat mir gesagt, sie ließen sich mit einem Verlust von drei Prozent verkaufen. Glauben Sie, eine solche Transaktion wäre ratsam? Wir würden unser Geld nämlich lieber nicht in Frankreich anlegen. Engels sagte uns, falls wir es wollten, könnte er uns Geld in England anlegen. Könnte er das jetzt tun? Wenn ja, möge er es uns doch wissen lassen, und ich werde die Hypotheken verkaufen und ihm das Geld senden.

Ich habe Ihnen schon von einer Arbeit über das Fleischer- und Bäckerwesen gesprochen, die für die Sektion von Bordeaux unternommen worden ist[4]. Nach einer langen Wartezeit hat sich die Untersuchungskommission jetzt damit beschäftigt und den folgenden Bericht aufgestellt. Ich schicke Ihnen eine Zeitung, wo er veröffentlicht ist.

Dem kleinen Schnaps geht es großartig, er ist munterer und lieber denn je. Ich wünschte, Sie könnten ihn sehen. Sie wären sicher ganz närrisch vor Begeisterung. Er fängt schon an zu lügen; neulich hatte er ein Stück Brot bekommen mit der Ermahnung, er dürfe es aber nicht dem Hund geben, was er natürlich sofort doch getan hat. Als er gefragt wurde, was er mit dem Brot gemacht habe, antwortete er: »Gegessen, gegessen.«

Wir bekommen keine Londoner Zeitungen mehr; sollte die Pressefreiheit in England abgeschafft worden sein, erscheinen keine Zeitungen mehr bei Ihnen? Wir machen uns Sorgen darüber – schreiben Sie uns doch, was los ist, wir bitten inständig darum.

Herzliche Grüße an alle.

Mit warmem Händedruck

TOOLE I.

1. Paris wird am 5. Januar bombardiert. Kurz darauf schlägt Prinz Friedrich-Karl an der Spitze der 2. preußischen Armee Chanzy vor Le Mans (12. Januar). Die Franzosen sind schlecht gerüstet und auch zahlenmäßig unterlegen, wie die weiter unten erwähnte Episode von La Tuilerie ebenfalls zeigt. Der Verlust dieses an der Huisne gelegenen Stützpunkts gab den Vormarsch auf Le Mans frei: Der General Le Bouëdec hatte dort überstürzt eine Tausendschaft Männer zusammengezogen, unter denen drei Bataillone Landwehr waren, meist Bretonen, alle schlecht ausgerüstet und schlecht ausgebildet. Trochu begreift die militärische Lage nicht, er glaubt, die Bombardierung von Paris sei der Vorbote eines großen Angriffs und geht so weit, Plakate mit einer beunruhigenden Proklamation anschlagen zu lassen, die aber auf Regierungsbeschluß wieder entfernt werden müssen. Von da an wird er nicht nur allgemein als »Packesel«, sondern als Mann mit Wahnvorstellungen angesehen.

2. In dieser seit langem durch Konflikte zwischen der Großbourgeoisie, Radikalen und den Arbeiterbewegungen zerrissenen Stadt war bei der Proklamation der Republik der Aufruhr wieder ausgebrochen. Am 28. September nehmen Bakunin und Bastelica das Rathaus, scheitern aber und werden ausgewiesen. Anläßlich der Kapitulation Bazaines kommt es zu neuerlichen Revolten, und am 3. und 4. November wird das Rathaus von neuem besetzt und wieder zurückerobert. Schließlich bricht der Aufruhr noch einmal am 7. und dann am 20. Dezember aus, als Arnoud, ein Kommandant der Nationalgarde, des Hochverrats beschuldigt und hingerichtet wird. Gambetta kommt zu seiner Beerdigung und stellt die Ordnung wieder her. Doch die rote Fahne, die auf das Dach des Rathauses gepflanzt worden war, sollte bis zum 2. März dort wehen.

3. Es handelt sich um eine Geschichte der Internationale, die der englische Professor Beesly verfaßt und Lafargue ins Französische übersetzt hatte.

4. Die Sektion von Bordeaux hatte einen langen Brief über dieses Thema an den Gemeinderat der Stadt gerichtet. Er wurde in der *Tribune de Bordeaux* am 20. März 1871 veröffentlicht.

88

Über die Wahlen vom 8. Februar 1871 zieht eine erdrückende Mehrheit von Monarchisten in die Kammer ein: die »Ruraux«. Thiers wird am 17. Februar zum Führer der Exekutive ernannt. Es kommt zu dramatischen Debatten über den Frieden. Die Abgeordneten von Elsaß-Lothringen und die republikanischen Abgeordneten von Paris (darunter Quinet, Hugo, Louis Blanc, Millière) setzen sich besonders vehement ein, vor allem, als seit dem 26. Februar die Friedenspräliminarien bekannt sind. Frankreich verliert Elsaß und Lothringen und muß Deutschland eine Entschädigung von fünf Milliarden Goldmark zahlen.
Die Nationalversammlung überstimmt sie aber mit großer Mehrheit – 546 Stimmen gegen 107 – am 1. März. Von 43 Abgeordneten von Paris sind 34 in der Opposition. In der Zwischenzeit hat nämlich die unter Waffen stehende Nationalgarde am 26. Februar in Paris offen Stellung bezogen, bereit, sich bei einem Einmarsch der Deutschen zu schlagen. Vinoy droht. Die Nationalgarde isoliert schließlich den von den Preußen besetzten Stadtteil von Paris vom Rest der Stadt.

27. Paul Lafargue an Jenny (auf französisch, Auszüge)

Bordeaux, 28. Februar 1871 [1]

Liebe Jenny,

Ich weiß nicht, ob ich in den Augen der Londoner ein großer Mann geworden bin, aber ich kann Ihnen versichern, daß ich hier in Bordeaux nichts von meiner Größe bemerke; glauben Sie also nicht, es sei der Ruhmesrausch, der mich hindert, Ihnen zu schreiben. Meine Briefe waren an More [2] gerichtet, aber ich wußte, daß die ganze Familie in ihren *Genuß* kam: doch nun schmeichelt mir Ihre Bemerkung so, daß ich Ihnen ein paar Dankeszeilen schreiben muß.

Endlich kennen wir die Friedensbedingungen: Die Bourgeoisie muß auf ihren Führer stolz sein, denn es ist wohl seinem Charakter und seinem politischen und diplomatischen Geschick zu verdanken, daß so sanfte und ehrenhafte Bedingungen erreicht werden konnten. Es scheint, daß in den Gruppierungen der Mehrheit komische Dinge vorgehen, die Legitimisten werden nicht wählen,

89

wird behauptet. Übrigens muß gesagt werden, daß alle ihre Chefs, Cathelineau, Charette usw., das Mandat unter dem Vorwand abgelehnt haben, sie könnten sich zu dieser Sache nicht äußern; und es heißt auch, in der orleanistischen Partei sei man unentschlossen und viele Parteimitglieder lehnten die Verantwortung für den Frieden ab. Dafür werden aber die bourgeoisen Republikaner mit Händen und Füßen unterschreiben. Vacherole[3], der Philosoph, hat, nachdem er den Gott der Pflicht angerufen hat, laut verkündet: »Jawohl, ich habe den Mut, mich der Unpopularität auszusetzen, ich werde voll unterschreiben.«

Bei der Bevölkerung kommt im Augenblick, nach der ersten Begeisterung auf die Friedensgerüchte hin, die Reaktion; die zu zahlende Summe erschreckt sie, und das ist ja übrigens das einzige, was unsere Biedermänner erschüttert; als sie die Bedingungen lasen, lächelten sie gütig, so lange von Gebietsabtretungen die Rede war, aber die fünf Milliarden waren eine unangenehme Überraschung. Es geht in Frankreich eine Legende, die wahrscheinlich die Lage beträchtlich beeinflussen wird: Im einfachen Volk wird behauptet, seit dem Ersten Kaiserreich schulde Preußen Frankreich mehrere Milliarden und Bonaparte habe den Krieg geführt, um diese Schuld einzuziehen, und nun werde sie von den fünf Milliarden abgezogen. Diese Legende muß allgemein verbreitet sein, denn ich habe sie bereits in Paris (!) gehört und begegne ihr jetzt in Bordeaux wieder: Woher kommt sie, hat sie Bonaparte selbst geschaffen, wie hat er sie in Umlauf gesetzt? Das wäre wirklich wunderbar! Wo ich schon von Bonaparte spreche, sein Einfluß wächst auf dem Land von Tag zu Tag, in fast allen Départements; sein Name, der auf keiner Liste zu finden war, hat Stimmen bekommen, die als verlorene gelten müssen. In der Charente hat er scheint's bis zu fünftausend Stimmen in einem Kanton erhalten, und so schreit er nun lauthals nach einem Volksentscheid. Diese guten Bauern sagen: Unser Kaiser ist von diesen Spitzbuben von Republikanern verraten worden; in der Kammer sitzen neben fünfzig andern mindestens dreißig anerkannte Häupter der Bonapartisten. Einen Augenblick lang ist die Frage der Absetzung aufgeworfen worden, Thiers wollte sie, die Legitimisten forderten sie, und es wurde bereits mit den notwendigen Maßnahmen begonnen, als alles wieder zum Stillstand kam, weil man sah, daß es in der Kammer mindestens 200 Stimmenthaltungen (!) geben würde. Die korsischen Abgeordneten, alles Bonapartisten, sind unverschämt wie Ochsenknechte, sie behaupten öffentlich, Korsika habe Frankreich zwei glorreiche Kaiser geschenkt.

Seit der Aufhebung der Belagerung sind die Pariser hier zugeströmt. Bordeaux hat die Ehre, alles, was die Revolution an verlorenen Kindern und bemerkenswerten Männern zählt, zu beherbergen, daher ist die Atmosphäre hier etwas eigenartig. Alle sind sie mit der Vorstellung gekommen, einen Handstreich zu versuchen, aber sie fangen an einzusehen, daß kaum etwas zu machen sein wird. Sérailler hat Ihnen sicher lange vom Belagerungszustand von Paris gesprochen (!), daher überspringe ich das; aber hat er Ihnen von Millières Anklage gegen J. Favre erzählt? Es ist jetzt bewiesen, daß Favre ehelich mit einer verheirateten, von ihrem Mann getrennten Frau zusammengelebt hat und, um die Kinder, die er von ihr hatte, zu legitimieren und sich in den Besitz einer großen Hinterlassenschaft zu setzen, Dokumentenfälschung beging (!). Solche Sachen machen einen sprachlos. Ranc, mit dem ich gesprochen habe, sagt, das Tollste daran sei, daß er weiterhin an der Spitze der Regierung bleiben konnte. In der Tat! Ich hätte Ihnen gerne ein Exemplar des Vengeur[4] geschickt, aber ich habe selbst keines; ich habe nur Millières Anklageschrift in einer Nummer gelesen, die ein Mann aus Paris mitgebracht hat.

Favre, Thiers und Co. haben gerade wieder einen ihrer Streiche zu spielen versucht, ihr Ziel war es, der Abstimmung einfach den Boden zu entziehen, deswegen hat Thiers so auf der Dringlichkeit bestanden. Als am gestrigen Dienstag um 9 Uhr abends die Wahlbüros gebildet wurden, hat jeder Wahlleiter eine Depesche aus der Tasche gezogen, die er eben erhalten haben wollte und in der der in Paris gebliebene Jules Favre mitteilte, in Paris wachse der Aufruhr, doch Vinoy stehe für die Ordnung ein und Bismarck werde davon absehen, Paris zu besetzen, wenn die Friedenspräliminarien noch am gestrigen Dienstag gebilligt würden. Dieses Manöver ist gescheitert. Wir haben von dieser Depesche durch Tridon erfahren, der als Großgrundbesitzer in der Côte-d'Or, seiner Heimat, nommiert worden ist: Er hat die Depesche als einen schurkischen Witz bezeichnet, worauf der Vorsitzende seines Büros ihn darauf aufmerksam machte, das sei kein parlamentarischer Ausdruck. Ich habe den Parlamentarismus nie gelernt, und diese Mehrheit jetzt wird mich die Sprache ganz bestimmt nicht lehren können, denn sie ist wirklich sehr grob.

Malon ist hier; er ist einer der besten Mitglieder, die die Linke zählt. Der illustre Tolain ist endlich am Ziel seiner Träume angelangt, er ist Abgeordneter geworden; daher denkt er auch nur noch daran, sein Plätzchen zu behalten, und da er die Internationale vertritt und das Wort Arbeiter in bourgeoisen Ohren nicht gut klingt, bemüht er sich jetzt, es durch ein anderes, weniger revolutionäres Wort zu ersetzen. Er hat mehrmals über dieses Problem mit Malon gesprochen, aber bis jetzt ist es ihm nicht gelungen, Malon von der Notwendigkeit dieser Änderung zu überzeugen; im Gegenteil: Malon verachtet ihn zutiefst, – sagen Sie das Dupont, der von Tolain so begeistert ist. Sagen Sie ihm auch, daß sein Name auf der Liste der Internationale war. Wie läuft seine Agentur?

Rochefort ist auch hier, immer noch der alte Bohémien (!). Malon, der mit ihm zusammen reiste, fragte ihn, was er von der Kammer halte – »Ach, nichts«, hat er geantwortet, »übrigens ist mir das ganz wurscht, mein *Mot d'ordre*⁵ hat eine Auflage von 70000.« Gambetta wartet, bis er angegriffen wird, um sich dann der Dokumente gegen die Regierung zu bedienen, die er in der Hand hat; es gibt sogar eine von der Linken redigierte Anklageschrift, für die er die Beweisstücke geliefert hat. Das ist doch drollig, 48 wurde die provisorische Regierung von der Rechten verklagt, heute ist es die Linke.

Ich warte ungeduldig auf die Nummer des *Fortnightly*, in der Papas (?) Artikel stehen wird – ich werde Auszüge daraus machen. Warum sind Sie mit dem *Pall-Mall* so geizig, Engels könnte Ihnen doch ein Abonnement besorgen, wenn er so viel Einfluß bei der Zeitung hat. Tausend Dank an Mama für ihren Brief, ich werde ihr in ein, zwei Tagen antworten. Monsieur Laurent wird dicker, er schafft es jetzt, bis zu 7 Stunden am Stück zu schlafen.

Auf Wiedersehen, Grüße an alle
TOOLE I.

Haben Sie die Photographien bekommen?

92

1. Dieser Brief ist offensichtlich vom 1. März. Lafargue spricht vom »gestrigen Dienstag«, der nach dem ewigen Kalender der 28. Februar war.

2. Lafargues persönliche Schreibweise für Marx' Kosenamen Mohr.

3. Es handelt sich um den Philosophen Etienne Vacherot.

4. Pariser Tageszeitung, die vom 3. Februar bis 11. März und vom 30. März bis 24. Mai 1871 erschien. Chefredakteur: Félix Pyat.

5. Von Februar bis Mai 1870 erschienene Zeitung; auf Anordnung Vinoys hin mußte sie vom 11. März 1871 bis zum 1. April 1881 ihr Erscheinen einstellen. Sie ergriff Partei gegen die Bildung eines Komitees für die öffentliche Gesundheit durch die Kommune. Chefredakteur: Rochefort.

Am 28. Januar 1871 unterzeichnen Jules Favre und Bismarck eine Übereinkunft über den Waffenstillstand und die Kapitulation von Paris, die nur durch eine gewählte Versammlung ratifiziert werden kann. Die Wahlen für die Nationalversammlung werden auf den 8. Februar festgesetzt.

Gambetta, der in Bordeaux die (im Ballon angekommene)»Delegation« im Geist der Défense nationale befeuert, veröffentlicht ein Dekret, in dem den »Komplicen des Reichs« das Wahlrecht abgesprochen wird (31. Januar). Der Vertreter der Zentralregierung, Jules Simon (der »mit der Eisenbahn« gekommen war), sucht zuerst zu verhandeln und veröffentlicht dann, nach einem Telegramm Bismarcks an Gambetta mit der Forderung nach »freien Wahlen« (2. Februar), ein Dekret, das ihm die volle Macht zuspricht (3. Februar) und ein weiteres über die Wahlen ohne Einschränkung (4. Februar).

Die von Ranc unterstützte »Delegation« befiehlt dem Präfekten, die Zeitungen, die das Dekret veröffentlichen, zu beschlagnahmen und die Plakate mit dem Text des Dekrets abreißen zu lassen, und droht sogar, Jules Simon verhaften zu lassen. Sie schickt Crémieux (nicht Glais-Bizoin) nach Paris. Doch am 6. Februar gibt Gambetta nach.

Mitten in diesen historischen Wirren wird Laura von einem Knaben, Marc-Laurent, entbunden, der nur fünf Monate lang leben wird. Als Marx von der Geburt erfährt, schreibt er an Paul Lafargue: »Frankreich müssen neue Verteidiger geschaffen werden. Sie und Laura scheinen sich ernsthaft und erfolgreich dieser patriotischen Pflicht unterzogen zu haben.« Wahrscheinlich hat sich dieser Brief Marx' vom 4. Februar mit dem von Paul Lafargue gekreuzt.

28. Paul Lafargue an Karl Marx (auf französisch)

(Bordeaux, 4. Februar 1871)

Liebe steam-Engeen[1],

sicher haben Sie erfahren, in was für einem Durcheinander wir hier leben. Die im Ballon angereiste Delegation steht auf der ganzen Linie im Widerspruch zu der Delegation, die mit der Eisenbahn über Versailles hergefahren ist: es ist eben eine Frage der Fortbewegung! Einer der Jules der Pariser Regierung ist hier von der Reaktion gekauft worden, die ihn sicher verwahrt und ihm sein Süppchen würzt, um ihm das Herz ein bißchen zu erwärmen; nach vielem Zögern hat sich Jules Simon entschlossen, sein berühmtes Dekret aus der Scheide zu ziehen. Léon darauf, die Zeitungen beschlagnahmen zu lassen. Einen Augenblick lang war sogar davon die Rede, Jules selbst zu verhaften, aber als es dann soweit war, hat den Grand-bêta[2] der Mut verlassen, und er hat sich damit begnügt, den alten Bizoin nach Paris zu schicken, damit er den Leuten dort erzählt, was er hier erlebt hat. Seit dem Waffenstillstand sind eine Menge Agitatoren von wer weiß woher und auf wer weiß welchem Wege hier angekommen und überlaufen den Markt von Bordeaux, zum großen Schmerz der einheimischen Oratoren, die zusehen müssen, wie ihr Ruhm durch den der Neuankömmlinge verdunkelt wird. Als wohlerzogene Leute, die sie (die Einheimischen) sind, behaupten sie einfach, um so ihre Wut zu besänftigen, alle diese Unbekannten seien bonapartistische Agenten, die nach Bordeaux geschickt wurden, um Zwietracht zu säen und die ehrbare Bevölkerung zum Bürgerkrieg zu treiben. Daß tatsächlich als Demagogen verkleidete Bonapartisten dabei sind, daran ist für mich kein Zweifel, einer von ihnen ist vor der versammelten Menge vom kleinen Delboy exekutiert worden; es wäre Bonaparte zuzutrauen, den Streich von 1828 wiederholen zu wollen; doch um so zu verallgemeinern, muß man ein Radikaler von Bordeaux sein, der sich gewaltig wundert und ärgert, vor diesen Agitatoren als reaktionär dazustehen. Einer darunter ist ein berühmter Mann, ein Engländer namens Milleton, Adjutant Garibaldis und von dem alten General hergesandt: Er spricht bewundernswert Französisch und hat eine großartige Begabung als Redner und Tribun, er kann im Stehen oder im Reiten Reden halten, ich habe ihn auf die Schultern der Umstehenden klettern und von dort zur Menge sprechen sehen. Ihm vor allem ist es zu verdanken, daß die Bevölkerung von Bordeaux sich ein bißchen gerührt hat, um die Fortsetzung des Kriegs und den Aufschub der Wahlen zu fordern. Bei seiner Ankunft in Tours gab es für Gambetta nichts Schöneres, als sich der Ovationen des Volks zu versichern, jeden Augenblick hielt er der Menge eine Speech über das oder jenes; aber heute, wo die Bewegung selbst in Bordeaux ernst werden könnte, wenn er sich nur energisch aussprechen wollte, stört ihn nichts so sehr wie solche Ovationen. Letzten Mittwoch hat die Menge an drei verschiedenen Orten nach ihm suchen müssen; am Sonntag gestern wollte er die Abordnung der Bevölkerung nicht empfangen: Da ist Milleton, wie immer allen voran, auf einem Balkon direkt gegenüber Gambettas Fenster erschienen und hat von dort zur Menge gesprochen; nach ihm ist ein anderer Unbekannter aufgetreten und hat gesagt, das Volk müsse Gambetta zwingen, sein verächtliches Schweigen zu brechen; die Menge hat diesen Worten stürmischen Beifall gezollt. Gambetta empfing die Abordnung und gab schriftlich eine ausweichende Antwort. Doch am Abend ließ er die Versammlungen auflösen und die Menge durch die Nationalgardisten auseinandertreiben.

Ein Glück, daß Bordeaux eine der reaktionärsten Städte ist; in Marseille hat der Präfekt selbst, der berühmte Gent, den sie jetzt Esquiros II. nennen, verlangt, daß keine Wahlen stattfinden sollen. Wahrscheinlich wird es Städte geben, die nicht wählen. In Bordeaux haben sich Abgeordnete von mehr als siebzehn *Départements* energisch gegen die Wahl ausgesprochen. Das republikanische Propagandakomitee von Bordeaux hat sich dagegen für die Wahl erklärt; es ist allerdings eng an die Präfektur gebunden, von der es seine Anweisungen erhält; ich darf aber nicht allzu schlecht davon sprechen, weil ich ja selbst dazu gehöre.

Ranc ist verzweifelt, er wollte seinen Rücktritt einreichen; ich glaube, je kritischer die Umstände werden, desto mehr sinkt sein Einfluß. Laurier[3], einer von Gambettas Getreuen, behandelt ihn als Demagogen: Und dabei hätte Gambetta doch ohne Ranc und Steenackers nichts machen können. Ranc hat ihm nämlich durch seine Polizei alle Hindernisse aus dem Weg geräumt, und der andere hat alle Depeschen abgefangen, welche die andern drei der Delegation nicht unbedingt sehen sollten.

Was wird nun geschehen? Alle Tatsachen, Meinungen und Strömungen zusammengenommen, glaube ich, daß die Nation sehr enttäuscht sein wird, wenn die Nationalversammlung den Krieg nicht weiterführt: Der Fall von Paris scheint einen ganz neuen Eifer ausgelöst zu haben. Alles, was ehrlich republikanisch ist, begreift, daß der Friede der Tod der Republik wäre. Aber was denkt man auf dem Land? *Nescio.*

96

Sie haben die drei Kundmachungen der Internationale in Bordeaux gelesen. Was für ein Unglück, daß wir hier nicht vier oder sechs Sektionen und tausend Mitglieder haben! Was ist das für eine Geschichte mit Otway, den Sie laut dem *Telegraph* zum Vorsitzenden gemacht haben sollen?

Marc-Laurent, der immer noch Stille, trinkt, schläft und pißt beneidenswert. Laura geht es gut, sie wäre ganz wiederhergestellt, wenn sie sich nicht in den Kopf gesetzt hätte, stillen zu wollen. Zum Glück trinkt der *Cocobel-oeil* (er hat wunderschöne Augen) auch Kuhmilch, sonst könnte sie nicht durchhalten, er ist nämlich ein Schlinger. Unser illustrer Schnaps ist vergnügt und rundlich für drei.

Grüße an alle. Mit herzlichem Händedruck

TOOLE I.

Haben Sie die 2 Photographien von Schnaps erhalten? Ich habe vergessen, auf Ihren letzten Brief einzugehen, aber ich habe mir alles wohl gemerkt, was darin steht, und werde Ihren Ratschlägen folgen.

1. Für steam-engine, Dampfmaschine. Lafargue steht oft auf Kriegsfuß mit der Orthographie.
2. »Großer Dummkopf«, Kalauer mit dem Namen Gambettas
3. Clément Laurier und Steenacker waren mit anderen Ministerialdirektoren zusammen mit Crémieux, dem Siegelbewahrer, nach Tours gesandt worden.

Am 18. März 1871 wird in Paris die Kommune ausgerufen. Die Bewegung greift auf Lyon, Marseille, Saint-Etienne, Le Creusot und Narbonne über, kann sich jedoch im allgemeinen nicht durchsetzen.
Lafargue begibt sich vom 7. bis zum 18. April nach Paris. Über den Grund seiner Reise können nur Vermutungen angestellt werden: Handelt es sich um ein Treffen mit den Delegierten anderer Städte, um einen Auftrag der Internationale oder, wie angenommen wurde, um einen Antrag auf Vollmacht zur Organisierung einer revolutionären Armee in Bordeaux?

29. Laura an Jenny

(Bordeaux, zwischen dem 7. und dem 18. April 1871)

Liebe Jenny,
ich habe bis zu diesem Augenblick noch keine Nachricht von Paul. Und um die Sache noch schlimmer zu machen, ist mein armes Baby so krank gewesen, daß ich 8 oder 10 Tage lang jeden Augenblick erwartete, es sterben zu sehen. Seit ein, zwei Tagen geht es ihm aber viel besser, und ich denke, die Besserung wird weiter fortschreiten. Die letzte Woche lang habe ich es fast den ganzen Tag über im Zimmer auf und ab getragen und die ganze Nacht über gewiegt, so daß ich keine Zeit finden konnte, Dir auch nur ein paar Zeilen zu schreiben.

In bezug auf Paul weiß ich nicht, was ich denken soll. Er ist gewiß nicht mit der Absicht weggefahren, so lange zu bleiben. Aber vielleicht kann er, selbst wenn er es wollte, nicht zurück oder der Anblick der Barrikaden hat ihn zum Mitkämpfen verlockt. Es würde mich nicht wundern, und es würde mir nichts ausmachen, wenn ich mit ihm dort wäre, denn ich würde auch kämpfen. Ich wollte nach Paris fahren, aber ich kannte hier niemand, dem ich die Kinder anvertrauen konnte, und dann wurde das Baby krank, und von meiner Abreise konnte nicht mehr die Rede sein.

Liebe Jenny, ich weiß jetzt nicht, was ich bezüglich Eurer Reise [1] sagen soll. Ginge das Schiff öfter, würde ich Euch fast raten, die Abreise aufzuschieben, denn wir werden nicht allein in die Pyrenä-

en fahren können, und Bordeaux ist ein langweiliger Ort. Ich möchte nicht, daß Ihr herüberkommt, um Euch hier zu langweilen, und hier bei uns zu Hause ist es im Augenblick nicht gerade besonders amüsant.
Was mein Mich-einsam-Fühlen angeht, ich bin ans Alleinsein gewöhnt. Seit vielen Monaten ist Paul kaum je zu Hause, und ich bin in den letzten sechs oder acht Monaten kaum je aus dem Haus gekommen.
Aber ich überlasse Euch die Entscheidung. Sag Tussy, daß ich ihr für ihren Brief danke. Sie ist ein liebes Mädchen, denn sie schreibt mir zwei Briefe auf einen von mir. *Du* allerdings vernachlässigst mich ziemlich; aber zum Glück bin ich auch daran gewöhnt.
Lebwohl, liebe Jenny. Falls ich von Paul höre, lasse ich es Euch sofort wissen. Liebe Grüße an alle.

Deine Dich liebende Schwester
LAURA

1. Lafargue hatte Jenny und Tussy zu einem Erholungsaufenthalt in die Pyrenäen eingeladen, wo er die Absicht hatte, mit seiner Familie hinzufahren, um eine historische Arbeit zu schreiben.

30. Jenny an Laura

(London) den 18. April 1871
Liebste Laura,
als ich Deinen Brief bekam, wollte ich sofort nach Bordeaux losfahren, aber ich habe inzwischen herausgefunden, daß das unmöglich ist – diese verdammten Preußen von Versailles und Berlin haben nämlich schön gemeinsam die Orléans-Linie lahmgelegt. Die anderen Strecken dienen nur dem Transport deutscher und anderer Truppen, so daß eine Zugreise eine einzige Reihe von Unterbrechungen bedeuten würde und 8 bis 10 Tage dauern könnte. Folglich sind wir wieder auf den langsamen, aber sicheren Dampfer angewiesen. Das Londoner Schiff ist leider völlig mit Frachtgut überladen, und der Kapitän weigert sich, dazu noch lästige Passagiere zu befördern. Das Liverpooler Schiff legt nicht vor dem 29. ab. Das

scheint mir noch so lange hin, denn ich kann den Gedanken nicht ertragen, daß Du ganz allein bist und dazu mit dem kranken Baby! Falls sich sein Gesundheitszustand nicht schnell bessert, wirst Du Dich hoffentlich *sofort* entschließen, eine Amme für es zu nehmen. Hör auf Mamas Ratschläge zu diesem Thema, sie spricht aus Erfahrung, denn Du weißt ja, sie hat mir damals, als sie nach Trier ging und eine Amme für mich suchte, das Leben gerettet, nichts anderes wollte mehr helfen.

Bezüglich Pauls verlängerter Abwesenheit und Schweigen neige ich zu der Annahme, daß die unregelmäßigen und unterbrochenen Eisenbahnverbindungen der Grund für beides sind. Vermutlich kommen die Briefe, die er schreibt, nicht an. Ich hoffe zuversichtlich, daß er in ein paar Tagen heimkommen wird.

Mach Dir keine Sorgen wegen der Reise in die Pyrenäen. Es wird mir ein großes Vergnügen sein, mit Dir in Bordeaux zu bleiben. Ich freue mich so darauf, meine liebe kleine *sœur* (frz.: Schwester) und das Baby wiederzusehen.

Sogar die gemeine Londoner Presse muß zugeben, daß die Pariser Bevölkerung glorreich kämpft, daß die abgerichteten Mörder von Versailles und der Held von Sedan kein leichtes Spiel mit ihr haben. Wären die Preußen nicht, die stolz sind auf ihre Berufung, für alle Regierungen Europas die Gendarmen zu spielen, könnte alles gut gehen!

Küß Deine lieben Kinder von mir, liebe Laura,
immer Deine Dich liebende Schwester
JENNY

*Dieser Brief ist vier Tage vor dem Fall der Kommune geschrieben.
Jenny und Tussy sind am 1. Mai in Bordeaux eingetroffen.
Im Lauf des Monats muß Lafargue, um sich einer Verhaftung zu
entziehen, aus Bordeaux fliehen, wo er versucht hat, wieder eine
Sektion der Internationale aufzubauen, und eine Zeitung, La Dé-
fense nationale, herausgegeben hat, in der er eine revolutionäre
Kriegsführung fordert. Er flüchtet erst nach Saint-Gaudens, dann
nach Luchon, darauf – rechtzeitig gewarnt – über die Grenze nach
Spanien, wo er auf Verlangen von Thiers in Huesca verhaftet wird.
Am 21. August kommt er mangels Beweisen wieder auf freien Fuß
und reist zu seiner Familie nach San Sebastian.*

31. Jenny an Karl Marx

(Bordeaux) 24. Mai 1871

Lieber Nickey,

die Zeitungen von Bordeaux melden, daß die Trikolore über der
Butte Montmartre weht; Cathelineaus und Charettes wilde Bestien,
Pietris mörderische Söldnerscharen sind die Herren von Paris. Au-
ßerhalb der Stadt spielen die tapferen preußischen Krieger für
Thiers die Gendarmen und verhaften die Pariser, die zu entkommen
versuchen. Alle Hoffnung ist tot. Es geht auch das Gerücht, daß
Dombrowsky[1] den preußischen Gendarmen in die Hände gefallen
ist! Glaubst Du nicht auch, daß an diesem plötzlichen Erfolg der
Versaillisten etwas faul ist? Cluseret und Rossel haben zuerst die
Nationalgarde zersetzt und dann verraten. Hätten die Mitglieder
der Kommune nur Deine Warnung vor dem amerikanischen Abenteurer[2] beherzigt, alles hätte noch gut gehen können! Es ist schrecklich zu denken, daß soviel Aussicht auf Erfolg bestand und alles
verspielt worden ist. Wenn die Schlächter in Paris ihr blutiges Werk
getan haben, werden sie sich höchstwahrscheinlich die Führer der
Internationale in der Provinz vornehmen. Alle Provinzzeitungen
beschuldigen auf irgendeine Weise die Assoz. (iation). Auch der
elende Zwerg Louis Blanc hat ein schrilles Stimmchen gegen die
Internationale erhoben. Als Reaktion auf eine Abordnung von
Toulouse hat er zu verstehen gegeben, unter den Agenten der Inter-

E.32   May 24. 7a.

My dear Mickey,

          According to the Bordeaux Papers the
tricolore is flying on the buttes montmartre _
the wild beasts of Cathelinean & Charette, the
rived cut-throats of Vetri. are masters of
Paris. Outside the city, the bold Prussian
warriors are acting as the police-agents of
Thiers _ are capturing the Parisians that
attempt to escape. All hope is dead.
It is also rumoured that Dombrowski has
fallen into the hands of the Prussian
policemen! Do you not think that
the sudden success of the Versaillists is
the work of foul play. Cluseret &
Rossel first disorganized & then betrayed
the national guards. If the members
of the commune had heeded your
warning against the American adven
turers, all might have gone well.
It is fearful to think that there
was so much chance of success & that

(nationale) im Zentralkomitee »les influences bonapartistes et prussiennes se font sentir. Enfin«, hat er gesagt, »l'insurrection parisienne est tout à fait condamnable et doit être condamnée par tout véritable républicain. Le Comité Central préouupé d'intérêts cosmopolites se souvient fort peu des intérêts parisiens et français.«[3]

Gestern hat sich Paul einen spanischen Paß besorgt, damit er sobald wie möglich weg kann. Da Paul ja ein höchst aktiver Organisator der In(ternationale) ist, kann er sich hier nicht mehr in Sicherheit wiegen. Er hat hier mit den »verriers« (frz.: Glashüttenarbeiter) eine neue Sektion aufgestellt; ein paar darunter sind sehr intelligente Männer und der Sache treu ergeben. Letzten Montag haben wir ihre Fabrik besichtigt. Als wir das Gebäude betraten, fühlten wir uns in Dantes Inferno versetzt. Die Hitze war unerträglich. Ohne sich einen Augenblick Ruhe gönnen zu dürfen, rannten die gequälten Geister hin und her, eine Schar abgezehrter, totenblasser Männer und Jungen. Die Arbeit geht fast die ganze Nacht über weiter, und trotzdem werden Kinder im Alter von 7, 8, 9 Jahren beschäftigt. Die armen kleinen Wichte sind morgens die ersten in der Fabrik und verlassen sie nachts als letzte. Ihr Arbeitgeber hat eine großartige Methode gefunden, um sie auszubeuten. Sie werden nach Arbeitstagen bezahlt, die Männer dagegen nach Werkstücken, so daß es im Interesse der Männer ist, die Kinder so hart wie möglich arbeiten zu lassen. Paul hat eine Menge interessanter Beobachtungen gemacht und wird jetzt einen Artikel darüber schreiben. Ich fürchte allerdings, er wird, als der Schriftsteller, der er nun mal ist, die harten Tatsachen aufbereiten und seine eigenen Soßen (darüber) anreichern. Leider gießt er nun mal nur allzu gern eine literarische Soße über alles.

Die eingehende Beschreibung des Lehrers der précieuse amie (frz.: teure Freundin), hat mich köstlich amüsiert. Avroff ist also ein Comtist? Schande über ihn und seine Freunde! Diese Comtisten sind doch traurige Ritter. Prudhomme ist ein gutes Beispiel für den tödlichen Einfluß, den Comte ausübt. Laura hatte völlig recht, als sie sagte, er sei ein abruti (frz.: Schwachkopf). Es ist fast unmöglich, in ihm noch den Prudhomme von vor vier Jahren wiederzuerkennen. Gegenwärtig ist der Hohepriester der Comtisten, Laffitte, in Bordeaux. Ich habe seine Schrift über Comte gelesen. Was politische Ökonomie angeht, scheint mir seine ganze Theorie auf folgendes hinauszulaufen: la classe capitaliste n'a pas le »droit« mais le »devoir« d'exploiter les prolétaires.[6] Und der berühmte Altruismus ist auch nur eine neue Version des »chacun pour soi«-Prinzips. Seulement au lieu de dire »chacun« pour soi et »Dieu« pour tous, ils disent chacun pour soi, l'humanité pour tous.[7]

> Mit vielen Küssen für alle zu
> Hause
> bleibe ich, liebster Nickey,
> Deine Dich liebende
> JENNY

Bitte, adressiere Briefe an *Williams*, nicht an *Mary*. Ich habe Engels' Artikel über Vogt[8] gelesen. Er ist sehr geistreich. Grüß doch den General von uns allen.

1. Dombrowsky wird am 23. Mai auf einer Barrikade am Montmartre tödlich verwundet und stirbt bald darauf im Spital Lariboisière.
2. Cluseret hatte als General für die Nordstaaten im Sezessionskrieg gekämpft und war nach dem Sieg amerikanischer Staatsbürger geworden.
3. ... sind bonapartistische und preußische Tendenzen zu spüren. Und wirklich ist der Pariser Aufstand gänzlich zu verurteilen und muß von jedem echten Republikaner verurteilt werden. Das Zentralkomitee ist durch kosmopolitische Interessen in Anspruch genommen und kümmert sich kaum um das Interesse der Pariser und der Franzosen.
4. Marx fuhr erst am 17. August nach Brighton.
5. Am 30. Mai, drei Tage nach dem Fall der Kommune, verliest Marx vor dem Generalrat der Internationale einen Text über den Bürgerkrieg in Frankreich (*Adresse des Generalrats der Internationalen Arbeiterassoziation über den Bürgerkrieg in Frankreich.*) Der Text erscheint zunächst ohne Verfasser am 13. Juni 1871 in London. In einem offenen Brief an die *Daily News* vom 26. Juni meldet Marx seine Urheberschaft an. Eine deutsche Übersetzung von Engels erscheint vom 28. Juni bis 29. Juli im *Volksstaat* in Leipzig. Die von Marx im Juni 1872 redigierte französische Übersetzung wird zuerst vom 16. Juli bis 3. September in der Brüsseler Zeitung *L'Internationale*, darauf dann als Broschüre veröffentlicht.
6. die kapitalistische Klasse hat nicht das Recht, sondern die »Pflicht«, die Proletarier auszubeuten.

7. jeder für sich; nur, statt zu sagen, »jeder« für sich und »Gott« für uns alle, sagen sie, jeder für sich und die Menschlichkeit für uns alle.

8. Vogt, ein Geheimagent im Dienst Napoléons III., war von Marx in seinem *Herr Vogt*, öffentlich angeprangert worden. Der Artikel von Engels erschien in dem von Liebknecht herausgegebenen *Volksstaat* am 10. Mai 1871.

Nach ihrem aufregenden Frankreich-Aufenthalt, bei dem sie sogar einmal zwei Tage unter Polizeiarrest gesetzt wurden (sie tragen den Namen Marx), kehren die gefährlichen Mordbrennerinnen Jenny und Tussy im September 1871 nach England zurück. Nach dem Fall der Kommune kommen die französischen Flüchtlinge in Scharen nach London, oft ohne Geld und ohne Gepäck. Marx bemüht sich, die äußerste Notlage dieser Menschen zu lindern. Unter den Flüchtlingen ist Charles Longuet, ein Journalist proudhonianischer Tendenz, Mitglied des Generalrats der Internationale und korrespondierendes Mitglied für Belgien. Er macht die Bekanntschaft der Marx und verliebt sich prompt in Jenny. Im März 1872 wird die Verlobung bekanntgegeben, und sie heiraten am 9. Oktober desselben Jahres. Sie ziehen zuerst nach Oxford, wo Longuet eine Stelle als Französischprofessor zu erhalten hoffte, darauf kehren sie nach London zurück.

Nach seiner Flucht nach Spanien geht Paul Lafargue nach Madrid, wohin ihm im Februar Laura mit dem Kind folgt. Im Juli stirbt der kleine Schnaps nach einer neunmonatigen Krankheit im Alter von dreieinhalb Jahren. Sein Tod ist für die Eltern und für Marx ein schrecklicher Schlag. Laura bleibt von nun an kinderlos.

Am 1. September verlassen die Lafargues Spanien und treffen sich mit dem Ehepaar Marx und Tussy im Haag. Dort findet vom 2. bis zum 7. September der Kongreß der Internationale statt, bei dem Lafargue als Repräsentant Spaniens und Portugals auftritt. Es ist der erste Kongreß, an dem Marx und Engels persönlich teilnehmen. Auf diesem Kongreß wird der Ausschluß Bakunins und seiner Anhänger und die Verlegung des Generalrats nach New York beschlossen. Ab Oktober 1872 wohnen die Lafargues in London, wo Paul, der nach dem Tod seiner drei Kinder der Medizin abgeschworen hat (nicht aber der Politik), seinen Lebensunterhalt mit der Eröffnung eines Ateliers für Photo-Lithographie zu verdienen sucht.

32. Jenny an Charles Longuet

(London, April 1872)

(Der erste Teil des Briefs ist auf französisch geschrieben.)

Mein großer verehrter Charles!

Ich liebe Dich immer noch ein bißchen, aber ich hasse es, Dir das brieflich zu sagen. Ich würde Dich lieber ein einziges Mal küssen, als Dir ein ganzes Buch schreiben, ja, ich hätte lieber einen *einzigen* Kuß von Dir (Du gibst zu, daß Du dafür *vier* von mir brauchen würdest) als vier Seiten Deiner Prosa. Da hast Du den unwiderlegbaren Beweis, daß Du eher den Titel eines homme de lettres verdienst als ich den eines Blaustrumpfs. Unparteiliche mögen zwischen uns Schiedsrichter sein! Aber um Deine krankhafte Literatenempfindlichkeit nicht zu verletzen, muß ich Dir gestehen, daß es – wenn ich Dich nicht küssen kann – mein größtes Glück ist, Dich zu lesen. Stell Dir also meine Freude vor, als ich heute morgen herunterkomme und auf dem Tisch Deinen Brief finde. Ich war fast eine Stunde länger als sonst im Bett geblieben aus Angst, in meiner Hoffnung auf einen Brief von Dir enttäuscht zu werden. Was für eine moralische Tapferkeit, würdig der Heldin, die Du kennst – nicht wahr?

Ich bin so froh zu wissen, daß Du Dich in Oxford wohler fühlst... Papa ruft mich – er will, daß ich mit ihm die eben angekommene zweite Lieferung lese [1]. Es ist hart, glaub mir das, mich von Dir zu trennen (hier geht der Brief auf englisch weiter), aber erst die Pflicht, dann das Vergnügen.

Engels hat uns gerade nach drei Stunden Arbeit unterbrochen, deshalb kann ich Dir noch ein paar Zeilen mehr schreiben. Ich muß leider sagen, daß die Übersetzung des ersten Teils der zweiten Lieferung sehr nachlässig gemacht ist, wirklich ganz unsorgfältig. Es muß viel verbessert werden. Papa bedauert es sehr, daß er Dich nicht bei diesen Korrekturen zu Rate ziehen kann, und er hätte fast Lust, deswegen nach Oxford zu fahren [2]. Jedenfalls wirst Du, wenn Du am Samstag nach London kommst, etwas Zeit haben, den Text mit ihm durchzusehen. Du *mußt* an diesem *ersten* Samstag nach London kommen. Mit der Zeit wirst Du Dich besser an Oxford gewöhnen, und ich an Hampstead – ohne Dich! Ich sehe aus Deinem Brief, daß Du meinen gestern früh nicht bekommen hast, obwohl ich ihn doch als erstes am Morgen abgeschickt habe. Du wirst daraus ersehen haben, daß ich sofort Deiner Mutter geschrieben habe ... Ich werde eben wieder gerufen ... Entschuldige dieses hastige Gekritzel. Immer

Deine JENNY

Leider kann ich den *Neveu de Rameau* nicht finden. Irgendjemand muß ihn mitgenommen haben. Ich werde ein Exemplar in der Stadt besorgen.

1. Es handelt sich um Roys französische Übersetzung des ersten Abschnitts des *Kapital*, die im August 1872 bei Lachâtre veröffentlicht werden sollte.
2. Marx ging tatsächlich dieser Revision wegen im November für drei Tage nach Oxford, wo Jenny und Charles inzwischen als junge Eheleute wohnten.

33. Jenny an Charles Longuet (auf englisch)

(London) 1. Mai 1872

Mein allerliebster Charles,
es betrübt mich so zu hören, daß sich meine schlimmsten Ahnungen erfüllt haben und Du Dich in Oxford so unwohl fühlst, wie ich fürchtete. Diese kleine Welt der englischen Universitätsdozenten und professörlichen Krämerseelen muß in der Tat schrecklich langweilig sein. Der britische Philister ist im besten Fall un triste sacco (ital.: ein langweiliger Kerl), was für ein trüber Tropf muß er daher im schlimmsten Fall sein, wenn er eine reguläre akademische Ausbildung seines Langweilertums durchlaufen hat! Mein armer Charles, ich wünschte so, ich könnte Dir einen Teil dieser stumpfsinnigen Last von den Schultern nehmen. Und zu denken, daß Du dieses Dir so gar nicht entsprechende Leben meinetwegen aushältst! Dieser Gedanke macht mich ganz wütend auf mich selbst, aber Dich – Dich liebe ich umso mehr dafür. Wie habe ich nur so viel treue Liebe verdient?
Aber jetzt zum Geschäftlichen! Laß mich Dir beweisen, daß ich

sehr »praktisch« bin, obwohl Du ja das Gegenteil behauptest. In bezug auf die schrecklich hohen Mietpreise in Oxford denke ich, daß das nicht so schlimm ist, wie es auf den ersten Blick scheint. Wo die Preise in Oxford so hoch sind, werden auch die Lehrer entsprechend bezahlt werden müssen, was die Dinge wieder ausgleicht. Ich finde, Du solltest mehr als 5 Schilling für eine Unterrichtsstunde verlangen. Doch es wird das Beste sein, wenn Du Dich bei Beeslys Freund, Mr. Richards, erkundigst, was in Oxford die üblichen Bedingungen sind, bevor Du einen Preis festsetzt. In der Zwischenzeit aber (vielleicht zahlen die Tutoren nicht sofort) hoffe ich, daß Du mir eine Zeile schreibst und mich wissen läßt, ob ich Dir eine Anweisung auf ein paar Pfund schicken kann, von der übrigens niemand zu Hause etwas erfahren wird, da ich das Geld bereits in meiner Schublade liegen habe. Gleichzeitig warne ich Dich, daß ich wie Shylock und alle übrigen meines *Stammes* kein Geld gratis leihe, weil das doch den Zinssatz ...drücken würde; ja, ich werde Zinsen nehmen wie Jakob, wenn Du es mir zurückzahlst. Äußere Dich sofort zu diesen geschäftlichen Sachen!

Papa hat das Vorwort und die ersten Seiten vom *Kapital* mit Mützchen[1] gelesen, die, scheint es, das Buch sorgfältig studiert hat. Er hatte an ein paar der ersten Sätze aus dem Vorwort etwas auszusetzen, die in der Tat nicht so gut übersetzt sind wie der Rest.

Heute morgen wurde ich von Helen aus dem Schlaf geholt; sie gratulierte mir ganz herzlich. Wozu wohl, glaubst Du? Weil ich ein Jahr älter geworden bin[2]. Ein komischer Grund zum Gratulieren, *n'est-ce pas?* Hast Du auch Lust, Deiner alten Frau zu gratulieren? Ich für meinen Teil hätte meinen Geburtstag völlig vergessen, wenn nicht alle meine Lieben sich so bemüht hätten, mich auf echt deutsche Art daran zu erinnern. Da mir daran liegt, daß Du diesen Brief schnell bekommst, sage ich auf Wiedersehen.

Mit vielen Küssen
Deine Dich liebende JENNY

Die besten Empfehlungen von allen hier zu Hause. Ich habe gestern Deiner Mutter geschrieben.

1. Kosename für Frau Marx.
2. Jenny wurde 28 Jahre alt.

Die Longuets haben sich vorläufig in Oxford niedergelassen; die Lafargues leben seit Ende Oktober in London. Tussy ist seit März heimlich mit Lissagaray verlobt, dem ebenfalls nach London geflüchteten Verfasser der Histoire de la Commune. *Die Eltern haben keine Sympathie für diesen feurigen, aufbrausenden, überschwenglichen Verehrer, der zudem noch doppelt so alt ist wie ihre Tochter. Das Verhältnis, das keiner der beiden ohne konkreten Anlaß zu lösen wagte, dauerte fast zehn Jahre und brachte Tussy mehrere Male an den Rand des Zusammenbruchs.*

34. Eleanor an Jenny

1, Maitland Park Road
7. November 1872

Liebe Jenny,
Trägheit ist, wie Du weißt, die Wurzel allen Übels (keine Anspielung, Charlie), und Trägheit ist auch die Wurzel meines langen Schweigens. Jeden Tag in der letzten Woche setzte ich mich hin, um Dir zu schreiben, und jeden Tag stand ich wieder auf, ohne es getan zu haben.

Ich nehme an, Du rechnest damit, den ganzen Klatsch von hier usw. zu hören, und soweit ich es kann, will ich alles, was geschehen ist, »getreulich und nach bestem Wissen und Gewissen« berichten. Von der Ankunft der Lafargues hat Dir Mama schon in allen Einzelheiten geschrieben, daher will ich Dir von ihnen jetzt nichts mehr erzählen, außer daß ich finde, daß Laura viel besser aussieht als damals in Luchon. Ich weiß nicht, ob Du gehört hast, daß *Lissagaray* am Abend ihrer Ankunft bei uns Besuch machen wollte, aber da wir alle in Papas Vortrag gegangen waren, hat er uns natürlich nicht angetroffen. Ein paar Tage später kam er wieder, in Begleitung von Richards. Laura und Paul waren zu Vermerschs Vortrag gegangen, und Mama und ich haben ziemlich aufgeregt auf ihre Rückkehr gewartet. Endlich kamen sie, und ich sagte ihnen natürlich, wer da war. Sie gingen hinein, gaben Richards die Hand und hatten nur eine sehr kühle Verbeugung für Lissagaray. Wir fanden das seltsam, schrieben es aber einer gewissen Gezwungenheit bei der ersten Begegnung zu. Doch nachher, als sie gingen, wurde wieder die gleiche Zeremonie veranstaltet. Gestern abend kam Lissa zusammen mit Wroblewsky wieder, und wieder gaben Laura und Lafargue allen die Hand (Serrailler war da) und ihm nicht! Das ist doch wirklich ein seltsames Betragen. Entweder ist Lissagaray der Gentleman, als welchen ihn Pauls Brief und sein eigenes Auftreten ausweisen, und dann sollte er auch als ein solcher behandelt werden, oder aber er ist kein Gentleman, und dann sollten wir ihn nicht empfangen; also das eine oder das andere, aber dieses wirklich unhöfliche Verhalten von Laura ärgert mich sehr. Ich wundere mich nur, daß Lissagaray überhaupt herkommt. Er hat mir auch gesagt, er wolle in den nächsten Tagen oder Anfang nächster Woche kommen und mir ein paar Auszüge aus der zweiten Auflage seines Buchs vorlesen, die demnächst erscheinen wird.[1]

Das letzte Ereignis hier ist der Tod von Plantade[2]. Bei seiner Beerdigung sind höchst seltsame Szenen vorgekommen. Zum Beispiel hat Dupont den ganzen Weg ein riesiges *Kreuz* getragen, und der Friedhof soll ganz weit draußen gelegen sein, viel weiter als Finchley. Du kannst Dir vorstellen, wie er damit aufgezogen worden ist. Was mußte er aber auch die ganze Zeit dieses Kreuz tragen! Als sie am Friedhof ankamen, gab es einen Zank zwischen den Vertretern der Friedhofsverwaltung, die den Sarg in die Kapelle tragen wollte, und den Kommunarden, die ein enterrement civil (frz.: ziviles Begräbnis) wünschten. Am Schluß hieß es, sie sollten ihren »bonhomme« wegschaffen. Was für eine Art, von einem Leichnam zu sprechen!

Bei Madame Plantade, wo sich alle versammelten, sind auch komische Sachen passiert. Lissagaray erzählte uns, er sei, als er hinkam, zu Madame Plantade gegangen, um ihr ein paar Worte des Beileids zu sagen, und sie habe sich bloß umgedreht und ihn aufgefordert, doch un petit verre de vin blanc (frz.: ein Gläschen Weißwein) zu trinken. Und die Tische standen voller Kuchen, Törtchen, Orangen, Nüssen und allem möglichen anderen. Es schien eher eine Hochzeit zu sein als eine Beerdigung. Und Madame Plantade sagte unentwegt: »Voyons, mes enfants, mangez donc!«[3] Stell Dir bloß vor: eine verzweifelte Witwe, die Kuchen herumreicht!

Du hast das berühmte Dokument der Blanquisten[4] bekommen,

nehme ich an. Wie denkst Du darüber? Ein paar Sätze davon sind von Vaillant, aber das Ganze ist von Cournet. Die Martinisten, wie sie jetzt heißen, sind sehr stolz auf ihr Werk. Wir haben keinen von ihnen gesehen. Paul hat vor, Vaillant einen Besuch zu machen. Wir haben gestern von Utin gehört, daß ein Delegierter von Lyon und Paris zu ihm gekommen ist, um sich zu erkundigen, mit wem sie es halten müßten, mit den Jurassianern[5] oder mit New York, mit Genf oder mit Vaillant und Ranvier? Utin sagte ihm, Genf und New York sei dasselbe und alle übrigen seien Feinde!

Ich denke, das sind alle Neuigkeiten, die ich Dir erzählen wollte, denn eigentlich ist nichts Besonderes passiert. Es ist möglich, daß Papa morgen nach Oxford fährt[6], und er wird Dir dann alles Weitere erzählen.

Also Lebwohl. Kommst Du bald? Wenn ja, laß es uns wissen.

Deine liebe Schwester
TUSSY

1. Es muß sich um die vor dem Ende des Jahres 1871 in Brüssel geschriebene und veröffentlichte Arbeit *Huit Journées de mai derrière les barricades* handeln, eine Vorstufe zu seiner *Histoire de la Commune de 1871*.

2. Ein alter Kommunarde

3. Los, Kinder, eßt doch!

4. Es handelt sich um die Broschüre des Titels: *Internationale et Révolution. A propos du congrès de La Haye, par des réfugiés de la Commune, ex-membres du conseil général de l'Internationale.* Dieses Pamphlet richtete sich gegen den Beschluß des Haager Kongresses, den Sitz der Internationale nach New York zu verlegen. Die Unterzeichner, unter ihnen Martin (daher der Name Martinisten), Vaillant, Cournet usw., alles frühere Mitglieder des Generalrats, treten aus der Internationalen Arbeiterassoziation aus. Ranviers Unterschrift war ohne seine Zustimmung dem Dokument beigefügt worden.

7. Die Jurassianer sind die Anhänger Bakunins, der innerhalb der Internationalen Arbeiterassoziation die anarchistische Tendenz vertritt.

8. Marx wird vom 15. bis 18. November einen Besuch in Oxford machen, um mit Longuet über die französische Übersetzung des *Kapital* zu sprechen.

Im Lauf des Jahres 1873 finden sich die Familien Marx, Longuet und Lafargue in London vereint. Im September bekommt Jenny dort ihr erstes Kind, Charles-Félicien, das im Juli des folgenden Jahres stirbt. Schwer erschüttert durch diesen Schlag fährt sie zu Engels, der sie für den Monat August zu sich und Lizzie Burns einlädt, erst nach Ramsgate, dann nach Jersey, von wo sie am 5. September zurückkommt. Eleanor schreibt ihr diesen Brief also nach London. Sie ist ihrerseits mit ihrem Vater seit dem 15. August in Karlsbad, wo Marx eine Kur macht. Sie kehren Anfang Oktober nach London zurück, nachdem sie auf der Rückreise über Dresden, Leipzig, Berlin und Hamburg gefahren sind, wo Marx seinen Verleger Meißner besuchte.

35. Eleanor an Jenny

>Germania«, Karlsbad
5. September 1874

Liebe Jenny,
ich kann Dir gar nicht sagen, wie wir uns über Deinen Brief gefreut haben. Ich hätte Dir schon seit langem geschrieben, aber ich wußte nicht, wohin ich meinen Brief senden sollte.

Über Karlsbad habe ich schon Mama berichtet, und sie hat Dir sicher erzählt, wie gut uns die Stadt gefällt, und man müßte in der Tat sehr mäkelig sein, wenn einen diese schöne Gegend hier nicht begeistern würde. Es ist hier natürlich weniger großartig als in Luchon, aber es ist etwas so Anmutiges an diesem hübschen kleinen Tal, daß es einen fast mehr bezaubert als Luchon.

Aber ich möchte Dir ein bißchen von den Leuten erzählen, alle Landschaftsbeschreibungen stehen ja weit hinter der Wirklichkeit zurück. Die Kugelmanns waren Papa bei seiner Kur ein *schweres* Hindernis. Du kannst Dir gar nicht vorstellen, liebe Jenny, was für eine unmögliche Person »Wenzel«[1] ist, sonst könntest Du ohne weiteres verstehen, wie unvermeidlich es war, daß Papa und er einfach nicht anders *konnten*, als zu streiten. Im Augenblick sprechen sie, das heißt wir, nicht mehr miteinander. Seine Frau ist dagegen eine bezaubernde kleine Person, und Fränzchen[2] ist, trotz ihrer vie-

len unangenehmen Eigenschaften, nur zu bewundern, daß sie nicht schlimmer ist als so. Ich bin mit Frau Kugelmann sehr intim, und es ist auch wirklich ganz unmöglich, sie nicht zu lieben und zu bedauern, wenn man sieht, was für ein Leben sie führt. Es ist hart, wenn eine Frau kein eigenes Geld hat und ihr Mann erzählt ihr jede Minute, daß sie nicht dankbar sei für alle seine Wohltaten, die er ihr und dem Kind erweist. Du kannst Dir nicht vorstellen, wie roh und wie schamlos Kugelmann ist. Er machte Papa und mich zu unfreiwilligen Zeugen einer scheußlichen Szene (unsere Zimmer sind nämlich nur durch eine Tür getrennt), und danach spielte er eine Woche lang den Beleidigten, weil Papa und ich natürlich für sie und das Kind Partei ergriffen. Du kannst Dir denken, wie unangenehm uns das war, als Fränzchen völlig aufgelöst zu uns herüber kam und die Mutter fast ebenso fassungslos. Ich kann Dir natürlich brieflich nicht alles genau erzählen, aber wenn wir wieder in London sind, wirst Du sehen, wie schlimm das arme Trautchen 3 in diesen 17 Jahren ihrer Ehe (!) gelitten hat, denn er hat seine liebenswürdige Seite schon eine Woche nach der Hochzeit herausgekehrt. Natürlich hätten wir ohne diese Szene nie alle diese Einzelheiten erfahren, aber beide, sie und Fränzchen, waren so am Ende ihrer Nerven, daß alles rauskam. Sie sagt, Du habest von all dem nichts wirklich mitbekommen, weil ihr Mann sich damals keine Blößen vor Papa geben wollte 4 und weil er zudem in den letzten 5 Jahren noch schlimmer geworden sei. Fränzchen haßt ihn richtig, und das ist kein Wunder. Sie liebt ihre Mutter so und hat von klein auf immer nur diese ständigen Streitereien wegen nichts und wieder nichts miterlebt. Der große Krach wurde vom Zaun gebrochen, weil Frau K. an einem staubigen Tag nicht ihr Kleid hochnahm! Wie ich Dir sagte, hat er eine Woche lang geschmollt und dann, weil er sich nicht traute, etwas zu Papa zu sagen, einen dummen Witz, den ich gestern gemacht habe (übrigens einen ganz harmlosen, wie alle sagen), zum Vorwand genommen, um sich für tödlich beleidigt zu erklären. Fränzchen, die ein äußerst kritisches kleines Persönchen ist, hat uns vieles erzählt, was nicht gerade für ihren Papa spricht.
Papa hat natürlich viel Ärger mit all dem gehabt, aber jetzt werden wir ihn einfach nicht mehr beachten. Ich kann Dir gar nicht sagen, wie leid mir das arme Trautchen tut. Sie meint, sie habe es vorausge-

sehen, daß das passieren würde, aber sie hatte halb und halb gehofft, Papa hätte ein wenig Einfluß auf Wenzel und könnte ihr daher »wenigstens mal vier Wochen Frieden« verschaffen, um es mit ihren Worten zu sagen.

So viel zu Wenzel, ich werde Dir aber noch eine Menge Episoden erzählen, die eigentlich, würden seine Frau und sein Kind nicht leiden, äußerst komisch wären.

Das alles ist eine ärgerliche Störung, aber ich denke doch, daß es Papa besser geht und daß die Wasserkur ihm guttut. Wir nehmen es ja auch sehr genau mit allen unseren »Pflichten«. Denk Dir nur, Papa ist schon um sechs Uhr fertig angezogen am Brunnen, oft sogar schon früher! Wir machen lange Spaziergänge und fühlen uns überhaupt wohl hier. Du hast natürlich schon von unserer Begegnung mit Deutsch⁵ gehört. Er ist äußerst amüsant und ist überall bekannt und kennt *jeden*. Wir haben Dir ein paar komische Geschichten zu erzählen. Unter anderem über den armen Flourens. Wir haben noch eine andere nette Bekanntschaft gemacht, den Maler Knille. Ein reizender Mensch, auf den Kugelmann herabsieht, weil er nicht so tiefsinnig ist wie er selbst. Deutsch hat uns auch mit einem schrecklichen Franzosen bekanntgemacht, der Gott sei Dank jetzt wieder abgereist ist. Ein völliger Idiot, der aber als *agent de change*⁶ immerhin zwei bis drei Millionen (Francs) im Jahr verdient! Das unausstehlichste Exemplar der Gattung Bourgeois, das man sich vorstellen kann. Gegenwärtig ist er Mac-Mahonist, und seine größte Hoffnung und sein größter Wunsch sind, daß das Septenat⁷ *ewig* dauern möge! Eine weitere Persönlichkeit, die Deutsch Papa vorgestellt hat, war Graf Plater, ein Pole, der jetzt auch aus Karlsbad abgereist ist . Auf seine Art ein netter Kerl. Ein richtiger alter Aristokrat und Katholik, aber ein guter Pole und Rußlandhasser. Im Lokalblatt hier ist er als der »Chef der Nihilisten« bezeichnet worden (Du kannst Dir vorstellen, wie entsetzt der alte Mann war), und es wurde geschrieben, er treffe sich hier mit dem »Chef« der Internationale.

Rocheforts *Lanterne* wird hier von den vielen Russen und Polen, die in der Saison in Karlsbad ihr Hauptquartier aufschlagen, gelesen. Wir haben die Zeitung natürlich immer gelesen, und zudem haben wir eine Dauerkarte für den Lesesaal, wo *alle* Zeitungen, französische, englische, deutsche, russische, amerikanische, ausliegen. Wir schauen sie durch, denn sonst kommen wir kaum zum Lesen. Es ist wirklich phantastisch, wie die Zeit vergeht. Ein Tag ist vorüber, bevor man die Zeit gefunden hat, eine Zeitung zu lesen oder einen Brief zu schreiben.

Morgen sind die Kugelmanns drei Wochen hier und sie bleiben nur noch eine Woche länger. Wir werden nicht nach Hannover gehen, aber ich weiß jetzt noch nicht, auf welchem Weg wir zurückfahren. Ich würde gern noch länger mit Trautchen zusammensein, da ich sie wirklich mag, aber so wenig wie möglich mit Wenzel, daher kommt Hannover nicht in Frage. Ich habe vergessen, Dir zu erzählen, daß einer von Frau K.s Brüdern zwei Tage hier war. Ich kann Dir gar nicht sagen, wie gern wir ihn mochten. Er ist der freundlichste Mensch, den man sich vorstellen kann. Seine Schwester sagt, sie verberge ihre Lage immer so gut wie möglich vor ihm, da er so unglücklich über ihr Verhältnis zu ihrem Mann ist.

Ich sehe, ich bin unten auf der Seite angekommen und muß daher wohl oder übel adio sagen, es ist außerdem Zeit zum Mittagessen, und das ist hier ein höchst wichtiges Ereignis.

Grüß ganz herzlich alle daheim, Engels nicht zu vergessen.

Papa läßt lieb grüßen und wird auch bald schreiben.

Ich bin, liebe Jenny,

Deine Dich liebende Schwester

TUSSY

Bitte adressiere alle Briefe an *mich*.

1. Übername Kugelmanns (Anspielung auf den guten König Wenzeslaus)
2. Franziska, Kugelmanns Tochter
3. Gertrude, Kugelmanns Frau
4. Marx und Jenny waren 1869 bei Kugelmanns in Hannover zu Gast.
5. Österreichischer Journalist, mit dem sich Marx in der Zeit ihres gemeinsamen Exils in Paris überworfen hatte.
6. Börsenmakler
7. Siebenjährige Amtsdauer des Präsidenten der Französischen Republik.

Aus diesem ganzen Zeitraum bis zur Amnestie, in dem die drei Familien in London vereint sind, gibt es nur sehr wenig Briefe. Nur bei gelegentlichen Reisen ist der Anlaß gegeben, schriftlich Eindrücke und Nachrichten auszutauschen.

1874 ziehen die Lafargues nach Hampstead, 27 South Mill Road; die Marx ziehen Anfang 1875 in ein bescheideneres Haus, in die Nummer 41 der gleichen Straße, um. Charles Longuet ist Assistent für Französisch am King's College und Jenny Lehrerin für Deutsch und Französisch an der St. Clement Danes Parochial School.

Im Lauf des Jahres 1875 fährt Marx wieder zur Kur nach Karlsbad, doch diesmal allein. Er vermißt Tussys Gesellschaft.

Im Mai 1876 ziehen die Longuets in die Nummer 30 Leighton Grove, Kentish Town, in die Nähe der Wohnung der Marx. Dort wird Jenny am 10. Mai von einem Sohn, Jean, genannt Johnny, entbunden. Er wird später der treue Begleiter von Jaurés werden und eine wichtige Rolle in der französischen sozialistischen Bewegung spielen.

1876 verbringt Tussy zum zweitenmal einige Wochen mit ihrem Vater in Karlsbad. Nach ziemlich abenteuerlicher Reise kommen sie am 15. August dort an und bleiben einen Monat. Anschließend wollen sie nach Prag zu Frau Kugelmanns Bruder, Max Oppenheim, doch wegen eines Fieberanfalls von Tussy verzögert sich ihre Reise. Nach dem Besuch in Prag fahren sie auf der Rückreise über Kreuznach, wo Marx 1843 geheiratet hatte. Am 22. September sind sie wieder in London.

Währenddessen machen Jenny und die Lafargues Ferien an der See in Hastings, Frau Marx besucht Engels und Lizzie Burns in Ramsgate.

36. Eleanor an Frau Marx

»Germania«, Karlsbad
19. August (1876)

Liebe Mama,

ich fürchte, Du hast meinen letzten Brief nicht bekommen, daher sende ich diesen mit leicht abgeänderter Adresse an »Mrs. Williams«.

Aber vielleicht hast Du meinen Brief doch erhalten, deshalb will ich unsere Reiseabenteuer nicht noch einmal erzählen; nur soviel, daß wir uns von unserer 28-Stunden-Reise erholt haben und jetzt Karlsbad genießen. Bevor ich fortfahre, muß ich Dich aber daran erinnern, wie sprichwörtlich stupide man in Karlsbad wird, sei also nicht überrascht, wenn Dir dieser Brief etwas zusammenhangslos vorkommt.

Wir durchlaufen wieder haargenau die gleiche Routine, von der Du mich so oft hast erzählen hören. Alles scheint genauso wie früher, außer, daß es viel netter ist ohne Kugelmanns Genörgel und Streiten. Wir verkehren viel mit den »Doktoren«, vor allem mit Fleckles. Er ist wirklich ein äußerst witziger und netter Mann. Zur Zeit hat er viel Sorgen und Ärger. Stell Dir vor, Madame Wolmans Mann hat bis auf den letzten Pfennig sein Geld und noch dazu das ganze Vermögen seiner Frau verloren. Sie und alle ihre Verwandten und auch die ihres Mannes wußten gar nicht, daß er spekulierte, und es war natürlich ein schwerer Schlag für eine Frau, die ihr ganzes Leben an ungeheuren Reichtum gewöhnt gewesen ist. Fleckles scheint alles für sie zu tun, was er kann, ja, er arbeitet wirklich schwer.

Außer mit den Doktoren verkehren wir auch mit zwei der Breslauer Professoren, zwei netten alten Männern, der eine ist verheiratet, und auch seine Frau ist sehr liebenswert.

Kowalewsky ist nicht hier, und ich vermisse unseren alten Freund Deutsch, dem es auch sehr schlecht gehen soll, wie ich von Fleckles höre.

Karlsbad ist immer noch sehr voll. Es sind soviel Juden da wie eh und je, und sie strengen sich mehr denn je an, soviel Wasser zu trinken, wie es nur geht. Aber ein Amerikaner hat sie alle übertroffen. Er kam nach Karlsbad, und da er nur zwei Tage bleiben konnte, trank er 42 Glas am Tag. Es ist ein Wunder, daß er nicht daran gestorben ist.

Aus den Zeitungen ersehe ich, daß es in London sehr heiß ist. Liebe Mama, es tut mir so leid für Dich, daß Du in dem schrecklichen Dunst dort sitzen mußt. Laß uns wissen, wie es Dir geht.

Hast Du etwas von Cara mia[1] gehört oder gesehen? Wie geht es Ludovic Lormier und Mrs. Lormier? Grüße sie von mir, wenn Du sie siehst, und sage Mrs. Lormier, ich werde ihr sobald wie möglich schreiben, – aber Ihr könnt Euch wirklich nicht vorstellen, wie die Zeit mit Nichtstun vergeht. Trinken, Essen, Spazierengehen, und schon ist es Zeit zum Schlafengehen, bevor man es geschafft hat, einen Brief auch nur anzufangen.

Ich habe Jenny gestern geschrieben, und ich hoffe, der Junge gedeiht. Ist Helen in Ramsgate? Wenn nicht, grüße sie.

Ich denke, Papa wird auch schreiben, daher sage ich Dir für heute Lebwohl. Bitte, schick mir die letzte *Hornisse*[2] und auch die von nächster Woche.

Mit vielen Küssen,
in Liebe Deine
TUSSY

P. S. Vorgestern hatte ich zum Ausgehen ein Paar sehr weite Strümpfe an. Die Folge war eine Falte gerade über meiner kleinen

124

Zehe, was eine richtige Entzündung gegeben hat, wegen der ich jetzt meine neuen Stiefel nicht anziehen kann!

Adio!

1. Spitzname von Harry Juta, Marx' Neffe, der im September in London eintreffen sollte.
2. Im Englischen *hornet*. Vielleicht nennt Tussy spottend *The Beehive* (Bienenstock) so, die Gewerkschaftszeitung, die nach anfänglicher Sympathie für die Internationale Arbeiterassoziation dann feindliche Positionen bezog.

Die lange Buße der französischen Flüchtlinge ist zu Ende: Im Juli 1880 wird die totale Amnestie erlassen. Unter den ersten, die zurückkehren, ist Lissagaray, gleich darauf fährt auch Charles Longuet, der seine Familie in London zurückläßt, bis er in Frankreich eine Wohnung und eine Möglichkeit findet, für ihren Lebensunterhalt zu sorgen. Jenny, die inzwischen zwei weitere Söhne bekommen hat, Harry, genannt Harra, im Juli 1878 und Edgar-Marcel (Wolf) am 18. April 1879, wird erst Anfang April 1881 nachkommen.

Auch Paul Lafargue reist erst im April 1881 nach Frankreich zurück, während Laura bis zum Juli 1882 in London bleibt.

Inzwischen hat sich die Gesundheit von Frau Marx und von Lizzie Burns ständig verschlechtert. Am 12. September 1878 stirbt Lizzie an Blasenkrebs. Am Tag vor ihrem Tode hat Engels noch nach dem Ritual der Anglikanischen Kirche die Ehe mit ihr geschlossen.

Frau Marx konsultiert einen berühmten Spezialisten und erfährt, daß sie an einer unheilbaren Krankheit leidet, Leberkrebs. Ihre ganze Behandlung wird von nun an nur noch in schmerzlindernden Mitteln bestehen können. Sie trägt ihr Todesurteil stoisch. Doch die Trennung von Jenny und ihren Enkelkindern ist ihr sehr schmerzlich.

37. Charles Longuet an Jenny (auf französisch)

(Paris) Sonntagmittag (1881)

Liebe Jenny,

ich schreibe Dir am Tisch eines Cafés im Freien auf dem Boulevard! Du wirst Dir sicher vorstellen, wie glücklich ich bin. Aber es ist nicht durchgehend so. Gewiß, Paris ist so ganz anders lebendig als London, und heute morgen vor ein paar Stunden, als ich oben auf einer Trambahn zu meiner Mutter nach Ménilmontant fuhr, habe ich wahre Freude, ja fast Rührung, empfunden, wieder unter den Pariser Vorstädtern zu sein. Ich bin absichtlich aufs Oberdeck gestiegen – so sah ich kaum wie ein Mitglied der Kommune aus, alle hielten mich für einen Engländer. Wie tief sind wir gefallen! Aber ich schreibe Dir nachher mehr von meinen Eindrücken oder spätestens morgen, denn ich werde Dir wohl jeden Tag etwas zu erzählen haben. Doch zuerst muß ich Dir das Wichtigste vom Verlauf meiner Odyssee – auf der Suche nach einer Mutter – mitteilen. Unser Schiff ist erst um 6 Uhr morgens in Boulogne angekommen. Man hatte uns in Folkestone bis um 2 oder halb 3 Uhr nachts warten lassen, in einem riesigen Saal auf Holzbänken. Ich konnte noch von Glück sagen, daß ich noch eine gefunden hatte und dort fast zwei Stunden schlafen konnte. Die Hälfte der Reisenden hatte nichts zum Sitzen und mußte auf und ab gehen.

Erster mishap (engl. i. O.; Mißgeschick). Aber mit dem Schiff verglichen, war das noch ein Paradies. Die Kabine zweiter Klasse, ein schreckliches, enges kleines Loch, bei deren Anblick allein man schon seekrank werden konnte. Aber diesmal hätte man, glaube ich, selbst auf einem Überseedampfer die Seekrankheit bekommen. Fürchterliche Überfahrt. Gegen 5 Uhr bin ich an Deck gegangen. Da ich mich in Seefahrsdingen kaum auskenne, glaubte ich jeden Augenblick, wir würden untergehen. Zum Glück lachten die meisten der Umstehenden jedesmal, wenn mich die Angst packen wollte, schallend über das leichte Schaukeln, das ich für einen Vorboten des Schiffbruchs hielt. So habe ich mich sehr gut gehalten, denn meinen Überschuß an Galle war ich schon in der Kabine losgeworden. Am störendsten war die Kälte. Nach der Landung um 6 Uhr war ich einfach nicht in der Verfassung, den abgehenden Zug zu nehmen. Außerdem glaubte ich mich verpflichtet, Mlle. Basset besuchen zu müssen. Ich nahm ein Zimmer in einem Hotel in der Nähe des Bahnhofs. Um halb 11 ließ ich mich wecken und ging in die Rue Belterre (achte auf die Schreibweise [1], das ist sicher absichtlich so, damit die Etymologen – wie Lafargue – abgelenkt werden, denn die Straße ist ganz besonders häßlich). Mlle. Basset, eine alte, stark englisch angehauchte Boulogneserin, fand ich sehr liebenswürdig. Sie hat mir mitgeteilt, daß meine Mutter drei Wochen in Boulogne geblieben ist, wo sie auf uns mit den Kindern gewartet hat, aber da sie niemanden kommen sah, die Zimmer bei Mlle. Basset aufgegeben hat und wieder nach Paris gefahren ist. Dort habe ich sie heute morgen gefunden, in der Rue de Ménilmontant (früher hieß sie Chaussée) Nummer 71 (also nicht 64, wie Du siehst). Ich hatte ihr von Boulogne einen Brief geschrieben. Sie erwartete mich heute abend und war sehr guter Laune. Sie hat zwei hübsche Zimmer und Fenster, wie sie es liebt, sie gehen nämlich weit auf eine Straße, wo – vor allem am Sonntag – ein ganzes Arbeitervölkchen herumwimmelt. Ich bin sicher, daß es Dir in dem Viertel – auf Besuch – sehr gefallen würde. Ich hatte im Hotel beim Bahnhof übernachtet. Sie ist eben mit mir gekommen und hat mein Gepäck zu sich nach Hause mitgenommen, während ich mich auf meine Gänge machte. Ich werde Humbert und seine Frau besuchen – er war gestern am Bahnhof. Das war wirklich lieb von ihm, denn er hat eben eine seiner kleinen Zwillingstöchter verloren, und ich fürchte, auch die andere wird sterben. Er hat eine Amme, die aber keine Milch zu haben scheint, da sie dem Kind zu trinken geben . . . (Der Brief ist unvollständig.)

1. Statt »*Belleterre*«, »Schöne Gegend«, wie dieser Ortsname üblicherweise geschrieben wird.

38. Charles Longuet an Jenny (auf französisch)

(Paris) Freitag abend (1881 ?)

Meine gute liebe Frau,
ich schreibe nur zwei Worte, damit Du nicht bis Montag morgen warten mußt. Ich wollte Dir einen langen Brief schreiben, aber ich hatte eine lange aufgeschobene Einladung zum Mittagessen, die mich den ganzen Tag aufgehalten hat. – Glaub nur nicht, ich wäre so heruntergekommen, daß ich meine Briefe nicht mehr frankieren kann. Ich habe vorhin die Briefmarken, die ich gekauft hatte, auf dem Tresen des Tabakhändlers liegenlassen, und jetzt ist es zu spät, um noch welche zu bekommen. Was Du mir von Melotte erzählst, hatte ich halb aus einem Brief, den er mir vor zwei Tagen geschrieben hat, erraten. Es ist wirklich unverfroren von ihm zu denken, er könne einfach über Gaborit hinweggehen. Zumindest wäre das eine Ungerechtigkeit, und ich würde mich verpflichtet fühlen, alles zu tun, um ihn daran zu hindern. Ich werde übrigens Melotte selbst sagen, was ich davon halte.

Ich möchte in diesen Tagen auf die irischen Angelegenheiten zurückkommen, es steht nicht gut um sie. Aber ich brauche irische Zeitungen, wenigstens eine. Und dann müßtest Du mir helfen und nötigenfalls selbst Korrespondenzen schreiben wie für die *Marseillaise*[1]. Ich bin jetzt schon sicher, daß sie den größten Erfolg haben würden. Dauernd schickst Du mir in Deinen Briefen glänzend formulierte Artikelfragmente. Das ist zwecklos. Du würdest besser daran tun, meinem Rat zu folgen.

Ich bin sehr mit dem Sammeln von Berichten über den Kongreß von Marseille[2] und anderen Dokumenten beschäftigt, die ich brauche, um meine Serie über die Arbeiterorganisation weiterzuschreiben. Deine Freunde, die Kollektivisten, fangen jetzt an, mir alle möglichen Komplimente zu machen. Heute bezeichnet mich Massard im *Citoyen*[3] als einen der sympathischsten Redakteure von *La Justice*[4] und sagt dann noch eine Menge Schmeichelhaftes, bloß weil ich ihn gestern genannt habe.

Küß unsere Kleinen herzlich und sag mir, was Du von Deinem Zustand denkst. Man wirft mich aus dem Café, weil sie schließen. Roy hat einen enormen Artikel über Littré geschrieben, der wegen seiner Länge noch nicht erschienen ist. Er hat mir versprochen, das *Kapital* zu machen, und ich zähle auf ihn.

Dein Brief an meine Mutter ist über Paris geschickt worden. Ich habe ihn an die richtige Adresse weitergeleitet, die ich Dir in meinem nächsten Brief geben werde.

Gruß an alle und zwanzig Küsse an Dich

CHARLES

Artikel Irland heute morgen abgegangen. Wenigstens habe ich es angeordnet.

1. Siehe Brief 21, Anm. 1, S. 68 ff.
2. Der dritte sozialistische Kongreß von Marseille hatte im Oktober 1879 stattgefunden. Es war beschlossen worden, eine Vereinigung der sozialistischen Arbeiterparteien zu bilden. Die Statuten wurden anläßlich eines Regionalkongresses im Juli 1880 in Paris, an dem vierundzwanzig Vereinigungen teilnahmen, angenommen und beim Kongreß von Le Havre im November 1880 auf nationaler Ebene bestätigt.
3. Sozialistische Tageszeitung, die vom Oktober 1881 bis zum März 1884 erschien. Massard ist Mitglied des Redaktionskomitees.
4. Vom Januar 1880 bis zum Jahr 1927 erschienene Zeitung. Der politische Leiter der Zeitung ist Clemenceau.

Jenny war ihrem Mann nachgekommen, der für seine Familie ein Haus in Argenteuil gefunden hatte. Bald darauf wurde ihr vierter Sohn, Marcel-Charles (Kosename Par) geboren. Die schnell aufeinanderfolgenden Geburten haben Jenny erschöpft, sie wird ein Opfer der Schwierigkeiten der Haushaltsführung, denen sie nicht zu begegnen weiß. Ihre Briefe sprechen von ihrer Sehnsucht nach London und vor allem nach dem herzlichen Familienleben, das sie bisher gekannt hat. Die Liebe, die sie zweifellos für ihrem Mann empfindet, hilft ihr nicht über die mannigfachen Schwierigkeiten hinweg, die zu bewältigen für eine so unerfahrene Hausfrau wie sie eine Prüfung von dramatischen Ausmaßen wird.

39. Jenny an Laura

11, Boulevard Thiers
Argenteuil
Donnerstag (April 1881)

Liebe Laura,

obwohl ich mich völlig zerstört fühle (ich glaube, ich habe noch nie eine solche Müdigkeit gekannt), muß ich Dir kurz schreiben, um Dir zu sagen, daß wir die große Freude hatten, Lafargue zu sehen, der uns mit Mesa besucht hat. Er sieht sehr gut aus und hat mir Hoffnung gemacht, daß Du bald kommen wirst. Ich glaube, er rechnet damit, morgen nach London zurückzufahren.

Du hast sicher über meinen Brief nach Maitland Park erfahren, daß wir gesund und wohlbehalten angekommen sind, trotz des Schreckens, das Haus hier verschlossen vorzufinden, nachdem wir mit den Kleinen, die sich bis zum Schluß bewundernswürdig gehalten haben, zwölf Stunden unterwegs waren. Ich glaube, das Zigeunerleben bekommt den Kindern sehr gut; Wolf[1] war so glücklich, daß er ganz vergessen hat, von seinen Fingern Gebrauch zu machen; er sperrte weit die Augen und die Ohren auf.

Die größte Schwierigkeit hier ist, daß es einfach unmöglich ist, irgend etwas richtig gemacht zu bekommen – die Leute hier am Ort sind die größten Pfuscher, die ich je getroffen habe. Ein Fall mag Dir die Lage illustrieren. Drei verschiedene Männer haben jetzt vergebens versucht, das Rad vom Kinderwagen wieder zu befestigen, nach ein paar Minuten geht es wieder ab. So ist es mit allem andern auch, die Folge davon ist, daß hier alles im Haus wie Kraut und Rüben übereinanderpurzelt und man ständig, wo man geht und steht, den Schutt wegschaffen muß.

Es war eine verrückte Idee, mit den drei Kindern in dieses noch nicht eingerichtete Haus zu kommen, ich hätte allein herfahren sollen.

Frau Longuet wird mir in ein paar Tagen ein Elsässer Dienstmädchen bringen, denn es ist nicht ratsam, daß ich hier nachts allein im Haus bleibe (die Zugehfrau geht um 7 weg), nur mit Emily, die kein Wort Französisch kann und nicht einmal den Weg finden würde, um den Doktor zu holen. Gestern nacht zum Beispiel hat Longuet, der in der letzten Zeit nicht in die Redaktion von *La Justice* gegangen ist, weil er sich zu unwohl fühlte, seinen Zug verpaßt, und er ist erst heute morgen nach Hause gekommen. Der Nachteil bei diesem Elsässer Mädchen ist, daß sie nicht gut Französisch spricht, weil sie erst zwei Monate im Land ist, und die Kinder werden schlechte Lehrer haben und einen fürchterlichen Akzent aufschnappen.

Es ist Postzeit, und daher muß ich Dich, liebe Laura, jetzt verlassen. Küß Mama und Papa von mir und richte Engels und Pumps [2] meine herzlichsten Grüße aus.

Deine Dich liebende Schwester
JENNY

Ich finde alles hier furchtbar teuer.

1. Der zweijährige Edgar-Marcel
2. Mary-Ellen Rosher, genannt Pumps, Nichte von Lizzie Burns. Sie hatte seit 1878 bei Engels und ihrer Tante gelebt und nahm seit dem Tod der Tante deren Platz als Vorsteherin von Engels' Haushalt ein.

40. Eleanor an Jenny

London, den 7. April 1881

Meine liebe, liebe Di,

wir sind froh, Deinen Briefen zu entnehmen, daß wenigstens unsere lieben Kleinen sich in ihrer neuen Wohnung einzugewöhnen scheinen. Wir wissen natürlich, ohne daß Du uns das sagen mußt, daß es schrecklich für Dich sein muß, in einem fremden Haus mit drei Kleinkindern und ohne ordentliches Dienstmädchen. Auch die Schwierigkeit mit dem Wasser scheint ziemlich ernst. Wie wollt Ihr sie beheben? Wenn Du schon kaltes Wetter hattest, *hier* ist es einfach schrecklich gewesen. Ein Ostwind, wie ich mich nicht erinnere, ihn je erlebt zu haben, und nicht nur einen Tag lang, sondern zwei Wochen. Natürlich mußte Papa ganz zu Hause bleiben, aber trotz dieser Vorsicht hat er sich schwer erkältet. Mama dagegen, finden wir alle, sieht viel besser aus als vor einiger Zeit, obwohl es ihr nicht wirklich besser geht. Der neue Arzt gefällt ihr und Mohr ausnehmend gut – reste à savoir (frz. i. O.)[1], ob er helfen kann. Er scheint Gumperts Meinung zuzuneigen, obwohl er immer noch sehr im Zweifel über die wahre Natur von Mutters Krankheit ist. Wenn Dr. Donkin schon Papa gefallen hat, so scheint er seinerseits ungeheuer von Papa eingenommen. Herr Rose kennt ihn gut und hat mir erzählt, er sei »bezaubert« von Papa und wolle ihn unbedingt näher kennenlernen. Ist es nicht komisch, wie alle Leute, die man trifft, irgend jemand anders kennen, der mit einem bekannt ist? Im Grund scheint die Welt so klein.

Es wäre wirklich sehr schade, wenn Du das Schreiben aufgeben müßtest, aber mit der Zeit, wenn Du erst mal eingerichtet bist und ein gutes Mädchen hast, wirst Du mehr Zeit haben. Jetzt ist natürlich noch jeder Augenblick mit dem Haus oder den Kindern ausgefüllt, doch das wird nur eine Zeitlang dauern. Hast Du gesehen, was in Irland[2] los ist? Zwei Männer erschossen und viele verwundet, und jetzt ein Mädchen von 20 Jahren erschossen und verschiedene Frauen verletzt. Das wird wirklich immer besser! Du wirst sicher durch die *Land League* alle Einzelheiten über diese Zusammenstöße erfahren. Mosts Verhaftung[3] hat hier viel Staub aufgewirbelt: Das ist sehr bedauerlich, denn die Regierung leistet Most damit ei-

135

nen großen Dienst. Die wenigen Anhänger, die er hatte, fingen schon an, von ihm abzufallen, aber jetzt ist er wieder einmal der große Mann. Die Regierung hat ihrerseits in dieser Angelegenheit schrecklich gepfuscht und gezeigt, daß sie sogar noch dümmer ist, als man annehmen konnte.

Wir haben nicht viel über die neueste »Neue Partei«[4] gehört, aber ich denke nicht, daß viel dabei herauskommen wird. Inzwischen sind Shipton und Weiler soweit, daß sie mit einer Arbeiterzeitung anfangen, The Labour Standard[5], und Hirsch strahlt wieder vor Aufregung und Geschäftigkeit. Der Geist der Zeitung wird ganz bestimmt willig sein, aber die Federn entschieden schwach, soweit ich es voraussehen kann.

Vor ein paar Tagen besuchte uns Beesly: Die Comtisten sind überzeugt, daß sehr bald – nämlich schon in ein paar Monaten – Deutschland die Schweiz und Holland annektieren wird und daß dann ein europäischer Krieg folgt. In bezug auf Irland hält Beesly die Home Rule für eine Notwendigkeit. Der arme Teufel hat viel Sorgen: Sein ältester Sohn hatte Typhus und bekommt seither eine Krankheit nach der andern, daher war Beesly nicht gerade in fröhlicher Stimmung.

Der kleine Jollymeier[6] ist da, weil er in diesem Prozeß als Zeuge auftritt und auch weil er an dem Festessen zu Ehren von Helmholtz teilnehmen soll. Er ist äußerst nett und überhaupt nicht albern, jedenfalls war er es vor ein paar Abenden nicht, aber in der Zwischenzeit hat ihn vermutlich der dauernde Umgang mit Chittys Flaschen[7] und mit diesem »britischen Philister« Moore verdorben.

Ich habe gestern die Lormiers gesehen. Ludovic hat von der Königin ein Foto bekommen, das er in Öl malen soll: es ist ein Foto von einem Kind der Herzogin von Edinburg, einem ziemlich hübschen Kind. Natürlich ist Ludovic im siebten Himmel, obwohl ich nicht ganz einsehe, wieso er ein Foto malen ein »Porträt« malen nennt. Mrs. Lormier ist ganz die alte, sie läßt Dir endlos viel Anteilnahme und gute Ratschläge ausrichten. Das einzige, was es sich lohnt, zu erwähnen, ist, daß ich Dir sagen soll, Du müßtest herausfinden, ob es nicht in oder in der Nähe von Argenteuil einen regulären »Markttag« gibt, weil Du dort alles so billig bekommen und bei den prächtigen Kellerräumen, die Du hast, einen großen Vorrat unterbringen könntest.

Ich bin froher, als ich es sagen kann, zu wissen, daß mein Harra[8] jetzt in den Händen eines tüchtigen Arztes ist, und ich bin auch froh, daß Ihr endlich einen Spezialisten konsultieren wollt. Du kannst Dir vorstellen, wie gespannt wir auf Nachrichten über den lieben Kleinen warten. Ich freue mich sehr zu hören, daß Johnny[9] lustig und vergnügt ist. Ich fürchtete so, er würde Schwierigkeiten machen. Daß es mit dem lieben kleinen Wolf gut gehen würde, wußte ich, er ist eben ein kleiner Pfundskerl. Sag Jack[10], sein Tantchen schicke ihm und seinen Brüdern tausend Küsse.

Ich würde Dir gern ein paar interessante Neuigkeiten erzählen, aber es gibt keine. Wie geht es dem armen Longuet? Ich hoffe besser.

Herzlichste Grüße und viele Küsse von uns allen,
in Liebe
Deine TUSSY

1. Jetzt muß es sich zeigen, ...
2. Seit 1880 hatte sich auf Parnells Betreiben hin die Massenbewegung für eine Agrarreform ständig ausgebreitet. Im März 1881 beschloß das Unterhaus Zwangsmaßnahmen, die es erlaubten, in Irland einen Ausnahmezustand herzustellen: Die von der Verfassung garantierten Rechte wurden abgeschafft, und das Heer hatte die Aufgabe, die Bauern, die das Weiderecht nicht bezahlt hatten, von ihrem Land zu vertreiben.
3. In seiner in London erscheinenden Zeitung *Freiheit* hatte der Anarchist Most das auf Zar Alexander II. verübte Attentat gutgeheißen und bedauert, daß nicht jeden Monat eines verübt werde, damit endlich Schluß mit den Tyrannen sei. Er wurde verhaftet und im Juni 1881 zu sechzehn Monaten Zwangsarbeit verurteilt.
4. Die »Democratic Federation«
5. Wochenblatt, Organ der »Trade Unions«, das von 1881 bis 1885 unter der Leitung von Shipton erscheint. Engels ist bis zum August 1881 Mitarbeiter.
6. Schorlemmer
7. Engels
8. Harry-Michel, der 1883 im Alter von fünf Jahren sterben sollte.
9. Jean
10. Edgar Marcel

41. Jenny an Laura

(Paris) 22. April 1881

Liebe Laura,

es scheint mir ein Jahrhundert her, seit ich mein liebes altes England und Euch alle verlassen habe, ein endloses Jahrhundert von Tagen, die einander so gleich sind, daß man sie nicht mehr unterscheiden kann, außer daß einige noch eine Extraportion dieser elenden kleinen häuslichen Sorgen mit sich bringen, die stärker auf mir lasten als großes Unglück. Das freie unabhängige tätige, wenn auch monotone Leben, das ich ein paar Monate lang in London geführt habe, hat mich verwöhnt und mich unbrauchbar gemacht für ... (beschädigte Stelle) ... und all das. Es ist mir jetzt alles so unerträglich, daß ich den Eindruck habe, ein paar Jahre, ja Monate dieses Lebens in einem fremden Land unter fremden Leuten, und ich bin eine unheilbare Idiotin, eine wie Madame Arnaud. Ich bin elend und hoffnungslos nervös – fühle mich seelisch und körperlich unwohl. Eines der drei Kinder läßt mich gewöhnlich nachts nicht schlafen, und dazu kommt noch, daß unser armer Johnny so krank war. Er hat wieder einen Fieberanfall gehabt – eine Art Magenfieber – und hat länger das Bett hüten müssen als damals bei seiner Krankheit in London, und der Doktor ist jeden Tag gekommen. Seine einzige Freude ist, seine Brüder zu sehen, an denen er jetzt, da er keine anderen Freunde hat, so hängt. Er versteht sich nicht mit den französischen Kindern, die er hier kennengelernt hat, jedenfalls nicht so wie mit den Nayments (?). Er wartet sehnsüchtig auf die Zeit, wenn Du hier sein wirst, und fragt mich ständig, wann Tante Lolo kommt. Was antwortet Lolo? Wann glaubst Du voraussichtlich, aus London wegzukommen? Wenn bald, wäre ich froh, wenn Du mir etwas Glyzerin mitbringen könntest, eine ordentliche Flasche, und ein halbes Dutzend (kleine) Stücke Pears-Seife. Ich fürchte, Mama wird sich sehr allein fühlen, wenn auch Du noch weg bist. Es ist wirklich grausam, daß sie, alt und krank wie sie ist, alle ihre Kinder verlieren muß, gerade wenn sie sie am nötigsten hätte. Glaubst Du, daß der Neueste aus dem Stand der Äskulapjünger, der jetzt zu ihr kommt, ihr wohl ein bißchen helfen kann? Und wie geht es Papa? Er leidet sicher sehr unter dem Wetter. Hier haben wir einen starken Kälteeinbruch nach ein paar außergewöhnlich warmen Tagen gehabt.

Wie denkst Du über die Land Bill[1] und über Dizzys[2] Tod? Ich bin ganz von allen Nachrichten abgeschnitten und sehne mich täglich nach den Anschlagzetteln der Londoner Zeitungen, die einen in diesem »Heim« genannten Gefängnis mit den Wesen, die draußen leben und kämpfen, in Verbindung halten. Verzeih diesen tristen Brief und denk, daß teilweise auch meine Feder, die einfach nicht zum Schreiben zu bewegen ist, daran schuld sein wird. Grüß Paul, immer in Liebe

Deine JENNY

Ich kann Dich nicht von Charles grüßen, weil er im Augenblick nicht da ist.

1. Entwurf für das Agrargesetz, der im August 1881 vom Parlament gebilligt wurde.
2. Übername von Disraeli, der am 19. April 1881 starb.

Im folgenden Brief ist von Tussys neuen literarischen und künstlerischen Bestrebungen die Rede. Sie ist jetzt 26 Jahre alt und bemüht sich, ihren eigenen Weg zu finden und sich materiell selbständig zu machen.

Sie arbeitet für verschiedene literarische Vereine, beschäftigt sich mit Shakespeare, mit Philologie usw. Wahrscheinlich hat sie bereits 1877 mit der englischen Übersetzung von Lissagarays Histoire de la Commune de 1871 *begonnen.*

Sie nimmt an den Versammlungen der New Shakespeare Cy. teil; in diesem Umkreis bildet sich ein kleiner Verein, der Dogberry Club, der oft im Hause Marx zusammenkommt. Mitglieder waren Clara und Dollie Maitland, Ernest Radford (der später Dollie heiratete), Edward Rose (der Dramatiker) und andere. Tussy versucht sich auf einer Liebhaberbühne und beschließt angesichts ihres Erfolg, Schauspielunterricht bei Mrs. Vézin zu nehmen, einer relativ bekannten Schauspielerin, die sich von der Bühne zurückgezogen hatte.

Die ganze Familie Marx war theaterbegeistert und liebte Shakespeare. Frau Marx hatte sogar einmal eine Theaterkritik über den berühmten Schauspieler Irving geschrieben, die zu ihrer großen Überraschung 1874 in der Frankfurter Zeitung *veröffentlicht wurde.*

42. Eleanor an Jenny

London, den 18. Juni 1881

Meine liebe, liebe Di,

ich muß Dir für Deine beiden Briefe danken, ich schäme mich wirklich. Ich wollte Dir aber nicht schreiben, bevor ich Dir etwas Definitives über meine neuen Pläne betreffs des Unterrichts bei Mrs. Vézin sagen konnte, und das konnte ich bis jetzt nicht. Davon aber nachher. Erst laß mich Dir sagen, wie glücklich wir über die Nachricht sind, daß es unseren lieben Männlein so gut geht. Es ist immer so eine Freude, von ihnen zu hören, obwohl wir uns dann immer so nach ihnen sehnen. Daß diese Kinder einander so lieb haben, ist einfach schön. Der liebe kleine Wolf! Ich kann mir vorstellen, was

140

für ein aufgewecktes Kind er ist – Du weißt ja, der Liebling hat mein Herz gewonnen –, und es ist reizend, daß er Harra so lieb hat. Du mußt uns so viel wie möglich von den Jungen erzählen, vom kleinen Großvater Jack und von dem petit dernier (frz. i. O.; der kleine Letzte). Du kannst Dir gar nicht vorstellen, wie wir jede kleine Geschichte und Anekdote von ihnen genießen. Wir haben uns schrecklich gesorgt, als keine Nachricht kam, und denk in Zukunft daran, liebe Di, wenn Du uns auch nur eine *Postkarte* schickst, sind wir schon froh, nur laß uns nicht ganz ohne Nachricht. Wir wissen wohl, daß Du keine Zeit für lange Briefe hast und verlangen das auch gar nicht, nur ein kleines Wort, daß es Dir gut geht, genügt uns. Was meinen Besuch betrifft, so fürchte ich, Liebe, daß es im Augenblick nicht sein kann. Du siehst, als wir Dich krank im Bett glaubten und ohne irgendeine Hilfe, hätte ich es geschafft zu kommen, aber ich fürchte, zur Zeit muß ich alle Hoffnung aufgeben, daß es geht. Ich glaube nicht, daß Papa mich zur Zeit gerne fahren ließe, und außerdem habe ich eine Arbeit zu erledigen, und wenn Du wüßtest, wie schwierig es ist, irgendeine Arbeit zu bekommen, würdest Du Dich nicht wundern, daß ich mich an das bißchen, was ich habe, halte.

Mama hat der Arzt gestern untersucht und ihr und Papa dringend geraten, nach Eastbourne[1] zu gehen. Ich hoffe von Herzen, daß sie fahren, vor allem wegen Mohr, denn nach dem Husten, den er den ganzen Winter über gehabt hat, braucht er nötig eine Luftveränderung. Ich denke auch, daß es Mama gut tun würde, aber Du weißt ja, wie komisch sie ist, sie scheint keine Lust zu haben wegzufahren. Sobald irgend etwas wirklich beschlossen ist, lasse ich es Dich wissen. Lina[2] ist seit Montag bei uns. Sie ist so liebenswürdig und sanft wie immer, aber leider so taub, daß es sozusagen unmöglich ist, überhaupt mit ihr zu sprechen. Es steht fast so schlimm mit ihr wie mit dem armen alten Allsop, so daß das Zusammensein mit ihr richtig peinlich ist.

Und jetzt zu mir, Di. Du kannst Dir denken, daß ich die ganzen Schwierigkeiten, von denen Du sprichst, auch sehe; ich baue bestimmt nicht allzu zuversichtlich auf den Erfolg, und doch möchte ich den Unterricht nehmen. Selbst im Fall, daß Mrs. Vézin, wie ich fürchte, findet, sie habe meine Begabung stark überschätzt, werden mir diese Stunden immer noch nützlich sein, und ich kann es immer noch mit der Rezitation versuchen. Das war ja, wie Du weißt, mein Ziel, als ich zu Mrs. Vézin ging, aber da sie so dagegen zu sein schien, sage ich ihr vorläufig nichts und warte ab, daß sich herausstellt, zu was ich wirklich *fähig* bin. Bis zu diesem Montag konnte ich ihr nicht schreiben, da Papa das nötige Geld nicht hatte, aber dann habe ich geschrieben und einen netten Antwortbrief erhalten. Mrs. Vézin zieht gerade in unsere nächste Nachbarschaft um (Highgate Rd.), was für mich sehr günstig sein wird, aber da sie nicht wohl ist, wird sie nach dem Umzug einen Monat wegfahren. Nach ihrer Rückkehr soll ich dann anfangen zu arbeiten. Es ist mir schrecklich, daß ich Papa so viel koste, aber schließlich ist für meine Erziehung sehr wenig ausgegeben worden, wenigstens im Vergleich zu dem, was *heute* von Mädchen verlangt wird, und ich denke, wenn ich es schaffe, ist es eine gute Investition gewesen. Ich will auch versuchen, so viel Arbeit wie möglich zu bekommen, damit ich ein bißchen Geld habe, wenn ich es mit der Zeit brauchen sollte. Zum Glück habe ich gerade eine neue Aussicht auf Arbeit. Stell Dir vor, heute morgen habe ich Mayall im Bus getroffen. Er hat das Gespräch damit angefangen, daß er sagte, ich müsse kommen und mich »mit diesem hübschen Hut (meinem alten braunen!) und meiner Pelerine« fotografieren lassen. Es schien ihm wirklich daran zu liegen, und daher habe ich versprochen, Montag zu kommen. Dann sagte er, die wissenschaftliche Zeitschrift, zu der er Beziehungen hat, suche einen *précis writer* und fragte mich, ob ich es versuchen wolle. Du weißt vermutlich, daß im literarischen Jargon ein *précis writer* jemand ist, der Artikel, Bücher usw. zusammenfaßt. Es braucht dazu nur eine gewisse Fertigkeit, aber, wie ich Mayall sagte, ich habe es noch nie versucht und weiß nicht, ob ich dazu fähig bin. Er will mich einen Versuch machen lassen, und wenn ich es schaffe, werde ich 2 Pfund pro Woche verdienen und nicht viel zu tun haben, ungefähr nur ein Viertel von dem, was ich jetzt mache. Ich hoffe, ich werde das schaffen, es wäre eine solche Erleichterung. Auf jeden Fall will ich es versuchen, wenn es schief geht, geht es eben schief. Du siehst, Liebe, ich habe eine Menge Eisen im Feuer, aber ich habe das Gefühl, daß ich mein Leben jetzt lange genug habe gehen lassen und daß es höchste Zeit ist, daß ich etwas mache.

142

Ich weiß nicht mehr, ob ich Dir erzählt habe, daß wir – d. h. Dollie, Mr. Radford, Harry Moore, Mr. Stoner und ich – zwei kleine Stükke einstudieren, die wir am 5. Juli im Theater des Liebhabervereins aufführen werden. Mir macht es natürlich riesigen Spaß, und außerdem habe ich den Eindruck, daß es eine gute Übung für mich ist. Beide Stücke, die wir spielen wollen, sind hübsch und ich denke, daß sie ganz gut »ziehen« werden. Näheres darüber schreibe ich Dir ein andermal. Ich habe heute morgen quälendes Kopfweh, und das Schreiben fällt mir schwer. Heute abend schaue ich mir Irving in *Hamlet* an. Es gab nur noch zwei Plätze, und ich habe sie bekommen, aber da Mama am Montag mit mir in das deutsche Gastspiel geht, fand sie, zweimal wäre zuviel, und daher hat Mr. Radford die Karte genommen, und ich gehe mit ihm. Er ist ein sehr netter junger Mann, wir haben ihn alle sehr gern, und er hat eine große Tugend, er sieht Irving ganz erstaunlich ähnlich!

Lebwohl, meine liebste Di. Ich küsse Dich und die lieben Kleinen von ganzem Herzen.

Deine
TUSSY

1. Marx und seine Frau werden im Juli vier Wochen in Eastbourne verbringen.
2. Lina Schöler, Lehrerin, Freundin der Marx und frühere Verlobte von Frau Marx' Bruder, Edgar von Westphalen.

Trotz ihrer fortschreitenden Krankheit will Frau Marx um jeden Preis Jenny und ihre Enkelkinder in Argenteuil besuchen. Bei ihrer Rückkehr von Eastbourne untersucht Dr. Donkin sie und widersetzt sich ihrem Plan nicht. Er denkt, daß der Besuch ihr seelisch guttun wird.

Am 26. Juli reist sie mit Marx und Helene ab, doch die Reise erweist sich als höchst beschwerlich, und nach ihrer Ankunft bei den Longuets leidet sie wieder unter starken Schmerzen. Sie muß sich beim Hausarzt der Longuets, Dr. Dourlen, in Behandlung begeben.

Am 16. August erhält Marx ein Telegramm von einer nahen Freundin Tussys, Dollie Maitland, die ihm mitteilt, daß seine Tochter schwer krank ist. Wie sich herausstellt, handelt es sich um eine nervöse Depression mit Magersucht. Er reist noch am gleichen Tag ab, während Frau Marx und Helene die Reise in kleinen Etappen zurücklegen.

*Im Oktober erkrankt auch Marx, er bekommt eine schwere Brust-
fellentzündung. Jenny möchte in ihrer Besorgnis sofort nach London
kommen. Tussy antwortet hier auf ihren Brief (der verlorengegangen ist).*

43. Eleanor an Jenny

London, Dienstag, den 18. Oktober 1881
Liebste Di,
wir haben Deinen Brief heute morgen bekommen. Du darfst nicht
daran denken, die Kinder allein zu lassen. Es wäre purer Wahnsinn
und würde Papa mehr aufregen, als Dein Hiersein ihn freuen oder
ihm guttun könnte, so sehr wir auch alle wünschten, daß Du hier
wärst.
Dr. Donkin war heute nachmittag da und findet, es gehe Papa besser. Er hat eine ernste Krise zu überstehen gehabt, und daher, sagt
uns der Arzt, kann es sich jetzt nicht nur um einen Tag handeln, bis
er darüber hinweg ist – aber alles entwickelt sich zum Guten. Seit
Samstag bin ich – Tag und Nacht – nicht mehr aus Papas Zimmer
herausgekommen. Aber heute nacht wird Helen bei ihm wachen,
weil der Doktor mir eine Nacht Ruhe vorschreibt. Es gibt natürlich
immer etwas zu tun, doch von heute an wird es wohl eher weniger
werden, da Papa nicht mehr so oft inhalieren muß und auch keine
Medizin mehr bekommt. Engels hat eine Freundlichkeit und Liebe
bewiesen, die aller Beschreibung spotten. Einen wie ihn gibt es
wirklich nicht nochmal auf der Welt, trotz seiner kleinen Schwächen. Ich habe eben auch einen reizenden Brief von unserer guten
Madame Lormier bekommen, sie bittet mich, kommen und uns
helfen zu dürfen. Meine Freundin Miss Black hat ebenfalls gebeten,
kommen und bei Mama wachen zu dürfen, falls sie jemanden
braucht. Ist es nicht gut von den Leuten, sich so um uns zu kümmern? Es geht aber Mama nicht schlechter, und sie hat so gute
Nächte, daß niemand bei ihr bleiben muß.
Ich sende Dir einen *Standard*, damit Du die Bewegung in Irland
verfolgen kannst. Noch nie – nicht einmal 1867 bei dem *Fenier*-
Aufstand – hat die Regierung es so darauf angelegt, das Volk zur

Revolte zu treiben. Darin liegt die große Gefahr, denn ein offener Aufstand würde zerschlagen und die Bewegung um Jahre zurückgeworfen werden. Achte auf das Verhalten der Polizei in Dublin, Limerick usw. Es ist einfach empörend. Wenn nur das Volk jetzt ruhig und fest bleibt, wird die Regierung es ganz schön schwer haben.

Liebe alte Di, ich bin heute abend wirklich sehr müde (da Donkin erst um 5 Uhr kam, konnte ich Dir nicht mit der frühen Post schreiben), Du mußt Dich daher mit einem kurzen Brief zufriedengeben.

Mach Dir keine Sorgen. Ich schreibe Dir täglich *genau*, wie die Dinge stehen, obwohl Papa (der ein schrecklich schwieriger Patient ist!) wütend ist, daß ich Dir überhaupt geschrieben habe. Ich hatte aber das Gefühl, ich müsse es tun, ich hatte kein Recht, Dich in Unwissenheit zu lassen. Nur, Liebe, mach Dir keine unnützen Sorgen. Ich verspreche Dir, daß ich Dir ganz wahrheitsgetreu berichten werde, wie es dem lieben Papa geht.

Küß die lieben Kleinen von mir.

Deine Dich liebende

TUSSY

44. Laura an Jenny

(London, Oktober 1881)

Donnerstag abend

Liebe Jenny,
ich bin wieder im Verzug mit dem Briefeschreiben, aber es liegt nicht an mir. Ich habe so wenig Zeit.

Von unseren Invaliden ist Papa auf dem besten Wege der Genesung, der armen Mama geht es langsam immer schlechter. Sie kann kaum noch dünner oder schwächer werden, als sie es jetzt ist, aber ihre Energie und ihre Lebensgeister sind ungebrochen.

Du hast unrecht, daß Du so ihre Trennung von ihren Enkelkindern beklagst. Am Punkt, wo wir jetzt sind, würde es nicht mehr viel helfen, wenn sie hier in London wären. Es geht ihr leider schon zu schlecht, als daß sie sich noch an Kindergeplauder und an drolligen

Kinderunarten freuen könnte, und es spricht sehr für ihre edle Natur, daß die armseligen Dienste, die ich ihr erweisen kann, sie immer noch so rühren und freuen. Es ist jetzt eine ganz andere Zuwendung nötig, um ihr Freude zu machen, als Kinder, auch die liebsten Kinder, sie ihr geben könnten. Und obwohl es großartig wäre, wenn sie sie hin und wieder kurz sehen könnte, bin ich sicher, daß diese Unmöglichkeit mehr als aufgewogen wird durch die Tatsache, daß sie in der Ferne die Gelegenheit hat, an sie zu denken, Pläne zu schmieden und sie sich in ihrem neuen Heim vorzustellen. Deine Briefe sind ein nie versiegender Quell der Freude. Sie hat Deine ganzen Haushaltseinrichtungen im Kopf und beschäftigt ihren Geist dauernd damit, auf welche Weise und mit welchen Mitteln Du es Dir noch bequemer machen könntest.

Es hat mich mehr betrübt, als ich es sagen kann, zu erfahren, daß ihr Brief, ihr vermutlich letzter Brief, Dich nicht erreicht hat. Sie wäre untröstlich, wenn sie es erführe. Es hatte sie solche Mühe gekostet zu schreiben, und sie hat so viel darin gesagt, worauf sie eine Antwort erwartete, daß der Verlust des Briefes nicht mehr gutzumachen ist. Er war Tussy zum Absenden anvertraut worden, in ihre Hände ist er noch ohne Umschlag gelegt worden. Helen hat mir dann gesagt, Du könntest ihn vielleicht nicht bekommen haben, und deswegen habe ich Dich gefragt, was aus ihm geworden ist.

Mama glaubt, Du hättest in dem imaginären Brief an sie alle ihre Fragen beantwortet, und bedauerte daher dessen Verlust doppelt. Ich kann nicht herausbekommen, was für Fragen sie Dir gestellt hat, ich denke aber, es war etwas in bezug auf die Beleuchtung in Deiner Wohnung, ob Du Lampen, Kerzen oder so benutzt; und auch etwas über die Heizung. Dazu auch, denke ich, etwas über gewisse kleine Hosen für Johnny, ob sie ihm passen oder nicht.

Jedenfalls, liebe Jenny, kannst Du gar nicht zu ausführlich schreiben. Sie ist nie zu krank, um nicht den lebhaftesten und zärtlichsten Anteil an all den kleinen Dingen, die Deinen Alltag ausmachen, zu nehmen. Das ist ihre einzige Beschäftigung, denn sie kann weder lesen noch schreiben, und ihre immer aktive Nähnadel fängt nun an zu rosten. Sie sieht niemanden außer uns Familienmitgliedern.

Ich danke Dir für die Nachrichten von Dir und den Deinen. Jetzt wo Clémenceau der Mann des Tages ist, denke ich, daß *La Justice* das Haupt höher tragen kann denn je. Es fällt mir auf, daß Deines Herrn und Meisters Beiträge zu der Zeitung ziemlich selten und nur so gelegentlich erscheinen. Darf ich fragen, wieso? Hirsch haben wir Seife für Dich mitgegeben. Die wunderbaren Reiseabenteuer, die er Dir erzählen wird, mußt Du mit einem gehörigen Körnchen Mißtrauen genießen.

Ich fürchte, meine Schrift wird allmählich unleserlich, doch, wie ich Engels sagte, eine Feder ist jetzt zu leicht für eine Hand, die an das Hantieren mit Mop und Teppichbesen gewöhnt ist!

Mit liebevollen Grüßen von allen an alle
bleibe ich, liebe Jenny, wie immer
Deine Dich liebende
LAURA

45. Eleanor an Jenny

London, den 31. Oktober 1881

Meine liebe, liebe Di,
als erstes: Würdest Du bitte den beiliegenden Brief an den alten Lawroff senden? Papa kann seine Anschrift nicht finden, möchte aber, daß ihm das geschickt wird, und sagt, auch wenn Du nicht weißt, wo er sich aufhält, kannst Du es über die Jaclards herausbekommen.

Liebste Jenny, hoffentlich hast Du richtig verstanden, daß ich nicht aus *Nachlässigkeit* weniger oft geschrieben habe, sondern einfach weil es Papa viel besser geht und es daher nichts zum Schreiben gab. Er steht jetzt jeden Tag ein paar Stunden auf und wird bald, wie mir Donkin sagt (er war gerade da), imstande sein, herunterzukommen oder jedenfalls das Zimmer zu verlassen und Mama zu besuchen. Ihr geht es ziemlich unverändert, aber sie ist schwächer und hat seit zwei Tagen stärkere Schmerzen gehabt. Der Arzt sagt, er werde ihr wohl bald subkutane Morphiuminjektionen verschreiben müssen, in welchem Fall wir wahrscheinlich eine Pflegerin brauchen werden. Er sagt, *ich* könnte es machen, aber ich würde es wirklich nicht gern versuchen. Übrigens hat Mama Dir vor 5 Tagen einen ganz langen Brief geschrieben und regt sich jetzt *sehr* auf, weil sie nicht hört, ob Du ihn bekommen hast. Da meine Briefe an Dich ein- oder zweimal nicht angekommen sind, sorgt sie sich jetzt schrecklich. Es wäre so schmerzlich für sie, wenn Du ihn nicht bekommen hättest, daß ich fast meine, Liebe, es wäre besser, Du *sagtest*, Du hättest ihn, auch wenn er nicht angekommen ist. Falls Du ihn nicht hast, schreib mir das auf ein *gesondertes* Zettelchen und ich werde mich an die Postdirektion wenden, obwohl das nicht viel nützen wird. Ich glaube nicht, daß in Mamas Brief irgendeine *besondere* Mitteilung stand, Du kannst also ganz allgemein antworten. Ich hoffe allerdings immer noch, daß Du ihn erhalten hast und daß Longuets Rückkehr so Deine Zeit in Anspruch genommen hat, daß Du ihn nicht beantworten konntest. Wie die liebe Mama überhaupt schreiben konnte, weiß ich nicht. Sie ist jetzt so dünn und schwach, daß es ein Wunder ist. Sie ist jetzt seit vielen Wochen nicht mehr aufgestanden, doch damit sie eine *kleine* Abwechslung hat, sagt Dr. Donkin, daß wir sie – in ihren Leintüchern – vom Bett auf die Chaiselongue hinüberheben sollen.

Papa geht es, wie gesagt, gut, er macht tatsächlich schnellere Fortschritte, als wir hoffen konnten. Leider fange jetzt ich an, mich nicht wohl zu fühlen, jetzt wo die Aufregung vorüber ist, kommt die Reaktion. Der Arzt hat mir Eisen zum Einnehmen gegeben und angeordnet, daß ich wieder regelmäßiger türkische Bäder nehmen soll und mehr ausgehen. Das werde ich tun, denn an den Tagen, wenn Sarah da ist, kann Helen gut hier oben bei Mama und Papa bleiben, und ich kann ins Museum gehen, wo ich aber nicht *lange* arbeiten werde; nur 2 oder 3 Stunden werde ich etwas tun und einen Fußmarsch hin und zurück machen. Ich hatte nämlich gerade eine Arbeit auf dem Schreibtisch, als Papa krank wurde. Dr. Murray war – obwohl ich ihn kaum persönlich kenne – so freundlich, weiterzumachen, bis ich meine Arbeit wieder aufnehmen konnte (auch für ihn war das eine *große* Schererei), wofür ich ihm dankbar bin, denn ich wollte sie nicht verlieren. Du weißt gar nicht, wie viele, viel besser für diese Arbeit qualifizierte Leute als ich sich um das, was ich mache, bemühen, und wenn ich es einmal aufgebe, kann ich mich gleich nach etwas anderem umsehen.

Liebe Di, ich erzähle Dir so viel von mir, aber glaub mir, alle meine Gedanken sind bei Dir. Schreib mir, wie die Dinge wirklich stehen. Du mußt mich gut genug kennen, um sicher zu sein, daß ich die

Verschwiegenheit selber bin und daß ich nichts, was Du *mir* sagst, weitererzählen werde.

Lebwohl, Liebe. Ich wollte so, ich könnte Dich und die lieben Kinder wieder einmal sehen! Ich sehne mich danach, Par kennenzulernen.

Ich küsse Euch alle.

Deine

TUSSY

Grüße von allen hier an Euch alle.

Ich lege *zwei* Photos von Willa[1] und mir bei. Wir haben nur *sehr* wenig Abzüge, daher kann ich Dir nur *eines* geben, aber ich möchte, daß Du das, was Du lieber magst, aussuchst. Tu das und schick mir das andere zurück.

Dn.

T.

1. Willa Juta war eine Kusine der Marx-Schwestern.

Nach langem Leiden stirbt Frau Marx am 2. Dezember. Sie wird am 5. beerdigt, und Engels hält die Leichenrede (siehe Anhang I, S. 337ff.).

46. Eleanor an Jenny

Sonntag, 4. Dezember 1881

Liebe, liebe Di,

ich muß Dir ein paar Worte schreiben, obwohl ich ganz krank vom Schreiben bin; ich hatte so viele Briefe zu erledigen, aber ich muß jetzt zu Dir sprechen. Du fehlst mir in diesem Augenblick *so sehr*. Liebe, ich schicke Dir eine Locke von ihrem lieben Haar – es ist so weich und schön, als wäre es von einem Mädchen. Wenn Du nur ihr Gesicht hättest sehen können, als es zu Ende ging, der Ausdruck ihrer Augen war einfach unbeschreiblich. Er war nicht nur so klar – so klar wie sonst nur *Kinderaugen* sind –, sondern auch so zärtlich, wenn sie uns sah und erkannte, was sie bis zum Schluß getan hat. Das letzte Wort, das sie zu Papa sagte, war »gut«. Sie hat noch etwas hinzugefügt und hatte auch vorher viel gesprochen, aber wir konnten es nicht verstehen. O Jenny, sie sieht jetzt so schön aus! Als Dollie sie sah, sagte sie, ihr Gesicht sei richtig verklärt: Ihre Stirn war *völlig glatt*, als hätte eine sanfte Hand alle Linien und Falten weggestrichen, und das schöne Haar bildet eine Art Glorienschein um ihren Kopf.

Morgen ist die Beerdigung. Ich fürchte mich davor, aber Papa kann natürlich nicht gehen. Er darf das Haus noch nicht verlassen, und ich bin in jeder Hinsicht froh darüber. Wir haben alle, die Mama gern hatte, eingeladen und viele auch, weil sie gerade am *Donnerstagnachmittag* noch von ihnen gesprochen hatte.

Bis zum *allerletzten* Augenblick hat sie mehr als an irgend jemand sonst an Dich und die Kinder gedacht, und *noch am Donnerstag* hat sie davon gesprochen, was sie Euch zu Weihnachten schicken wollte.

Liebe alte Di, ich kann jetzt nicht mehr schreiben, morgen abend schreibe ich Dir wieder.

Küß die lieben Kleinen für mich – und für Mama – sie liebte sie so.

Deine
TUSSY

Nach dem Tod seiner Frau fährt Marx auf Anordnung des Arztes mit Tussy nach Ventnor auf der Isle of Wight, wo sie bis zum 16. Januar 1882 bleiben. Es wird kein glücklicher Aufenthalt. Das Wetter ist schrecklich, und Tussy macht die zweite schwere Krise ihres Lebens durch, in der sich die Erschöpfung nach den langen Wochen doppelter Krankenpflege, die Trauer um den Tod der Mutter mit ihrer wachsenden Ungeduld mischen, »etwas zu tun«, bevor es zu spät ist.

In diesem folgenden Brief analysiert Eleanor besser, als jeder Arzt es hätte können, ihren Zustand und die Mittel, die sie aus ihrer Depression herausreißen könnten.

47. Eleanor an Jenny

1, St. Boniface Gardens
Ventnor, Isle of Wight
8. Januar, 1882

Meine liebe, liebe Di,

vielen Dank für Deinen lieben langen Brief. Aber wir machen uns Sorgen wegen der Kiste[1]! Es wäre wirklich schrecklich, wenn sie verlorengegangen wäre.

Seit wir hier sind, ist das Wetter einfach furchtbar gewesen. Viel kälter als in London, und mit Ausnahme von zwei Tagen hat es ständig geregnet. Es soll an der ganzen Süd- und Südwestküste dasselbe sein. Es ist schlimm für Papa, denn er kann fast gar nicht aus dem Haus gehen. Er sagt daher, wenn das Wetter nicht besser wird, fahren wir nach London zurück. In bezug auf unsere Unterbringung haben wir großes Glück gehabt, wir haben zwei *große, luftige, warme* Schlafzimmer und ein hübsches, sehr geräumiges Wohnzimmer direkt unterhalb der Steilküste (d. h. in geschützter Lage) und mit Blick auf die See und die Hügel. Unsere Wirtin ist reizend, eine gute Köchin und in jeder Hinsicht sehr aufmerksam, und wir zahlen nur 2 Guineen! *Wie* aufmerksam sie sind, magst Du daraus schließen, daß ich sie nie daran erinnern muß, morgens und abends in Papas Schlafzimmer Feuer zu machen – es geschieht pünktlich wie ein Uhrwerk.

Seit Freitag abend ist Dollie Maitland hier (sie reist morgen früh wieder ab), aber daß sie überhaupt gekommen ist, ist eine ganze Geschichte. Ich muß Dir nämlich gestehen, daß es zwar Papa im ganzen hier in Ventnor besser geht, aber daß ich, seit wir da sind, richtig krank bin. Als ich letzte Woche an Miss Black geschrieben habe, ist mir in einer Mitteilung an Mr. Radford (der jetzt seine Heine-Übersetzung veröffentlicht, die er Papa widmen möchte und deretwegen der er mich um Rat gefragt hat) herausgerutscht, ich fühlte mich zu krank zum Schreiben oder zu sonst einer Tätigkeit und wegen meiner Besorgnis um Papa, dem ich doch so gern helfen möchte, hätte ich so schrecklich Angst davor, völlig zusammenzubrechen wie schon einmal. Das scheint meine Freunde so alarmiert zu haben (es sind wirklich *gute* Freunde, Di, wie ich Dir einmal erzählen werde, wenn wir uns *sehen* – es ist eine zu lange Geschichte zum Schreiben), daß Miss Black sofort losfahren wollte, um mich zu besuchen und nötigenfalls bei mir zu bleiben, aber da sie Verpflichtungen hat, die sie in London festhalten, konnte sie nicht. Darauf ist Mr. Radford zu Dollie gestürzt und darauf zu Helen (zweifellos hat die arme alte Nim einen Schrecken bekommen) und hat *sie* gebeten, nach Ventnor zu fahren. Helen konnte natürlich nicht das Haus ohne Aufsicht lassen, und daher hat Radford die arme Dollie losgeschickt! Das war das Törichste. was er tun konnte, denn wenn ich wirklich jemanden gebraucht hätte, wäre Dollie völlig unbrauchbar gewesen. Das ist also der Grund, warum Dollie da ist (es war *sehr* lieb von dem Kind zu kommen), aber sie muß morgen zu ihren Schülern zurück. Mir war das Ganze *sehr* ärgerlich, ich bin natürlich Clemmie [2] und Mr. Radford und Dollie dankbar, aber ich wünschte, sie hätten mich in Ruhe gelassen. Es hat nur Papa geärgert und besorgt gemacht, und mir hat es nichts genützt. Er war böse, daß ich geschrieben hatte, ich sei krank, und ihm nichts gesagt hatte. Das war ziemlich hart, denn ich hatte natürlich nur nichts gesagt (und da ich wirklich krank bin, war das, gelinde gesagt, gar nicht so leicht), um ihm alle Besorgnis zu ersparen! Ich klage außerdem überhaupt nicht gern – und vor allem Papa gegenüber nicht –, denn er schimpft mich dann richtig aus, als ob ich mich auf Kosten der Familie »gehenließe«, und das plagt mich dann noch mehr als alles andere. Was weder Papa noch die Ärzte noch sonst jemand verstehen will, ist, daß ich hauptsächlich *seelischen Kummer* habe. Papa redet davon, daß ich mich »ausruhen« und »kräftiger werden« müsse, bevor ich irgend etwas versuchen könne, er will einfach nicht sehen, daß »Ruhe« das letzte ist, was ich brauche, und daß ich viel eher »kräftiger würde«, wenn ich einen konkreten Plan und eine konkrete Arbeit hätte, als ewig weiter zu warten und zu warten. Wenn ich im Augenblick wirklich gebraucht würde, um Papa zu pflegen – wie zum Beispiel, als er so krank war –, würde ich meine Lage nicht so empfinden; aber gegenwärtig braucht er mich nicht wirklich, und es macht mich halb wahnsinnig, hier zu sitzen, während vielleicht meine *letzte* Chance, etwas zu tun, dahingeht. Hätte ich nur *ein wenig* Geld, würde ich mir entschieden sagen: ich arbeite jetzt hart mit Mrs. Vézin, und dann schau ich (Du darfst Dich darauf verlassen, daß ich nicht irgend etwas Unbesonnenes machen werde), was ich tun kann. Ich bin nicht mehr jung genug, um meine Zeit mit Warten zu verlieren, und wenn ich das jetzt nicht *bald* machen kann, wird es überhaupt sinnlos sein, es noch zu versuchen.

Aber ich habe kein Geld (ich meine, nicht einmal genug, um mit meinen Stunden auch nur anzufangen), und das *ist* hart. Wirklich, Jenny, ich glaube, ich *könnte* etwas tun. Ich kann nicht glauben, daß Mrs. Vézin so gesprochen hätte oder mir angeboten hätte, mich zu lancieren, wenn sie nicht glauben würde, daß ich *einige* Aussicht auf Erfolg habe. Es kann sie schließlich nicht interessieren, jemand Unfähigen zu lancieren. Du weißt, Liebe, daß ich überhaupt nicht eitel bin und daß ich nicht an übergroßem Selbstvertrauen leide, sondern mir eher zu wenig zutraue, aber hier sehe ich, daß ich weiterkommen könnte. Ich habe zu oft – und bei ganz verschiedenen Leuten – gesehen, daß ich bei meinen Zuschauern Gefühle auslösen kann, und das ist das Wichtigste. (Ich wünschte so, ich könnte Dir einmal etwas vorspielen, ich würde so gern wissen, was *Du* davon hältst.)

Nun, das alles geht mir natürlich ständig durch den Kopf. Wie Du leide ich stark unter Schlaflosigkeit, und wenn erst mal die Gedanken kommen, kann ich einfach nicht mehr einschlafen. (Ich habe lange Zeit hindurch verschiedene Medikamente probiert – das sag ich Dir ganz entre nous (frz. i. O; unter uns) – und möchte ungern

156

wieder welche nehmen. Im Grunde ist das auch nicht viel besser als Trinken und fast, wenn nicht genauso schädlich.) *Seit ich hier bin, habe ich noch keine sechs Stunden geschlafen.* Du kannst Dir vorstellen, daß – von den andern Sachen ganz abgesehen – das allein einfach unerträglich ist, und ich habe jetzt wirklich Angst, völlig zusammenzubrechen, und möchte wegen Papa alles tun, um das zu vermeiden. Am meisten fürchte ich mich aber davor, die Ärzte zu konsultieren. Sie können und wollen nicht sehen, daß seelische Bedrängnis genau so eine Krankheit ist, wie körperliche Beschwerden es wären.

Liebe Di, ich habe Dir das alles erzählt, weil ich möchte, daß Du mich *verstehst.* Ich fürchte auch so, daß mein geliebter Mohr denkt, ich sei wehleidig und unzufrieden, aber ich *kann* es ihm einfach nicht erklären.

Ich habe, glaube ich, schon gesagt, daß Papa vielleicht nach London zurück und dann irgendwoanders hinfahren will. Das einzige, was gegen diesen Plan spricht (denn dieser Ort hier ist wirklich *schrecklich*) ist, daß ich einfach nicht wüßte, wohin wir gehen sollten. Devonshire – und überhaupt die ganze Küste auf der Höhe der Isle of Wight – scheint nach all dem, was man hört, in bezug auf Kälte und Nässe auch nicht günstiger zu sein. Vor einer längeren Reise hätte ich Angst, und Du auch, wenn Du gesehen hättest, wie *müde* und erschöpft Papa schon nach dieser Herfahrt war, die doch nicht viele Stunden dauerte. Manchmal denke ich, ob er nicht einfach zuerst zu Dir fahren sollte, aber ich glaube nicht, daß Paris besser ist als London – denn Du weißt ja, wir hatten einen herrlichen Winter. Den ganzen November über hatten wir nicht nur keinen Nebel, sondern den herrlichsten Sonnenschein, und bis wir hierher kamen, war das Wetter schön. Es ist in der Tat zu ärgerlich, daß wir, während wir bei der Kälte hier noch in unseren wärmsten Kleidern frösteln, täglich Briefe aus London bekommen, in denen steht: »Was für herrliches Wetter Ihr erst haben müßt, denn *selbst hier* ist es wundervoll!« Das ist doch zu dumm, nicht wahr?

Falls wir hierbleiben, werde ich, wie ich Dir sagte, nach London zu dem Vortragsabend fahren, und ich werde das ganz unbesorgt tun können. Papa *könnte* nicht besser versorgt sein, als es der Fall ist.

Jetzt, Liebe, muß ich diesen endlosen (und *sehr egoistischen*) Brief

157

schließen (Dollie *stöhnt* richtig, wenn sie einmal 5 Minuten sich selbst überlassen bleibt). Hoffentlich habe ich Dich nicht *sehr* gelangweilt. Ich bin furchtbar müde.

Papa küßt Euch alle. *Schreib* uns viel von den lieben Kindern. Es ist wirklich unsere größte Freude, von ihnen zu hören, und wir reden ständig von ihnen! Ich denke jetzt so oft an Mama. Es ist so seltsam zu wissen, daß wir sie nie mehr sehen werden. Redet Johnny immer noch so viel von ihr?

Lebwohl, liebste Di. Verzeih mir, daß ich Dich mit all dem hier belästige. Ich wünschte nur, Du würdest mir von *Deinen* Sorgen erzählen, denn leider weiß ich ja, daß gerade Du genug hast.

Immer Deine
Tussy

1. Die Kiste mit Geschenken und Leckereien, die zu Weihnachten den Kindern geschickt wurde.
2. Clementina Black

48. Eleanor an Jenny

Ventnor
15. Januar 1882

Liebste Di,

Papa sagte mir, Du hättest ihm über mich geschrieben, und aus dem, was er gesagt hat, sehe ich, wie lieb Du von mir gesprochen haben mußt. Nachdem ich Dir letzten Sonntag geschrieben hatte, habe ich es fast bereut, denn es scheint mir so selbstsüchtig, Dich mit meinen Angelegenheiten zu belästigen, wo Du doch bestimmt genug eigene Sorgen hast. Und noch selbstsüchtiger scheint es, daß ich überhaupt an mich denke, statt nur an unsern lieben Mohr. Wie sehr ich ihn liebe, kann niemand wissen, und doch müssen wir alle schließlich unser eigenes Leben leben, und so oft und hartnäckig ich es auch versucht habe, ich kann einfach nicht meinen Wunsch ersticken, noch *etwas zu versuchen.* Auch die Aussicht auf Unabhängigkeit verlockt mich sehr. Aber so sehr mich diese Gedanken auch beschäftigen und quälen, sie sind nicht mein einziges Problem. Es ist noch *viel* anderes dazugekommen. Ich habe seit langem den Entschluß zu fassen versucht, meine Verlobung zu lösen. Ich *konnte* es einfach nicht über mich bringen – er ist so lieb, so aufmerksam und geduldig zu mir gewesen –, aber jetzt habe ich es getan. Es war nicht nur so, daß ich die Belastung einfach nicht mehr aushalten konnte, ich hatte auch andere Gründe (es würde zu lange dauern, sie Dir brieflich zu beschreiben, aber wenn ich Dich sehe, erzähle ich Dir alles [1]), und so habe ich schließlich allen Mut zusammengenommen. Und jetzt, Liebe, habe ich eine *große* Bitte an Dich, daß Du nämlich, wenn es möglich ist, Lissa manchmal bei Euch empfängst und ihn ganz als alten Freund behandelst. Denk daran, daß er in dieser Sache *schuldlos* ist. Ich hoffe, daß wir die besten und vertrautesten Freunde bleiben, und nichts wird da so nützlich sein, als wenn Du und Longuet weiter mit ihm verkehren. Ich bin sicher, daß Du verstehst, wie ich hierin empfinde. Ach, es ist ein schrecklicher innerer Kampf gewesen! Ich wundere mich manchmal, wie ich das alles überleben konnte. Ich glaube wirklich, daß ich, dank meinem langen Umgang mit Katzen, inzwischen auch neun Leben habe wie sie.

Liebe alte Di, ich wünschte so, ich könnte das alles mit Dir besprechen. Ich habe in letzter Zeit so großen Kummer gehabt. Ein Freund nach dem anderen hat sich als falsch und verräterisch entpuppt, selbst Dollie kommt her und sagt zu Papa, sie glaube, ich sei *heimlich verheiratet* und erzählt noch eine Menge anderer Märchen, die zwar für ihre Phantasie sprechen, aber nicht für ihre Wahrheitsliebe. Aber das ist jetzt vorüber: ich habe vor, mit aller Kraft durch harte Arbeit zu versuchen, mehr und Besseres aus meinem Leben zu machen als bisher. Im Grunde ist *Arbeit* die Hauptsache. Für mich wenigstens ist sie eine Notwendigkeit. Deswegen hänge ich sogar an meiner langweiligen Fronarbeit im (British) Museum. Weißt Du, ich bin nicht gescheit genug, um ein rein *intellektuelles* Leben zu führen, aber auch nicht stumpfsinnig genug, um mich mit Herumsitzen und Nichtstun zufriedenzugeben. Morgen ist mein Geburtstag, wenn ich nur die Hälfte meiner guten Vorsätze für die kommenden Jahre halte, werde ich es schaffen. Aber genug von mir. Ich spreche *überhaupt nicht* gern von mir selbst, und auch Du wirst allmählich genug von dem Thema haben.

Da das Wetter hier an diesem »idealen« Ort immer nur noch schlechter geworden ist, hat sich Mohr entschlossen, morgen (Montag) von hier abzureisen. Er hatte beschlossen, nicht länger als drei Wochen (die am Donnerstag voll sind) hierzubleiben, und da ich morgen fahre, ist es besser, er kommt sofort mit mir, statt zwei Tage zu warten, bis ich dann noch für einen Tag wieder hierherkomme. Daß es Mohr wirklich viel besser geht und daß er kräftiger geworden ist, sehe ich aus der Tatsache, daß er hier nicht wieder einen Rückfall bekommen hat. Wir hatten Tage mit eisigen Stürmen und Nebeltage, die London alle Ehre gemacht hätten, und doch hat Mohr *im Ganzen* gut durchgehalten. Dazu habe ich noch den Eindruck, daß ich ihm eine äußerst unangenehme und anstrengende Gesellschafterin gewesen bin. Ich war wirklich krank und, wie Du Dir vorstellen kannst, schrecklich mit meinen eigenen, nicht gerade erfreulichen Gedanken beschäftigt. Ich schäme mich jetzt so furchtbar, daß ich ihm Sorgen gemacht habe. Ich *habe* versucht, es ihn nicht merken zu lassen, aber es ist mir äußerst schlecht gelungen, und dann hat Dollies Kommen jede weitere Anstrengung, mir nichts anmerken zu lassen, nutzlos gemacht.

160

Wir waren mehr als froh zu hören, daß Du etwas über die Kiste in Erfahrung bringen konntest, und warten jetzt ungeduldig auf die Nachricht, ob Du sie bekommen hast. Ich wäre fast nicht über die Enttäuschung hinweggekommen, wenn sie verlorengegangen wäre. Erstens sind die Sachen der lieben Mama darin, die Du doch unbedingt haben solltest, und dann die Spielsachen für die Kinder! Ich habe mir im Geiste so oft vorgestellt, wie sie die Kiste auspacken und die verschiedenen Sachen finden.

Neuigkeiten irgendwelcher anderer Art habe ich keine, denn Ventnor ist nicht gerade aufregend, die größten Ereignisse an jedem Tag sind meine morgendlichen Verhandlungen mit den Metzgern, Fischern, Geflügelhändlern usw. und die verschiedenen Mahlzeiten gewesen.

Mohr und ich reden jetzt seit ein paar Tagen davon, daß wir, sobald er sich dazu imstande fühlt, beide Dich besuchen kommen wollen (ich nur für kurz natürlich, da ich hoffe, mich ohne Zeitverlust an die Arbeit zu machen) und auch, daß *Du* im Frühling oder Sommer mit allen Jungen zu uns kommen *mußt*. Par[2] wird bis dahin ein richtiger Mann sein (nach allem, was ich höre, war er ja vor 6 Monaten fast schon ein unabhängiger junger Mann). Entweder Helen oder ich würden herüberkommen, um Dir auf der Reise behilflich zu sein.

Und nun Lebwohl, liebste Di. Küß meine lieben kleinen Jungen für ihr Tantchen, das auch Dich küßt.

Deine
TUSSY

P. S. Engels hat wegen der Kiste geschrieben. Er sagt, Du solltest ihn die Namen der Schiffgesellschaften, an die Du Dich gewendet hast, wissen lassen und auch, was sie Dir gesagt haben.

1. Wahrscheinlich hat Tussy damals Aveling kennengelernt.
2. Marcel-Charles, der Jüngste.

Vom 9. bis zum 16. Februar sind Marx und Tussy zu Besuch bei den Longuets in Argenteuil.

Am 18. schifft sich Marx nach Algier ein, in der Hoffnung, dort in einem günstigeren Klima seine chronische Bronchitis auszuheilen.

Tussy bleibt noch ein paar Tage bei ihrer Schwester, wo es zu einem Wiedersehen mit Lissagaray kommt, den sie von nun an als Freund betrachtet.

49. Eleanor an Jenny

London, den 25. März 1882

Meine liebe, liebe Di,
als Deine Zeilen kamen, habe ich mich richtig geschämt, Dich so lange ohne Nachricht gelassen zu haben. Ich habe aber ungefähr eine Woche lang eine schreckliche Neuralgie gehabt (und Du weißt ja von Longuet her, was das ist!), und seither war ich in einer dieser schändlich faulen Stimmungen, wo es einem einfach davor graut, Briefe zu schreiben. Ich verspreche Dir, Liebe, daß ich nicht wieder so faul sein werde. In der Zwischenzeit habe ich die Unterröckchen für die Kinder gemacht und werde sie Montag abschicken. Ich fürchte, Du wirst die Ausführung nicht berade brillant finden, Du weißt, Nähen ist nicht meine Stärke (und unter uns gesagt, Deine auch nicht), und Du mußt den Willen für die Tat nehmen und daran denken, daß der Geist willig gewesen ist, wenn auch die Knopflöcher schwach sind.

Ich kann Dir gar nicht sagen, wie wir uns wegen Mohrs[1] letzter Briefe gesorgt haben, obwohl *jetzt* eine entschiedene Wendung zur Besserung hin eingetreten scheint. Trotzdem bin ich immer noch besorgt und wollte nur, Mohr würde uns nicht so lange ohne Nachricht lassen, wenn er nur zwei Zeilen schriebe, würde es schon reichen.

Es gibt wirklich *nichts* zu erzählen. *Das* Ereignis ist *Romeo und Julia* gewesen, eine so hervorragende Aufführung, daß sie jeder Beschreibung spottet. Ich habe nie ein Stück von Shakespeare so in jeder Hinsicht befriedigend aufgeführt gesehen. Am Enttäuschendsten ist dabei die »Julia«: Bezaubernd in den ersten Szenen, die ja sozusagen Komödienszenen sind, wird Ellen Terry dann, je stärker das tragische Element hervortritt, schwächer und schwächer, und in der Vergiftungsszene schafft sie es überhaupt nicht mehr. Das ist natürlich sehr interessant für mich, da ich seit meiner Rückkehr von Paris mit Mrs. Vézin verbissen an der Julia arbeite. Sie scheint äußerst zufrieden und sagt, sie hätte, trotz meiner totalen Bühnenunerfahrenheit, Lust, es mich vor einem Publikum versuchen zu lassen. Sie hat jetzt zwar, fürchte ich, nicht viel Beziehungen zu Schauspielern, aber sie möchte eine Gelegenheit für mich finden, wenn es möglich ist. Mir wäre es am liebsten, wenn ich an ein kleines Provinztheater gehen könnte, um dort für den Anfang etwas *praktische* Bühnenerfahrung zu machen. Aber das sind alles Träume, und es steht zehn zu eins, meine Liebe, daß nichts daraus wird.

Der General[2] ist im Augenblick ganz von Pumps in Anspruch genommen (das Kleine ist immer noch nicht angekommen![3]) und auch von Dr. Beust, einem Bruder von dem Beust, den Du kennst. Dieser hier – er scheint mir ein langweiliger Kerl – ist herübergekommen, um die englischen Krankenhäuser zu besichtigen, und dank der beachtlichen Freundlichkeit von Dr. Donkin hat er hier alles Sehenswerte zu Gesicht bekommen.

Ach übrigens, Di, laß Deine Briefe nicht herumliegen. Deine süße Emily liest sie nämlich, wie wir aus dem, was sie heimschreibt, schließen müssen. Außerdem teilt sie in ihrem letzten Brief ihrer Mutter mit, eine englische Familie habe ihr ein Angebot von 35 Francs monatlich gemacht, wolle aber, daß sie »in aller Stille weggehe«. Das klingt doch sehr eigenartig, nicht? Dann sagt sie noch, sie wolle *zuerst* heimkommen und ihre Mutter besuchen, und schließt damit, sie wolle in ein »religiöses Haus«. Laß sie nicht wissen, daß Du das erfahren hast, sonst werden ihre Leute hier uns nichts mehr erzählen, aber sei wachsam und laß sie nach der Dämmerung nicht aus dem Haus, wenn Du es irgend verhindern kannst. Du *mußt* jemand anderen finden. Ich gehe mit Frau Furnivall zu der großen Agentur am *Strand*, wo sie mir vielleicht jemand Geeignetes nennen können.

Ich bin so froh zu hören, daß die lieben Buben gesund sind. Wenn Du wüßtest, wie ich mich danach sehne, sie alle wiederzusehen. Laß Johnny sein Tantchen nicht ganz vergessen. Die Kleinen werden sich natürlich nicht mehr erinnern können.

163

Lebwohl, meine Liebe. Verzeih, daß ich nicht geschrieben habe. Küß die süßen Männlein und grüß Charles von mir.

Immer Deine
TUSSY

P. S. Hat der edle Massard eigentlich je etwas auf Longuets ausgezeichnete Zurechtweisung erwidert?[4] Ich bekomme nämlich den berühmten Citoyen nie zu Gesicht und finde, ich kann sehr gut ohne auskommen. Herzliche Grüße von unserer alten Nim.

1. Marx ist noch in Algier.
2. Engels
3. Am gleichen Tag wurde Pumps' (Mary-Ellen Roshers) Tochter Lillian geboren.
4. Siehe Anmerkung 3 des folgenden Briefes (Jenny an Laura, Ende März).

50. Jenny an Laura

Mittwoch, (Ende) März (1882)
Argenteuil

Liebe Laura,

wenn Du mich nur in diesem Augenblick (halb zehn abends) sehen könntest, wie ich kaum mehr die Augen offen halten kann. Du würdest verstehen, warum ich Deinen letzten Brief bis jetzt unbeantwortet gelassen habe. Ja, Du würdest es nicht nur verzeihen, sondern dem Himmel danken, daß ich Dich nicht öfter mit meinem schlaftrunkenen Gemurmel beehre. Diese verwünschten Kleinen sind ja wirklich reizende, liebe Kinder, aber sie strapazieren meine Nerven Tag und Nacht. Ich sehne mich so oft nach einer Erlösung von dieser unaufhörlichen Kinderpflege, daß mir jede recht wäre, und ich denke mit Heimweh an die dunkle Untergrundbahn zur Farringdon Street zurück, wo ich wenigstens, wenn ich nicht gerade Asthma hatte, in aller Ruhe meine Morgenzeitung lesen und dann aussteigen und den schmutzigen *Strand* herunterlaufen und auf die Zeitungsanschläge schauen konnte, die ich in dieser Öde von Argenteuil, wo ich außer dem Bäcker, Fleischer, Käsehändler und Gemüseverkäufer nichts sehe und höre, mehr vermisse, als ich sagen kann. Ich glaube fest, daß selbst die öde Routine der Fabrikarbeit einen nicht mehr aufreibt als die endlosen Haushaltspflichten. Wenigstens bei mir ist das und war das immer so. Ein paar Frauen, die ich kenne, wie zum Beispiel Mrs. Lormier, rühmen sich dieser Schufterei zu Hause, aber wir sind nicht alle gleich veranlagt. Du hast mir immer vorgeworfen, ich sei ein bißchen ein Misanthrop, jetzt habe ich alle Lebensgeister verloren. Ich habe weder Gefallen am Manne noch am Weibe¹. Aber, liebe Laura, Spaß beiseite, eigentlich schreibe ich so viel von mir selbst, damit Du Mitleid mit mir hast und mir meine scheinbare Vernachlässigung verzeihst. Ich denke sehr oft an Dich und vermisse oft Deine Besuche, die für mich und die Kleinen, die sich immer ganz besonders auf das Kommen von Tanta Lolo freuten, so schön waren. Nur wenn ihre liebe Granny, kam, gab es noch solchen Jubel.

Ich habe, als die Kiste kam, Papa geschrieben und ihn gebeten, Dir für den entzückenden blauen Anzug, den Du dem kleinen Par geschickt hast, zu danken. Er ist höchst elegant. Weißt Du, liebe Laura, daß die Kinder, wenn sie mal in Gala irgendwohin gehen, immer Deine Geschenke tragen? Diese Weihnachten hat Johnny bei den Jaclards in dem famosen Samtanzug geglänzt (wir haben die Ärmel und die Hosenbeine etwas ausgelassen), und in Caen ist er überall in dem Matrosenanzug aufgetreten, den ich jetzt gerade gereinigt habe. Ich selbst (oder vielleicht ist mein Geldbeutel daran schuld) staffiere den armen Johnny gewöhnlich aus wie einen *Bourgeois gentilhomme*² – wie die arme Mama zu sagen pflegte.

Ich habe gestern einen Brief aus Algier an Engels weitergesandt, demzufolge das Wetter dort immer noch schlecht ist. Ist das nicht ein Pech? Papa brauchte so dringend Sonnenschein. Ich komme einfach nicht über den Eindruck hinweg, den sein Gesundheitszustand auf mich gemacht hat. Ich denke Tag und Nacht an ihn. Ich fand ihn *in jeder Hinsicht* so schrecklich verändert seit letztem Sommer. Ich wußte gar nicht, daß er Brustfellentzündung gehabt hat, Tussy hat immer von Bronchitis geschrieben.

Danke Lafargue, daß er an mich gedacht hat, und sag ihm, daß ich ihn lese, obwohl ich sonst nicht zum Lesen komme. Hast Du die große Diskussion im *Citoyen* und in der *Justice* verfolgt?[3] Ich finde, Massard hat sich unverschämt und dumm verhalten. Hirsch macht Sensation in der großen Welt. Ich habe ihn nicht zu Gesicht bekommen, seit er so reich geworden ist. Sein Artikel[4] ist zweifellos gut für Frankreich, er hat gesagt, was er in einer Zeitschrift, die Madame Adam leitet, nur sagen konnte. Küß Nim von mir, wenn Du sie siehst, und schüttle Paul herzlich für mich die Hand.

Deine
JENNY

Johnny schickt Dir einen Berg Küsse. Schreib *bald*, damit ich weiß, wie es Dir geht.

1. »Man delights not me; nor woman either«, *Hamlet*, II, 2, 316
2. *Der Bürger als Edelmann*, Komödie von Molière, in der der Protagonist natürlich geschmacklos und protzig gekleidet ist.
3. Die im Senat zur Debatte stehenden Schulgesetze teilen das sozialistische Lager. In *Le Citoyen*, Ende März 1882, mokiert sich H. Brissac über ein in seinen Augen unnützes und willkürliches Gesetz. E. Massard weigert sich, »an das Universalheilmittel Unterricht« zu glauben, und schreibt am 26. März in *L'Egalité*: »Erst Revolution – dann Schulunterricht«. Longuet erwidert am 29. März in *La Justice*, es handle sich um »eine äußerst wichtige Reform, um einen Fortschritt, wie er in Frankreich nicht einmal jedes halbe Jahrhundert zu verzeichnen ist!« Guesde scheint die Synthese aufzustellen (*Egalité, 1. April*): *er gibt zu, daß ein solches Gesetz der Bourgeoisie dienen soll, meint aber, es könne gegen sie gekehrt werden.*
4. *»Le socialisme en Allemagne«* erscheint in der *Nouvelle Revue* (Chefredakteurin Juliette Adam) im März–April 1882; Hirsch zeichnete als: »Ein deutscher Sozialist«.

166

Nach einem wenig erholsamen Aufenthalt in Algier, wo er wegen des schlechten Wetters wieder eine neue Brustfellentzündung bekommt, beschließt Marx, nach Monte Carlo zu fahren, und trifft am 7. Juni dort ein. Er wohnt dort einen Monat im Hôtel de Russie und fährt dann für ein paar Tage nach Cannes. Danach besucht er wieder die Longuets in Argenteuil und bleibt drei Wochen bei ihnen, während derer er eine Schwefelkur in Enghien macht. Helen stößt zu dem Haushalt, um Jenny an die Hand zu gehen, und gegen Ende Juli kommt auch Tussy, die am 21. August wieder zurückfährt und den kleinen Jean mitnimmt.

Zu diesem Zeitpunkt zieht Laura wieder zu ihrem Mann, der bereits seit mehr als einem Jahr in Frankreich lebt.

Marx' Brief an Engels vom 24. Juni, von dem Tussy hier spricht, ist veröffentlicht in MEW (Marx-Engels Werke), Bd. 35, S. 74.

51. Eleanor an Jenny

London, den 1. Juli 1882

Liebste Di,

gerade hat mir der General Mohrs Brief geschickt, und ich bin heilfroh, daß ich ihn bekommen habe. Ich wollte heute ein Telegramm aufgeben, falls keine Nachricht käme. Ich finde es wirklich ziemlich schäbig von Euch, mir die ganze Zeit nicht zu schreiben, so daß ich nicht wußte, ob Ihr nicht etwa krank seid oder sonst etwas und ob Helen gut angekommen ist. Ich habe mich schrecklich gesorgt und mir alles mögliche Schreckliche vorgestellt. Kauft Euch doch in Gottes Namen mal ein halbes Dutzend Postkarten, schreibt »gut« oder »nicht gut« darauf und schickt sie ab!

Am Sonntag war ich beim General. Da ich praktisch den ganzen Tag über nicht zu Hause bin, kann der General mich nicht besuchen, daher bin ich am Mittwoch bei ihm vorbeigegangen und habe dann am Donnerstag mit ihm und den Roshers [1] im Adelphi zu Mittag gegessen. Gestern abend hat unsere Browning [2]-Chose stattgefunden. Der Saal war brechend voll, und da alle möglichen »literarischen« und andere Berühmtheiten da waren, war ich lächerlich aufgeregt, aber es ist großartig gegangen. Frau Sutherland Orr (die

Schwester von Sir Frederick Leighton, dem Präsidenten der Royal Academy) möchte mich zu Browning mitnehmen, damit ich ihm seine Gedichte vortrage! Für heute nachmittag bin ich zu einer Riesenparty bei Lady Wilde eingeladen. Sie ist die Mutter von diesem höchst unmanierlich und höchst unangenehmen jungen Mann, Oscar Wilde, der sich in Amerika so verdammt unmöglich gemacht hat. Da der Sohn noch nicht wieder hier ist und die Mutter in Ordnung ist, gehe ich vielleicht, das heißt, wenn ich Zeit habe, denn ich gehe auch zu Tooles[3] Benefizvorstellung, wo mein geliebter Henry[4] auftreten wird. Ellen Terry trägt die »Seufzerbrücke« vor, was ich als persönliche Beleidigung betrachte, weil das doch ein Stück aus meinem Repertoire ist. Frau Kendal trägt auch vor, und noch andere »Stars« werden auftreten. Ich konnte keine Karten bekommen, deswegen muß ich ins Parterre gehen, Pumps möchte auch kommen, und auch die Blacks und andere gehen. Die Türen werden um 1 Uhr 30 geöffnet, und wir müssen schon um 11 dort sein! Enthusiasmus ist doch eine feine Sache!

Nächsten Dienstag gehe ich mir die Ristori (die ich noch nie gesehen habe) als Lady Macbeth anschauen, sie spielt zum ersten Mal auf englisch. Letzten Dienstag habe ich die Modjeska in Odette gesehen, und sie hat mir besser gefallen denn je, aber das Stück ist schlecht, einfach idiotisch, jedenfalls in dieser englischen Übersetzung. Aber diese abendlichen Ausschweifungen haben meine tägliche Arbeit nicht beeinträchtigt, ich bin gegenwärtig sehr fleißig.

Sag Helen, daß ihre beiden Gluckhennen uns die ganze Zeit in Atem halten. Seit ihrer Abreise hat keine von ihnen ihr Nest verlassen. Sag ihr, ich füttere »Fooley«, die mir aus der Hand frißt, aber »Blacky« mag solche Vertraulichkeiten nicht, und obwohl ich ihr das Futter vor das Nest streue, fürchte ich, daß sie überhaupt nichts frißt. Der Hahn ist lieb, aber er fühlt sich einsam, seit Helen weg ist. Mir graut richtig vor nächstem Montag, wenn vermutlich ein Teil der Küken ausschlüpft. Der Himmel weiß, was ich mit ihnen anfangen soll.

Ich glaube, ich habe Dir jetzt wirklich alles erzählt, was ich zu erzählen hatte. Oh! – wenn ich, ohne unseren lieben alten General (den ich heute abend besuche) zu beleidigen, am Sonntag von ihm »frei kriegen« kann, gehe ich mit den Furnivalls zu einem Picknick am Themseufer.

168

Emily[6] ist am Sonntagmorgen hier angekommen, wie ich von »Ep«
erfahren habe. Natürlich erzählt sie eine namenlose Schreckensge-
schichte, was für Entbehrungen sie auszustehen hatte, wie überar-
beitet sie war (!), spricht von Ungerechtigkeit usw. usw. Vor allem
scheint sie auf Mohr wütend zu sein, der sie, wie sie behauptet »mit
allen nur möglichen groben Ausdrücken beschimpft« habe. Aber
der Gipfel ist, daß sie ihrer Familie erklärt hat, sie werde jetzt Fran-
zösischunterricht für Kinder geben! Da sie aber kaum Geld hat,
sind die Gefühle ihrer Mutter, scheint es, nach der ersten Begeisterung etwas abgekühlt, und Emily schaut sich jetzt nach einer Stellung um. Zu ihrem großen Erstaunen hat sie noch keine gefunden!
Selbstverständlich hat sie sich bei uns nicht blicken lassen und wird
es auch in Zukunft nicht.
Ich sehne mich so nach Nachrichten von den Kindern, aber wenigstens weiß ich jetzt, daß alles in Ordnung ist, und kann daher mehr
oder weniger geduldig abwarten.

Lebwohl. Ich küsse Euch alle herzlich.

Deine
TUSSY

1. Es handelt sich um Mary-Ellen (Pumps) und ihren Mann Percy
Rosher.
2. Englischer Dichter (1812–1889).
3. Schauspieler, Freund von H. Irving.
4. Der Schauspieler Henry Irving.
5. *The Bridge of Sighs*, Gedicht von Thomas Hood (1799–1845).
6. Dienstmädchen der Longuets

Einige Tage nach der Abreise von Tussy, die Johnny nach London mitnimmt, damit ihre Schwester es ein bißchen leichter hat, fährt Marx, der jetzt ungern allein reist, mit Laura in die Schweiz. Er kehrt Ende September nach Argenteuil zurück, zwölf Tage nach Jennys Entbindung. Nach vier Jungen hat Jenny endlich eine ebenfalls Jenny genannte Tochter bekommen, die den Kosenamen Mémé tragen wird. Marx sollte seine kleine Enkelin nur dies eine Mal sehen. Er kehrt Anfang Oktober nach London zurück.

52. Eleanor an Jenny

(London) 2. Oktober 1882

Liebste Di,

gerade habe ich meinen Jungen (ich gewöhne mich so an ihn und habe ihn so lieb, daß ich vergesse, daß er *Dein* kleiner Junge ist) zu Bett gebracht; Helen ist mit der interessanten Pumps ins Theater gegangen, und bevor ich jetzt mit meiner abendlichen Arbeit am Wörterbuch anfange, will ich Dir ein paar Zeilen schreiben. Es gibt nichts Besonderes zu erzählen. Du kannst Dir vorstellen, wie wir uns darauf freuen, daß Papa kommt. Ich würde mich aber noch mehr darauf freuen, wenn ich nicht so schrecklich Angst hätte, daß er sich auf der Reise erkältet. Ich wage es nicht, hier etwas von meiner Befürchtung anzudeuten, denn Engels betrachtet das in seinem schrecklichen Optimismus als eine Art von Beleidigung. Wenigstens wollte ich, daß Papa *sofort* käme. Heute war das Wetter schön, es kann nicht mehr lange so bleiben, und es wäre großartig, wenn er käme, bevor die Nässe und der Nebel wieder anfangen. Ich sehe, daß Mohr Engels schreibt, Dourlen [1] rate ihm, den Winter auf der Isle of Wight oder in *Jersey* zu verbringen. Aber wenn *nasses* Wetter nicht gut für ihn ist, ist Jersey bestimmt nicht geeignet. Die Winter sind dort zwar so mild wie in Süditalien, aber es *regnet* dauernd. Wenn möglich noch öfter als in Devonshire.

Im (British) Museum hat es in den letzten paar Tage eine richtige Aufregung meinetwegen gegeben. Es ist jetzt die sogenannte »Schließungswoche«, in der der Lesesaal geschlossen ist, weil die Bücher abgestaubt und neu geordnet werden usw. Da ich aber, wie Du weißt, sehr unter Zeitdruck stehe, habe ich Mr. Bond, den Chefbibliothekar, um die Erlaubnis gebeten, trotzdem weiterarbeiten zu dürfen. Mr. Garnett, Mr. Bullen (der Leiter der Buchabteilung) und ein halbes Dutzend andere leitende Angestellte sind freundlicherweise zu Mr. Bond gegangen und haben ihn auch gebeten, mir den Zutritt zu erlauben, und Mr. Bond hat tatsächlich die Genehmigung gegeben. Das ist eine ungeheuer ehrenvolle Ausnahme, die, wie ich heute erfahren habe, nur vor ein paar Jahren für Gladstone gemacht wurde, der hier sein Pamphlet über die »Horrors«[2] fertig schreiben durfte! Natürlich kann ich nicht in dem Durcheinander im Lesesaal arbeiten während des Reinemachens, deswegen halte ich mich jetzt entweder im »Großen Saal« auf oder in einem der »privaten« Büros der leitenden Angestellten. Heute morgen war ich bei Garnett im Zimmer, morgen werde ich vermutlich zu Bullen gehen. Sie haben mir wirklich einen großen Gefallen getan, denn ich war verzweifelt, als ich fürchten mußte, so viele Tage zu verlieren.

Schorlemmer ist letzte Woche hier aufgekreuzt und heute wieder abgefahren. Gestern mußte ich wirklich zu Hause bleiben, und ich war nicht böse, eine Entschuldigung zu haben. Ich genieße meinen Sonntag zu Hause richtig, wie eben nur jemand das kann, der sonst jeden Tag aus dem Haus muß.

Was denkst Du über die rivalisierenden Kongresse[3]? Ich muß dabei mehr als an alles andere an die Kilkenny-Katzen denken.

Johnny ist sehr gespannt darauf, etwas von seinem Schwesterchen zu hören. Jetzt, wo er den Schrecken überwunden hat, fängt er an, sich mehr für sie zu interessieren. Weißt Du, daß er in der Schule sehr gut mitkommt? Er kann alle Buchstaben, die großen und die kleinen, tadellos. Am meisten bekümmert mich sein Englisch. Er spricht einfach schrecklich, aber ich vermute, das legt sich mit der Zeit. Ich bin sicher, daß wir früher einmal Helens Englisch gesprochen haben. Das Schlimmste ist, daß Helen, jedesmal, wenn ich den Jungen verbessere, beleidigt ist oder darüber lacht, was mir die Sache nicht gerade angenehm macht.

Habe ich Dir schon von dem großen Ereignis erzählt, daß nämlich Viel Lärm um nichts[4] schon früh (am 11.) im Lyceum aufgeführt wird? Ich bin natürlich, wie Du Dir denken kannst, sehr aufgeregt.

171

Gute Nacht, liebe alte Di. Ich denke so oft an Dich, ach, ich wollte, ich könnte etwas Besseres tun und Dir ein wenig helfen! Küß das Baby von seiner Tante.

Deine

TUSSY

Wo ist Papa? Ist er bei Dir oder in Paris? Ich würde ihm schreiben, wenn ich das wüßte. Wenn er bei Euch ist, ist dieser Brief auch für ihn bestimmt. Ich bin zu müde vom Schreiben, als daß ich ihm jetzt noch einen gesonderten Brief schicken könnte, vor allem, wo ich nichts zu sagen habe. Ich arbeite zu viel, um irgendwohin zu gehen und irgendwelche Leute zu besuchen.

1. Der Arzt der Longuets.
2. Bulgarian Horrors and the Question of the East London 1876
3. Am 25. September beginnt der Kongreß von Saint-Etienne, der die Spaltung der Arbeiterpartei offiziell macht. Gleich bei der ersten Sitzung zwingen die Possibilisten die Guesdisten zum Ausscheiden. Diese Letzteren eröffnen daraufhin am 26. September in Roanne einen Gegenkongreß. Von da an nennen sich die Broussisten *Sozialistisch-revolutionäre Arbeiterpartei, Vereinigung der sozialistischen Arbeiter Frankreichs.* Die »Marxisten« behalten den Namen *Französische Arbeiterpartei* (siehe dazu den Brief von P. Lafargue an Engels vom 10. Oktober 1882, in *Correspondance Engels-Lafargue*, Bd. I, S. 86). Die *Kilkenny-Katzen*, von denen Tussy spricht, sind zwei legendäre Katzen, die so lange miteinander kämpften, bis nur noch die Schwänze übrig waren.
4. Shakespeares bekannte Komödie.

172

Vor Engels und Marx: die drei Schwestern Jenny, Eleanor und Laura

Jenny von Westphalen

Mutter und Tochter Jenny Marx

Die Schwestern Jenny und Laura

Charles Longuet, Jennys Mann

Jenny

Paul Lafargue, Lauras Mann

Laura

Edward Aveling, Eleanors Lebensgefährte

Eleanor

Eleanor

Jenny mit ihrem Vater Karl Marx

Seit April 1882 litt Jenny unter schrecklichen Unterleibsschmerzen. Sie schrieb sie ihrer Schwangerschaft zu und sprach mit viktorianischer Schamhaftigkeit zu niemand davon. Es handelte sich aber um Blasenkrebs.

Erst gegen das Ende gibt sie ihre Zurückhaltung auf und schreibt Tussy, die mit Johnny zu Marx nach Ventnor gefahren ist, was für Qualen sie Tag und Nacht leidet. Der folgende Brief Tussys vom 9. Januar erreicht Jenny am Tag vor ihrem Tod.

53. Eleanor an Jenny

London, den 9. Januar 1883

Liebste Di,

da ich von Dir nichts und über Engels nur sehr wenig höre, mache ich mir große *Sorgen* wegen Dir und wäre sehr dankbar, wenn Charles mir ab und zu eine Postkarte mit Nachrichten schicken würde, wie es Dir geht. Bist Du sicher, daß Helen Dir jetzt nicht nützlich sein könnte, wenigstens für eine kurze Zeit? Du weißt ja, was für eine gute Krankenpflegerin sie ist. Überleg Dir das doch. Ich wünschte von ganzem Herzen, ich könnte eine Weile zu Dir kommen, aber ich kann hier nicht weg. Außer der Arbeit an den *Frühen englischen Texten* habe ich so viele Stunden zu geben.

Deinem Jungen geht es prächtig, und er ist bester Laune. Gestern war ein großer Festtag für ihn. Frau Bircham (bei der ich in Kensington unterrichte) hat Jean zu einer Party eingeladen. Wir sind hingegangen und haben uns wirklich »großartig amüsiert«. Frau Bircham hatte einen Zauberkünstler engagiert, der die tollsten Kunststücke vorführte, und Du kannst Dir vorstellen, wie das dem Jungen gefallen hat. Darauf hat er die Spiele und »Erfrischungen« genossen, und auch die vielen Bedienten haben Johnnys Staunen und Interesse erregt. Er hat sich tadellos benommen, und die Birchams waren ganz begeistert von ihm.

Moore und Schorlemmer sind jetzt nach den »Festivitäten«, die jedes Jahr schlimmer werden, nach Manchester zurückgekehrt.

Von Mohr habe ich heute morgen gehört. Es scheint ihm besser zu

173

gehen, und wenn er jetzt nur ein bißchen schönes Wetter hätte, wäre er bald ganz wieder hergestellt, wenigstens sagen die Ärzte das.

Übrigens, liebste Di, jetzt wo Du so krank bist, scheint es mir *Wahnsinn*, Johnny nach Hause zu schicken, Du hast ohnehin schon zuviel zu tun. Es wäre *viel* besser, wenn Du ihn gegenwärtig in England lassen würdest. Es geht ihm gut, und er ist vergnügt, und wir sind nur zu froh um einen Vorwand, ihn hier zu behalten. Wenn Du einverstanden bist, sagt Helen, soll ich unverzüglich die Kiste abschicken. Sie fürchtet, daß sonst die Kuchen und Puddings verderben, und nach all der Mühe, die sie sich damit gemacht hat, wäre das schade. Falls ich von Charles (Du sollst Dich jetzt nicht mit Schreiben überanstrengen) nichts Gegenteiliges höre, schicke ich die Kiste diese Woche ab.

Meine liebe, liebe Di, ich kann Dir gar nicht sagen, wie mir Deine Krankheit nahegeht. Ich denke Tag und Nacht an Dich und wünschte nur, ich könnte etwas *tun*. Sag Charles, er soll mir eine Postkarte schreiben, denn ich mache mir zu große Sorgen, um noch länger vergebens auf Nachricht zu warten.

Wir alle küssen Dich und die lieben Kleinen.

In Liebe

Deine Tussy

174

Jenny stirbt im Alter von noch nicht ganz neununddreißig Jahren. Tussy fällt die traurige Aufgabe zu, ihrem Vater, der sich immer noch in Ventnor aufhällt, die tragische Nachricht mitzuteilen. Der Schlag ist schrecklich: Jenny war seine Lieblingstochter, sie war ihm am ähnlichsten. Tussy sagt, sie habe den Eindruck gehabt, ihm sein Todesurteil anzukündigen. Trotzdem erlaubt Marx ihr nicht, sich um ihn zu kümmern, sondern schickt sie sofort nach Paris zu Jennys fünf Kindern. Er selbst kehrt unverzüglich nach London zurück. Er leidet an krampfartigen Hustenanfällen nervösen Ursprungs, Kehlkopfentzündung und Bronchitis. Im Februar stellen die Ärzte einen Tumor in der Lunge fest. Bei ihrer Rückkehr von Argenteuil bringt Tussy den kleinen Harra mit, der bereits schwer krank ist und in ein Kinderkrankenhaus eingeliefert werden muß. Am 14. März stirbt Marx im Alter von fünfundsechzig Jahren. Er wird am 17. März im gleichen Grab wie seine Frau auf dem Friedhof von Highgate bestattet. Eine Woche später wird auch der kleine Harra beerdigt.

*Laura hat nicht zur Beerdigung ihres Vaters kommen können. Tussy
ist mit Helen allein im Haus in Maitland Park Road und ordnet die
hinterlassenen Papiere: Briefe, Manuskripte, Entwürfe usw. Sie
spricht im folgenden von Briefen, die Engels »verletzen« könnten.
Die Marx hatten nämlich bei aller Liebe zu Engels seine »kleinen
Schwächen« nie übersehen und oft im Familienkreis darüber ge-
spottet.*

*Im Unterschied zu den Lafargues, die nie Bedenken haben, an En-
gels' Großzügigkeit zu appellieren, unterstreicht Tussy in diesem
Brief, daß sie keine Unterstützung von ihm erbitten möchte und
hofft, sich ihren Lebensunterhalt selbst zu verdienen.*

54. Eleanor an Laura

41, Maitland Park Rd.
London N W
26. März 1883

Liebe Laura,

ich brauche Dir nicht zu sagen, daß ich *mit der größten Sorgfalt*
darauf achten werde, daß unser guter General nichts sehen wird,
was ihn verletzen könnte. Ich sondere in der Tat *alle* privaten Briefe
aus. Die haben nur für uns ein Interesse und können später einmal
geordnet werden. Wir müssen uns jetzt um die anderen Papiere
kümmern, um die Manuskripte, die Korrespondenz über die Internationale usw. Möchtest Du, daß ich Dir alle Deine Briefe und die
von Lafargue schicke? Wenn ja, stelle ich sie Dir, nach und nach,
wie ich sie finde, zusammen. Es wird eine schreckliche Arbeit sein,
den Nachlaß zu ordnen. Ich weiß kaum, wie ich es schaffen soll. Ich
muß mir bestimmte Tage in der Woche *ganz* dafür freinehmen. Natürlich kann ich mich jetzt nicht hinsetzen und *nur* das tun. Ich muß
meine Stunden weiter geben und soviel Arbeit wie nur möglich annehmen. Ich weiß, daß Engels die Güte selbst ist und daß ich immer
alles, was ich brauche, von ihm bekommen kann, aber ich denke,
Du verstehst, daß ich mich jetzt mehr denn je danach sehne, mir
selbst den Lebensunterhalt zu verdienen. Mit der Zeit werde ich es
ganz gut schaffen, hoffe ich. Das Haus haben wir noch für ein Jahr,

aber wenn ich vorher einen Mieter finden kann, können wir früher ausziehen. In den nächsten sechs Monaten allerdings werde ich *kaum* ausziehen können, denn erst muß der Nachlaß erledigt sein, bevor ich irgend etwas machen kann. Engels wird Dir gesagt haben, daß wir *mindestens* 500 Seiten vom zweiten Band[1] haben, vermutlich den ganzen. Das ist gut, nicht wahr?

Bis ich aus dem Haus ausziehe, denke ich, lassen wir alles am besten, wie es ist. Dann werden wir sehen, wie wir die Sachen unter uns aufteilen, das heißt, wenn Dir das recht ist.

Du wirst von Engels vom kleinen Harry gehört haben. Es ist am besten so, aber Longuets Verhalten war so, daß ich mich nun in bezug auf Jean *klar* entschlossen habe. Ich kann jetzt, wo Helen und ich ganz allein sind, die Verantwortung, den Jungen bei mir zu behalten, nicht übernehmen! Ich habe deshalb an *»le père«* (den Vater) geschrieben (bis jetzt habe ich aber noch keine Antwort!), daß wir, Helen oder ich, sobald es ihm paßt, Jean nach Calais bringen werden, wohin er uns entgegenkommen kann. Seit ich ihm das geschrieben habe, ist mir noch ein anderer Gedanke gekommen, über den ich mit Dir sprechen möchte. Die arme alte Nim[2] braucht nach all der schrecklichen Arbeit und den Aufregungen dieser schlimmen letzten Monate wirklich eine Erholung, und ich habe gedacht, statt Jean nach Calais zu bringen, könnte sie ihn eigentlich nach Paris bringen und dann, wenn es Dir recht wäre, ein bißchen dort bleiben. Ich habe ihr noch nichts darüber gesagt, damit sie nicht enttäuscht ist, wenn nichts daraus wird. Ich kann es hier ganz gut schaffen. Carry kommt vormittags und könnte alles Nötige tun und könnte auch am Abend vorbeischauen, um zu sehen, ob ich etwas brauche, und mit meinen Mahlzeiten würde ich es halten wie vorher, wenn ich allein war. Ich möchte *so*, daß Helen ein bißchen Ferien macht, und ich weiß nicht, wie ich es sonst arrangieren könnte. Ich kann nicht aus London weg, und ihr würde es keinen Spaß machen, allein irgendwohin zu fahren. Selbstverständlich mußt Du es mir sagen, falls es Dir *irgendwie* jetzt nicht paßt, Helen weiß ja bis jetzt noch nichts davon.

Ich habe gerade Meißner geschrieben, er solle so schnell wie möglich die 3. Auflage des ersten Bandes herausbringen, und dann können wir mit dem zweiten Band anfangen. Darüber hinaus kann ich

Dir zur Zeit noch nichts sagen. Ich will nun mit der Zeit die *Tribune*-Artikel[3] veröffentlichen. Meinst Du nicht, daß das gut wäre? Schorlemmer ist immer noch hier, und er und der General widmen sich schön gleichmäßig dem Whisky und dem Pilsner. Pumps läßt die Welt immer noch auf Nummer 2 warten. Sie *sieht aus*, als würde sie Drillinge bekommen wie Frau Lessner.

Deine
TUSSY

Schreib mir bald wegen Helen, damit ich weiß, was ich tun soll, falls Longuet schreibt; auch ob du in bezug auf das Haus einverstanden bist, ich meine, wegen der Möbel, Bücher usw.

1. Der zweite Band des *Kapital*
2. Helene Demuth
3. Die *New York Daily Tribune*, in der Marx zahlreiche Artikel veröffentlichte.

Im folgenden Brief erwähnt Tussy zum zweitenmal Edward Aveling. Sie kennt ihn seit über einem Jahr, aber erst im Sommer 1884 sollte ihr Verhältnis bekannt werden. Inzwischen wohnt sie in der Great Coram Street, Nummer 32, in der Nähe des British Museum, während Helene zu Engels gezogen ist, dem sie bis zu ihrem Tod im Jahr 1890 den Haushalt führen wird. Tussy ist Mitarbeiterin am Progress, einer 1883 von G. W. Foote gegründeten Monatsschrift, bei der Aveling Chefredakteur wird. Für diese Zeitschrift bittet er Tussy, einen Artikel als Nachruf auf ihren Vater zu schreiben (der in der Mai-Nummer 1883 erscheint), und hier (in der Juni-Nummer 1883) veröffentlicht sie auch einen Abriß der Mehrwerttheorie. Aveling hat mit Bradlaugh und Annie Besant gebrochen, und letztere macht Tussy für diesen Bruch und die sozialistische Orientierung Avelings verantwortlich. Seit dem Sommer 1883 sind sie und Aveling Mitglieder der »Democratic Federation«.

55. Eleanor an Laura (Auszüge)

London, den 14. September 1883

Liebe Laura,

letzte Woche war ich – von Montag zu Montag – in Eastbourne. Zum Glück war das Wetter schön, und ich bin jeden Morgen um 5 Uhr aus dem Haus gegangen und bis zum Frühstück um 9 herumgewandert, ich habe es richtig »genossen«. Der arme alte General muß es sehr langweilig gefunden haben. Es geht ihm gar nicht gut, und er kann nicht viel gehen, und da es gegen seine Grundsätze verstößt, sich draußen hinzusetzen – obwohl Eastbourne so gut mit Sitzgelegenheiten an bequemen Plätzen ausgestattet ist –, ist er den ganzen Tag im Haus geblieben und hat sich nur mal »zur Abwechslung« auf den Balkon gesetzt. Pumps war die ganze Zeit über in einer schrecklichen Laune, und die arme Nym war auch nicht gerade glänzend aufgelegt. Alles in allem war ich froh, wieder heimzukommen, obwohl ich meine Spaziergänge und das Baden genossen habe.
Ich rechne damit, daß ich binnen kurzem viel zu tun haben werde. Ich gehe zu den Birchams zurück, um Mildred zu unterrichten, und

ich soll dort auch eine Klasse in Literatur unterrichten. Ich denke – und hoffe –, daß ich anderswo weitere Klassen bekomme. Ich werde froh darum sein, denn ich brauche das Geld. Es ist *so* schwierig, Arbeit zu bekommen, feste Arbeit jedenfalls. Die Art Stunden, die ich gebe, ist eben kein Unterrichten in »allen Fächern«, und man bekommt immer nur Schüler für eine begrenzte Zeit.

Kannst Du oder kann Lafargue uns nicht etwas für den *Progress* schicken? Sag Lafargue, daß dieses kleine Magazin, zum großen Ärger von Bradlaugh, nun wirklich viel gelesen wird, so daß Artikel, wie er sie schreiben könnte, nützlich wären. Natürlich hat Aveling nicht *völlig* freie Hand, aber er kann mehr oder weniger machen, was er will, wie Du aus der Veröffentlichung des (wie ich finde) ausgezeichneten Textes von Bax ersehen kannst. Wenn der brave Mesa dazu gebracht werden könnte, mir ein paar Aufzeichnungen (in jeder Form – er brauchte sich nicht um Übersichtlichkeit oder Formulierungen zu kümmern) über Spanien zu schicken, und wenn Du jemanden von der russischen Kolonie finden könntest, der mir Informationen gibt, würde ich versuchen, die Sachen zusammenzustellen. Jedenfalls hoffe ich, daß der Häftling [1] seine Zeit dazu benutzen wird, mir etwas zu schreiben. Sein letzter Artikel hat die Leute begeistert, nach allem, was ich höre.

Wie geht es den Kleinen? Schreib mir doch ab und zu eine Zeile und erwarte keine langen Antworten. Ich habe so viel zu schreiben, ich meine im ganz mechanischen Sinn, daß mir beim Anblick von Feder und Tinte schlecht wird.

Dr. Aveling sendet Dir und Lafargue freundliche Grüße.

Deine

TUSSY

1. Am 25. April war Lafargue vom Geschworenengericht im Allier wegen Anstiftung zu Verbrechen, Mord und Raub usw. zu sechs Monaten Gefängnis und 100 Francs Geldstrafe verurteilt worden, weil er nach dem Kongreß von Roanne im Allier Vorträge gehalten hatte. Dormoy, der aus denselben Gründen angeklagt war, wurde ebenfalls verurteilt.

Das Jahr 1884 bringt ein Aufblühen sozialistischer und sozialistisch orientierter Zeitungen und Zeitschriften. Tussy und Aveling arbeiten an To-Day mit, einer seit dem Januar 1884 erscheinenden Monatsschrift, die sich als das Organ des wissenschaftlichen Sozialismus versteht. Tussy hat darin eine Rubrik über die internationale Arbeiterbewegung, und Aveling veröffentlicht seinen ersten sozialistischen Artikel »Christentum und Kapitalismus«. Mit diesem Artikel, in dem er sich als Anhänger von Karl Marx zu erkennen gibt, erregt er den Zorn von Frau Besant, die ihrem früheren Liebhaber diesen Abfall nicht verzeihen kann.
Die Avelings schreiben auch für das Wochenblatt Justice, das Organ der im Januar 1884 von Hyndman gegründeten »Democratic Federation«.

56. Eleanor an Laura

32, Great Coram Street, W. C.

13. Februar 1884

Liebe Laura,

ich schäme mich richtig, daß ich nicht schon seit langem geschrieben habe, um Euch beiden für die hübsche Geburtstagskarte, die Ihr mir geschickt habt, und für die unschätzbaren Aufzeichnungen zu danken. Aber wenn ich schreiben wollte, hatte ich keine Zeit, und wenn ich Zeit hatte, war ich zu faul!

In Deinem letzten Brief fragst Du mich nach der Redaktion von *To-Day*. Die beiden Chefredakteure sind Bax und Joynes, die auch das Geld aufbringen. Bax hat das Ganze angefangen und am meisten hineingesteckt (glaube ich), aber Joynes hat genau so viel zu sagen wie er, und das ist schade, finde ich. Bax ist ein ausgezeichneter Mann. Er muß nur mit Leuten zusammen sein, die ihn bei der Stange halten. Bei Joynes bin ich mir da nicht so sicher. Nicht daß ich irgend etwas Besonderes gegen ihn sagen könnte, aber ich mag den Mann nicht richtig. Er gehört zu den Leuten, die es immer vermeiden wollen, den britischen Leser zu »schockieren«, und die am Schluß dann den Leser genauso »schockieren«, als hätten sie es geradeheraus gesagt, und obendrein unsere Freunde mißtrauisch machen. Hast Du die neue Wochenschrift *Justice* gesehen? Wenn nicht, werde ich Dir die vier Nummern schicken. Auf jeden Fall sende ich Dir heute eine Nummer, weil ein Brief von Dr. Aveling abgedruckt ist, den Du lesen mußt. Der Brief ist die Erwiderung auf einen Abschnitt im *National Reformer* (den ich auch beilege), der, wie Du sehen wirst, in Mrs. Besants höchstpersönlichem keuschem Stil geschrieben ist. Dr. Aveling hat seine Antwort an den *Reformer* geschickt, der in seiner charakteristischen Unehrlichkeit und Feigheit nur eine ganz heuchlerische Notiz veröffentlicht hat (wie Du aus der Beilage entnehmen wirst). Ich habe in letzter Zeit mehr als einmal wie Beatrice[2] gewünscht, »ich wär ein Mann«, um dem Herrn Bradlaugh die saftigen Prügel verabreichen zu können, die er verdient. Ach, übrigens, ich habe gelesen, daß Bradlaugh, als er in Paris war, Clemenceau getroffen hat. Denkst Du, Paul könnte irgendwie die Nummern von *La Justice* bekommen, in der die Briefe unserer armen Jenny erschienen sind? Ich hätte sie so gern, aber ich weiß, es ist sinnlos, Longuet darum zu bitten. Ich habe das vor Monaten getan und natürlich nichts mehr darüber hört.

Der General erzählte mir neulich, die armen kleinen Jungen hätten alle den Keuchhusten. Schreib mir doch, wie es ihnen geht, ich mache mir Sorgen um sie.

Ich bin Dir so dankbar für die Zeitungen, die Du mir geschickt hast. Es ist so mühsam, die Nachrichten für *To-Day* zusammenzustellen. Sag Paul, daß ich ihm für jede kleine Notiz, die er mir zukommen läßt, *tief* dankbar bin. Du wirst denken, ich sei wie der Mann in Mamas alter Geschichte, der gesagt hat: »Und nun geben Sie mir noch 'ne Tasse Caffe und dann [sind] Sie wirklich 'ne gute Frau.« (dt. i. O.)

Da gestern der 12. war, bin ich nach Highgate gegangen, um ein paar Blumen hinzubringen. Ich habe nicht viel nehmen können, weil ich mit dem Geld knapp war. Ich gehe diese Woche mal zu einem Gärtner wegen des Grabs. Ich habe es bis jetzt nicht richten lassen, weil wir in den Wintermonaten keine schönen Blumen hätten bekommen können. Ich möchte aber, daß es am 14. März[4] schön aussieht.

Die Jutas[5] sind immer noch da, aber ich finde einfach keine Zeit, um mich um sie zu kümmern. Für die arme Willa ist es furchtbar langweilig. Tante Emily ist sehr krank gewesen, sie hat Lungenentzündung gehabt, und es ist möglich, daß Tante Louise hinfährt, um sie zu besuchen. Von Tante Sophie habe ich nichts Neues gehört. Hast Du übrigens der armen Tina geschrieben? Du solltest das tun, denn sie ist sehr unglücklich, jetzt wo ihr kleines Mädchen in der Schule ist und ihre Mutter in diesem Heim.

Lebwohl, liebe Laura. Vielen, vielen Dank und, *bitte*, halte Paul in bezug aufs Nachrichtenschicken bei der Stange!

Deine
TUSSY

Dem General geht es wieder viel besser[6], er arbeitet jetzt in Maitland Park, wo er die Bücher durchgeht. Er hat Dir sicher geschrieben, was er macht.

Alle guten Wünsche für alle guten Freunde.

Edward Aveling.

1. Die Nummer vom 3. Februar 1884.
2. Die Gestalt aus Shakespeares *Viel Lärm um nichts*.
3. Es handelt sich um die auf S. 65 erwähnten Artikel.
4. Der Todestag von Marx.
5. Eine Schwester von Marx, Louise, war mit dem Buchhändler Johann Carel Juta in Kapstadt verheiratet. Ihr Sohn Carl war 1883 in London gestorben. Eine andere Schwester von Marx, Emily, war mit einem Ingenieur Conradi in Trier verheiratet. Seine Schwester Sophie hatte den Rechtsanwalt Schmalhausen geheiratet und hatte eine verheiratete Tochter, Lina (Caroline) Smith, die in Maastricht lebte.
6. Engels hatte an starkem Rheumatismus gelitten, der ihn während langer Wochen ans Bett fesselte.

Als zum Todestag von Marx über die Gedächtnisfeier diskutiert wird, kommt das gespannte Verhältnis zwischen den Avelings und Hyndman zum öffentlichen Austrag. Der Verein der deutschen kommunistischen Arbeiter von Tottenham Street hatte Hyndman gebeten, an Marx' Grab eine Rede zu halten, und Hyndman hatte diese Ehre mit der Begründung zurückgewiesen, ein Arbeiter müsse sprechen. Daraufhin wählte man Aveling, und Hyndman konnte sich dem nicht widersetzen, wie aus dem folgenden Brief hervorgeht.

Aber es gab auch schwerwiegendere Konflikte. Die französischen Sozialisten, die sich in Reformisten oder Possibilisten (unter der Führung von Brousse und Malon) und in Marxisten (unter der Führung von Guesde und Lafargue) gespalten hatten, suchten beiderseits internationale Unterstützung. Der VII. Nationale Kongreß der Arbeiterpartei sollte vom 29. März bis zum 7. April in Roubaix stattfinden, und die »Democratic Federation« war aufgefordert worden, ihre Abgeordneten daran teilnehmen zu lassen. Die Possibilisten hatten ihrerseits 1883 ein internationales Treffen veranstaltet, an dem eine Gruppe englischer Gewerkschafter teilgenommen hatte, die von Henry Broadhurst, Parlamentsmitglied und Sekretär der parlamentarischen Gewerkschaftsgruppe, angeführt wurde.

57. Eleanor an Laura

(London) 32, Great Coram Street, W. C.
17. März 1884

Liebe Laura,

vielen, vielen Dank für Deinen Brief, die Zeitungen und anderen Beiträge. Ich weiß wirklich nicht, was ohne die aus meiner *To-Day*-Rubrik würde.

Du hast zweifellos in *Justice* sowohl von dem »Aufruf« des deutschen Vereins hier, am 18. März in Highgate eine Gedächtnisfeier zu veranstalten, gelesen als auch, daß Hyndman sein Bestes getan hat, um das zu verhindern. Der Grund *dafür* ist natürlich nicht schwer zu erraten, aber es interessiert Euch beide vielleicht, Genaueres zu erfahren. Am Sonntag vor einer Woche kamen nämlich zwei Männer vom Vereinskomitee (an einen von ihnen, Weiler, erinnerst Du Dich wahrscheinlich) und baten Dr. Aveling, in Highgate zu sprechen, was er natürlich zu tun versprach. Hyndmans Name war wirklich nur durch ein Versehen genannt worden, doch seine öffentliche Erklärung dazu war völlig unnötig. Kurz, Dr. A. hat sich also entschlossen, die Rede zu halten, aber er wollte Hyndman dazu bringen, sich entweder für oder gegen die Kundgebung auszusprechen. Am Dienstag erschien unser Freund Bax und hinterließ bei Dr. Aveling einen Zettel für mich (ich war nämlich in Kensington), daß ich am Abend unbedingt zur »Democratic Federation« gehen solle, da Hyndman versuchen wolle, die »Federation« an der Teilnahme am Gedächtnismarsch zu hindern, und auch weil die Frage des Kongresses von Roubaix entschieden werden sollte. Ich ging also hin, und auch Dr. Aveling ging, und es war sehr gut, daß wir da waren. Weil ich nämlich anwesend war, sagte Hyndman nur, die »Federation« werde teilnehmen, und er mußte sogar erklären, daß Dr. Aveling »ihre ganze Sympathie« haben werde. Als das erledigt war, kam die Roubaix-Frage auf den Tisch. Hyndman – der, wie Bax mir nachher sagte, vorgehabt hatte, das vorgeschlagene Treffen als ein »Familienmanöver« von uns anzuprangern – traute sich nicht, viel zu sagen, obwohl er gegen die Teilnahme oder Solidarität der »Federation« in bezug auf den Kongreß sprach. Die meisten Anwesenden waren aber gegen ihn, und ich habe ihm den coup de grâce (frz. i. O., Gnadenstoß) versetzt, indem ich, so gut ich konnte, die Position der Roubaix-Leute gegenüber den Broussisten erklärte, und als ich sagte, es handle sich um einen notwendigen Protest gegen den Broadhurst-Kongreß, hatte ich das ganze Komitee auf meiner Seite. Aveling hat auch gesprochen und deutlich gesagt, daß Hyndmans Ablehnung der »Arbeiterpartei« als einer kleinen Gruppe im Grunde ja genauso oder noch mehr für die »Federation« gelten könnte und daß wir hier die Prinzipien, um die es gehe, betrachten müßten und nicht die Personen. Das war ein Seitenhieb auf Hyndman, der seine Einwände damit begründet hatte, Lafargue lasse sich von »persönlichen« Fragen hinreißen. Morris – der wirklich ein feiner alter Kerl ist – hat auch für uns gesprochen, und da die Arbeiter im Komitee auf unserer Seite waren, wurde *einstimmig* beschlossen, daß die »Federation«

vertreten sein *sollte*. Darauf stellte sich die Frage durch *wen*. Hyndman hat sein Bestes getan, um Bax – immer mit der alten Begründung, er sei kein »Arbeiter« – aus der Sache herauszuhalten! Schließlich wurde nach langer Diskussion beschlossen, *zwei* Delegierte zu schicken, einen Arbeiter, Quelch und Bax. Du siehst, es hat etwas genützt, daß wir hingegangen sind. Bax sagt, es wäre sonst völlig unmöglich gewesen, diesen Beschluß (die Delegierten zu schicken) durchzubringen.

Über Quelch schreibe ich Dir demnächst ausführlich. Der Mann ist gar nicht schlecht. Und Bax ist in jeder Beziehung ausgezeichnet, und ich bin *sehr* froh, daß er hingehen soll. Gestern hat Hyndman mir gegenüber von der Anzin-Guesde-Lefèvre-Affaire angefangen und wollte Näheres wissen [2]. Ich konnte ihm natürlich nichts sagen. Sag Paul, er würde gut daran tun, mich ab und zu wissen zu lassen, was vorgeht. Es kann hier nützlich sein. Es sind *bewundernswerte* Elemente in der »Federation«, aber es gibt auch endlose Schwierigkeiten, und Hyndman wird nicht die geringste sein, wie ich voraussehe.

Und jetzt über gestern. Ich hatte nie gedacht – und niemand von uns dachte auch nur einen Augenblick –, daß es mehr als eine ganz kleine Versammlung würde, und wenn ich Dir jetzt sage, daß 5000 bis 6000 Personen kamen, kannst Du Dir vorstellen, daß es wirklich eine großartige Sache war. Der Zug formierte sich mit Spruchband und Fahnen in Tottenham Street, und wir marschierten – ich bin nämlich mitgegangen – die Tottenham Court Road, dann die Hampstead Road usw. usw. entlang bis nach Highgate. Die Friedhofsverwaltung hatte die Pforten geschlossen und dahinter waren 500 Polizisten und sechs Mann berittene Polizei aufgestellt! Da sie uns den Zutritt verweigerten und wir fragten, ob ich und ein paar Frauen mit Kränzen allein hineingehen dürften, haben wir am Ende der Straße dicht bei dem Reservoir halt gemacht. Es war wirklich ein großartiger Anblick. Von . . .
(Der Rest des Briefes fehlt.)

1. Gedächtnisfeier für die Kommune und gleichzeitig für Marx' ersten Todestag.
2. Am 12. März 1884 wurde eine Solidaritätsversammlung für die streiken-

den Bergleute von Anzin veranstaltet. Die Vorsitzenden waren zwei Bergarbeiter, Lefèvre und Lacroix, und Lafargue, Guesde, Jule Vallès u. a. waren anwesend.

58. Eleanor an Laura

32, Great Coram Street
19. März 1884

Liebe Laura, ich bin mitten in einem Kampf mit dem österreichischen Anarchisten (Polizeispion?) Peukert[1], und ich finde allmählich immer mehr, daß es dans le parti (frz. i. O., innerhalb der Partei) nicht gerade ein Kinderspiel ist.

Ich habe heute morgen die eingeschriebene Sendung und Pauls Vorträge[2] bekommen. Vielen Dank. Übrigens, hätte Paul etwas dagegen, wenn ich seine »Vorträge« übersetzen würde, falls ich es mit Champion & Foulger (den Verlegern von To-Day) arrangieren kann? Ich finde, sie könnten hier sehr nützlich sein. Meinst Du nicht auch? Das Dumme ist nur, daß ich bei den hunderttausend Sachen, die ich machen muß, so wenig Zeit habe. Alle, die mir wegen To-Day schreiben, erwarten, daß ich ihnen wiederschreibe, und ich habe wirklich die Nase voll vom Briefeschreiben.

Ach übrigens, ich habe vergessen, Dir zu erzählen, wie wir es geschafft haben, daß unser »Baxie« für den Kongreß gewählt wurde. Einer der Mitglieder des Exekutivrats der »Federation« ist der alte Murray, an den Du und Lafargue Euch sicher noch aus den alten Internationale-Zeiten erinnern könnt. Dieser Murray nun ist Aveling blind ergeben und folgt ihm wie ein Kind. Da Aveling nicht im Rat ist, konnte er Bax nicht selbst vorschlagen. Deshalb hat er Murray dazu bewogen, es zu tun. Zuerst tat Hyndman, als hörte er nicht, und redete weiter über Quelch, aber Aveling drängte Murray wieder, und als ich »seinen Blick auffing« – Avelings Blick, meine ich – und sah, was er im Sinn hatte, »bearbeitete« ich Scheu, der daraufhin Murrays Vorschlag unterstützte, und so mußte über Bax abgestimmt werden. Ich erzähle Dir das in allen kleinen Einzelheiten, weil Paul wissen soll, mit wem er es zu tun hat. Halte mich in bezug auf alle notwendigen Nachrichten auf dem laufenden! Wenn

Du wüßtest, was für bewunderswerte Elemente in der »Federation«
sind und was für einen wirklich ungeheuren Aufschwung die Bewegung genommen hat, würdest Du verstehen, wie wichtig es ist, daß
die Engländer mit der richtigen Seite in Verbindung bleiben. Vieles
hängt jetzt davon ab. Bax möchte unbedingt, daß Aveling und ich in
den nächsten Exekutivrat gewählt werden. Ich habe aber in dieser
Beziehung keinen Ehrgeiz und möchte mich da heraushalten, vor
allem auch, weil keine Aussicht besteht, daß wir *beide* gewählt
würden.

Ich muß jetzt zum General, um mich mit ihm wegen dieser Peukert-
Sache zu besprechen, und ich bin wirklich todmüde!

Deine

TUSSY

1. Peukert war nach den Anarchistenverfolgungen aus Wien geflüchtet.
2. Lafargue hatte im Februar und März 1884 drei Vorträge gehalten: der
erste war über »Idealismus und Materialismus in der Geschichte«, die beiden andern über »Karl Marx' historischen Materialismus«.

In einem Brief vom 18. Juni 1884 [1] teilt Tussy Laura ihren Beschluß mit, von nun an außerehelich mit Aveling zusammenzuleben. Sie bittet die Schwester, diese Neuigkeit den beiden Schwägern, Lafargue und Longuet, beizubringen. Die Entscheidung kann ihr nicht leicht gefallen sein, sowohl ihre Erziehung als auch die Moral ihrer Zeit standen im Widerspruch dazu.

Engels war offensichtlich auf dem laufenden und akzeptierte mit seiner gewohnten Großzügigkeit und Unvoreingenommenheit die Verbindung. Tussy spricht auch völlig offen mit einigen näheren Freunden darüber und überläßt ihnen die Entscheidung, ob sie den Verkehr mit ihr fortsetzen wollen oder nicht.

Vor seiner Abreise nach Derbyshire nimmt Aveling am 4. August an der Jahresversammlung der »Democratic Federation« teil, die sich zu Beginn des Jahres 1884 ein entschiedener sozialistisches Programm gegeben hat. Bei dieser Versammlung, an der Tussy nicht teilnimmt, werden die Avelings zu Mitgliedern des Exekutivrats der »Democratic Federation« gewählt, die fortan »Social Democratic Federation« heißt.

1. Dieser Brief befindet sich im Institut für Marxismus-Leninismus in Moskau.

59. Eleanor an Laura

32, Great Coram Str. W. C.
21. Juli 1884

Liebe Laura,
ich hatte so viel mit allem möglichen zu tun, daß ich trotz bester Absichten einfach keine Zeit zum Schreiben finden konnte. Und doch wollte ich Dir so *sehr* danken, sowohl für Deinen Brief an mich als auch für das, was Du vermutlich dem General geschrieben hast. Ich bin ihm äußerst dankbar für seine Großzügigkeit, aber ich weiß auch, daß ich das Dir verdanke, obwohl er mir nichts davon gesagt hat. Er hat uns doch tatsächlich 50 PF geschenkt! Ist das nicht viel zuviel? Ich bin ganz beschämt darüber, aber ich brauche Dir nicht zu sagen, daß uns das Geld *sehr* willkommen war.

Der Vertrag für unsere Wohnung in der Great Russell Street ist ordnungsgemäß unterschrieben, und am Freitag habe ich alle meine Sachen – außer meinem Bett – hinbringen lassen. Zum Glück kann ich meine Möbel jetzt schon dort einstellen und so die Miete sparen, während wir weg sind, obwohl wir unsere neue Wohnung erst von September ab gemietet haben.

Wir reisen am Donnerstag um 5 Uhr morgens von London ab! Und ich wirklich froh, wegzukommen.

Der Grund, warum wir bis Donnerstag hier bleiben ist, daß Edward unbedingt an einer Versammlung einer neuen Abteilung der »Democratic Federation« teilnehmen will, die am Mittwochabend stattfindet. Es ist innerhalb dieser Organisation in letzter Zeit zu endlosen niedrigen Intrigen gekommen. Ich brauche Dir keine Details zu geben, Du kennst ja die Broussisten und kannst Dir aus eigener reicher Erfahrung alles vorstellen. Außer ein paar sehr häßlichen persönlichen Affären, die seit Scheus Abreise nach Schottland vorgekommen sind, ist es jetzt auch Hyndman gelungen, den armen alten Bax aus der *To-Day*-Redaktion hinauswerfen zu lassen, denn Champion, der Bax' Nachfolger geworden ist, ist nur ein Werkzeug Hyndmans, obwohl er ein begabter und, ich glaube, auch ehrlicher junger Kerl ist. Bax hat *To-Day* gegründet, hat eine Menge Geld hineingesteckt, und jetzt haben sie ihn einfach auf die Straße gesetzt! Ich werde unter diesen Umständen natürlich nichts mehr für *To-Day* schreiben, und ich hoffe, daß auch Paul es nicht mehr tun wird. Wenn das vielbesprochene Internationale-Treffen je stattfindet, wird es interessant werden zu sehen, wie Hyndman es schafft. Bis jetzt geht hier alles ziemlich nach seinem Kopf, aber er spielt seine Karten sehr schlecht aus, er verärgert jeden, und sein kleines Spielchen wird wohl bald aus sein. Je bälder, desto besser für die Bewegung. Wir haben in diesem Augenblick so viel Aussichten auf Erfolg, wenn wir nur bessere Führer als Hyndman und seine Anhänger hätten!

Anfang August soll eine Versammlung der »Federation« stattfinden, und da ein neuer Rat gewählt wird, dürfte es ziemlich interessant werden. Ich bin nicht in London, aber Edward will herfahren und sehen, was vorgeht.

Ich weiß nicht mehr, ob ich Dir erzählt habe, daß die Jutas aus

Deutschland zurück sind und jetzt in Brighton Ferien machen. Sie wollen sich, scheint es, endgültig hier niederlassen. Ich schreibe ihnen noch und werde ihnen von meinen Plänen erzählen. Falls Du, wie Du so lieb vorgeschlagen hast, mir ein paar Kusinen und Tanten abnehmen willst, bin ich wirklich äußerst dankbar. Ich habe Berge von Briefen zu schreiben und bin selig um jede Gelegenheit, ein paar loszuwerden. Es ist *wirklich* lieb von Dir, an meiner Stelle zu schreiben.

Der General sagt mir, es sei möglich, daß Du herkommst. Ich hoffe so, daß das wahr ist. Edward läßt Dich grüßen und dankt für alle Eure freundlichen Worte, die ich ausgerichtet habe.

Deine Dich liebende
Tussy

P. S. Unsere Adresse ist: Nelson Arms, Middleton bei Wirnsworth, Derbyshire. Vergiß nicht, »bei Wirkworth«, sonst kommen die Briefe nicht an.

Laura ist im Oktober 1884 nach London gekommen und Mitte November wieder nach Paris zurückgekehrt.

Während der letzten Monate des Jahres hat sich die Situation in der »Social Democratic Federation« ständig verschlimmert. In dem folgenden wichtigen Brief teilt Tussy Laura die letzten Ereignisse mit. Die Gründe, die zur Spaltung führen, werden hier klar analysiert: der tyrannische Autoritarismus Hyndmans, seine persönlichen Antipathien, seine Auslandsfeindlichkeit, sein Chauvinismus, sein Hang zu Intrigen und Kompromissen. Hyndman hat nämlich tatsächlich im Einvernehmen mit den französischen Possibilisten gegen die internationalistischen Marxisten intrigiert, obwohl er gleichzeitig (und darin liegt die erstaunliche Ambiguität dieser Gestalt) der fähigste Propagandist der Marxschen ökonomischen Theorien blieb, in die er selbst noch William Morris eingeführt hat. Dieser letztere, einer der großen Schriftsteller und Künstler Englands, setzt sich nun an die Spitze der Opposition gegen Hyndman. Bei der stürmischen Versammlung am 27. Dezember kommt es zum Bruch. Hyndman wird überstimmt, und die Mehrheit des Exekutivrats tritt zurück, um eine neue Organisation, die »Socialist League«, zu gründen, die Morris anführt, der eine neue Zeitschrift, das Commonweal, *herausgibt, an der Tussy die internationale Rubrik anvertraut wird. Interessant ist, wie dieser Brief die zugleich aktive und verborgene Rolle aufdeckt, die Engels in der Vorbereitung der Spaltung spielte, und die wachsame Kontrolle, die er auf die ersten Schritte der neuen Organisation ausübte.*

Der folgende Brief wurde zum erstenmal im Originaltext im Anhang des Buchs von Paul Meier, La Pensée utopique de William Morris, *Editions Sociales, 1972, veröffentlicht.*

60. Eleanor an Laura

London, den 31. Dezember 1884

Liebe Laura, ich fühle mich sehr schuldig, aber ich bin sicher, Du würdest mir mein langes Schweigen verzeihen, wenn Du wüßtest, wie wenig Zeit zum Briefeschreiben ich hatte. Aber Du weißt es ja, denn Du warst ja auch ganz schön »gehetzt«. Du hast vermutlich

193

von Engels gehört – er und Nym werden uns wohl ewig damit aufziehen, fürchte ich –, wie Edward und ich *draußen* vor dem Charing Cross-Bahnhof warteten, während Ihr *im* Bahnhof wart. Es hat mir so leid getan, Dir nicht auf Wiedersehen gesagt zu haben! Wir haben gehofft, es würde sich »etwas ergeben«, damit wir wenigstens ein paar Tage nach Paris fahren könnten, aber es hat sich nichts ergeben, und obwohl der Geist willig ist, ist der Geldbeutel, wie Du ja gut weißt, sehr schwach. Trotzdem haben wir die Hoffnung noch nicht aufgegeben. Edward ist in dieser Beziehung ein richtiger Micawber[1] und wartet ständig voll Vertrauen auf dieses »Etwas«, das uns auf die Beine helfen soll.

Ich weiß, Du willst hören, wie die Sache bei der »Federation« gelaufen ist. In alle Einzelheiten brauche ich ja nicht zu gehen. Du und Paul habt Euren Brousse gehabt, und wir haben hier einfach die gleiche Erfahrung gemacht, die Ihr mit den Possibilisten gemacht habt und noch weiter machen werdet. Außer daß Hyndman jeden, gegen den er persönlich etwas hatte, weil er nicht sein »Anhänger« war, aufs Schändlichste verleumdete, hat er die Sache so auf die Spitze getrieben, daß es unmöglich wurde, weiter mit ihm zu arbeiten. Die persönliche Frage – und es wird unvermeidlich in allen solchen Bewegungen persönliche Fragen geben – ist im Grunde genommen ganz sekundär, wenn man die Hauptfrage denkt (Ed. A.), ob wir nämlich allmählich auf eine nur noch Tory-demokratische Partei heruntersinken oder auf der Linie der deutschen Sozialisten und der französischen Arbeiterpartei weiterarbeiten werden. Als Morris in bezug auf Scheu (den Hyndman wirklich schändlich angeschwärzt hatte) die Vertrauensfrage und in bezug auf Hyndman den Mißtrauensantrag stellte, hatten wir die Mehrheit, obwohl – auf höchst unübliche Weise – der Präsident mit abstimmte und Hyndman seine ganze »Partei« zusammengetrommelt hatte.

Nachdem wir uns soweit durchgesetzt hatten, sind wir dann geschlossen aus dem Rat der »Federation« ausgetreten. Unsere Mehrheit war zu klein, als daß es uns möglich gewesen wäre, wirklich mit der Chauvinistenfraktion fertigzuwerden, und deshalb haben wir nach pflichtschuldiger Beratung mit Engels beschlossen, auszutreten und eine neue Organisation zu gründen. Sie soll »Socialist League« heißen. Bax möchte unbedingt, daß wir eine Wochenzeitung herausgeben. Aber Engels ist absolut dagegen, und daher werden wir uns vermutlich für den Augenblick mit einer Monatszeitschrift begnügen müssen. Der General hat versprochen, daß er uns jetzt, wo wir die unsauberen Elemente in der »Federation« losgeworden sind, helfen will. Viele andere, die bis jetzt beiseite gestanden haben, werden auch zu uns stoßen; wir haben natürlich (durch Engels) die Deutschen auf unserer Seite, und wir zählen auch auf le Parti Ouvrier (frz. i. O.). Wir setzen jetzt eine kurze Erklärung auf und schicken sie sofort an die verschiedenen sozialistischen Parteien, um unsere Sezession zu begründen und sie um ihre Unterstützung zu bitten. Hyndman kann jetzt zweifellos das tun, was er die ganze Zeit tun wollte und woran wir ihn gehindert haben, sich nämlich mit Brousse verbünden: Gleich und und gleich gesellt sich eben gern. Paul hat vermutlich in der *Justice* [2] von letzter Woche den Angriff auf sich und Guesde gesehen, den dieser Erzschelm von Adolphe Smith verfaßt hat. Will er etwas darauf erwidern? Falls er es für der Mühe wert hält, sollte er es in unserer Zeitung tun. Übrigens sollte er (aber vielleicht hat ihm Engels deswegen schon geschrieben, wenn ja, entschuldige die Wiederholung) an Champion & Frost schreiben, damit sie seinen Namen von der Mitarbeiterliste von *To-Day* streichen. Abgesehen von allen allgemeinen Fragen kann er nicht mehr für zwei Männer schreiben, die in voller Absicht Dich oder mich der Brieffälschung bezichtigt haben.

Ich bin übrigens Hyndman und seinen Kreaturen deswegen »aufs Dach gestiegen«. Nachdem er, ohne es direkt zu behaupten, anzudeuten versucht hat, daß der Brief gefälscht sei, sah er sich gezwungen, seine Erklärung zurückzuziehen. Ich habe Deinen Brief dazu vorgelesen und Mr. H. dann gesagt, was ich von ihm halte. Ach du meine Güte! Ist das alles nicht langweilig und dumm? Aber ich glaube, man muß auch da durch. Ich tröste mich mit der Erinnerung an den langen Schweitzer-Lassalle-Liebknecht-Streit in Deutschland und an die Brousse-Lafargue-Spaltung in Frankreich. Ich vermute, daß so etwas in den Anfängen jeder Bewegung unvermeidlich ist. Aber jetzt genug davon. Ich bin sicher, daß Du, der Du die Broussisten kennst, von dieser elenden Streiterei bald nichts mehr hören kannst und zudem alles verstehst, ohne daß Du noch *weitere* Einzelheiten zu erfahren brauchst. Ach übrigens: Könnte Vallès dazu gebracht werden, mir den Cri[3] wieder zu schicken? Ich bekomme hier *nur* die Bataille[4] zu Gesicht und bin mir daher überhaupt nicht im klaren, was wirklich vorgeht. Du wirst uns auch all Eure anderen Zeitungen schicken müssen, die *Défense des Travailleurs*[5] usw. Du mußt sie in unser »Büro« schicken, 27, Farringdon Street, E. C.

Ich habe über Engels von Longuet und den Kleinen gehört. Wenn Du mir schreibst, sei doch so lieb und erzähl mir ja von ihnen! Die armen kleinen Würmer! Ich sehne mich so nach ihnen. Selbstverständlich habe ich von Longuet keine Zeile mehr erhalten! Andere Neuigkeiten gibt es kaum. Es geht uns so ziemlich wie damals bei Deinem Besuch. Edward und ich träumen von einem Besuch bei Euch, aber ich muß gestehen, wir wissen nicht, wie wir unseren Traum verwirklichen könnten.

Vorläufig also auf Wiedersehen, Liebe und ein glückliches Neues Jahr für Euch beide. Schreib!

Deine
TUSSY

1. Figur aus *David Copperfield* von Dickens, deren Großsprecherei und unzerstörbarer Optimismus sprichwörtlich geworden sind.
2. *Justice* hatte am 27. Dezember 1884 einen »Frankreich und der Internationale Kongreß« überschriebenen Brief von Adolphe Smith veröffentlicht, in dem er die »Social Democratic Federation« dazu aufforderte, die französischen Possibilisten als die maßgebende französische Sozialistenorganisation anzuerkennen und mit der »Arbeiterpartei«, die eine marxistische Linie verfolgte, zu brechen.
3. *Le Cri du Peuple*, von Jules Vallès gegründete Tageszeitung.
4. *La Bataille politique et sociale*, von Lissagaray gegründete Tageszeitung.
5. Am Sonntag erscheinende guesdistische Wochenzeitung, Organ der sozialistischen Arbeitervereine des französischen Nordostens.

61. Eleanor an Laura (Auszüge)

55, Great Russell Street, W. C.
12. April 1885

Liebe Laura,
vielen, vielen Dank für Deinen (höchst willkommenen) Brief und Pauls Artikel. Er ist wirklich ein Schatz, daß er uns allen so hilft. Ich bin ihm im Augenblick doppelt dankbar, denn Hilfe bedeutet die Erholung für Edward, die Donkin für »absolut notwendig« erklärt. (Ärzte sind ja so für das »Absolute«!) Ich bin gegenwärtig allein, Edward ist für ein paar Tage nach Ventnor gefahren. Er brauchte das wirklich dringend. Wir konnten es uns einfach nicht leisten, zusammen wegzufahren: es war schon viel, daß ich es geschafft habe, ihn zum Fahren zu bewegen. Er ist wirklich *sehr* krank gewesen. Nierensteine mit einer leichten Entzündung (die aber schlimmer zu werden drohte). Paul weiß vermutlich am besten, wie ernst so etwas sein kann. Du weißt, Donkin macht nie übertriebene Geschichten, aber er hat mir offen gesagt, daß die Sache, wenn sie vernachlässigt würde, unversehens sehr ernst werden könnte. Ich brauche Dir nicht zu schildern, wie schwierig es für uns ist, »immer zu ruhen, sich nicht zu bewegen und nichts zu tun!«. Abgesehen von der notwendigen Arbeit für den Lebensunterhalt – tant bien que mal (frz. i. O.)[1] – ist da die *ständige* Sorge um die »Socialist League«. Von Kindheit an wissen wir ja, was das heißt, sein Leben dem »Proletarier« zu widmen. Es ist überflüssig, Dir das zu erklären. Ich sage nur so viel, damit Du verstehst, wie dankbar ich für Pauls Hilfe bin.

....

Ich danke Paul sehr für die Artikel und so weiter, aber ich habe wirklich auf Euch beide geflucht – auf ihn, weil er Dir gesagt hat, Du solltest nichts über die Kinder schreiben, und auf Dich, weil Du so verrückt warst, es tatsächlich nicht zu tun. Kannst Du denn nicht verstehen, daß ich mich inständig nach Nachrichten über diese Kinder sehne? Denk doch daran, wie oft ich den lieben kleinen Johnny und Wolf bei mir hatte, und Du wirst es verstehen.
Ich habe den 2. April nicht vergessen. Ich habe Edward gesagt, daß es Euer 17. Hochzeitstag sei, und obwohl wir auf Eure Gesundheit

197

getrunken haben (leider mit nichts Besserem als unserem häuslichen Faßbier) und er sagte, das Datum werde schon stimmen, hat er heftig meiner Behauptung wegen der 17 Jahre widersprochen. Er wollte sich nicht einmal auf eine Diskussion darüber einlassen, sondern hat mir einfach mit dem Rat,»nicht herumzuspinnen«, die Rede abgeschnitten!!! Er erklärte, keine Frau könnte nach 17 Jahren Ehe so aussehen wie Du! – Liebe, ich habe dieser Tage so oft daran gedacht, daß Dein lieber Kleiner jetzt 16 wäre. Ich betrachte die süße goldblonde Locke, die mir so teuer ist, und erinnere mich. Neuigkeiten habe ich keine. Schorlemmer ist da, und er, Helen und ich haben gestern in der Stadt zusammen gegessen, aber das ist auch so ziemlich alles, was ich Dir von ihnen erzählen kann. Sie sind eben wie immer. Nym schaden die gelegentlichen Wortgefechte mit Pumps nichts, sie sieht sehr gut aus.

Am 23. haben wir eine öffentliche Protestversammlung gegen den Sudan-Krieg[2], aber diese Geschichte mit Rußland[3] kompliziert die Sache ziemlich. Unsere Versammlung zur Feier des 18. März[4] war ein großer Erfolg. Weißt Du oder weiß Paul etwas über eine Mlle. Le Comte, die jetzt im Marseiller Gefängnis sitzt, weil sie eine andere Frau verletzt hat, von der sie behauptet, sie sei eine Spionin? Sie ist Anarchistin und hat mir eben geschrieben. Wenn Paul mir irgendeine Information geben kann, bin ich ihm sehr dankbar. Die Anarchisten hier werden unsere Hauptschwierigkeit sein[5]. Wir haben viele in unserem Rat, und nach und nach werden sie es ganz schön bunt treiben. Weder Morris noch Bax noch sonst jemand von unseren Leuten weiß wirklich, mit wem er es bei diesen Anarchisten zu tun hat. Bis sie das endlich einmal entdecken, ist es aufreibend, sich ihnen zu widersetzen, um so mehr, weil zweifellos unsere besten Leute unter diesen Engländern sind, die sich so von den ausländischen Anarchisten (von denen ich die Hälfte im *Verdacht* habe, Polizeispione zu sein) einnehmen lassen.

Ich bin jetzt mitten im »Weißeln und Putzen« während Edwards Abwesenheit und stecke bis über die Ohren in Arbeiten aller möglichen (bloß, leider!, nicht besonders einträglichen) Art. Ich wünschte, man würde nicht in Häusern leben und kochen, waschen, backen und saubermachen! Ich fürchte, ich werde mich nie, trotz aller Anstrengungen, zu einer ordentlichen *Hausfrau* entwikkeln. Ich neige schrecklich zur Bohème.

198

Liebe, *schreib*! Ich weiß, ich bin eine furchtbar schlechte Korrespondentin, aber Du solltest mir ein besseres Beispiel geben!

Herzliche Grüße an Euch beide

Deine Dich liebende
TUSSY

1. die so einigermaßen läuft

2. Es handelt sich um die systematische Eroberung des Sudans durch die englische Armee nach dem Fall von Khartum und dem Tod General Gordons im Januar 1885.

3. Im März und April 1885 kam es zwischen England und Rußland zu einem Konflikt wegen der Nordwestgrenze Afghanistans.

4. Siehe Anm. 1, Brief 57, S. 185

5. Ein prophetisches Wort: Die Anarchisten sollten mit der Zeit die Führung der »Socialist League« an sich reißen, so daß selbst Morris sich schließlich von ihr zurückzog.

Zwischen dem vorhergehenden Brief und dem folgenden liegt ein ganzes Jahr, dessen wichtigste Ereignisse hier kurz genannt werden sollen.

In England wird Commonweal eine Wochenzeitung und gerät immer mehr unter den Einfluß der Anarchisten. Aveling scheidet aus der Redaktion aus, obwohl er und Tussy gelegentlich noch Beiträge liefern. Vor Weihnachten fahren die beiden nach Kingstonon-Thames, wo Aveling die englische Übersetzung des ersten Buchs vom Kapital fertigmacht, während Tussy ihre Übersetzung der Histoire de la Commune redigiert und mit der Übersetzung von Madame Bovary beginnt.

Am 8. Februar 1886 kommt es in London zu dem Aufruhr, der unter dem Namen »Black Monday« (Schwarzer Montag) in die Geschichte eingegangen ist. Eine Versammlung von Arbeitslosen, zu denen auch die S. D. F. stößt, wird am Trafalgar Square abgehalten, und die Teilnehmer marschieren dann zum Hyde Park. Während dieser Demonstration kommt es zu ernsten Zwischenfällen, und die Tatsache, daß fast überhaupt kein Polizeiaufgebot zur Stelle war, um die Vorfälle (Schlägereien, Beschädigungen und Plünderungen von Geschäften) zu verhindern, läßt den Verdacht aufkommen, daß der Regierung diese Geschichte höchst gelegen kam.

In Frankreich wird am 30. März 1885 das Ministerium von Jules Ferry gestürzt. Für den Oktober sind Parlamentswahlen vorgesehen. Im Mai dieses Jahres wird Lafargue verhaftet und zwei Monate lang im Gefängnis Sainte-Pélagie einbehalten, weil er eine Buße, zu der das Gericht von Moulins ihn verurteilt hatte, nicht bezahlt hat. Er benutzt diese unfreiwillige Ruhepause, um eine flammende Schrift gegen Victor Hugo, der am 22. Mai gestorben ist, zu verfassen: La Légende de Victor Hugo. Am 24. Mai schießt die Polizei auf demonstrierende Arbeiter, die mit roten Fahnen vor der Mur des Fédérés vorbeiziehen. Es gibt vier Tote und zahlreiche Verletzte.

Die französische Arbeiterpartei gibt eine neue Wochenschrift heraus, Le Socialiste, deren erste Nummer am 29. August 1885 erscheint. Lafargue ist Mitglied des Redaktionsausschusses. Er

nimmt am Wahlkampf im Allier teil. Beim zweiten Wahldurch-
gang am 18. Oktober erzielen die Republikaner mit 243 Sitzen
gegenüber den 25 Sitzen der Konservativen die Mehrheit, meh-
rere Repräsentanten der Arbeiter werden gewählt.

Engels veröffentlicht den zweiten Band vom Kapital, *und Lauras*
französische Übersetzung des Manifests *erscheint in Fortsetzun-*
gen in Le Socialiste *(vom 29. August bis zum 7. November 1885).*

Nach einem mißglückten Anschlag auf sein Leben erklärt Bismarck im Reichstag, sein Mörder sei ein Anhänger von Marx gewesen. Tussy erwidert auf diese Beschuldigung mit einem Artikel, der in der Nummer vom 1. Mai des Commonweal *erscheint, und mit einem offenen Brief, in dem sie die gleichen Argumente wiederholt und der im deutschen* Sozialdemokrat *und in der französischen Zeitschrift* Le Socialiste *gedruckt wird. Eine Kopie dieses Briefes sollte mit der Unterschrift beider Schwestern direkt an Bismarck geschickt werden. In der sicheren Annahme, daß Laura einverstanden sei, hatte Tussy auch für sie unterschrieben. Laura war aber der Meinung, die beste Antwort auf diese Bismarck-Affäre wäre ein verächtliches Schweigen gewesen.*

62. Eleanor an Laura (Auszüge)

2, Parade Villas, Kingston
23. April 1886

Liebe Laura,

als erstes muß ich Dich dafür um Verzeihung bitten, daß ich vorletzte Woche ohne Erlaubnis mit Deinem Namen unterschrieben habe. Der General wird Dir wohl erzählt haben, daß ich Dir eine zweite Abschrift des Briefes an Bismarck schicken wollte, damit Du ihn unterschreiben und weitersenden solltest. Also: der General drängte darauf, daß der Brief sofort abgehen sollte, doch an dem Montag (am Tag, nachdem der Brief geschrieben war) war Onkels [1] Beerdigung. Ich war von zehn Uhr morgens bis nach acht abends weg und habe deswegen keine Zeit mehr gehabt, ihn abzuschreiben. Ich wollte daher, dadurch daß ich den Brief erst nach Paris schickte, nicht alles noch mehr verzögern und habe ihn deshalb abgeschrieben, mit beiden unseren Namen unterschrieben und ihn direkt mit einer kurzen Erklärung an Bismarck gesandt. Die Erklärung (nur die Mitteilung, daß eine Abschrift des vorliegenden Briefes veröffentlicht werde) habe ich ebenfalls sowohl für Dich als auch für mich unterzeichnet. Ich wußte, Du hättest nichts gegen die Unterschrift, und ich fand, es war das Beste, nicht noch einen oder mehr Tage wegen der reinen Formalität, daß Du ihn gegenzeichnen solltest, zu verlieren. Ich hoffe, es macht Dir nichts aus.

203

Vermutlich hast Du gesehen, daß das *Commonweal* jetzt wöchentlich erscheinen soll. Sie werden bald ein schreckliches Kuddelmuddel daraus gemacht haben! Der General und ich haben durch viel Zureden Edward dazu bringen können, seinen Posten als Vizeredakteur aufzugeben. Das war aus mehr als einem Grund notwendig, finde ich. Erstens hatte er wirklich keine Zeit dazu, und zweitens – und das ist entscheidend – ist niemand Verläßliches da, mit dem man arbeiten könnte. Paul hat fünf oder sechs Leute, auf die er sich verlassen kann, wir haben *niemanden*. Bax ist zwar in vieler Hinsicht vernünftig, aber in anderer wieder völlig verrückt, und beide, er und Morris, stehen im Augenblick mehr oder weniger unter dem Einfluß der Anarchisten. Wir wären deshalb für eine Zeitung mitverantwortlich gewesen, die dauernd Sachen machen würde, die wir verurteilen müssen, ohne die Macht zu haben, sie am Erscheinen zu hindern. Diese Position war unmöglich. In diesem Zusammenhang fällt mir ein: Ich hätte so gern, daß Paul einen kurzen Artikel über Decazeville [2] schreiben würde, und ich wäre froh, wenn er darin der Arbeit auf den Grund ginge, die dort, verglichen mit dem Strohfeuer von Lüttich, wirklich geleistet worden ist. Die Anarchisten verherrlichen natürlich das letztere auf Kosten der ersteren: wenn *ich* etwas dazu schreibe, gibt es einen Krach, und der Artikel würde aller Wahrscheinlichkeit nach gar nicht gedruckt, aber Bax (der gegenwärtig Vizeredakteur ist) würde sicher etwas von Paul nehmen. Ich bitte Paul darum (obwohl ich weiß, wieviel er schon zu tun hat), weil es ein paar wirklich gute Leute unter uns gibt, Arbeiter, die die wirklichen Tatsachen nicht kennen, und ihretwegen wäre es der Mühe wert, die Sache richtig darzustellen.
Edward und ich sind, wie Du unserer Anschrift entnehmen kannst, für ein paar Tage an den Fluß gefahren. Wir können hier wirklich besser arbeiten als in London und dazu noch ein bißchen frische Luft schnappen. Ich habe (der Himmel sei gelobt!) meine Übersetzung von *Madame Bovary* fertig. Es war ein Brocken Arbeit, kann ich Dir sagen! Es wird wohl demnächst erscheinen, und ich arbeite jetzt an einem »Vorwort« dazu. Ach übrigens, da fällt mir ein, daß ich Paul wegen ein paar juristischer Ausdrücke zu Rate ziehen muß (ich möchte genau wissen, was sie bedeuten, und dann wird mir Moore die entsprechenden englischen Ausdrücke sagen können),

und dann sind da noch zwei oder drei umgangssprachliche Wörter, über deren Bedeutung ich mir nicht sicher bin. Ich werde sie Euch schreiben, wenn ich wieder in London bin. Ich möchte auch wissen, ob Du mir Deine Chamisso-Übersetzung[4] schicken willst. Ich möchte versuchen, einen Verleger für Dich zu finden. Ich nehme an, Du hast nichts dagegen, wenn ich Dich ein paar Shilling damit verdienen lassen kann.

Wir wollen jetzt unseren Nachmittagsspaziergang machen, wenn wir hier unten sind, erlauben wir uns diesen Luxus – daher Lebwohl. Es ist Karfreitag, und ich würde Dir so gern einen Wecken schicken!

Herzliche Grüße von uns beiden an Euch beide
Deine Dich liebende
TUSSY

Wir fahren am Sonntag nach London zurück.

1. Carl Juta, der Schwager von Marx.

2. Am 26. Januar begann in Decazeville, in der Grube von l'Aveyron, ein Proteststreik gegen die Lohnsenkung. Dieser spontane und gewalttätige Streik (der Vertreter der Direktion, Ingenieur Watrin, wurde getötet) wurde von den Anarchisten gefeiert. Am 4. April wurden zwei Berichterstatter, der eine vom *Cri du Peuple*, der andere vom *Intransigeant*, in Decazeville verhaftet, der Beihilfe zum Streik angeklagt und am 17. April zu fünfzehn Monaten Gefängnis verurteilt.

3. Nach einer Versammlung in Lüttich am 18. März 1886, die damit endete, daß Geschäfte und Cafés geplündert wurden, trat das ganze Kohlenrevier von Charleroi in Streik. Doch dieser gewaltsame Aufruhr, der in Decazeville durch ein anonymes Manifest verherrlicht wurde, legte sich sehr schnell wieder.

4. Laura hatte Chamissos Gedicht *Salas und Gomez* ins Englische übersetzt.

1886 lädt die »Socialist Labor Party of North America«, deren Sitz in New York ist, Aveling und Liebknecht zu einer Vortragsreise in die Vereinigten Staaten ein. Diese Partei, die eigentlich eher eine Organisation von Sozialisten aus verschiedenen europäischen Ländern ist, steht hauptsächlich unter dem Einfluß ihrer deutschen Mehrheit. Der Parteisekretär ist W. L. Rosenberg. Tussys Reisekosten werden nicht von der Partei getragen.
Vor ihrer Abreise hat sie die Quellenangaben aller englischen Zitate im ersten Band des Kapital *nachgeprüft. Die Übersetzung von Sam Moore und Aveling sollte im Januar 1887 erscheinen.*

63. Eleanor an Laura

Adelphi Hotel
Liverpool, den 31. August 1886

Liebe Laura,
in ein paar Stunden legen wir ab, aber ich muß Dir und Paul noch ein paar Abschiedsworte schreiben. Ich habe in diesen letzten Tagen noch eine schreckliche Menge Arbeit zu erledigen gehabt, Pakken, Umziehen und den Rest der Arbeit am *Kapital*, soweit sie mich betrifft. Ich habe ein Verzeichnis der darin zitierten »Bücher und Autoren« gemacht (auf Moores und Edwards Wunsch), und es hat mich ungeheuer viel Zeit gekostet, damit fertig zu werden.
Es ist eine große Enttäuschung für uns gewesen, daß wir Euch vor unserer Abreise nicht mehr sehen konnten. Aber wir konnten *wirklich* nicht nach Paris kommen. Du weißt nicht, in was für chronisch beschränkten Umständen wir leben.
Liebknecht ist gestern eingetroffen, und wir haben ihn beim General gesehen, der von Eastbourne herübergekommen ist, um ihn abzuholen, und ihn dorthin mitnimmt.
Ich habe ein bißchen Angst vor dieser Reise. Wir werden es in vieler Hinsicht schwer haben, vor allem seit dieser Chicago-Affäre¹. Ich hoffe *wirklich*, daß Du mir schreiben und erzählen wirst, wie die Sachen laufen. Da wir dauernd auf Reisen sein werden, denke ich. wäre es am besten, wenn Du immer an W. L. Rosenberg, 261 East Tenth Street, New York City, schreibst. Er wird immer wissen, wo

wir uns gerade aufhalten, und uns die Post nachsenden. *Bitte,*
schreib und erzähl mir von Euch und von den Kindern. Ich höre ja
nie etwas von Longuet!
Grüße an Euch beide und alles Gute. Vielleicht sehen wir uns an
Weihnachten oder an Neujahr.

In Liebe Deine

TUSSY

(Schau auch die Innenseite an!)

Liebe Laura, lieber Paul,
herzliche Grüße an Euch beide. Ich wollte, Ihr kämt mit. Wir werden wirklich Fremde in einer fremden Welt sein. *Falls* wir ein paar
Millionen Dollar verdienen, geben wir die allererste gleich für eine
Cook's-Karte zur Nummer 66, Boulevard de Port-Royal aus. Ihr
wartet nicht einmal ein Zehntel so sehnsüchtig auf unseren Besuch,
wie wir Lust haben zu kommen.

Immer Euer

EDWARD

1. Am 3. Mai 1886 greift in Chicago die Polizei in einen Konflikt zwischen
Arbeitern und Arbeitgebern ein und schießt auf die Menge. Am Tag danach
findet eine Protestdemonstration statt, bei der eine Bombe in Richtung
Polizei geworfen wird. Auf diese Provokation hin werden acht militante
Anarchisten verhaftet, von denen vier zum Tode verurteilt und 1887 er-
hängt werden. Die Affäre der »Märtyrer von Chicago« hat sofort großes
internationales Echo gefunden.

In der Zeit ihres Aufenthalts (Ankunft in New York am 10. September 1886 und Abreise am 19. Dezember) haben die Avelings in über 35 Städten, New York und Umgebung nicht mitgezählt, gesprochen.

64. Eleanor an Laura (unvollständiger Brief)

(New York, September 1886)

... hat es wenig gemacht, und es gab keinen ernsten Schaden, obwohl wir eine halbe Stunde angstvollen Wartens verbracht haben, während derer ein Boot hinuntergelassen wurde, das zu dem kleinen Schiff hinruderte und dann mit der Nachricht zurückkam, daß alles »in Ordnung« sei. Soweit wir es nämlich beurteilen konnten, hätten allein in der Zeit, in der wir warteten, viele Menschen ertrinken können. Dann ist eine arme Frau vom Zwischendeck, die zu ihrem Mann nach New York fuhr, gestorben, und wir haben am frühen Morgen bei Tagesanbruch ihrer Bestattung beigewohnt – es war die einfachste und beeindruckendste Szene, die ich je gesehen habe. Doch abgesehen von diesen Ereignissen waren die Tage sehr gleichförmig, aber sehr angenehm, und wenn einmal ein Wal oder Delphine oder ein- oder zweimal ein Schiff in Sicht kamen, gab das die größte Aufregung.

Bei unserer Ankunft in New York – die Einfahrt in die Hafenbucht ist ein wundervoller Anblick, vielleicht der schönste, den ich je gesehen habe – wurden wir von ein paar Herren mit rotem Bändchen begrüßt, einer von ihnen war Cuno, an den Du Dich sicher erinnern kannst. Sie brachten uns zu unserer Wohnung, die im deutschen Viertel der Stadt liegt. Ich bedaure das etwas, denn wie die Armen ist hier auch das Vaterland (dt. i. O.) immer dabei. Die Reporter haben sich wie Wölfe auf die Lämmer auf uns gestürzt, und unser Leben ist in diesen letzten Tagen recht stürmisch gewesen. Gestern ist Liebknecht angekommen, und nachdem wir morgens Dutzende von Leuten treffen mußten, haben sie uns gestern abend ein Ständchen gebracht (!) und dann zum Biertrinken und Reden und Händeschütteln mit so vielen Abgeordneten von so vielen Organisationen mitgenommen, daß wir völlig erschöpft sind.

Heute abend fangen Edward und ich in Brideport mit unseren Vorträgen an, wir fahren nachmittags hin und kommen spät in der Nacht wieder zurück. Es wird sehr anstrengend werden, vor allem, weil wir zudem so viel journalistische Arbeit machen müssen (Du weißt ja, ich muß meine Kosten »selber tragen«, da die Partei nur für Edward bezahlt). Edward muß ungefähr für ein Dutzend Zeitungen schreiben, und ich werde, Briefe und Besucher nicht mitgezählt, auch eine ganze Menge zu tun haben. Alle zehn Minuten taucht irgendwer bei uns auf, und wenn es in diesem Brief sehr durcheinandergeht, mußt Du dem die Schuld geben. Edward läßt herzlich grüßen und möchte Paul ausrichten, daß er, sobald er nur einen Augenblick Zeit findet, etwas für den *Socialiste* abschicken wird, aber er hat wirklich *sehr* wenig Zeit. Wir beide, liebe Laura, gratulieren Dir herzlich zum 26., und ich schreibe Dir bald wieder und erzähle Dir von der »Partei« hier und von dieser furchtbar schmutzigen, verwahrlosten Stadt.

In Liebe und mit guten Wünschen für Euch beide, und küß die Kinder, wenn Du sie siehst!

Deine Dich liebende

TUSSY

Schreib ja! Ich sehne mich nach Nachricht von zu Hause. (*Europa* scheint mir jetzt »zu Hause«.)

Vor der Abreise aus New York läßt Aveling der Sozialistischen Arbeiterpartei einen Bericht zukommen, worin er betont, die Bewegung müsse, um eine wirkliche Macht zu werden, aus den Händen der Deutschen in die der Amerikaner übergehen. Das war nun eine direkte Attacke gegen die Führung der Partei und ihren Generalsekretär. Die Antwort sollte nicht auf sich warten lassen: die Spesenabrechnung, die Aveling dem Vorstand vorlegt, wird bis ins einzelne zerpflückt und kritisiert. Man muß auch zugeben, daß sie relativ hoch war und daß bestimmte Ausgaben, etwa die Miedersträußchen für Tussy, die Theaterkarten (die Aveling als Bühnenautor gratis bekam), Anstoß erregen mußten. Mit der ihm eigenen Unbekümmertheit in Geldfragen hatte Aveling mehrfach die Ausgaben von Liebknecht mit auf seine Spesenrechnung genommen.

Bei seiner Rückkehr aus New York wird Edward zur Zielscheibe verschiedener Attacken. Der Evening Standard *veröffentlicht ein Rundschreiben der amerikanischen Sozialistischen Partei, die Aveling des Betrugs bezichtigt. Worum ging es denn nun wirklich bei dieser unglückseligen Affäre? Bei einer so facettenreichen Persönlichkeit wie Aveling ist diese Frage nicht leicht zu beantworten. Tatsache scheint jedoch zu sein, daß der Groll der Partei im Grunde darauf beruhte, daß Aveling einem Zusammenschluß mit den »Knights of Labour« das Wort redete, die damals die eigentliche Massenorganisation darstellten. Er stimmte in diesem Punkt mit Engels überein, der den sektiererischen Geist und die theoretische Pedanterie der deutschen Sozialistengruppen, die in die USA emigriert waren, kritisierte.*

Hyndman macht sich diese Anschuldigungen sofort zunutze, um Aveling in England in Mißkredit zu bringen, während Engels ihn unerschütterlich verteidigt und allen Anschuldigungen, woher sie auch kommen mögen, ob aus den Vereinigten Staaten, England oder Deutschland, entgegentritt. In einem Brief an Sorge vom 8. August 1887 gibt er jedoch zu, daß Aveling diese ganze Affäre durch »seine totale Unkenntnis der Welt, der Menschen und der Geschäfte und seine Vorliebe für poetische Träumereien« selbst mitverschuldet habe.

Diese Verleumdungskampagne hindert die Avelings nicht, sich in eine Vortragsreihe über die politische Situation in den Vereinigten Staaten zu stürzen, eine Artikelreihe für Time *zu schreiben (die unter dem Titel* Die Arbeiterbewegung in Amerika *als Broschüre erscheint) und in den Radikalenklubs von London zu agitieren.*

65. Eleanor und Aveling an Laura

Dodwell
Stratford-on-Avon, den 30. 8. 87

Liebe Laura,

ich schäme mich wirklich. Ich bin ein Faultier – Dir so lange nicht zu schreiben! Und das sage ich mir alle Tage, nur scheint es nicht viel zu nützen. Doch kann ich die Gewissensbisse nun nicht länger ertragen.

Hat Dir der General von unserem »Kastle« erzählt? – Wenn nicht – und ich nehme an, eher nicht –, muß ich Dir erzählen, wie es kommt, daß wir hier in Warwickshire, dem Herzen Englands, dem Land Shakespeares, sind. Vor ein paar Wochen bot die NorthWestern erstmals einen billigen Ausflug (von Freitag bis Dienstag) nach Stratford an. Über eine seiner Zeitungen bekam Edward zwei »Freifahrscheine«. Wir kamen hierher, sahen und waren besiegt. Als wir eines Tages von Stratford nach Bidford liefen (einer von Shakespeares wohlbekannten Spaziergängen), sahen wir einen Bauernhof und in der Nähe des Hofs zwei Cottages, eins davon nicht vermietet. Wir erkundigten uns, fanden heraus, daß die Miete 2 Shilling in der Woche beträgt, und nachher, wir waren schon nach London zurückgekehrt, beschlossen wir, dies hübsche kleine Häuschen zu mieten. Es liegt zwei Meilen von Stratford entfernt, und Dodwell besteht aus diesem Bauernhof und seinen zwei Katen. Der Bauer versuchte zuerst, uns klarzumachen, daß dies nur Cottages für Landarbeiter wären – er konnte nicht begreifen, was wir damit wollten. Bei Dir wäre das anders. Unten haben wir eine große Küche – der Boden natürlich aus Steinplatten –, dann Spülküche und Waschküche in einem und eine Speisekammer. Oben drei Zimmer – zwei natürlich sehr klein. Außerdem haben wir einen Viertelhektar Garten, wo wir mehr Gemüse ziehen können, als wir selbst brauchen werden. Edward geht raus und buddelt unsere Kartoffeln aus, wie wir sie gerade brauchen, und wir haben alles mögliche gesät. Im nächsten Frühjahr wird unser Garten nicht nur eine Zierde sein, sondern auch nützlich. Und das alles für zwei Shilling die Woche! Unser Mobiliar hat nicht mehr gekostet, als wir für zwei oder drei Wochen am Meer ausgegeben hätten (und unsere Bahnfahrt kostet

213

nichts), und ich habe schon zwei oder drei Leute, an die ich unter-
vermieten will, wenn wir nicht hier sind. Das Leben ist sehr billig,
und nächsten Sommer, wenn wir alle möglichen Gemüsesorten haben, wird es noch billiger sein. Wir wünschen uns so sehr, daß Du
und Paul irgendwann mal rüberkommen könnt. Hier ist jede Menge Platz, mal abgesehen davon, daß die reizende Familie auf dem
Bauernhof (zwei Brüder und zwei Schwestern) mir jederzeit Betten
für Freunde leihen will. Ich kann Dir gar nicht sagen, wie einen das
Landleben nach dem ganzen Rennen, Retten, Hasten in London
entzückt. Es ist, wie Scott es nennt, »*das* schöne Land« – englisch
durch und durch, versteht sich, wie es Shakespeares Heimat wohl
ansteht. Denk doch, Laura, die Heimat Shakespeares! Wir arbeiten
zwei-, dreimal die Woche in seinem »Geburtshaus« (mit Genehmigung des Bibliothekars dort), und wir haben sein Wohnhaus angeschaut und die alte Gildenkapelle gegenüber »New Place« und die
alte Grammar School – unverändert –, wohin er »widerstrebend zur
Schule« [1] ging, und sein Grab in der Trinity Church und Ann Ha-
thaways Cottage, noch genauso, wie es war, als Master Will auf
Freiersfüßen wandelte, und Mary Ardens Cottage in Wilmecote –
das ist am hübschesten. Seit ich in diesem verschlafenen, kleinen
Stratford bin und die Stratforder kenne, weiß ich, wo die ganzen
Dogberries und Bottoms und Snugs herkommen [2]. Man kann ihnen
auch heutzutage hier begegnen. Ganz in der Nähe unseres »Kastle«
steht eine Bank – viele halten sie für die von Titania, denn sie ist
zugewachsen von wildem Thymian und Schlüsselblumen und Veil-
chen (wenn die Jahreszeit dafür ist). Ich hatte vorher keine Ahnung,
wie stratfordisch Shakespeare war. Alle Blumen sind Stratforder
Blumen, und ich mache jede Wette, daß Charlecote Rosalinds Ar-
den ist. [3] Doch Du *mußt* einfach herkommen und Dir die Gegend
ansehen, und Du wirst Dich in sie verlieben, wie wir es getan
haben.
Wir schuften ganz schön hier, obwohl wir auch eine Menge spazierengehen und faulenzen. Edward schreibt und schreibt. Hast Du
gehört, daß ein Stück aus seinen »Dregs« (ein kurzer Einakter) von
der sehr populären und »kommenden« Schauspielerin Rose Nor-
reys angenommen worden ist und demnächst inszeniert werden
soll? Und daß wahrscheinlich zwei andere Stücke – eins davon ist

214

eine Bühnenbearbeitung vom *Scharlachroten Buchstaben*[4] – demnächst angenommen werden? Dann mußt Du rüberkommen und sie anschauen. Wir sind gerade damit fertig geworden, aus unseren *Time*-Artikeln ein Buch zusammenzustellen, das Sonnenschein herausbringen soll[5]. Wir haben eine Menge und, wie ich meine, nützliches Material hinzugefügt. Wir wollen auch eine Artikelreihe über »Shakespeares Stratford« schreiben (der Grund, weshalb wir im »Geburtshaus« arbeiten), und ich übersetze einige von Kiellands wundervollen Erzählungen aus dem Norwegischen. Du solltest Kielland lesen (die meisten seiner Sachen sind ins Deutsche übersetzt), denn ich bin sicher, Du und Paul, Ihr würdet ihn ungeheuer bewundern.

Da wir uns darauf eingerichtet haben hierzubleiben, bis der Unterricht und andere Arbeit uns nach London zurückrufen, besteht keine Chance, daß wir nach Jersey kommen.[6] Ich erinnere mich sehr gut an St. Brelade. Es ist, wie Jersey überhaupt, ein sehr angenehmer Ort. Du mußt aber zusehen, daß Du auch die andere Seite anschaust – die Seite von Gorey und St. Catherine. In mancher Hinsicht mag ich das noch lieber als St. Brelade. In beneide Dich darum, daß Du die Kinder um Dich hast. Das muß ja soviel Spaß machen, wenn sie dabei sind. Wir haben nichts als unsere Hunde und Katzen (die wir mitgenommen haben), und ich sehne mich danach, die Kleinen zu sehen. Ich habe Mémé nicht gesehen, seit sie ein winziges Baby von drei Monaten war. Habt Ihr alle vier dabei? Wenn ja, sagt Jean, daß er mir doch schreiben soll. Sein letzter Brief – der einzige bisher – hat mir insofern kein Vergnügen bereitet, als er überall vom Vater korrigiert und verbessert war.

Olive Schreiner[7] hat viel von Dir und Paul gesprochen. Natürlich weißt Du, daß Mrs. Walters Pauls »Matriarchat« übersetzt, und ich könnte mir vorstellen, daß sie das ganz ausgezeichnet macht. Mit der Veröffentlichung ist es einigermaßen schwierig. Zeitschriften nehmen keine Artikel, die aus einer anderen Zeitschrift übersetzt sind. Ich habe Mrs. Walters vorgeschlagen, es mit Sonnenschein zu versuchen. Ich bin mir fast sicher, daß er es als Pamphlet herausbringen würde. Kriegst Du überhaupt je englische Zeitschriften zu sehen? Wenn Du in irgendeiner Bücherei in St. Hélier den *Fortnightly* bekommen kannst, schau Dir Olives Allegorie über »Die

Frau« in der August-Nummer an. Als Allegorie absolut geglückt, finde ich.

Wir werden wohl bis 10. September hier sein. Dann geht's zurück in die Chancery Lane, in den Unterricht und an die übliche öde Routinearbeit. Da fällt mir ein, ich habe Dir, glaube ich, noch gar nichts über unser neues Londoner Domizil erzählt. Wir haben drei große Räume und Küche und ein kleineres Zimmer und eine kleine Kammer, alles auf einer Etage – und auch noch der vierten! Doch im Grunde ist es bei weitem nicht so lästig, ein-, oder zweimal täglich rauf- und runterzusteigen, wie das dauernde Treppauf-treppab in den üblichen Häusern und Wohnungen. Besonders jetzt, wo ich auf ein Hausmädchen verzichtet habe und meine Arbeit selbst mache, erspart mir das doch viel Mühe. Die Sonntage verbringen wir natürlich immer noch beim General, und das ist immer das gleiche Ritual: Mittagessen, Trinken, Karten, Abendessen und wieder trinken. Pumps hat sich mächtig gefreut, als Fritz Beust beim General wohnte. Der ist so dick und fett geworden, daß Du ihn nicht wiedererkennen würdest. Der arme Percy[8] ist noch tauber geworden. Nym ist noch ganz die alte, und dem General geht es gesundheitlich besser als bislang. Ich weiß nicht, wie er in Eastbourne zurechtgekommen ist.

Edward will noch ein paar Zeilen hinzufügen.

Grüß Paul und die lieben Kleinen recht liebevoll von mir, und wenn Du die Großherzigkeit aufbringst, mich besser zu behandeln als ich Dich, dann schreib bald an

Deine Dich liebende Schwester
TUSSY

Liebe Laura,
ich schulde Dir und Philip Shun noch etwas. Doch dieser Brief soll mich nicht von der bewußten Schuld befreien, das muß warten bis die Stücke anlaufen und die Tantiemen anrollen, oder bis ich etwas sehe, das im Rahmen meiner gegenwärtigen Mittel bleibt und Dir gefallen könnte. In diesem Brief will ich nur sagen, wie reizend es hier ist und wie reizend Du und Paul wärt, wenn Ihr nur endlich kommen und uns hier erleben würdet. Letzteres klingt wie eine

216

Aufforderung, Zeugen eines Familienkrachs zu werden, aber das hört sich nur so an. Jersey kommt, fürchte ich, nicht in Frage. Ich könnte wohl Freifahrscheine bekommen, doch werdet Ihr abfahren, ehe wir von hier abfahren, und wir könnten höchstens für einen Tag kommen oder so. Hoffen wir, daß wir nächstes Mal Glück damit haben, oder noch mehr Glück, und Ihr kommt hierher. Ich kenne Jersey ziemlich gut. Einmal war ich als Junge da mitsamt einem Erzieher und dem ganzen Haß auf ihn. Und dann noch mal mit der Bradlaugh Clique. Und doch verbindet sich Jersey in meiner Erinnerung mit einem lieblichen Duft. Was machen Pauls Augen? Ich hoffe zuversichtlich, daß sie ihn nicht einen Bruchteil so belästigen wie ich Dich mit diesem Brief. Viel Glück Euch beiden und uns das Glück, Euch bald zu sehen!

Immer Euer

EDWARD

1. *Wie es euch gefällt*, II
2. Dogberry: Figur aus *Viel Lärm um nichts*, Bottom, Snug, Titania: Figuren aus *Ein Sommernachtstraum*.
3. Rosalinde: Figur aus *Wie es euch gefällt*.
4. Roman von Hawthorne
5. *Die Arbeiterbewegung in Amerika*.
6. *Etwa Mitte August, Paul Lafargue hat sich zuvor einer Augenoperation unterzogen, fahren die Lafargues mit Marcel und Mémé nach St. Brelade (Jersey). Dank der Großzügigkeit von Engels können sie bis Ende August dort bleiben. Edgar war bei seiner Großmutter auf dem Land, während Jean noch einen Monat in Paris blieb, um sich mit Hilfe seines Vaters auf die Aufnahme ins Gymnasium vorzubereiten.*
7. Autorin von *An African Farm* und zu der Zeit sehr eng mit Tussy befreundet.
8. Percy Rosher, Pumps' Gatte

Seit ihrer Rückkehr von Dodwell werden die Avelings wieder von ihren vielfältigen Aktivitäten in Anspruch genommen. Sie sprechen in Radikalenklubs, nehmen an Demonstrationen für Irland teil und bemühen sich vor allem, die Massen für die Verteidigung der »Anarchisten« von Chicago zu mobilisieren.

Zu Beginn des Winters versammeln die Arbeitslosen sich regelmäßig in großer Zahl am Trafalgar Square, wo es zu Zusammenstößen mit der Polizei kommt. Am 8. November veröffentlicht die Presse eine Anordnung des Polizeichefs, durch die ab sofort jede Versammlung und alle öffentlichen Reden untersagt werden. Am 13. November rufen die »Irische Landliga« und die Radikalenklubs zu einer Protestkundgebung gegen die Unterdrückung in Irland und die Abschaffung der Redefreiheit auf. Die berittene Polizei löst die Kundgebung auf so brutale Weise auf, daß zweihundert Menschen verletzt werden, einige davon schwer. Zwei davon starben an den Folgen ihrer Verletzungen. Das ist der »Bloody Sunday« (Blutsonntag).

Es kam zu fast dreihundert Verhaftungen und über hundert Verurteilungen zu Zwangsarbeit von zwei Wochen bis zu sechs Monaten.

Am 18. November wird eine Liga zur Verteidigung der Rede- und Versammlungsfreiheit und gegen polizeiliche Gewalt gegründet. Am selben Tag kommt es auf dem Trafalgar Square zu Versammlungen, die von berittener Polizei attackiert werden. Alfred Linnell, ein Passant, wird schwer verletzt und stirbt am 2. Dezember an den Folgen eines chirurgischen Eingriffs. Erst als eine Untersuchung der genauen Ursachen seines Todes durchgeführt worden ist, kann am 18. Dezember schließlich die Beerdigung stattfinden. Etwa 120000 Menschen folgen dem Trauerzug.

66. Eleanor an Laura

65, Chancery Lane, W. C.
31. Dezember 1887

Liebe Laura,
nur ein paar Zeilen, um Euch beiden ein glückliches Neues Jahr zu wünschen. Edward ist in Torquay, um die Proben für ein kleines

218

Stück von ihm zu überwachen, das dort inszeniert werden soll, deswegen schreibe ich gleichzeitig für ihn und für mich.

Vom General höre ich, daß Ihr Euch an das Herrichten und Streichen des Hauses gemacht habt. Ich wünschte, ich wäre bei Euch und könnte Euch helfen. So was sagt man zwar nicht, aber ich glaube, ich bin ganz groß im Streichen. Wir haben hier jetzt einen großartigen Lack (wenn Ihr wollt, schicke ich Euch ein paar Töpfe davon), auf den ich nicht mehr verzichten kann. Ich lackiere Stühle, Tische, Fußboden, alles. Wenn das Klima es zuließe, würde ich mich selber auch noch lackieren.

Natürlich habe ich nichts über die Kinder gehört. Ich weiß nicht mal die Anschrift von Longuet und habe ein paar kleine Spielsachen – was ich mir halt leisten konnte – über *La Justice* an Longuet schikken müssen, weiß der Himmel, ob die Kinder sie je bekommen werden!

Den *Socialiste* bekomme ich übrigens auf höchst exzentrische Weise – manchmal zwei Nummern von einer Woche und dann drei Wochen gar keine! Ich lege einen Ausschnitt oder besser gesagt, einen Brief bei, der letzte Woche im *Globe* erschienen ist. Vielleicht habt Ihr Eure Freude daran. Man hat mir mitgeteilt, daß »Blankohaftbefehle« gegen Edward und mich ausgestellt worden sind, so daß wir »kassiert« werden können, wann immer es der Polizei beliebt. – Das Linnell-Begräbnis war *sehr* schön und ein großartiger Erfolg. Die Straßen waren ein wunderbarer Anblick, besonders als wir uns dem East End näherten. Es gab eine sehr eigenartige Szene – wir bekamen sie mit, weil die Pferde von unserem Wagen gestürzt waren, so daß wir ziemlich weit nach hinten gerieten. In der Mile End Road (unmittelbar im East End) standen ziemlich viele Leute, um sich dem Zug anzuschließen, als ein paar Omnibusse durchzufahren und den Zug auseinanderzureißen versuchten. Alles schrie, daß sie anhalten sollten, doch ein Mann trieb seine Pferde mit der Peitsche zum Galopp an, während ein Passagier draußen einen langen Stock mit einer Peitschenschnur hatte und damit auf die Leute einhieb. Dann warf sich einer vor die Pferde, klammerte sich fest und schaffte es schließlich, sie zum Stehen zu bringen. In Sekundenschnelle waren die Zügel gekappt, die Passagiere alle heruntergelassen, und das Vieh, das die Leute gepeitscht hatte, fand sich nach einem gekonnten Schlag am Boden wieder. Er brüllte, daß man ihn »in Ruhe lassen« sollte. Künftig wird er es sich zweimal überlegen, ehe er irgendwen schlägt. Dann scherte der Bus aus dem Zug aus, die Menschen reihten sich ruhig ein und marschierten in Reih und Glied mit, als ob nichts geschehen wäre. Es war wirklich ein schöner Anblick. Wenn nur nicht soviele Feiglinge unter den Radikalen wären, könnten wir den Square halten. Doch so »kneifen« sie alle mehr oder weniger.

Heute abend findet bei Pumps ein festliches Beisammensein statt! Ich beneide Edward in Torquay!

Mit allen guten Wünschen für Euch beide, Eure

TUSSY

Nach eifrigen Bemühungen auf dem Gebiet des Theaters, die ihnen abwechselnd Erfolge und Mißerfolge beschert haben, beschließen die Avelings, ihr Glück in den Vereinigten Staaten zu versuchen. Sie wollen Edwards Stücke dort herausbringen. Unterwegs nehmen sie nach und nach immer mehr Abstand von diesem Vorhaben und begnügen sich damit, Engels und Schorlemmer auf ihrer Erholungs- und Vergnügungsreise zu begleiten. Am 29. September 1888 kehren sie gemeinsam zurück.

67. Eleanor an Laura

S. S. City of Berlin
Queenstown, 9. 8. 1888

Liebe Laura,
in zwei Stunden werden wir in Queenstown sein, und von dort können wir Dir einen Gruß schicken – den letzten, bis wir in New York ankommen. Natürlich weißt Du, daß mit »wir« außer uns noch der General und Jollymeyer gemeint sind. Ich hätte Dir das erzählt, sobald ich es selbst wußte, doch der General war so sehr darauf aus, es im dunkeln zu halten, daß ich mich nicht getraut habe. Ich dachte mir, falls es durchsickern würde, würde man uns die Schuld geben. Ich kann es kaum fassen, daß wir wirklich wieder unterwegs nach Amerika sind und daß der General tatsächlich mitkommt. Ich glaube, diese Seereise und die völlig andere Umgebung und die herrliche Luft und die vollkommene Ruhe werden ihm unendlich gut tun. Das Schiff ist nicht sehr voll – für die Amerikaner ist es noch ein bißchen früh, um von Europa zurückzukehren –, aber dafür um so angenehmer. Und wir haben *ungeheuer* viele Priester und andere Geistliche an Bord und ein paar Babies und wo man hinhört, Yankeegeknautsche. Unsere beiden alten Herren scheinen sich gut zu amüsieren und essen und trinken und sind äußerst fidel. Große Aufregung! Ein Segelschiff fährt ganz dicht vorbei, und ich muß es anschauen gehen.
Wie Du weißt, werden wir 3 bis 4 Wochen im Yankeeland sein. Wir fahren nach New York, Boston, Niagara, wohl auch nach Pittsburgh, und Edward und ich fahren nach Chicago, aber ich weiß noch nicht, ob die anderen so weit nach Westen wollen.

Der General sagt, daß Paul uns ein Stück von Dir schicken will. Das ist gut. Edward fände es schön, wenn Ihr es nach New York schikken könnt, weil er dann auf der Rückreise vielleicht daran arbeiten kann. Ich würde mich freuen, wenn sich damit etwas machen ließe. Jedenfalls gibt es unterdessen 3 oder 4 Theaterleiter, die wenigstens alles lesen, was Edward ihnen bringt, und das ist doch schon etwas.

Es kam zu einer ordentlichen Szene, als der General sich endlich ermannte und es Pumps sagte, doch sie ging zu weit, und der General wurde greizt und raunzte sie an, und daraufhin lenkte sie etwas ein. Ich weiß auch nicht, weshalb sie nach ihrer vergnüglichen Europareise[1] so aus dem Häuschen gerät, weil der General mit uns fährt. Wie fandest Du sie denn? Nymmy hat uns soviel von Eurem schönen Haus und dem Garten erzählt[2], daß Edward furchtbar eifersüchtig ist. Ihr schafft es, daß unser Castle sich klein und häßlich fühlt. Doch ich tröste ihn dann, indem ich ihn daran erinnere, daß unsere Miete im Jahr nur 5 PF beträgt und wir dies Jahr Kartoffeln im Wert von 3 PF verkauft haben. Warum verkauft Ihr nicht etwas von Euren Erträgen? So ein Garten müßte Euch doch ganz nett etwas einbringen.

Ich fürchte, ich bin ziemlich sprunghaft mit meinen Bemerkungen, doch an Deck, wo einen alle Augenblick etwas oder jemand unterbricht, wird man schrecklich abgelenkt. Laßt von Euch hören. Schreibt in jedem Falle: c/o Lovell, 16 Vesey Street, New York City.

Liebe Grüße von uns allen an Euch beide.

Immer Eure

TUSSY

Wie ich gehört habe, ist der arme kleine Johnny nicht sehr glücklich dran. Ich bin froh, daß er die Ferien mit Euch verbringen wird. Er wird selig sein über den Garten. Falls Edward es schafft, daß seine Stücke ankommen, wollen wir versuchen, ob wir Johnny nicht für immer zu uns nehmen können. Wir hatten das Kind beide gern um uns und niemals den geringsten Ärger mit ihm.

Alles Gute Euch beiden!

222

68. Eleanor an Laura

St. Nicholas Hotel
New York, 21. 8. 1888

Liebe Laura,
da sind wir also in New York, und ich kann sogar jetzt noch nicht richtig begreifen, daß Engels mit uns in Amerika ist! Unsere Überfahrt war sehr lustig, obwohl es zeitweise stürmisch war und regnete. Wir waren jedoch wohlauf und alle bei bester Gesundheit und guter Dinge. Seit Jahren habe ich den General schon nicht mehr in so guter Verfassung gesehen – und auch nicht so faul. Selbst seine Augen haben ihm viel weniger zu schaffen gemacht. Leider haben ihm die ungeheure Hitze hier (heute ist es Gott sei Dank kühler) und eine Erkältung, die er sich geholt hat, ein bißchen zugesetzt. Aber es ist nichts Großes, und alles in allem geht es ihm fabelhaft. Tatsächlich würde jeder, der die beiden so sieht, ihn für zehn Jahre jünger halten als Jollymeyer, der, verglichen mit Engels, ein richtig alter Mann ist. Ich fürchte, der Sturz und der Schlag an den Kopf haben Jollymeyer doch stärker lädiert, als wir oder er selbst annahmen. Du kannst Dir nicht vorstellen, wie sehr er gealtert ist. Wie er geht und redet und aussieht, ist er ein richtiger Großvater. Vielleicht hilft ihm diese Reise ja wieder auf die Beine – Da wir in der Pension, die wir zuerst hatten, nicht gut untergebracht waren, sind wir umgezogen. Der General und Jollymeyer wohnen in Hoboken (Engels bei Sorge, Jollymeyer nebenan), und wir sind jetzt in diesem Hotel gelandet. Wir müssen uns gegenwärtig in New York aufhalten. Die Häßlichkeit dieser Stadt der Ungerechtigkeiten sticht mir mehr ins Auge als je zuvor – und dabei könnte sie so schön sein. Ich glaube nicht, daß es noch irgendeine große Stadt in der Welt gibt, die so herrlich liegt wie New York – und das Geschäft hat die reine Hölle daraus gemacht.
... Unsere Pläne stehen noch nicht endgültig fest, doch sobald Edward weg kann – was, fürchte ich, nicht vor Sonntag sein wird –, nehmen wir einen Dampfer den Hudson aufwärts nach Albany, von dort fahren wir weiter nach Lake George, dann nach Boston, Niagara, den St. Lorenz hinauf nach Montreal und weiter nach Pittsburgh. Am 19. schiffen wir uns wahrscheinlich wieder ein.

223

Unsere Reisegefährten waren alles in allem ein sehr öder Haufen – ich würde sagen, etwa zwanzig davon waren Geistliche. Wir hatten Priester, einen Bischof der amerikanischen Kirche, Dissenter, und weiß der Himmel was noch alles. Seltsam war auch, daß drei Leute an Bord uns vor zwei Jahren in verschiedenen Städten reden gehört hatten. Die am wenigsten dummen Leute, von denen die mitfuhren, waren ein Rechtsanwalt, ein Arzt und ein junger Schauspieler. Der gute alte Sorge ist, wie Du Dir denken kannst, außer sich vor Freude, weil Engels da ist. Er ist so erfreut, daß er fast nie brummig ist. – Edward ist gerade losgefahren nach Hoboken, und ich nehme an, sie werden alle zusammen zurückkommen. Edward wird jedoch die nächsten paar Tage damit zu tun haben, sich um die Proben zu kümmern.

Auf Wiedersehen, liebe Grüße Euch beiden,
alles Liebe,
Deine
TUSSY

EUROPEAN PLAN.
Broadway, opposite Bond Street,
JULIUS A. ROBINSON PROP'R.

ST. NICHOLAS HOTEL,
EUROPEAN AND AMERICAN PLANS.

Broadway, Washington Place and Mercer Street.
JULIUS A. ROBINSON, OWNER AND MANAGER.

New York, 21. 8. 1888

My dear Laura,

Here we are in New York, & I can even now hardly realize that Engels is in America with us! Our voyage over was very jolly, tho' it was rough part of the time I trained. But we were well & all in the best of health & spirits. I've not known the General to be so well — & so lazy! — for years. Even his eyes were far less troublesome. — Unfortunately the great heat here, (it is cooler, thank goodness, today) & a cold we caught knocked him up a bit. But it is nothing much & on the whole he is wonderfully well. Indeed of the two any one would think him ten years younger than Jollymeyer, who is quite an old man compared with Engels. I fear that fire & blow on the head here have hurt Jollymeyer more than we or he supposed. You have no idea how he has aged. He is even, 'alas! looks like an old grandfather. Perhaps

Trotz interner Unstimmigkeiten haben die sozialistischen Partei-en Europas ihre Stellung Ende der 80er Jahre gefestigt. Mit wachsender Industrialisierung gewinnt auch die Gewerkschaftsbewegung an Umfang. Die politisch bewußten Arbeiter haben das Bedürfnis nach politischer Organisation.

Das Jahr 1889 ist beherrscht von den Vorbereitungen für den Internationalen Sozialistenkongreß, der vom 14. bis 21. Juli in Paris stattfinden soll und aus dem die II. Internationale hervorgehen wird. Dies Datum war, nebenbei bemerkt, nicht zufällig gewählt: es markiert den hundertsten Jahrestag der Französischen Revolution.

Schon 1886 hatten die Possibilisten auf einer Konferenz beschlossen, 1889 einen Arbeiterkongreß abzuhalten, und sie wollten die politische Kraft sein, von der die Einladung ausging. Die Vereinigung der englischen Gewerkschaften (Trade Union Congress) ruft ihrerseits zu einem gemeinschaftlichen Kongreß auf, der im November 1888 in London stattfinden soll; dieser Kongreß bekräftigt das Mandat der Possibilisten, den Kongreß von 1889 einzuberufen. Die deutsche Sozialdemokratische Partei boykottiert dies Projekt jedoch, das der spezifischen Situation der deutschen Sozialisten nicht gerecht wird, die Ausnahmegesetzen unterworfen sind, und sie ruft die anderen sozialistischen Parteien zur Unterstützung ihrer Aktion auf.

Die »Social Democratic Federation« mit Hyndman als Sprecher unterstützt die Possibilisten und dies nicht nur aus Haß gegen die »marxistische Clique«, sondern vor allem, weil jene sich als Verbündete der Radikalen General Boulanger widersetzt hatten, während gewisse Blanquisten, die Verbündeten der Marxisten, sich über die Gefahr, die er für die Republik darstellte, nicht im klaren gewesen waren. Lafargue selbst sah in Boulanger »einen Mann des Volkes, trotz der wiederholten Warnungen und Mahnungen seitens Engels'.

Im Februar 1889 finden sich im Haag die wichtigsten sozialistischen Parteien zu einer Konferenz zusammen, um den internationalen Kongreß vorzubereiten. Die Possibilisten verweigern die Teilnahme mit der Begründung, daß sie allein befähigt seien, diesen Kongreß einzuberufen. Was England betrifft, begeht Lafargue den schweren Fehler, nur die »Socialist League« einzuladen (bei dieser Gelegenheit nur William Morris, der im übrigen nicht in der Lage ist, zu kommen) und die S. D. F. auszuschließen, die viel repräsentativer ist. Im Brief vom 11. April wird man sehen, wie die S. D. F. dazu gebracht wird, Druck auf die Possibilisten auszuüben, damit sie die Richtlinien für den Kongreß, wie sie im Haag aufgestellt wurden, akzeptieren, und wie sie sich dem widersetzen.

Von diesem Augenblick an schwinden die Chancen für einen gemeinschaftlichen Kongreß.

Liebknecht als Repräsentant der Sozialdemokratischen Partei Deutschlands, der dem Druck der kleinen Parteien, insbesondere der Belgier, ausgesetzt ist, die die Einheit wünschen, wartet bis Ende April, ehe er einen rivalisierenden Kongreß vorschlägt. Die Belgier beschließen daraufhin bei ihrem Kongreß in Jolimont im April 1889, auf beide Kongresse eine Abordnung zu schicken.

Die englischen Gewerkschaften wollen ihrerseits nur auf den possibilistischen Kongreß Delegierte schicken, und man wird sehen, welche Anstrengungen Tussy unternimmt, um sie wieder für die eigene Sache zu gewinnen.

228

In seiner Zeitschrift Justice *hatte sich Hyndman zu heftigen Attakken gegen das, was er die »marxistische Clique« nannte, hinreißen lassen. Engels antwortet unter Bernsteins Namen mit einer Broschüre über den Kongreß von 1889, die in einer Auflage von 3000 Exemplaren gedruckt und in London und der Provinz verteilt wird. Hyndman schlägt daraufhin einen versöhnlicheren Ton an und verleiht seiner Hoffnung auf einen großen internationalen Kongreß Ausdruck, der sich über die kleinen unwesentlichen Meinungsverschiedenheiten hinwegsetzt.*

Daraufhin beschließen Tussy und Bernstein, ihn aufzusuchen und ihm Bernsteins Antwort zu überbringen, die in der Nummer von Justice *vom 13. April veröffentlicht wird.*

69. Eleanor an Laura

65, Chancery Lane, W. C.

11. 4. 89

Liebe Laura,

ich kann mir genau vorstellen, was Du von mir hältst. *Beinahe* hätte ich's auch völlig verdient – aber nur beinahe. Denn letzten Samstag habe ich Dir tatsächlich einen Brief von gut und gerne acht Seiten geschrieben. Ich war mit Edward im Crystal Palace verabredet (wir wollten dort Berlioz' *Faust* hören), und den Brief nahm ich mit, weil er noch ein paar Zeilen dazuschreiben wollte. Ich legte ihn in das Buch, das ich gerade las (eins von Meredith!), und siehe da!, als ich am Palace ankam, war das Buch in meiner Hand, doch der Brief war weg. Ich hatte die schwache Hoffnung, daß ein gewissenhafter Mensch ihn finden und ihn mir mit Hilfe der Adresse auf dem Briefpapier zusenden würde. Doch das Glück war mir nicht hold. Es ist mir doppelt leid darum. Ich hatte Dir »alles erzählt«, was so los ist, und man hat es ja auch nicht gerne, daß solch ein Brief irgend jemandem in die Hände fällt.

Ich habe Pauls Brief für den *Star*, doch da es in der Sache unterdessen neue Entwicklungen gegeben hat, haben wir ihn nicht zu Massingham [1] getragen. Hyndman hat unterdessen praktisch eingelenkt, und da ein einziger Kongreß wünschenswert ist, müssen wir dafür tun, was wir können. Zu diesem Zweck haben Bernstein und ich Hyndman am Montag aufgesucht. Ich gebe Dir keinen Bericht von diesem Gespräch, da ich weiß, daß der General Dir darüber berichten wird. Hyndman wurde grün im Gesicht, als er mich sah, und da er weiß, was für ein gräßliches Temperament ich habe, tat er alles, um mich zu reizen. Doch wenn ich auch gern aus der Haut fahre, so bin ich doch kein Dummkopf. Ich durchschaute sein Spiel und spielte nicht mit. Ich blieb ganz höflich und liebenswürdig, sogar dann noch, als er mit seinen üblichen verleumderischen Reden über uns und Paul anfing. Ich bemerkte lediglich (*das* hätte ich mir um alles in der Welt nicht auch noch verkneifen können), daß ja nicht nur Lafargue aller möglichen Sünden gegen die Partei bezichtigt werde, sondern er, Hyndman, doch ebenfalls, und daß das im Endeffekt alles eher auf einen Streit um Persönlichkeiten hinauslaufe statt auf Sachprobleme. »Sie sagen, Lafargue hätte die französische Bewegung ruiniert und wäre etc. etc. etc. Na schön, aber Champion und Mann und zahllose andere sagen, *Sie* hätten die Bewegung hier ruiniert. Ob sie damit nun recht haben oder nicht – was hat das mit dem Kongreß zu tun?« Dann kam er wieder auf die alte Wunde, unsere *Familie*, zu sprechen. Du und ich könnten eigentlich stolz sein. Denn ganz offensichtlich sind *wir allein* für alles verantwortlich! Ungefähr zwanzigmal ließ Hyndman Bernstein und mich wissen, daß ich eine »erbitterte Parteigängerin« wäre. Das bin ich in der Tat, und ich schäme mich dessen nicht. Dennoch, was unterm Strich herauskommt (Du kannst Dich getrost darauf verlassen, daß Bernstein und ich uns als echte Juden aufs Feilschen verstehen), ist, daß Hyndman, so glauben wir, tun wird, was er kann, um eine Art »Versöhnung« zustandezubringen. Er war offensichtlich erschüttert zu hören, daß das gesamte sozialistische Europa praktisch auf unserer Seite ist. Die Belgier spielen allerdings ein doppeltes Spiel, und die Broussisten lügen Hyndman meiner Überzeugung nach etwas vor und legen *ihn* aufs Kreuz. Es wäre alles sehr komisch, wenn es nicht so traurig wäre. Unterdessen kommt die *wirkliche* Bewegung – also die, die nichts mit den kleinen sozialistischen Sekten zu tun hat – hier gut voran. Wir haben hart gearbeitet, aber es muß alles unter der Decke passieren. Wenn wir, gerade jetzt, zu sehr in Erscheinung treten, geht sofort das Geschrei von der

230

»marxistischen Intrige« los. »Was diese Sterblichen für Narren sind!«[2] Natürlich ist hinsichtlich der Zusammenkunft im Haag ein Fehler gemacht worden. Die Engländer hätten eingeladen werden *müssen*, und Pauls schriftliche Aufforderung an Morris war ein großer Fehler. Mit anderen zusammen könnte man ihn wohl hinbitten. Doch allein ist er weniger wert als gar keiner. Seine Armee ist von der Art, daß sie selbst einem Falstaff die Schamröte ins Gesicht getrieben hätte. Er selbst ist schamrot darüber. Morris persönlich mögen sie, doch würdest Du nicht ein halbes Dutzend Arbeiter finden, die ihn ernst nehmen.

Champion[3] ist offensichtlich gänzlich zu den Tories übergelaufen. Er versuchte, eine kleine Gruppe Sozialisten zusammenzubekommen, die ihn stützen sollten. Edward wäre ihm ums Haar ins Netz gegangen. Ich habe schön die Finger davon gelassen. Es war alles ein Wahlmanöver. Doch wenn die sozialistischen Offiziellen auch eine ziemlich schlechte Figur machen, die *richtigen* Arbeiter machen sich immer besser. Wir haben einen guten Stand in den besten Radikalenklubs. Gerade gestern abend erst habe ich vor einem größeren Publikum gesprochen, das vor drei, vier Jahren noch über meinen Vortrag gelacht oder mich niedergeschrien hätte. Ich wünschte wir – und ich wünschte, *Ihr* hättet eine Zeitung. Das Teuflische ist, daß die Possibilisten ihre Lügen verbreiten können, und Ihr habt kein Organ, worin Ihr ihnen antworten könnt.

Was uns persönlich angeht, so wursteln wir uns so durch. Es ist allerdings ganz schön hart! Ich denke oft: »Wie gern wär ich ein Kätzchen, das miaut« statt einer Frau, die ihren Lebensunterhalt zu verdienen versucht.

Da fällt mir ein – könnt Ihr mir wohl ungefähr sagen, was ein Mädchen für eine Woche oder zehn Tage Paris rechnen müßte? Alice Corthorn, eine Freundin von mir, sie ist Lehrerin, würde zu gern ihre Osterferien in Paris verbringen. Sie ist Sozialistin (eine von der gefühlsbetonten Sorte) und würde, wenn es sich machen ließe, *gern* bei irgendwelchen Leuten aus der Arbeiterklasse wohnen. Läßt sich das machen? Und à peu pres (ungefähr) für wieviel? Schreib mir eine Postkarte wegen dieser Sache, wenn Du kannst. Alice ist ein nettes Menschenkind, und ich hoffe, Du wirst nett zu ihr sein, falls sie rüberfährt.

Hier ist alles so ziemlich wie immer. Der liebe alte General hat ein bißchen unter seinen Augen zu leiden. Nym geht es sehr gut, obwohl sie hin und wieder Bronchitis bekommt. Pumps ist – Pumps.

Ich wage es kaum, Dich zu bitten, mir zu schreiben. Aber ich *möchte so gern* von Euch und über die Kinder hören. Sie schreiben mir nie, und ich sehne mich danach zu hören, wie es ihnen geht.

Alles Liebe von uns für Dich und Paul,
Deine Dich liebende Schwester
TUSSY

1. Chefredakteur des *Star*.
2. *Ein Sommernachtstraum*, II/2.
3. Herausgeber des *Labour Elector*. Er war aus der »Social Democratic Federation« ausgeschlossen worden, weil er Tory-Geld angenommen hatte.

70. Eleanor an Laura

65, Chancery Lane, W. C.
8. 4. 89[1]

Liebe Laura,
ich schicke Dir einen schändlichen Artikel aus dem *Star*.[2] Wir sind sicher, daß Massingham an Adolphe Smith geraten ist und der ihn für die ganze Dauer seines Parisaufenthalts nicht mehr aus seinen Klauen gelassen hat. Natürlich entschuldigt das Massingham nicht, dessen *Pflicht* es gewesen wäre, beide Seiten zu hören und zu sehen. Wir schlagen fürs erste folgendes vor: Bax (der in dieser Sache ziemlich standfest ist) und wir gingen heute zum *Star*. Massingham war noch nicht zurück. Er kommt jedoch (glauben sie) bis morgen zurück. Wir werden ihn aufsuchen und *versuchen*, ihn zu zwingen, einen *Leitartikel* zu bringen, der unsere Seite des Falles darlegt. Wenn das nicht glücken sollte, beharren wir darauf, daß er einen Brief von Bernstein abdruckt, der sich jedoch in der Hauptsache mit dem Artikel vom *3. Mai* befaßt.[3] Was den beiliegenden Artikel angeht, so hat Bax versprochen, einen Protestbrief hinzuschicken,

232

doch das genügt nicht. *Vaillant muß sofort schreiben*. Wenn möglich, übersetz den Brief für ihn und laß ihn *direkt* an den *Star* gehen. Wenn *ich* ihn schicke, ist es nur »eine der Marxschen Familienangelegenheiten«. Paul sollte, wie ich schon vorgeschlagen habe, aus grundsätzlichen Erwägungen schreiben, und wenn Du einen kurzen Brief aufsetzen könntest, der von allen Männern unterzeichnet ist, die die Einladung zum Kongreß mit unterschreiben, wäre das hervorragend. Wenn Du das tust, laß mir eine Kopie zugehen (in jedem Fall gib mir per Postkarte Bescheid, sowie ein Brief an den *Star* abgeht), und ich werde versuchen, es *irgendwo* unterzubringen. Unter uns gesagt, unser guter Freund Liebknecht ist für die ganze Affäre verantwortlich. Hätten wir unsere Einladung *umgehend* rausbekommen, hätten wir die ganzen Engländer gehabt. Nun ist es, fürchte ich, zu spät. Sie wissen hier nichts von der richtigen Bewegung und die Meinungsverschiedenheiten zwischen Euch und den Possibilisten halten sie nur für einen Abklatsch der Differenzen zwischen der »Socialist League« und der »Federation«. Das Vertrackte daran ist, daß die »League« anarchistisch ist und Champions *Labor Elector*[4] sehr zwielichtig (und von den meisten Arbeitermitgliedern nicht zu Unrecht zutiefst verachtet wird), und wir haben niemanden sonst, auf den wir uns verlassen können. Massingham *hielt* ich für ziemlich verläßlich, doch wie Bax sagt, er ist »verschaukelt« worden. Wir werden alles tun, damit er sein irriges Verhalten einsieht. Edward wird auch Reynolds[5] treffen (dessen Zeitung leider *auch* weitgehend von der Hyndman-Clique beeinflußt wird), und wir werden Burns (der von der Engineers Union zum Delegierten für den Possibilisten-Kongreß ernannt worden ist) und Tom Mann gründlich mit den Fakten bekannt machen. Ich fürchte, wir werden hier jetzt nicht viel ausrichten. Wir sind zu spät ins Spiel gekommen. Doch was getan werden kann, wird getan werden. Wenn Du es unterdessen zuwege bringst, daß der *Star* mit Briefen bombardiert wird, laß mir von allen *wichtigen* Kopien zukommen. A la guerre comme à la guerre (frz. i. O.) – Krieg ist Krieg – Wir müssen es bei den Konkurrenzblättern versuchen, falls der *Star* überhaupt nicht ranzukriegen ist. Weißt Du, Hyndman und Smith und eine ganze Menge solcher

233

Burschen haben nichts weiter zu tun, als herumzulungern und zu warten, bis sie beispielsweise einen Mann wie Massingham zu fassen kriegen, der von den wirklichen Tatsachen keine Ahnung hat. Wir armen Teufel, die wir unsern Lebensunterhalt verdienen müssen, können nicht herumlungern und auf den glücklichen Zufall hoffen, daß uns irgendeiner ins Netz geht. In dem Punkt sind wir schwer benachteiligt.

Wir machen uns heute abend auf zum General. Ich schreibe, wenn irgend etwas anfällt.

Liebe Grüße

Deine

TUSSY

Sieh *unbedingt* zu, daß Du Vaillants Brief kriegst. Bax schwört, daß er ihn auf Biegen und Brechen unterzubringen versucht, wenn der *Star* ihn nicht aus freien Stücken druckt.

1. Dieser Brief ist, wie auch der folgende, im Original versehentlich auf den April datiert, während es sich offensichtlich um den Mai handelt.

2. Unsignierter Artikel im *Star* vom 7. Mai unter dem Titel »Die Arbeiterpartei: Plauderei mit ein paar aktiven Sozialisten im Hôtel de Ville«. Dieser Artikel griff Vaillant mit der Begründung an, er sei anläßlich einer Ergänzungswahl »als Verbündeter der Boulangisten aufgetreten«.

3. Dieser unsignierte Artikel trägt den Titel »Der Internationale Kongreß von Paris«.

4. Organ des praktischen Sozialismus, das im Juni 1888 von H. Champion (der aus der S. D. F. ausgeschlossen worden ist) herausgebracht wird und gegen Hyndman gerichtet ist.

5. *Reynolds' Weekly Newspaper*. Radikale Zeitschrift, gegründet von G. W. Reynolds.

Lafargue schickt einen Protestbrief gegen den Artikel im Star, *legt ihn Engels vor, der ihn an Tussy weiterleitet.*
Am 6. Mai schickt Lafargue Engels den Einladungstext des Kongresses; er hat es nicht früher tun können, weil Liebknecht in der Hoffnung, doch noch eine Aussöhnung mit den Possibilisten zustande zu bringen, immer wieder Aufschub erwirkt hat (Engels spricht von »Einigungswut«). Dieser Text wird am 14. Mai in der Rubrik »The People's Post Box« im Star *abgedruckt.*

71. Eleanor an Laura

65, Chancery Lane, W. C.
10. 4. (5.) 89

Liebe Laura,
der General hat uns gerade Pauls Brief an den *Star* gebracht, und wir haben ihn aus vielen Gründen wieder zurückgeschickt. 1) Er ist *viel* zu lang und bleibt viel zu sehr im allgemeinen. Was wir von den Possibilisten denken oder nicht denken, ist hier nicht von Interesse. Wir tun, was wir können, um die Tatsachen, die unseren Kongreß betreffen, in die Presse zu kriegen (keine leichte Sache). An Euch ist es, die *Lügen* der Gegenseite zu zeigen. Greift die Boulé-Frage, die Vaillant-Frage, die verzerrende Darstellung unserer ganzen Leute auf. Verlegt Euch jedoch nicht auf irgendeinen langen Bericht über das Zustandekommen des Kongresses usw. *Das* läßt sich nicht als Brief unterbringen, und wir werden es, wenn es geht, in irgendeiner anderen Form anbringen. Wenn *Ihr* über Boulé [1] schreibt und Vaillant über sich selbst, dann ist das *genau das*, was wir wollen. Aber bitte verliert keine Zeit mehr. Außerdem wäre, wie ich schon vorgeschlagen habe, ein Brief gut, der von den Unterzeichneten der Einladung unterschrieben ist. Doch auch dieser Brief darf nicht zu lang sein. Teilt einfach mit, daß Ihr als Repräsentanten der Organisationen (Bordeaux und Troyes) [2] die Arbeiter zur Teilnahme am Kongreß einladet etc.
2) Die Briefe *müssen direkt* an den *Star* gehen. Es ist sinnlos, sie durch uns dort hinzusenden. Schickt sie an H. W. Massingham, *Star*, Stonecutter Street E. C. Schickt uns Kopien, wenn nötig, und

laßt uns immer wissen, wann etwas abgeschickt worden ist und was. Wir versuchen dann, die Briefe, von denen Ihr Kopien geschickt habt, woanders drucken zu lassen, falls sie beim *Star* nicht unterkommen.

3) Achtet darauf, daß Eure Behauptungen *alle* absolut zuverlässig sind. Seid nicht überrascht, wenn Ihr hört, daß die »Socialist League« von uns abrückt. Sie haben (habe ich gehört) keinerlei offizielle Bereitschaftserklärung geschickt, und daß Paul sie mit aufführt, ist ein Fehler. Bestenfalls zählen sie nicht, weil sie Anarchisten sind; wenn sie sich jedoch von uns distanzieren, sind wir doppelt diskreditiert.

Das ist schon alles verdammt lästig. Was mich so ärgert, ist, daß wir, wenn es dank Liebknecht[3] nicht diese lange Verzögerung gegeben hätte, die Engländer eigentlich hätten kriegen müssen. Unser Pamphlet hatte die allerbeste Wirkung. Doch als dann nichts hinterherkam und ich den Arbeitern, die zu mir kamen, erzählen mußte, daß ich noch nichts Endgültiges erfahren hätte und das Woche für Woche, verloren sie den Schwung und das Vertrauen, und dann liefen die Hyndmanisten/Broussisten, die alles fix und fertig arrangiert hatten, uns den Rang ab. Sie hätten hier den kürzeren gezogen, wenn wir sofort hätten handeln können.

Jetzt können wir nicht mehr tun, als *unseren* Kongreß ins Gespräch bringen. Schickt Brief um Brief (doch welche, die *kurz* und *bündig* sind) an den *Star*. *Manche* davon werden dann schon gebracht. Sorg auf jeden Fall dafür, daß Paul und Vaillant sofort schreiben. Laß Paul die Boulé-Sache, Vaillant seine eigenen Probleme in Angriff nehmen.

Heute hat unser kleiner Jean Geburtstag. Wenn ich ihn doch sehen könnte!

Ich werfe mich auf eine neue Tätigkeit – Maschineschreiben! Ich kaufe eine Maschine, und sobald ich diese Fertigkeit erworben habe – was sehr leicht ist –, entwerfe ich einen Prospekt und verschicke ihn. Ich schicke Euch einen.

Herzlich,
Deine
TUSSY

236

1. Boulé und Vaillant waren bei einer Ergänzungswahl in Paris die Kandidaten der Arbeiterpartei gewesen. Die Possibilisten hatten behauptet, »die Wahl Boulés (sei) mit Hilfe von Boulangistengeld zustandegekommen und Vaillant (sei) als Verbündeter der Boulangisten aufgetreten«.

2. Fédération nationale des Syndicats et Groupes corporatifs ouvriers de France, conseil national, Bordeaux, 1889. Commission exécutive du congrès national ouvrier socialiste de Troyes, 1888–89.

3. Der ohne jede Aussicht auf Erfolg auf das Zustandekommen eines einzigen Kongresses gemeinsam mit den Possibilisten hoffte.

72. Eleanor an Laura

65, Chancery Lane, W. C.
1. 6. 89

Liebe Laura,

beiliegend ein Brief von Massingham. Wenn Du jemals im Büro des *Star* gewesen wärst, wärst Du nicht mehr überrascht, daß da ein Brief verloren gegangen ist. Du würdest Dich nur fragen, wie überhaupt jemals irgend etwas in die Zeitung kommt. Ich habe selbst einmal Massinghams ganzen Tisch absuchen müssen, um einen Artikel wiederzufinden, den er selbst mich zu schreiben gebeten hatte und der dann »verlegt« worden war. Wenn Okecki[1] (heißt er wirklich so?) noch mal schreiben könnte, würde er – mit einer Fußnote, die die Verspätung erklärt – sofort gedruckt werden. Es lohnt sich. Es tut mir sehr leid, Euch diese ganzen zusätzlichen Scherereien zu bereiten, aber es ist nicht meine Schuld. Ich habe die ganze Zeit hart gearbeitet für unseren Kongreß, und hier in London ist das nicht einfach.

Ich weiß nicht, ob Engels Dir geschrieben hat, daß ich letzte Woche Burns, Cunninghame Graham, Mann, Banner, Davis, Bernstein und Bonnier (W. Parnell konnte nicht kommen, hat jedoch geschrieben) hier hatte, um alles mögliche zu besprechen. Burns *versprach* (doch er ist ein ziemlich unsicherer Kantonist), folgenden Vorschlag (von unserer Seite) vor den Rat der Engineers Trades Union zu bringen, zu deren Delegierten er gehört. Er soll betonen, daß unser Kongreß der *Internationale Kongreß* sei – folglich möge man ihn ermächtigen, den anderen Kongreß aufzufordern, Dele-

237

gierte zu schicken –, die dann unseren Kongreß zur Zusammenarbeit auffordern würden. Wenn er damit auf Ablehnung stößt, tritt er zurück und kommt zu uns. Wenn wir unser Rundschreiben[2] nur eine Woche früher gehabt hätten! Ich habe drei oder vier Trade Unionisten getroffen, die alle zu uns gekommen wären, wenn Liebknecht nicht alles verpfuscht hätte. – Ich bin sehr froh, daß wir Keir Hardie haben. Ich habe ihn letzten November zum General mitgenommen (während des hiesigen Kongresses), und Engels hat ihm seitdem häufig geschrieben. Wir haben ihm damals die Situation erklärt, und Hardie, ein großartiger Kerl, hat uns in Schottland ungeheuer geholfen. Ich hoffe, er kriegt das Geld, um am Kongreß teilnehmen zu können. Er würde Dich interessieren. Bis vor kurzem arbeitete er in den Minen (jetzt kriegt er als Sekretär seiner Gewerkschaft 80 PF im Jahr – nicht eben viel für einen Mann mit einer Frau und vier Kindern!) und hat es als Autodidakt ziemlich weit gebracht. An Stepniak haben wir geschrieben. Dem Brief, worin er sagt, daß sein Name zurückgezogen werden soll, braucht Ihr keine Beachtung zu schenken. Er hat ihn bloß deshalb geschrieben, weil er glaubte, die Unterzeichner des Aufrufs sollten Vertreter von Organisationen sein. Ich habe ihm erklärt, er könnte auch eigenverantwortlich als Einzelner unterschreiben. Kropotkin und die Anarchisten ebenso wie Lawroff sind gegen Stepniak, und er fürchtete, uns Schwierigkeiten zu machen. Er hat für uns an Vera Sassulitsch und die anderen Russen geschrieben.

Ich habe heute 500 Kopien der letzten Einladung verschickt und über 100 Briefe und Postkarten und bin todmüde –, denn ich habe auch noch ein Stück »getippt«! – Noch eine Sache. Ich wette, Ihr habt für die Kongreßwoche das Haus voll. Könnt Ihr Edward und mir in Le Perreux für etwa drei bis vier Wochen – sagen wir: vom 1. bis Ende Juli – irgendein *billiges* Zimmer (wir sind sehr arm!) besorgen? Ich will *Dir* selbst nicht lästig fallen, doch wenn Ihr irgend etwas finden könntet, würde ich mich freuen. Wir wollen gern rüberkommen, und ich will besonders jetzt nicht einfach darauf trauen, daß wir bei der Zimmerbeschaffung nachher schon Glück haben werden.

Ich muß heute abend ein halbes Dutzend Gewerkschafter wegen des Kongresses treffen – also leb wohl für heute. Wir haben ständig

238

in den Radikalenclubs geredet, und jetzt hoffe ich, irgendwelche Früchte unserer Arbeit zu ernten. – Die Antwort auf das idiotische »Manifest« von *Justice* ist glänzend!³
Euch beiden liebe Grüße von uns,
Deine
Tussy

1. Okecki war Schatzmeister des Comité Boulé. Er hatte an den *Star* geschrieben, um gegen die Anschuldigung zu protestieren, anläßlich einer Ergänzungswahl Geld von den Boulangisten erhalten zu haben.
2. Einberufung des Kongresses, ein Text, der an die Arbeiter und Sozialisten Europas und Amerikas appelliert.
3. *Justice* veröffentlichte am 25. Mai 1889 das »*Manifest der S. D. F.*: Die ganze Wahrheit über den Internationalen Arbeiterkongreß 1899 in Paris«. Auf dies »Manifest« antwortete der Artiel von Bernstein, von dem hier die Rede ist.

Der Internationale sozialstische Arbeiterkongreß findet vom 14. bis 20. Juli 1889 in der Salle Pétrelle in Paris statt. Etwa vierhundert Delegierte aus vierundzwanzig Ländern Europas und Amerikas nahmen daran teil.

Der gleichzeitig ebenfalls in Paris, in der Rue de Lancry, stattfindende Kongreß der Possibilisten vereinigte nur Delegierte aus vierzehn Ländern und war ein Fehlschlag.

Der marxistische Kongreß umfaßte auch anarchistische und reformistische Elemente, die stark zu einer Vereinigung mit den Possibilisten neigten, was Anlaß zu lebhaften Kontroversen gab. Bei der vierten Sitzung wurde ein Vorstoß Liebknechts, der die Zusammenlegung der beiden Kongresse vorschlug, mit absoluter Mehrheit angenommen, doch die possibilistischen Forderungen verurteilten diesen Plan zum Scheitern.

Folgende Beschlüsse und Forderungen wurden angenommen:
– Kampagne zur Einführung des Achtstundentags und Organisation internationaler Kundgebungen am Ersten Mai.
– Verbot der Kinderarbeit, Jugend- und Frauenarbeitsschutz, Arbeitszeitregelung für Tages-, Nacht- und Feiertagsarbeit.
– Auflösung der Armeen und Bewaffnung der Bürger.
Der Kongreß erklärte, der Friede sei die erste und unabdingbare Voraussetzung für die Emanzipation der Arbeiter.

Eleanor und Edward kamen am 6. Juli in Frankreich an und wohnten in Le Perreux, in der Nähe der Lafargues. Sie nutzten die freie Zeit vor dem Kongreß, um die Weltausstellung anzuschauen, die zu der Zeit in Paris stattfand, und um Jennys Kinder zu sehen. Während des Kongresses übernimmt Tussy die Rolle der Übersetzerin für die englischen, deutschen und französischen Delegierten.

Achtzehn Monate trennen den Brief vom Juni 1889 vom nächstfolgenden.

Nach dem Internationalen Kongreß nehmen die Avelings ihre Neffen Johnny (13) und Edgar (10) Longuet mit nach London. Die Kinder wohnen zunächst bei ihnen, fahren dann Engels in Eastbourne besuchen, und leben, wieder in London, abwechselnd bei ihm und bei Tussy, je nachdem, ob Tussys immer zahlreichere Aktivitäten das gerade zulassen oder nicht.

So organisiert sie Gewerkschaften und unterstützt Streiks, insbesondere den großen Streik der Dockarbeiter, von denen Engels sagt, sie seien »die Elendesten der Elenden«. Sie baut die erste weibliche Abteilung der Gaswerkergewerkschaft auf, deren Sekretärin sie ist, und organisiert die erste Gewerkschaft ungelernter Arbeiter. Während des Streiks der Gummifabrik von Silvertown, der unter anderem aus den Fonds der Gaswerkergewerkschaft unterstützt wird und 85 Tage dauert, ergreift sie etliche Male das Wort zur Verteidigung der Streikenden. Sie nimmt an Kundgebungen in London und in der Provinz teil und entwickelt sich zu einer bemerkenswerten Rednerin, die mit Wärme und Überzeugungskraft spricht und von ihrem populären Publikum sehr gemocht wird. Bei der ersten Jahreskonferenz der Gaswerker wird sie per Akklamation zum Mitglied des Exekutivkomitees gewählt.

Am 1. Mai (er wird am Sonntag, den 4., gefeiert) ergreift sie wie Lafargue, Aveling und andere vor tausenden von Menschen im Hyde Park das Wort.

In Frankreich führt der 1. Mai eine Menschenmenge von hunderttausend auf der Place de la Concorde zusammen. Während die Armee im Alarmzustand Paris besetzt, um jeden Zwischenfall zu verhindern, bleibt die Kundgebung vollkommen friedlich. Auf dem Land hat der Sozialismus jedoch wenig Erfolg. Lafargue, der im September 1889 im Cher für die Parlamentswahlen kandidiert hatte, ist ebenso geschlagen worden wie Longuet, Kandidat in Courbevoie.

Immerhin erscheint trotz einer ganzen Reihe von Schwierigkeiten am 21. September 1890 die erste Nummer des Socialiste.

Im August 1890 fahren die Avelings für drei Wochen nach Norwegen, ins Land Ibsens, zu dessen glühenden Bewunderern sie gehören und von dem Tussy mehrere Stücke übersetzt hat. Nach ihrer Rückkehr nehmen sie ihre Aktivitäten wieder auf. Am 11. und 12. Oktober 1890 nehmen sie am Kongreß der französischen Arbeiterpartei in Lille teil, dann wird Tussy zum Kongreß der Sozialdemokratischen Partei Deutschlands eingeladen, der vom 13. bis 18. Oktober in Halle stattfindet.

Diese beiden Kongresse bereiten den internationalen Kongreß von 1891 vor, der in Brüssel stattfinden soll und an dem Tussy als Delegierte der Gasarbeitergewerkschaft, der Liga für den Achtstundentag und diverser sozialistischer Organisationen teilnehmen wird.

Am 3. November 1890 stirbt die treue Dienerin und Freundin der Marx und Engels', Helene Demuth. Engels, der drei Wochen später seinen 70. Geburtstag feiert (und aus diesem Anlaß Grußworte aus der ganzen Welt erhält), findet sich überhaupt nicht zurecht. Er braucht jemanden, der ihm den Haushalt führt und seine Sekretariatsarbeit übernimmt. Er schreibt an Louise Kautsky, deren Bekanntschaft er vor ein paar Jahren gemacht hatte, als sie mit ihrem Mann nach London gekommen war. Mittlerweile ist Louise geschieden, sie nimmt in Wien an einer Hebammenausbildung teil und bleibt dabei den Mitgliedern der Sozialdemokratischen Partei eng verbunden, die sie während ihrer Ehe kennengelernt hatte. Ermutigt durch ihre Umgebung, insbesondere durch Bebel und Singer, denen daran liegt, daß einer der Ihren diesen Posten besetzt, nimmt sie Engels' Angebot an.

Im weiteren Fortgang dieser Korrespondenz wird sich zeigen, was diese Neuerung für Auswirkungen hat und wie Tussys Empfindungen im Hinblick auf Louise sich in dem Maße wandeln, wie diese ihre Stellung und ihren Einfluß auf Engels behaupten kann.

243

Zum erstenmal taucht in dieser Auswahl von Briefen der Name Freddy Demuth auf. In der Zeit, wo Tussy diesen Brief schrieb, wußte sie von ihm nur, daß er der Sohn von Helene Demuth war, den sie sehr geliebt hatte, und der uneheliche Sohn von Engels. In Wirklichkeit hatte Engels, um ein Familiendrama bei den Marx zu verhindern, die Ergebenheit und Freundschaft so weit getrieben, daß er diese Vaterschaft übernommen hatte. Erst bei seiner letzten Krankheit und als keinerlei Hoffnung mehr bestand, enthüllte Sam Moore, einer von Engels' Testamentsvollstreckern, Tussy schonend, daß Freddy Marx' Sohn war. Aus Verehrung für ihren Vater wies sie diese Vorstellung weit von sich. Sie konnte es nicht glauben, mußte es von Engels selbst hören. Als sie an seinem Sterbebett ankam, konnte Engels, vom Kehlkopfkrebs zerrüttet, nicht mehr sprechen, und er mußte die Eröffnung Sam Moores schriftlich bestätigen. In der Folgezeit wird Freddy Tussys enger Freund, ihr Vertrauter in schlimmen Stunden, und ihm schrieb sie schließlich den Brief, der fast ihr letzter sein sollte.

73. Eleanor an Laura

National Union of Gasworkers & General Labourers of
Great Britain & Ireland

141, Barking Road, E.
19. Dezember 1890

Liebe Laura,

das Papier darf Dich nicht erschrecken. Meine »Pflicht« habe ich in dem Brief an Paul erfüllt, den ich beilege. Jetzt kann ich zum vergnüglichen Teil übergehen und plaudern. Ich wünschte, ich hätte Dich hier zum Schwatzen – allerdings liegen auf den »Bleiplatten« vom Dach einige Fingerbreit Schnee, und die Kälte ist tierisch. Ich würde Dir die Geschichte der letzten Wochen gern *erzählen*. Ich bin außerstande, das Epos zu schreiben, das allein den Tatsachen des Falles gerecht würde. Nach Deiner Abreise war ich von Samstag bis Sonntag mit dem General zusammen, und wir haben bis zwei

Uhr dreißig »gepumpst«. Ich war so schläfrig, daß ich mich kaum erinnere, was wir gepumpst haben. Ich habe nur den allgemeinen Eindruck zurückbehalten, daß wir uns wacker in trotzigem Aufbegehren gegen die grauenerregende Pumps geübt haben. – Der Sonntag verlief dann vergleichsweise ruhig, doch Pumps verabschiedete sich früh, und der General fing an zu beben. Dann wurde es spannender. Telegramme aus Österreich trafen ein. Louise war unterwegs. Es gab zuerst blinden Alarm, einiges Hin und Her. Endlich traf Louise ein. Unterdessen hatte der General den nötigen Mannesmut aufgebracht und Pumps mitgeteilt, daß Louise auf *meine* (!!) Einladung rüberkäme und daß sie anständig behandelt werden sollte – unter Androhung einer Testamentsänderung. Louise kam. Sie war, wie man sich denken kann, todmüde: die ganze Reise von Wien auf einmal und das nach Wochen harter Arbeit – wahrlich kein Spaziergang. Noch am selben Tag wollte Engels sie zu Pumps schleppen, doch da ich (wir hatten Louise morgens abgeholt) gesagt hatte, ich würde nachmittags vorbeikommen, wurde der Besuch bis zum nächsten Tag aufgeschoben. Dann gingen sie hin, und an dem Tag, wo Pumps den Besuch zu erwidern geruhte, floß der Champagner in Strömen. Natürlich kam dann die Frage auf, »wer am Kopf des Tisches sitzen sollte«. Zuerst bestand der General, trotz Louises Einwand, sie könne und wolle nicht »vorlegen«, darauf, daß sie den Platz »am Kopf des Tisches« einnehmen sollte, aber im letzten Augenblick kniff er dann doch noch, und so präsidiert Pumps wie bisher. Dir das ganze Auf und Ab zu schildern, würde Bände füllen. Aber du kannst es Dir ja ohnehin ausmalen. Nur eins ist zu köstlich, als daß ich es unterschlagen könnte. Am Geburtstag des Generals war Pumps betrunkener als gewöhnlich und vertraute *Louise* an, sie »wüßte, daß sie sich ihr gegenüber gut benehmen müßte, weil sie sonst aus dem Testament gestrichen würde«! – Die arme Louise tut mir leid. Bebel und die anderen haben ihr gesagt, es wäre ihre *Pflicht* gegenüber der Partei, in Wien aufzuhören. Das kann man wohl kaum fair finden. Sie kam so gut voran in Wien, und die ganze Karriere zu opfern, ist ja keine Kleinigkeit – von einem *Mann* würde das niemand verlangen. Sie ist noch so jung – gerade erst dreißig. Es ist irgendwie nicht recht, sie einzusperren und ihr jede Chance auf ein erfüllteres und glücklicheres Leben zu verweh-

246

ren. Selbst unsere arme Nymmie kam ja nicht aus dem Haus – außer, sie nahm Pumps mit. *Dann* war es völlig in Ordnung. Überdies glaube ich, unter uns gesagt, nicht, daß es dauern wird oder kann. Aber machen kann ich natürlich nichts. Doch ich sehe ganz genau, daß es unschön enden wird. Und in jedem Fall ist es unfair Louise gegenüber. Eine Fremde wie Marie Döcker würde auf eigene Faust etwas unternehmen. Louise kann das nicht. Ja, da kann man nur zusehen und abwarten. Unterdessen hat es einiges an Komödien und Farcen gesetzt, und der General fürchtet sich mehr vor Pumps – oder vor ihrem Blick? – als je und kriecht noch mehr vor ihr zu Kreuze. Ein-, zweimal hat er Pumps sonntags, als sie nach Hause gegangen war, das halbe Essen hingeschickt, das im Haus war – von den Getränken ganz zu schweigen.

Freddy hat sich in jeder Hinsicht bewundernswürdig verhalten – und Engels' Gereiztheit ihm gegenüber ist so ungerecht wie verständlich. Ich nehme an, niemand von uns würde gern seiner Vergangenheit in Fleisch und Blut begegnen. Es stimmt, ich habe Freddy gegenüber jedesmal Schuldgefühle oder das Gefühl, Unrecht getan zu haben. Was für ein Leben dieser Mann gehabt hat! Wenn ich ihn davon erzählen höre, fühle ich mich ungeheuer elend und beschämt.

Über die Pumpsiade hinaus gibt es wenig Neues. Wir erledigen unseren üblichen Kram – was bedeutet: viel »Schwitzen« für verdammt wenig Lohn. Edwards *Madcap* läuft noch an der Comedy, und er hat Aussichten auf mehr. Das Vertrackte ist nur, daß man sich von Aussichten nichts kaufen kann. Ich mache Übersetzungen (sehr schlechte) für eine neue Zeitschrift. Wir liefern beide »Drama Notes«, doch nicht länger für *Time*, die mit der Dezembernummer das Zeitliche gesegnet hat, sondern künftig für *Tinsley's Magazine*.[1] Ich schreibe Maschine, und Edward schreibt alles Mögliche – Gutes, Schlechtes und Mittleres. Wir haben beide in jeder freien Stunde Versammlungen und ähnliche Arbeit. Da bleibt wirklich keine Zeit, um nachzudenken, ob das Leben lebenswert ist oder bloß eine einzige Plage.

Mémés[2] Brief war entzückend. Sag ihr das. Ich werde ihr schreiben, wenn ich ihr Neujahrsgeschenk abschicke. Wo ich gerade bei Neujahr bin – mir graut vor den bevorstehenden »Festivitäten«. Es ist entsetzlich. Das einzig Angenehme ist, daß der liebe alte General kreuzfidel ist und immer jünger zu werden scheint.

Wie geht es den ganzen Kindern? Kriegst Du überhaupt was von ihnen zu sehen? Ich hoffe doch, recht bald von Dir zu hören. Sollte sich hier unterdessen irgend etwas Erzählenswertes ereignen, laß ich Dich's wissen.

Lebwohl, meine liebe alte Laura,
Deine
TUSSY

1. Monatsschrift, die sehr oberflächliche Artikel brachte.
2. Jenny Longuet, die häufig bei den Lafargues zu Besuch war.

74. Eleanor an Laura

(London), 31. 12. 90

Liebe Laura,

wieder ist ein Jahr vergangen, und wieder wünschen wir uns ein glückliches »Neues«. Gute Wünsche können jedenfalls nichts schaden. Wir haben das Weihnachtsfest überstanden. Doch wenn sich Bernstein und Edward nicht so einen fabelhaften Ulk ausgedacht hätten, wären wir nicht so glimpflich davongekommen. Pumps ist, seit sie weiß, daß Louise hierbleiben soll, versessen auf Streit, und da sie am Weihnachtstag – nun ja, da sie angeheitert war, schienen Szenen unvermeidlich. Glücklicherweise schlief sie ein und erwachte in einer weniger kriegerischen Stimmung. Doch haben wir alle ständig das Gefühl, Mignons Tanz zu tanzen, wie auf Eiern zu gehen und jemandem auf die Hühneraugen zu treten. Der arme alte Jollymeyer konnte nicht rüberkommen. Wir vermissen ihn sehr.

Trotz Deines bösartigen Schweigens hatte ich vor, Dir einen langen Brief zu schreiben, doch ich muß mich jetzt für die Pumpssche Feierlichkeit fertigmachen (Ich wünschte fast, ich hätte mir ein Bein und einen Arm gebrochen und könnte nicht hingehen!), und Du mußt warten – Anspruch auf einen Brief hast Du ohnehin nicht. Bitte sag Mémé, daß wir unserer Patentochter Eleanore (mit den schrecklichen Augen) 5 Francs für ihr Neujahr schicken. Die können jedoch nur vor ein Uhr abgeschickt werden, müssen also morgen abgehen. Dann werde ich Eleanore und Mémé schreiben.

Fürs erste Lebwohl, Liebes, und viel Glück Euch allen im Neuen Jahr.

Von Herzen
Eure Tussy

Bitte schick Beiliegendes an die alte Mme. Longuet.

Anläßlich des 1. Mai 1891 (der in England am Sonntag, den 3., gefeiert wird) versammelt sich im Hyde Park eine riesige friedliche Menge, die sich um die Rednertribünen der Gewerkschaften drängt und die der S.D.F. unbeachtet läßt.

In Paris ist die Place de la Concorde trotz der Attacken der Polizei schwarz von Arbeitslosen. In Fourmies nimmt dieser Tag jedoch eine tragische Wende: die Truppen schießen auf die Kundgebungsteilnehmer, und es gibt zehn Tote und sechsunddreißig Verletzte.

Nachdem sie an den Londoner Kundgebungen teilgenommen haben, fahren die Avelings nach Dublin, wo am 17. Mai der Kongreß der Gaswerkergewerkschaft eröffnet wird.

Und schließlich wird am 16. August trotz einiger Verwirrung hinsichtlich der Termine, trotz der Verzögerung, die daraus für die Versendung der Einladungen entstand, in Brüssel der von der Arbeiterpartei einberufene internationale Kongreß stattfinden. Es werden 363 Delegierte daran teilnehmen, darunter zahlreiche Frauen. Paul Lafargue, der sich in Sainte-Pélagie in Haft befindet, wird die französische Partei nicht vertreten können.

Tussy wird die verschiedenen Berichte ins Englische Übersetzen und den über Großbritannien und England abfassen, den sie in ihrer Eigenschaft als Delegierte der Gaswerkergewerkschaft, des Komitees für den Achtstundentag und anderer gewerkschaftlicher und politischer Organisationen von der Tribüne verlesen wird.

75. Eleanor an Laura

65, Chancery Lane, W.C.

6. Juli 1891

Liebe Laura,

wir haben gerade in der *Daily News* gesehen, daß Paul zu zwölf Monaten Gefängnis verurteilt worden ist.[1] Ich nehme aber doch an, daß er gegen dieses ungerechte Urteil Berufung einlegen kann. Hier könnte er das natürlich nicht, aber in Frankreich, stelle ich mir vor, muß das möglich sein. Wenn er Berufung einlegen kann, kommt er sicherlich ungeschoren davon oder kriegt im äußersten Falle einen Monat oder so. Welche Auswirkungen wird das auf den Kongreß haben? Es wäre ein wahres Unglück, wenn er in Brüssel nicht anwesend sein könnte. Die Possibilisten – jedenfalls unsere Londoner – wollen Rabbatz machen, wenn sie irgend können.

Und nun zu diesem Kongreß. Ich schreibe eigentlich aus dem Grund, um Dich zu fragen, ob Du den beiliegenden deutschen Bericht für die deutsche Partei ins Französische übersetzen willst. Fischer hat mich gebeten, sowohl das Englische als auch das Französische zu übernehmen, aber ich weiß genau, letzteres würde danebengehen. Willst Du also? Selbstverständlich zahlt die Partei, und Fischer überläßt es mir, dafür zu berechnen, was ich für angemessen halte. Er schlägt zudem vor, die Übersetzungen hier zu *drucken*. Wenn Du das Französische übernimmst, könntest Du das jedoch in Paris machen lassen. Wenn Du *sofort* schreibst, schicken wir Fischers Brief an Dich weiter, aus dem Du Details wie die Anzahl der Kopien entnehmen kannst usw. Wenn Du ebenso dringend einen mehr oder weniger ehrlich verdienten Penny brauchst wie ich, nimmst Du die Arbeit an.

Ich habe nicht den Mut, über die Kinder zu schreiben. Es ist so unbeschreiblich abscheulich.[2]

Gib mir Bescheid wegen des Berichts – dann bekomme ich ja auch endlich mal einen Brief von Dir. Ich weiß nicht – das Zählen habe ich aufgegeben –, wie viele Du mir schon schuldest. Auch möchten wir dringend wissen, wie es um Paul steht.

Liebe Grüße von uns beiden,

Deine   Tussy

1. Am 20. Juni hatte Lafargue die Vorladung erhalten. Er sollte am 4. Juli 1891 vor dem Schwurgericht Nord, Sitz Douai, erscheinen. Die Anklage lautete, er habe »am 11. April 1891 in Wignehies durch die im folgenden wiedergegebene Rede, die auf einer öffentlichen Versammlung zum Vortrag gelangte, unmittelbar zum Verbrechen des Mordes aufgerufen, ohne daß besagte Aufforderung Folgen gezeitigt hätte«.

Lafargue wurde zu einem Jahr Gefängnis und hundert Francs Geldbuße verurteilt.

2. Longuet hatte vor kurzem in Caen mit einer gewissen Marie zur großen Empörung der Familie einen Hausstand gegründet.

76. Eleanor an Laura

65, Chancery Lane, W.C.

6. August 1891

Liebe Laura,

Edward hat gerade Deine Postkarte an mich weitergereicht. Es ist *sehr* anständig von Dir, daß Du anbietest, die Übersetzung zu übernehmen. Ich kann Dir diese Plage jedoch ersparen (der Bericht ist entsetzlich lang!), denn Magny, ein alter Kommunarde, hat die Aufgabe freundlicherweise übernommen. Ich fürchte, es wird ziemlich schlecht werden, und wenn noch Zeit ist, schicke ich Dir die Fahnen – wenn Du nochmal drübergehen könntest, ohne *viel* zu ändern wegen der Kosten, wären wir Dir alle dankbar.

Ich schicke Dir den Bericht.[1] Bitte beurteile ihn nicht zu kritisch. Ich mußte ihn schreiben, während ich mir schreckliche Sorgen machte und mich nicht sehr wohlfühlte und ständig unterbrochen wurde. Er mußte so lang ausfallen, weil wir hier nicht *eine* Partei haben, über die zu berichten ist – sondern ein Dutzend.

Ich schicke Dir auch meine Übersetzung des deutschen Berichts. Du wirst sehen (ich habe den General gefragt, ob er das nicht auch für richtig hielte, und er war meiner Meinung), ich habe da die eine oder andere Fußnote angebracht. Engländer können wohl nicht wissen, was die »Gesinde-Ordnung«[2] ist – obwohl wir hier im Hinblick auf das »bäuerliche Gesinde« etwas ganz ähnliches haben.

Ich nehme an, Du hast vom General gehört.[3] Ich befürchtete, als ich Schorlemmer sah, daß der General seine Reise alles andere als vergnüglich finden würde. Schorlemmer wird jetzt *sehr* alt und furchtbar schrullig und übellaunig. Und natürlich war das Wetter prompt entsetzlich. Letztlich und endlich ist der General dann doch am glücklichsten mit seiner betrunkenen Fee Pumps. Man könnte sagen: Prospero, der in eine niedrigere Art von Caliban verliebt ist, denn Pumps hat nicht die erlösenden Eigenschaften Calibans. Ich hoffe immer noch, daß der alte Herr vielleicht mit Moore wenigstens bis Madeira oder vielleicht bis zu den Kanarischen Inseln fährt. Ich hoffe es deshalb, weil die Seereisen dem General immer so gut getan haben. Wie unsere arme Nymmy sagte: Er kehrte jedesmal als »anderer Mensch« zurück. Es ist nicht nur die See – wenn

252

das auch viel ausmacht. Eine noch größere Rolle spielt wohl, daß er aus seinem Kram herauskommt, in eine völlig andere Umgebung. Wenn Du ihm also schreibst, rate ihm doch auch dringend zu einer Seereise. Wenn wir das alle tun, können wir es vermutlich schaffen. – Armer alter Paul! Doch halb beneide ich ihn zugleich – zwölf Monate eingesperrt sein und seine Ruhe haben![4] Gestern waren Vaillant und Jacques und Greulich hier (alle drei sind bei Lessner abgestiegen), und sie waren ganz reizend –, ich meine, die Vaillants, Vater und Sohn. Was machen die Belgier da für ein Kuddelmuddel! Ich werde Euch schreiben und Euch über alles berichten, was da schiefgelaufen ist –, vielleicht amüsiert es unseren Gefangenen.[5] Kannst du künftig soviel mit ihm zusammensein wie bislang? Oder wird er jetzt schlechter behandelt werden als vorher?

Laß recht bald mal auf andere Weise etwas von Dir hören als in Form von Postkarten! Wirklich, Du bist *dermaßen* im Rückstand mit den Briefen!

Grüß Paul ganz herzlich von mir. Wie geht es seinen vielen Kindern? Hat er jetzt auch wieder irgendwelche Küken bekommen?

Auch Dir alles Liebe, Laura, von Deiner
TUSSY

1. »Report from Great Britain and Ireland«.
2. Gesetzesordnung, die die Rechte und Pflichten von Herren und Gesinde festlegt.
3. Engels plante, in Begleitung Schorlemmers Großbritannien per Schiff zum umrunden, doch das schlechte Wetter zwang sie, in Ryde zu bleiben.
4. Lafargues Haftzeit begann am 30. Juli.
5. Die Belgier hatten Einladungen für Sonntag, den 18. August, verschickt, obwohl der Sonntag auf den 16. fiel.

77. Eleanor an Laura

65, Chancery Lane W.C.

12. 8. 91

Liebe Laura,

nur ein paar Zeilen. Fischer schreibt mir, daß wir jeweils 50 Kopien der englischen und der französischen Übersetzung des deutschen Berichts *nach Berlin* schicken sollen. Der Rest soll direkt nach Brüssel geschickt werden. Kümmerst Du Dich darum? Ich nehme an, Guesde wird die Kopien nach Brüssel schaffen. Unsere bringe ich hin.

Deine Landsleute[1] sorgen aufs prächtigste für das nötige Durcheinander! – Vaillant ist, wie Du weißt, hier. Von ihm habe ich etwas Herrliches gehört. *Brousse* ist jetzt geradezu *erpicht* darauf, daß der Kongreß »souverän« sein soll, weil er befürchtet, daß die Allemanisten[2] ihn rausdrängen! Vaillant hat versprochen, daß die Marxisten für Fairplay sorgen werden!! Ist das nicht alles putzig? – Ich würde furchtbar gern nach Le Perreux kommen. Und wie gern – doch der Mensch denkt und sein Geldbeutel lenkt, und wenn dieser Geldbeutel gähnend leer ist –, was kann man da machen? – Ich gehe für die Gaswerker nach Brüssel, und ich muß vom Kongreß aus hierher zurückkehren. Ich sehe für *dies* Jahr keine Möglichkeit, Ferien zu machen! Die Ferien und ich, wir scheinen eigene Wege zu gehen.

A propos General. Was ich wirklich geschrieben habe, ist folgendes: daß Deine erste Postkarte an mich eintraf, *ehe* Du wußtest, daß der General losgefahren war und daß Du das, was Du mir damals schriebst, möglicherweise auch ihm geschrieben hast. Er schreibt, daß er nächsten Montag nach London zurückkehrt. Gewiß *liebt* er die beschwipste Pumps, doch davon abgesehen, erhöhte die Distanz den Zauber der Beschwipstheit doch noch um einiges, und er scheint erpicht, wegzukommen. Er wütet gegen Pumps – und liebt sie. Louise mußte ihm sagen, er möchte seine feindseligen Äußerungen über sie unterlassen, weil sie sonst unmöglich höflich zu ihr sein könnte. »Wie kann ich mich mit ihr anfreunden, wenn Sie sagen, daß sie nur auf Ihren Tod wartet?« fragte Louise. Der General hatte keine Antwort parat. Und so ist alles so ziemlich beim alten –

254

außer daß der General sich bei seinen Schmähreden, auf die *wir* überhaupt nichts mehr geben, etwas mehr in acht nehmen muß.

Herzliche Grüße,
Deine
TUSSY

1. Laura war in Belgien geboren worden.
2. Allemane hatte 1890 anläßlich des Kongresses von Châtellerault mit Brousse gebrochen.

78. Eleanor an Laura

65, Chancery Lane, W. C.
25. September 1891

Liebe Laura,
natürlich weißt Du, daß ich Dir schreibe, um Dir noch »noch recht viele glückliche« 26. September[1] zu wünschen, und natürlich weißt Du ebenfalls, daß ich wünschte, die Wünsche könnten »materialisieren« (Oh je! Warum sind wir nicht Theosophen geworden – mittlerweile wären wir vielleicht schon Mahatmas!) und zu etwas Greifbarerem werden, als Wünsche es sind. Doch gute Wünsche sind alles, was ich zu vergeben habe. Und schließlich gibt es ja auch wieder nicht so sehr viele Menschen auf der Welt, denen man wenigstens die schenkt.–

Ich habe mich sehr über Deinen Brief gefreut, und Sainte-Pélagie macht aus Paul einen großartigen Briefpartner. Je mehr ich über das Hotel jener Heiligen höre, desto mehr wünsche ich mir, Constans[2] möge dem Plan beipflichten, den ich Guesde unterbreitet habe (der mittlerweile wohl mein angeheirateter Cousin ist, nehme ich an). Der Plan sah so aus: Immer, wenn irgendjemand zu Sainte-Pélagie verurteilt worden ist, sollten seine Freunde und Verwandten die Erlaubnis erhalten, für einen Zeitraum von nicht weniger als sechs Wochen der Haftzeit »*Abonnements*« zu erwerben. Wo Paul nun zu 12 Monaten verurteilt worden ist, würde ich (ich würde zahlen für die Gelegenheit!), sagen wir, drei Monate, nehmen; Edward würde dasselbe tun; Du könntest eine Ruhepause von sechs Wochen gebrauchen usw. Auf diese Weise könnte die Regierung drastischen Urteilen frönen und sogar kommerziell davon profitieren – weil man nämlich zum Festpreis abonnieren würde. Und da ist dieser undankbare Paul noch erpicht darauf, nach Lille zu kommen![3] Nun, viel Glück dabei. Hat er wirklich eine Chance in Lille,[3] oder wird das bloß ein ordentlicher Propagandafeldzug und ein Ausflug von 5 Wochen? Nach dem, was Delecluze uns gesagt und geschrieben hat, könnte ich mir vorstellen, daß solch eine Kampagne gerade jetzt, wo die Sache bei unseren Freunden auf etwas wackligen Füßen zu stehen scheint, unschätzbar wertvoll wäre. Es würde sie sicher zusammenschweißen.

Du hast wohl der Workman's Times und dem Vorwärts die ganze Gillesiade entnommen. Gegenwärtig bereitet Gilles[4] angeblich ein Pamphlet vor. Soll er nur! Die Schwierigkeit dabei ist bloß, daß man bei Verleumdungsgeschichten nie weiß, wo man am Ende landet, und in gewissem Sinne wäre jedes Wort, das wir sagen könnten, Verleumdung. Und Du weißt ja, was das hier in puncto Geld bedeutet. Trotzdem bin ich froh darüber, und es war der einzige Weg. Wenn Bebel schreibt 20 Shilling pro »Ohrfeige«, so ist das verlockend billig.– Paul schreibt, Deville bedaure, daß Edward die Sache auf dem Kongreß nicht zur Sprache gebracht hat. Das war unmöglich. Wir konnten die Sache angesichts der Arbeit, die dort zu erledigen war, nicht unterbringen. In der Workman's Times von dieser Woche findet Ihr einen umfassenden und sehr guten Bericht über die Verhandlung – sie stammt vom Herausgeber der Zeitschrift. Dieser Mann war bis zum 30. Lebensjahr Fabrikarbeiter und brennt nun darauf, in »die Bewegung« hineinzukommen, von der er ungefähr soviel weiß wie ein Neugeborenes. Er scheint jedoch anständig zu sein, und die Zeitschrift könnte nützlich sein. In theoretischer Hinsicht ist sie wertlos; doch für eher praktische Nachrichten, im Hinblick auf das, was zu tun ist, ist sie verläßlich. Übrigens – Ihr bekommt sie doch regelmäßig zugeschickt, oder? Wenn nicht, gebt Bescheid.

Was den Kongreß in Brüssel angeht, so war das wirklich ein großer Erfolg: viel größer, als ich es je erwartet hätte.[6] Ich muß sagen, Volders und seine tüchtigen Landsleute hatten die Sache großartig im Griff. Natürlich hast Du davon gehört, was die S. D. F. Leute

256

dort für einen Wirbel gemacht haben. Wenigstens hatten wir in unserer »Britischen Sektion« klare Verhältnisse geschaffen, und – die Unterlagen in der Hand – zeigte Volders den Hyndmaniten, 1) daß die einzigen Schwierigkeiten, die es überhaupt gab, den Possibilisten zu verdanken waren, 2) daß die Possibilisten nicht einmal den Mut hatten, direkt zu den Brüsseler Leuten zu gehen, sondern sich hinter Hyndman gesteckt hatten, der sich für sie beschweren sollte, 3) daß sie alles daransetzten, um die Marxisten daran zu hindern, am Kongreß teilzunehmen. Aus Erfahrung klug geworden, erkannten die Leute von Brüssel, daß ›keine Marxisten‹ bedeutet hätte, keinen Kongreß, und ließen deshalb ihre Possibilisten über Bord gehen.– Ich glaube nicht, daß ich Dir bereits von einer sehr merkwürdigen und sehr aufschlußreichen kleinen Episode beim Kongreß geschrieben habe, die mit diesem äußerst widerwärtigen Menschen Allemane zu tun hatte. Einer der englischen Delegierten – einer der »alten« Gewerkschafter namens Greenwood, trotzdem ein ganz reizender alter Kerl, der mit uns durch dick und dünn ging (mit »uns« meine ich die fortschrittlichere Sektion), fragte mich am letzten Morgen, ob ich für ihn dolmetschen könnte, er *müßte* Allemane etwas fragen. Natürlich konnte ich ihm das nicht abschlagen und ging also mit Greenwood zu Allemane. Der Engländer sagte folgendes: »18 89 war ich auf dem Kongreß in der Rue de Lancry, wo, wie Sie sich erinnern werden, beschlossen wurde, daß ein Bericht herausgegeben werden sollte, und besagter Bericht sollte 5 Shilling kosten.« »Völlig richtig.« »Tja, ich zahlte für zwei Exemplare des Berichts im voraus, und seit dem Tag habe ich nie wieder etwas davon gehört.« Allemanes Miene hellte sich auf. »Ja«, hub er an, »das stimmt genau. Und noch viele andere haben bezahlt. Ich fing an, Material zu sammeln und den Bericht zusammenzustellen, als die Herren Brousse und Gély mir die Sache aus der Hand nahmen. Zu diesem Zeitpunkt hatten sie meines Wissens 500 Frs. von verschiedenen Delegierten für diesen Bericht bekommen und dürften, soweit ich weiß, 5000 zur Verfügung gehabt haben. Doch die Herren Brousse, Gély und Vely (oder ein ähnlicher Name) saßen auf dem Geld. An sie müssen Sie sich in dieser Sache wenden.« Ich riet Greenwood, sich an Smith zu wenden, doch im Durcheinander der letzten Sitzung fand sich keine Gelegenheit. Aber allein schon die Tatsache –

wenn es eine ist –, ist bemerkenswert. Allemane gab immerhin zu, daß Greenwood und andere für Berichte bezahlt hatten, die niemals erschienen waren!

Du hast zweifellos gehört, daß der General eine Rundreise durch Schottland und Irland gemacht hat.[7] Pumps bestand darauf mitzufahren und *einmal* Ferien zu machen, »denn nie hatte sie welche gehabt«. Sie sind nun zurückgekehrt, und Pumps ist so unzufrieden wie immer. Am Sonntag besuchten Edward und ich Louise und den General gleich nach ihrer Rückkehr (Pumps war nach Manchester weitergefahren), und er fluchte natürlich auf sie, was das Zeug hielt. Doch er ist genauso fasziniert wie eh und je, und so sehr er auch schimpfen mag, sie behält die Oberhand. Ich hege die wilde Hoffnung – zu ihrer Erfüllung sehe ich nicht die mindeste Chance –, daß ich irgendwann diesen Winter rüberfahren und Dich besuchen und meinen Urlaub im Dezember nehmen kann. Wie steht es um den Familienrat[8] und die Kinder? Wo ist die kleine arme Mémé? Natürlich weiß ich von allen überhaupt nichts.

Lebwohl, Liebes. Grüß Paul herzlich von mir. Nochmals alles Gute,

wünscht dir Deine
TUSSY

Liebe Laura,

ich habe Deinem Mann soviel geschrieben, und meine Frau (*Friede sei mit dir,* Gilles) hat jetzt soviel an dich geschrieben, daß ich nur liebe Grüße und gute Wünsche hinzuzufügen habe.

EDWARD

1. Lauras Geburtstag.
2. Innenminister.
3. Beim Tod des Abgeordneten der Radikalen im 1. Wahlbezirk von Lille hatte die Arbeiterpartei beschlossen, Lafargue als Kandidaten aufzustellen. Da er immer noch im Gefängnis sitzt, führt Guesde zu seinen Gunsten die Wahlkampagne. Er wird im zweiten Wahlgang (am 8. November) mit 6470 Stimmen gegenüber 5175 seines Gegners, des Kandidaten der Regierungspartei, Lucien – Hector Dépasse, gewählt. Seine Wahl nötigt die Regierung, ihm bis zum Ende der Sitzungsperiode des Parlaments eine vorübergehende Haftentlassung zuzugestehen.

258

4. Ferdinand Gilles, ein Journalist, der 1886 nach London emigriert ist, Mitglied des Kommunistischen Deutschen Arbeitervereins und der S. D. F., verbreitet, durch Hyndman angestiftet, während des Brüsseler Kongresses Schmähschriften gegen Aveling. Aveling sucht ihn am 8. September in Begleitung von Louise Kautsky, die als Zeugin dienen soll, auf und ohrfeigt ihn zweimal. Die *Workman's Times* vom 25. September und der *Vorwärts* vom 11. September berichten über den Prozeß, bei dem Aveling zu 40 Shilling Geldbuße und 23 Shilling Prozeßkosten verurteilt wird. Die sozialdemokratische deutsche Presse beschuldigt Gilles der Spionage, und er wird 1892 aus dem »Londoner Kommunistischen Arbeiterverein« (dt. i. O.) ausgeschlossen.

5. Es handelt sich um Joseph Burgess.

6. Tussy versteht darunter den Ausschluß der Vertreter der anarchistischen Gruppen und das einstimmige Bekenntnis zum Klassenkampf und zur Notwendigkeit des Kampfes für die Befreiung der Arbeiter (s. Leitartikel des *Socialiste* vom 26. August 1891, den Guesde verfaßt hat).

7. Vom 8. bis 23. September hatte Engels in Begleitung von Pumps und Louise Kautsky eine Schottlandreise gemacht.

8. Longuets Verhältnis nach achtjährigem Witwertum löste unter den Schwestern und Freunden Jennys einen Sturm der Entrüstung aus. Es war die Rede davon, einen Familienrat einzurichten, der sich um die Kinder kümmern sollte (die Longuet niemals im Stich ließ), doch dies Vorhaben wurde nicht verwirklicht.

259

In Frankreich wie in England geben die Vorbereitungen für den 1. Mai Anlaß zu allen möglichen Intrigen.

Das Komitee für den Achtstundentag, dem die Avelings angehören. schlug dem »Trades Council« (Londoner Gewerkschaftsrat) die Organisation einer gemeinsamen Kundgebung vor. Der Rat, der augenblicklich mit der S. D. F. verbündet ist, weist den Vorschlag zurück. Die beiden Organisationen wenden sich als nächstes an die Radikalenklubs, die sich schließlich für die gemeinsame Aktion mit dem Komitee für den Achtstundentag entscheiden. Der Artikel aus dem Daily Chronicle *vom 11. April, von dem hier die Rede ist, ist ein Brief von Adolphe Smith an Shipton, den Sekretär des »Trades Council«, worin er ihm mitteilt, daß die Possibilisten beschlossen haben, ein oder zwei Delegierte zu schicken, die den 1. Mai, getrennt vom Komitee für den Achtstundentag, mit den »Trades Unions« feiern sollen.*

Die Kundgebung vom 1. Mai in London zieht eine riesige Menschenmenge an, und die internationale Rednertribüne des Komitees für den Achtstundentag, auf der Lafargue Frankreich vertritt, erringt einen eindrücklichen Erfolg.

79. Eleanor an Laura

(London) 15. April 1892

Liebe Laura,

aus dem, was ich Dir hier mitschicke, kannst Du ersehen, daß es wirklich wichtig ist, daß Paul den Brief, von dem ich gesprochen habe, an den *Daily Chronicle* schreibt. Nur, daß Du ihn für ihn niederschreiben mußt! Glaub mir, das ist für uns hier eine ganz ernste Angelegenheit, wenn wir zu der einzigen französischen Partei, die etwas taugt, freundschaftliche Beziehungen aufrechterhalten wollen. Die ganze Sache ist ein Spielchen der Possibilisten. Also *bitte* sieh zu, daß Paul – wenn er jetzt bei Dir ist – sofort schreibt, und wenn er weg ist, schick den Brief weiter und setz Dich dafür ein! Wie es jetzt aussieht, haben unsere Freunde den Eindruck, daß es sich um eine überflüssige Beleidigung handelt, und da wir hart gearbeitet haben, um ein gutes Klima internationaler Verständigung zu schaffen, wäre es ein ewiger Jammer, wenn man Smith & Co. jetzt alles wieder verderben ließe. Die wirklich fortschrittlichen Arbeiter hier mißtrauen dem »Trades Council« zutiefst, und umso nötiger ist es folglich, ihnen klarzumachen, daß die Parteien, die mit dem »Trades Council« und den Possibilisten zusammenarbeiten, nicht die »Parti ouvrier« (frz. i. O.) sind.

Über alles andere schreibe ich Dir bald. Ich habe sehr viel zu tun, und Edward geht es alles andere als gut. Er hält sich gerade bei einem Freund in Brighton auf. Er hatte eine sehr üble –, hat eigentlich immer noch eine sehr üble Angina.

Ich habe Lust, Dir zu schreiben, damit ich Dir die neusten Pumpsiaden erzählen kann!

Liebe Grüße,
Deine TUSSY

80. Eleanor an Laura

65, Chancery Lane, W. C.
30. 5. 92

Liebe Laura,

da ist wirklich mal eine gute Nachricht, was Du uns da über die Zeitung zu melden hast[1] (Wir haben gestern beim General gebührend darauf angestoßen.) Ich kann Dir gar nicht sagen, wie wir uns darüber freuen, daß Ihr Guten in Paris endlich ein täglich erscheinendes Blatt haben werdet. Hätten wir hier nur auch solche Aussichten! Ich kann Dir allerdings versichern, daß die Tatsache, daß ihr ein solches Organ habt, auch hier *beträchtliche* Auswirkungen haben wird. Beträchtlicher, nehme ich an, als Ihr Euch das in Paris überhaupt vorstellen könnt. Wir wissen nur zu gut, das alles, was du kürzlich über den Zustand geschrieben hast, zu dem diese elenden possibilistischen Lumpen die Lichterstadt heruntergewirtschaftet haben, wahr ist, denn unsere Possibilisten hier haben äußerst geschickt Kapital daraus geschlagen. Die Zustände in Paris sind der letzte Anker für unsere englischen Brousses und Lavys, das einzige, was sie über Wasser gehalten hat. Die Engländer sind absolut unwissend, was ausländische Bewegungen betrifft, doch heutzutage gewandet sich die Unwissenheit nicht mehr in verachtungsvolle Überlegenheit, wie das früher der Fall war, sondern sie kommt als unumschränkte und wahrhaft pathetische Bewunderung für alles daher, was im Ausland gemacht wird. So daß es ein äußerst schlauer Trick dieses gerissenen Trickkünstlers Hyndman war, die französischen Possibilisten gegen die englischen Marxisten auszuspielen. Daß die französische Provinz nahezu geschlossen marxistisch war, fiel nicht weiter ins Gewicht. Für den Engländer ist Paris immer noch Frankreich, und Paris in den Händen der Possibilisten bedeutete für sie ein possibilistisches Frankreich. Zweifellos hatte der glanzvolle Sieg bei den Kommunalwahlen² eine gewisse Wirkung, doch sind diese Wahlen – wie Du vielleicht aus meinem Brief an die *Pall Mall*³ geschlossen hast – von unseren sämtlichen englischen Zeitungen rigoros boykottiert worden. Diese Art von Boykott wird nun um vieles schwieriger, wenn wir erst einmal ein Organ in Paris haben, und die Arbeiter kennen hier heutzutage nichts Schöneres, als dem »ausländischen« Vorbild zu folgen.– Du wirst also verstehen, daß wir uns über die neue Zeitung nicht nur von Eurem, sondern auch von *unserem* Standpunkt aus freuen. Es ist sehr gut, daß Ihr uns zu Englandkorrespondenten bestimmt habt. Da wir ja in ständigem Kontakt mit den ganzen verschiedenen Organisationen stehen, wissen wir, wie es hier wirklich um die Bewegung bestellt ist. Aber seid Ihr damit nicht sehr voreilig, wenn Ihr von mir französisch Geschriebenes verlangt? Es ist eine Binsenweisheit, daß es schwieriger ist zu korrigieren, als zu übersetzen. Doch mein Französisch komme über Euch! Wo wir schon bei der Korrespondenz sind, ich schicke Euch eine Kopie des *Centralblatts*.⁴ Vielleicht interessieren Dich und Paul die Einzelheiten über den Metallarbeiterstreik, die ich dort mitteile. Sie sind ein Stück »Insider«-Geschichte und sonst nirgendwo veröffentlicht worden. Ich kenne die Fakten von einem Delegierten der Tyneside-Metallarbeiter im Exekutivrat meiner Union. Er klagte darüber, daß diese Fakten von sämtlichen Zeitschriften sorgsam unterschlagen würden. Weil nämlich unsere »ungelernten« Leute in allen Branchen als »Hilfsarbeiter« beschäftigt werden, bekommen wir alle Tatsachen über *alle* »gelernten« Berufe zu hören. Und einige dieser Fakten sind sehr interessant!

Wie du weißt, sind Bebel und Singer jetzt gute zwei Wochen hier und fahren Mittwoch ab. Zuerst war Pumps auch hier (Singer, muß ich noch dazu sagen, wohnte bei Bernsteins) und fiel allen beschwerlich. Wenn ich Dich sehe, muß ich eine äußerst tragikomische Geschichte von Bebels *letztem* Aufenthalt hier erzählen –, wie er gegenüber Pumps' Mrs. Potiphar den Joseph spielen mußte. Jetzt ist Pumps weg, doch sie »schmollt« in ihrem Zelt in Ryde, und Du weißt, wie der General leidet, wenn die liebenswürdige Süfflerin von niemandem mehr etwas wissen will. Oh je, es wäre alles sehr komisch, wenn es nicht sehr unerfreulich und sehr traurig wäre! Der General ist jetzt gut beieinander, doch das kommt von der Freude über die Anwesenheit von Bebel und vom Bier und vom Maiwein. Doch wenn diese ganzen Festivitäten vorüber sind, bleibt die Reaktion garantiert nicht aus –, und dann hütet euch vor Sturm und Wind! Vom Zustand des armen alten Jollymeyer[5] hat der General Dir vermutlich berichtet. Es ist unendlich traurig, doch wir haben es schon lange kommen sehen, und Schorlemmers Freunden bleibt jetzt nichts weiter zu hoffen, als daß das Ende bald kommen möge. Es ist ein wahrer Jammer. Der General beabsichtigt, nach Manchester zu fahren und ihn einen Tag oder so zu besuchen. Ich fürchte jedoch, Schorlemmer ist bereits jenseits des Zustands, wo man Wert auf Besuche legt, und sei's auch der seines ältesten und besten Freundes, und Engels fährt vor allem, um seiner Seele Erleichterung zu verschaffen. – Ach, liebe alte Laura, wie blöd ist es doch, schreiben zu müssen, wenn man so gern mit jemandem sprechen möchte! Und da ist so vieles, das man sagen und nicht schreiben kann. Und ich hoffe und hoffe immer, nach Paris zu können, und alles scheint in so weiter Ferne und so unwahrscheinlich wie eh und je. Naja, irgendwann werden wir es wohl schaffen.

Nächste Wochen fahren wir nach Plymouth zum Kongreß unserer Un(ion) (denk doch daran, Paul zu bewegen, daß er uns ein paar Zeilen schickt!), und dann fährt Edward und hält Vorträge für die Sozialisten von Aberdeen. Ich bin – für die deutsche Partei – letzte Woche nach Ayrshire gefahren.[6] Von einem Ferientag konnte da allerdings nicht die Rede sein. Ich fuhr (ich mußte ein paar deutsche Bergleute treffen) am Donnerstagabend um 9 Uhr 15 los, kam in Cumnock ungefähr um 9 Uhr morgens an; den ganzen Tag harte

Arbeit, dann erwischte ich am Freitagabend gerade noch den 9-Uhr-15-Zug in Cumnock und war, vollkommen erledigt, am Samstagmorgen um 8 Uhr wieder in London.

So, jetzt geht mir das Papier aus, und darum kann ich dir weiteres zusammenhangloses Geschwätz ersparen. Liebe Grüße an den Abgeordneten-Redakteur. Edward ist im Museum, sonst hätte er bestimmt auch etwas geschrieben.

Alles Liebe für Dich, liebe Laura,
Deine
TUSSY

1. Der *Socialiste* sollte in eine großformatige Tageszeitung umgewandelt werden, doch aus dem Plan wurde nichts.

2. Am 1. Mai 1892 fand in ganz Frankreich (außer Paris) der erste Durchgang der Kommunalwahlen statt. Die Arbeiterpartei stellte 22 Stadträte und eroberte 600 Sitze und das bemerkenswerterweise in so wichtigen Städten wie Roubaix, Marseille, Montluçon usw.

3. *Pall Mall Gazette* vom 24. Mai 1892.

4. *Sozialpolitisches Centralblatt,* sozialdemokratische Wochenschrift, herausgegeben von 1892–1895 von Heinrich Braun in Berlin. Der Artikel von Tussy erschien in der Nr. 20 unter dem Titel »Die letzten englischen Strikes«.

5. Schorlemmer stirbt am 27. Juni. Engels besucht ihn Anfang Juni. Er ist bereits sehr krank; er leidet an einem Lungentumor und ist teilweise gelähmt.

6. Tussy war auf Verlangen der deutschen Sozialdemokratischen Partei nach Cumnock in Schottland gefahren, um deutsche Bergarbeiter aufzusuchen, die dort arbeiteten und in dem traurigen Ruf standen, niedrige Löhne zu akzeptieren und Streikbrecher zu sein.

81. Eleanor an Laura

65, Chancery Lane, W. C.
26. 7. 92

Liebe Laura,

es ist *sehr* lieb von Dir, daß du 50 frs. für Freddy[1] geschickt hast (ich weiß, daß *Du* Dir das nicht leisten kannst!), doch als Freddy mich bat, für ihn zu erkunden, ob Paul nicht etwas Druck auf Longuet

264

ausüben könnte, hat er nicht im entferntesten daran gedacht, daß *Du* etwas schicken solltest. Es geht um folgendes: Freddys Frau ist vor einiger Zeit auf und davon und hat nicht nur fast alles mitgenommen, was Freddy selbst gehörte – Sachen und Geld –, sondern, was das Schlimmste war, die ganzen 24PF, die seine Arbeitskollegen ihm anvertraut hatten. Dies Geld gehört zu einem kleinen Wohltätigkeitsfond, den sie haben – und am Samstag muß er über das Geld Rechenschaft ablegen. Jetzt verstehst Du, weshalb das so eine üble Sache ist. Freddy hat wieder und wieder an Longuet geschrieben, doch der *antwortet* nicht einmal auf seine Briefe, und deshalb bat mich Freddy, ob ich nicht versuchen könnte, Paul dazu zu bringen, daß er die Sache irgendwie vor die Vormünder bringt. Natürlich habe ich Longuet *diese* ganzen Fakten nicht alle erzählt, denn Freddy möchte nicht, daß es irgendjemand erfährt – vor allem Engels nicht. Ich denke aber, wir werden uns schon aus der Affäre ziehen, weil Edward heute oder morgen etwas für eine kleine Operette zu bekommen hofft (keine Angst – nur der Text ist von ihm!), und zusammen mit dem, was Freddy hat, reicht das dann schon. Es mag sein, daß ich sehr »sentimental« bin – doch ich habe nun mal das Gefühl, daß Freddy sein ganzes Leben lang großes Unrecht erlitten hat. Ist das nicht wunderschön, wie selten wir, wenn man mal ganz ehrlich ist, all die löblichen Dinge praktizieren, die wir anderen predigen? Liebes, was für eine endlos lange Zeit vergangen ist, seit ich von Dir gehört habe – und jetzt höre ich, daß Du flachliegst. Das ist wirklich ein schreckliches Pech – vor allem, wo Paul nicht da ist. Ich fürchte, Ihr habt alle beide eine Menge Scherereien wegen dieser Zeitung gehabt. Ich höre hin und wieder vom General etwas darüber.

Wie Du weißt, hatten wir bis jetzt alle Hände voll mit Wahlen[2] zu tun – und sehr interessant war es schon. Doch was für einen gräßlichen Haufen Unsinn Bonnier zusammengeschrieben hat! Manches an den Interna dieser Kampagne war sehr lustig; was zum gegenwärtigen Zeitpunkt publik werden kann, schicken Edward und ich an die *Neue Zeit*,[3] oder vielmehr, wir haben es bereits getan. Eine der komischsten Sachen konnten wir dort allerdings nicht erwähnen, aber Du sollst sie jetzt hören. Champion – ausgerechnet! – schrieb und bot an, Edward alles nötige Geld zu beschaffen, wenn

265

ihm daran gelegen wäre, irgendwo »ins Rennen zu gehen«. Selbstverständlich antwortete Edward, daß er erstens gar keine Lust habe, »ins Rennen zu gehen«, und daß er, zweitens – würde er je antreten – Geld nur von einem Komitee derer nehmen könnte, die ihn aufstellen wollen und nicht im Alleingang. Natürlich sind nicht alle so skrupulös gewesen. Aus anderen Lagern wurden Edward noch andere – direkte und indirekte – Angebote gemacht. Von den großen Summen, mit denen Hyndman sich in *Justice* so gebrüstet hat, ist nichts gekommen. Er versprach das Geld – gab aber keins. Nicht einmal Taylor, der in London kandidiert hat. Auch das hat zu allerlei eigenartigen Ergebnissen geführt; eins davon war, daß die S. D. F.-Gruppe in Taylors Wahlkomitee Hyndman aufforderte, die S. D. F. wegen seines unlauteren Benehmens zu verlassen! – Dieser selbe Taylor schrieb uns tatsächlich, und bat Edward und mich, ihm doch zu helfen – und da sein Programm hervorragend war, und er diesen gemeinen Hund Howell bekämpfte, haben wir ihm auch geholfen. Er scheiterte jedoch auf die kläglichste Weise – und das hauptsächlich dank der S. D. F. Du kannst Dir also denken, daß man auf weitere interne Kräche der glücklichen S. D. F.-Familie gefaßt sein muß.

Sonntag fuhr Louise Kautsky in Urlaub, und der General bricht morgen zur Isle of Wight auf. Die Vielgeliebte⁴ beschert der Welt schon wieder ein Monster. Ist das nicht gräßlich? Nachdem er dann 10 oder 12 Tage mit Pumps zusammengewesen ist, fährt der General – es sei denn, sie redet ihm das doch wieder aus – nach Deutschland; und zwar in seine Heimatstadt, um seine Brüder zu besuchen, wahrscheinlich nach Berlin und Wien und bestimmt in die Schweiz. Ich denke, eine solche Reise, bei der er neue Gesichter sieht und mal alles hinter sich läßt, wird ihm unermeßlich guttun. Der Tod unseres armen alten Jollymeyer ist ein sehr harter Schlag für ihn gewesen, wie Du Dir vorstellen kannst.

Du siehst, Liebes, ich habe auch nicht viel Neues zu berichten. Die verschiedenen Versammlungen und unsere eigene Arbeit halten uns auf Trab. Der Kongreß der Glashüttenarbeiter hat mich allein eine Woche mit Übersetzen und der Anfertigung einer Mitschrift beschäftigt, und diesen Bericht übertrage ich jetzt aus der Kurzschrift in Maschinenschrift. Kennt Paul Rey und Rauzier, die zwei französischen Delegierten? Sie haben mir sehr gut gefallen.

266

Edward war die ganze letzte Woche in Dublin drüben – um für unsere Union die Buchprüfung zu machen. Im Augenblick ist er im Museum und macht sein Geologiebuch fertig. Sonst würde er auch schreiben. Oh je, ich frage mich, wann ich Dich sehen werde! Ich kann gar nicht sagen, wie sehr ich mir das wünsche. Grüß Paul herzlich von mir, wenn dieser Wanderer zurückkommt, und nimm selbst einen Kuß und herzlichen Dank

von Deiner

TUSSY

Hast Du Mehrings *sehr* interessante Artikel in der *Neuen Zeit* über unsere Vorfahren – die Westphalens – gelesen? Solltest Du tun. Er hätte ihm allerdings mehr über Mutters Vater erzählen sollen. Natürlich konnte er Ferdinands[5] Bericht nicht entnehmen, was für ein köstlicher Mensch das gewesen sein muß.

Meine Liebe, Du hast nicht angegeben, auf wen die Anweisung ausgestellt ist. Ich dachte, wahrscheinlich auf mich, um Freddy den Ärger zu ersparen: doch sie sagen, nein. Schreib doch bitte und sag, auf welchen Namen sie *genau* ausgestellt ist.

Deine T.

1. Man muß sich fragen, weshalb Lafargue, wo doch der wahre Vater von Freddy noch gar nicht bekannt ist, Druck auf Longuet ausüben soll, damit der ihm Geld schickt.

2. Das hervorstechende Ereignis der englischen Wahlen (vom 7. bis 24. Juli) ist der Einzug von neun Arbeitervertretern, darunter John Burns, Wilson, Keir Hardie etc., ins Parlament.

3. »Die Wahlen in Großbritannien«, Nr. 45, 1891/92

4. Es handelt sich offensichtlich um Pumps.

5. Ferdinand von Westphalen, Halbbruder von Frau Marx, war von 1850–1858 preußischer Innenminister.

82. Eleanor an Laura

65, Chancery Lane, W. C.

7. 2. 93

Liebe Laura,

ich schicke Dir einen Appell von den englischen Glashüttenarbeitern –, und ich schicke ihn *Dir*, statt ihn selbst zu übersetzen, erstens, weil Du das soviel besser kannst, als ich es könnte, und zweitens, weil dieser Appell, aus dem deutlich wird, wie hervorragend unsere Briten sich den Franzosen gegenüber benommen haben, in *alle* unsere Zeitungen kommen müßte. Das allein würde unsere Leute in Yorkshire schon mächtig freuen. Ich bitte Dich also, das Beiliegende *sofort* zu übersetzen, damit die Übersetzung im *Socialiste* und allen anderen Organen gedruckt werden kann, und die Übersetzung dann *zusammen mit dem englischen Original* an Ph. Chausse, *Chemin de Garland 47, Lyon*, weiterzuschicken. Das Englische muß auch an ihn gehen, weil Clausse und Greenwood[1] beide pingelig sind in Fragen der Etikette und darauf bestehen, daß alle das Original und die Übersetzung haben sollen. Unterdessen schreibe ich diesen beiden Herren, was ich mache. Erschrick nicht über die Länge von Greenwoods Epistel. Ich kriege ständig solche zum Übersetzen, und er ist die Kürze (wenn auch nicht der Witz) selbst verglichen mit Clausse. Jedenfalls zähle ich auf Deine Hilfe.

Bei diesem Kampf geht es um Leben und Tod der ganzen Glashüttenindustrie. Er wird sich unvermeidlich Monate hinziehen. Wie der Ausgang aussehen wird, weiß der Himmel – und, wie Edward sagt: der Himmel ist immer so wenig mitteilsam.–

Als nächstes steht auf meiner Liste ein Brief von Keir Hardie. Er schreibt, daß dort am 28. eine Versammlung der schottischen Labour Party stattfindet, und daß er gern Briefe von »Lafargue und Liebknecht« hätte. Kann die Arbeiterpartei ein paar Zeilen schicken? Wenn ja – laß sie die Betonung auf die »*Unabhängigkeit*«[2] der Bewegung legen, d. h. darauf, daß wir uns deutlich gegen alle anderen Parteien abgrenzen müssen, weil Hardie *gewaltig* mit den konservativen Fleischtöpfen liebäugelt – was er seltsamerweise mit der »Unterstützung« des »nichtkonformistischen Bewußtseins« zu verbrämen sucht. Doch ein Brief könnte schon nützlich sein. Insbesondere deshalb, weil es dem Züricher Kongreß gegenüber dem Pseudo-Kongreß [3] den Rücken stärken könnte. Jedenfalls habe ich Dir Hardies Botschaft gegeben, und nun scher Dich zum Kuckuck damit, wie wir unter höflichen Leuten sagen.

Die Kälte hier ist einfach schrecklich. Du kannst Dir vorstellen, in welchem Maße das die ganzen gräßlichen Plagen der Arbeitslosenmisere noch verschlimmert. Die Lage hier – und mit »hier« meine ich ganz Großbritannien – ist unsäglich schrecklich.– Bebel ist für ein paar Tage hier, wie Du vielleicht vom General gehört hast.– Pumps (oh je!) ist noch nicht weg. Ich nehme an, sie wird hier hokkenbleiben, solange es irgend geht. Gestern bekam ich einen herrlichen Brief von Jean. Er schien sich ungeheuer über einen Brief von Dir und Paul gefreut zu haben. Armer Bengel! Man braucht nicht groß zwischen den Zeilen zu lesen, um zu begreifen, was er von seinem Vater wirklich hält und in was für einer unglückseligen Lage er ist. Mit 17 fühlt man alles immer mit solcher Intensität!– Edward ist heute abend in Bristol. Es geht ihm gar nicht gut, so daß er mir leid tut, weil er fahren muß. Aber es ist nichts dran zu ändern. Er kommt morgen Nacht zurück. Es gibt eine »Demonstration« in Bristol im Zusammenhang mit dem Skandal, daß sie während einer absolut legalen und friedlichen Demonstration Militär gerufen haben.

Leb wohl, meine liebe Laura. Herzliche Grüße von uns an Euch beide.

Deine

TUSSY

1. Greenwood war Sekretär des Syndikats der englischen Glashüttenarbeiter.

2. Die »Independent Labour Party«, der Embryo der Arbeiterpartei, wurde auf dem Kongreß von Bradford (13. und 14. Januar 1893) gegründet. Trotz der reformistischen Neigung ihrer Führung war die Basis doch authentische Arbeiterschaft, und sie wird ihre ersten Erfolge im Norden Großbritanniens erringen.

3. Der dritte Internationale Kongreß der sozialistischen Arbeiter wird im August 1893 in Zürich stattfinden, und die Avelings und Louise Kautsky werden daran teilnehmen. Engels wird am letzten Tag dort erscheinen und auf allgemeines Verlangen den Vorsitz der Sitzung übernehmen. Der rivali-

sierende Kongreß, von dem hier die Rede ist, war vom T. U. C. beschlossen worden, der diesen Plan am Ende fallen läßt und seine Delegierten nach Zürich schickt.

83. Eleanor an Laura

7, Gray's Inn Square, W. C.
17. November 1893

Liebe Laura,

jetzt ist es im wörtlichen Sinne Monate her, seit ich zum letztenmal von Dir gehört habe! Was wohl aus Dir geworden ist? Gönn mir doch ab und zu ein Wort. Du weißt ja gar nicht, wie froh ich wäre, wenn ich ab und zu einen Brief von Dir bekäme, denn wenn ich auch sehr beschäftigt bin, so bin ich doch sehr einsam, und Briefe von Dir wären mehr als willkommen. Das bißchen, das ich über Dich höre, stammt immer vom General.

Was für eine abscheuliche Sache diese letzte anarchistische Heldentat ist![1] Und gerade, wo es so aussah, als sollten wir in Frankreich ein bißchen vorankommen! Es ist zum Rasendwerden. Natürlich wird es *unseren* Leuten am meisten schaden. Ich warte ungeduldig darauf zu erfahren, welche allgemeine Richtung man einschlagen wird. Ich brauche wohl kaum zu sagen, daß die Schandtat auch auf uns hier ernste Auswirkungen hat. Wenn Du kannst, schick mir doch alle Zeitungen, die ich für die *Workman's Times* verwenden könnte. Ich habe mich *sehr* gefreut, daß Paul die *Vorwärts*-Korrespondenz bekommen hat.[2] Es ist nicht viel, aber doch etwas! Wie kommst Du mit den Übersetzungen zurecht? Du solltest sie nicht Natalie[3] anvertrauen (sie übernimmt sie, wenn die Berichte unübersetzt eingeschickt werden), weil sie so langsam ist und gewöhnlich solchen Blödsinn übersetzt. Doch ist es ein Segen, daß wir diesen gräßlichen kleinen Idioten Arndt[4] los sind und daß Paul jetzt die französischen Nachrichten liefert. Besagter Arndt hatte doch tatsächlich die Stirne, neulich abends beim General einzudringen, wo er – glaube ich jedenfalls, ich war selbst nicht dabei – sich eine ordentliche »Abreibung« geholt hat, wie man so sagt.

Dem General geht es, wie Du gewiß aus seinen Briefen ersehen kannst, einfach großartig. Seine Reise [5] hat ihm ungeheuer gutgetan, und die Reaktion nach der ganzen Aufregung war nicht so schlecht, wie ich zunächst befürchtet hatte. Louise hat ihn hervorragend im Griff, und er ist glücklich wie ein Schuljunge. Pumpsia liegt (augenblicklich) hoffnungslos im Hintertreffen. Sie kam in die Stadt und mußte bei Charlie absteigen! [6] Sie versuchte, wenigstens noch den Sonntag zu bleiben, wurde jedoch erbarmungslos hinausbefördert! Wenn ich dran denke, wie sie unsere arme Nimmy behandelt hat, kann ich mir ein gewisses boshaftes Vergnügen an ihrem Ungemach nicht versagen.– Noch eine gute Nachricht (ich bin froh, daß ich mal eine habe): der General arbeitet an Band III, [7] und ein recht beträchtlicher Teil davon wird unmittelbar nach Weihnachten an Meißner geschickt –, es wäre zu riskant, es während des Ferienverkehrs loszuschicken. Weihnachten! Oh Laura, diese schrecklichen Feste –, und sie werden immer furchtbarer, je weniger Sinn man dafür hat! Ich wünschte, ich könnte davonlaufen und zu Dir kommen. Das wären dann wirklich einmal Ferien! Ich bin fürchterlich trübsinnig und blöd im Kopf, und ich würde nicht schreiben, wenn ich nicht hoffte, auf diese Weise ein paar Zeilen von Dir zu bekommen. Ich habe mich während der letzten Tage sehr elend gefühlt. Eigentlich habe ich mich dermaßen krank gefühlt, ohne krank zu sein – wenn Du mit diesem Unfug überhaupt etwas anfangen kannst –, daß ich mir da wohl eine nette kleine Grippe heranzüchte. Ich kann kaum aus den Augen gucken, Kopf und Rücken schmerzen wie wahnsinnig; die Kehle ist zugeschwollen, und mir ist unaufhörlich übel. Lustig, nicht? Ich erwähne das nur, damit ich eine Ausrede für meine außerordentliche Stumpfsinnigkeit habe und weil ich hoffe, daß Dir meine elende Verfassung einen Brief abringt!

Edward, da bin ich wirklich froh, geht es wesentlich besser als bislang. Sein Stück ist durchgefallen, wie Du weißt – ein Resultat, auf das ich absolut gefaßt war, denn es war wirklich kein gutes Stück. Er ißt irgendwo mit ein paar Theaterfreunden zu Abend, so daß er Dir nichts mitteilen kann, und da es fast eins ist und mein Feuer ausgegangen ist, sage ich Dir jetzt auch gute Nacht.

Schreib mir doch, liebe Laura. Grüße Paul herzlich. *Er* schreibt ja nie außer über »Geschäftliches« – und dann ungefähr 2½ Zeilen.

Deine Dich liebende Schwester

Tussy

1. Wenn Tussy sich nicht im Datum geirrt hat, könnte es sich eher um das Attentat von Barcelona (am 7. November) handeln, bei dem sechzehn Menschen im Liceo-Theater durch eine Bombe getötet wurden, als um die Explosion vor dem Wohnhaus eines Generals in Marseille (am 10. November), bei der nur Sachschaden entsteht. Der Vollständigkeit halber sei noch hinzugefügt, daß am 13. November der Schuster Léanthier in einem Restaurant in der Avenue de l'Opéra den Botschafter von Serbien schwer verletzt und daß Vaillant am 9. Dezember im Abgeordnetenhaus eine Bombe wirft.

2. Liebknecht hatte Lafargue aufgefordert, wöchentlich einen Korrespondentenbericht an den *Vorwärts* zu schicken und zwar in deutscher Übersetzung, damit er gleichzeitig im *Vorwärts* und im Hamburger *Echo* erscheinen konnte.

3. Liebknechts Frau.

4. Dieser junge deutsche Journalist, der in sozialistischen Kreisen verkehrte, nahm an Kongreß in Zürich teil und unternahm im *Vorwärts* vom 20. September 1893 die Verteidigung Brousses.

5. Vom 1. August bis zum 29. September war Engels durch Deutschland, Österreich-Ungarn und die Schweiz gefahren. So kam seine Teilnahme an der Schlußsitzung des Züricher Kongresses zustande.

6. Charles Rosher, Schwager von Pumps.

7. Band III des *Kapital.*

Im November 1892 kommt Ludwig Freyberger, ein junger Wiener Arzt, in der Absicht nach London, sich dort niederzulassen. Louise Kautsky hatte ihn im Sommer des vergangenen Jahres kennengelernt, als sie ihre Ferien in Wien verbrachte. Engels nimmt ihn sehr freundlich auf, er schätzt seine wissenschaftlichen Fähigkeiten, und Freyberger wird in kurzer Zeit zu einem seiner Vertrauten.
Im Februar 1894 wird die Heirat Louises und Dr. Freybergers (der fünf Jahre jünger war als sie) den engen Freunden durch eine schlichte Karte angezeigt.
Dies Ereignis beunruhigt Lafargues nicht sonderlich; sie beschränken sich darauf, Glückwünsche auszusprechen. In Tussy hingegen weckt es Befürchtungen und Verdächte, die rasch ein obsessives, um nicht zu sagen pathologisches Ausmaß annehmen.

84. Eleanor an Laura

7, Gray's Inn Square W. C.
22. 2. 1894

Liebe Laura,
ich kann verstehen, daß Du mich das alles fragst –, doch ich kann Dir Deine Fragen nicht beantworten! Ich weiß absolut nichts, und die ganze Affäre war »in Geheimnis gehüllt«. Wenn Du fragst, ob die Verbindung Freyberger/Louise schon vorher beschlossene Sache gewesen sei – da würde ich sagen, ja. Ich hatte daran nur erhebliche Zweifel. Aus bestimmten privaten Gründen, und weil ich einfach nicht begreifen kann, wie irgendjemand Freyberger ertragen kann. Man sagt zwar immer: Die Geschmäcker sind verschieden, schön und gut. Aber dieser Geschmack kommt mir doch sehr abnorm vor.
Nun gut, wir hatten alle so unsere Ansichten, obwohl uns gegenüber nie auch nur die kleinste Andeutung gemacht wurde und obwohl sie in der Öffentlichkeit das *Du* (dt. i. O.), in das sie in unbewachten Momenten verfielen, sorgfältig vermieden (und wenn man mal absieht davon, daß das *Sie* zur Vorspielung falscher Tatsachen taugt, besagt das *Du*, wie Du weißt, im Deutschen ja sehr wenig.) Letzte Woche war ich für eine Woche zu Vorträgen im Norden,

und Edward schrieb mir, daß der General und Louise nach Eastbourne gefahren wären. Louise hatte mir erzählt, daß der General vorhatte dorthin zu fahren, um das loszuwerden, was alle höflich als seine »Schwäche« bezeichnen, deshalb fiel mir daran weiter nichts auf. Stell Dir meine Überraschung vor, als ich eine Karte bekomme – so eine, wie Du sie auch bekommen hast. Keine Zeile sonst, kein weiteres Wort! Wenn das nun nicht eigenartig wirkt, daß sie den General mit in die Flitterwochen nehmen, dann weiß ich nicht! Du kannst Dir seine zartfühlenden Witze bei einer derartigen Gelegenheit vorstellen. Du fragst, wie er es aufnimmt. Ich weiß es nicht, wie ich überhaupt nicht weiß, wie sie sich arrangieren wollen. Ich habe den General schon seit vielen Monaten nicht mehr allein gesehen oder gesprochen, und was immer er denken mag –, er kann ja seine Meinung schlecht vor denen äußern, die davon am meisten betroffen sind. Doch Du weißt ja, der General steht immer unter dem Pantoffel der »Hausherrin«. Als Pumps mit ihm zusammen war, Gott, was hat er nicht alles in sie reingesehen; jetzt ist Pumps entthront, und Louise ist die Königin, die über jeden Fehler erhaben ist. Doch bin ich in der Tat gespannt, wie der Haushalt künftig organisiert sein soll, denn, ehrlich gesagt, es wäre nicht zum Aushalten, wenn Freyberger sich auf Dauer in der Regent's Park Road installieren würde. Es war schon unangenehm genug, ihn ständig dort anzutreffen, doch zu wissen, daß er jetzt immer da sein wird …!

Was Pumps' Meinung angeht, so tappe ich ebenfalls im Dunkeln. Wenn das (ich meine die Heirat, nicht Pumps' Meinung) bedeutet, und das scheint mir mitnichten der Fall zu sein, daß Louise weggeht, wird sie sich natürlich mächtig freuen. Wenn es bedeutet, daß das Haus des Generals in einen Freyberger-Haushalt umgewandelt wird, wird sie fluchen und sich noch benachteiligter vorkommen. Jetzt siehst Du, weshalb Paul nichts gesagt wurde, als er hier war. Niemandem wurde irgendetwas gesagt. Ist das nicht alles merkwürdig? Daß Louise mir kein Wort davon gesagt hat, ist fast so seltsam wie das Schweigen des Generals. Ich sage ›fast‹, weil sie sich mir früher schon öfter »anvertraut« hatte, und es ihr jetzt vielleicht peinlich gewesen wäre, es erneut zu tun. Hat Dir der General nichts darüber geschrieben? Ich fürchte, ich habe ziemlich ins Fettnäpfchen getreten, weil ich kein großes Geschick im Heucheln habe und niemals vortäuschen könnte, daß ich die hohe Gelehrsamkeit und den funkelnden Geist des frischgebackenen Bräutigams bewundere. Naja, alles in allem freue ich mich, daß Louise verheiratet ist. Sie war zu jung für das ziemlich öde Leben im Haus des Generals, und Karl[1] wird zweifellos entzückt sein. Ich habe die Bernsteins noch nicht gesehen, deshalb kenne ich ihre Ansicht zu diesem epochemachenden Ereignis nicht.

So, mein Herz, jetzt habe ich Deine Frage so gut beantwortet, wie ich konnte, und nun gestatte mir auch die Bemerkung: Du schuldest mir einen Brief, und ich werde mich nicht mit einem jämmerlichen Fetzchen Postkarte abspeisen lassen. Also wirklich, nun schreib mir doch ab und zu. Du kannst Dir gar nicht vorstellen, wie ich mich immer freue, von Dir zu hören. Wir haben uns alle gefreut, Paul zu sehen und ihn so wohlaussehend zu finden. Wann werden wir Dich sehen?

Wie ich schon erzählt habe, ich war kürzlich eine Woche in Lancashire. Ich habe in 7 Tagen 8 Vorträge gehalten, 7 davon für die Abteilungen der S. D. F., die meine »Tour« organisiert hatten, und ... (Schluß des Briefes fehlt.)

1. Kautsky

85. Eleanor an Laura

7, Gray's Inn Square, W. C.
2. 3. 94

Liebe Laura,
ich weiß, Du möchtest die letzten Neuigkeiten aus der Ménage in der Regent's Park Road hören (ach, wie würde ein Balzac das ausmalen!), und hier sind sie. Kurz nachdem ich Dir geschrieben hatte, erhielt ich einen Brief von Louise, worin sie mir mitteilte, daß sie sich zu dem großen Schritt einer Heirat gerade erst an dem Tag entschlossen hätte, als ich London wegen meiner Vortragsreise im Norden verließ! Deshalb konnte sie mir natürlich vorher nichts davon sagen. Ferner informierte sie mich, daß sie – und er – weiter beim General bleiben wollen!! Ich lege Dir einen

Zettel bei, der Dir weit beredter, als ich das tun kann, Aufschluß über die gegenwärtige Situation geben wird. Daß Freyberger im Haus des Generals »Empfänge« geben soll, ist nun wirklich ein starkes Stück.

Um die Sache noch mehr zu komplizieren, scheinen die Pumpse obendrein noch in London gewesen zu sein (oder sind es wohl noch, soweit ich weiß), und ihre Ankunft war offenbar das Signal für die Flucht nach Eastbourne.[1] Der Himmel weiß, wie das alles noch enden wird. Soweit es mich persönlich betrifft, muß ich gestehen, daß Einladungen von einem Mann wie Freyberger ins Haus des Generals ein bißchen eigenartig sind und für die Zukunft nichts Gutes verheißen. Und zwar in dem Sinne, daß der General ja nun wirklich *alt* wird. Du würdest eher begreifen, wie alt, wenn Du ihn öfter sehen würdest, und ich bin sehr im Zweifel, ob der Freybergersche Einfluß Gutes für die Partei erwarten läßt. Jeder, der auch nur die leiseste Menschenkenntnis hat, muß sehen, daß dieser Herr ausschließlich auf seinen eigenen Vorteil aus ist. Ich kann also nur wiederholen: Der Himmel weiß, wie das alles noch enden wird.– Die Familie sollte gestern zurückkehren, und da wir den General immer sofort besucht haben, wenn er von irgendwoher zurückkehrte, müssen wir das wohl diesmal auch tun. Doch ich freue mich, ehrlich gesagt, nicht auf diesen Besuch. Und arme Louise! Sie ist wirklich vom Regen in die Traufe gekommen. Aber für uns Frauen heißt es ja ganz allgemein immer: Regen oder Traufe, und es ist schwer zu sagen, was schlimmer ist. Günstigstenfalls ist unsere Lage heikel.

Sonst habe ich nichts an Neuigkeiten oder Klatsch für Dich. Nach unserem Staatsbesuch werde ich wieder berichten. Wann wirst Du mir schreiben? Übrigens danke für den *Figaro* und die »Journée parlementaire«. Es hat mich sehr interessiert.

Herzliche Grüße an Paul und für Dich einen Kuß,
liebe Laura,
Deine Tussy

1. Vom 9. Februar bis zum 1. März hält sich Engels zusammen mit dem jungen Hausstand Freyberger in Eastbourne auf. Einem Brief Louises an

Tussy zufolge sah es so aus, als habe die Familie Rosher ihre Ankunft und ihre Absicht, in großer Besetzung bei Engels zu wohnen, angekündigt, um den Wiederbeginn der Schule für die Kinder vorzubereiten und sich in der Stadt zu vergnügen. Allem Anschein nach hat diese Aussicht den Aufbruch nach Eastbourne beschleunigt.

86. Eleanor an Laura (Auszug)

Gray's Inn Square, W. C.
22. 3. 94

Liebe Laura,

(. . . . .)

Laura, ich habe Dich immer für eins der klügsten menschlichen Wesen gehalten, die ich je gekannt habe –, und nun schreibst Du, daß Du Freyberger für »gutmütig« hältst! Nicht einmal eine Fliege würde ich seiner liebreichen Güte anvertrauen. Er ist ein Abenteurer reinsten Wassers, und Louise tut mir von Herzen leid. Ich gebe zu, ich bin noch wegen einer anderen Sache in Sorge – das sind die ganzen Papiere, Briefe, Manuskripte etc., die beim General sind. Daß ich nicht allein solcher Gedanken fähig bin, zeigt die Tatsache, daß die Bernsteins hier waren und nach einigem Gedruckse zugaben, daß sie besorgt seien »wegen der Manuskripte«. Wenn dem General irgendetwas zustoßen sollte, sagten sie, F. wäre durchaus imstande, sich unter den Nagel zu reißen, was er irgend kann, und es zu verkaufen! Denn Du mußt bedenken, F. ist schlicht ein Antisemit (obwohl ich meinen jüdischen Kopf darauf verwetten möchte, daß er Jude ist) und hat nichts mit der Bewegung zu tun. Die Sache läßt sich nicht auf die leichte Schulter nehmen, denn Du weißt ganz genau, daß jeder, der mit dem General zusammenlebt, ihn nach Belieben manipulieren kann. Sam Moore (der wieder rübergekommen ist) schien ebenfalls seine Bedenken zu haben, und er kam zu mir, und ich hatte eine Unterredung mit ihm. Er war (und ist, glaube ich, noch) einer der Testamentsvollstrecker des Generals, und wenn er immer hier wäre, wäre es kein Problem, weil er alle Papiere unverzüglich »unter Verschluß« nehmen würde. Aber er ist die halbe Zeit in Amerika! Immerhin teilte er mir mit, daß er versuchen wollte,

277

Gelegenheit zu einem Gespräch mit dem General zu finden (der ihn mit Sicherheit konsultieren wird, da der andere Testamentsvollstrecker, Gumpert, in der Zwischenzeit verstorben ist) und Sicherheitsvorkehrungen bezüglich sämtlicher Papiere zu treffen. Ich dachte, ich sollte Dich hierüber informieren, weil das wirklich ein ernsthaftes Problem ist. Mohrs Manuskripte etc. sind Dinge, mit denen wir gar nicht vorsichtig genug sein können. Und daß F. schlicht ein Abenteurer ist, der nur drauf aus ist, sich zu bereichern, wüßtest Du genauso, wenn Du ihm so oft begegnen würdest, wie ich das getan habe. Es ist natürlich alles *sehr* heikel, weil ich darüber ja nicht gut mit dem General sprechen kann (die Bernsteins, die sagen, daß ich das unbedingt tun soll, haben gut reden!), und ich muß eben abwarten und hören, was Sam Moore sagt. Er hat ein, zwei Tage beim General verbracht, ist jetzt »zu Hause« in Derbyshire und kehrt dann wieder nach London zurück, und dann wollte er mich aufsuchen.

(...)

Ich küsse Dich, liebe Laura, und wie gern täte ich es nicht richtig statt auf Papier!

Deine TUSSY

Dieser Brief wurde am Vorabend der Geburt von Louise-Frederica, des ersten und einzigen Kindes des Ehepaars Freyberger, geschrieben. Angesichts dieser Vergrößerung seines Haushalts war Engels 1894 in ein geräumigeres Haus in derselben Straße, es war die Nr. 41, umgezogen.

Im Gegensatz zu dem, was Tussy schreibt, hatte Engels nichts von seiner Verstandesschärfe verloren. Auch war er nicht der verängstigte Greis, als den sie ihn darstellt. Das Schicksal der Manuskripte und Briefe von Marx war für ihn von großer Wichtigkeit. Infolgedessen setzt er nach dem Tod von Gumpert im April 1893, der nicht nur sein Arzt und Freund war, sondern auch einer seiner Testamentsvollstrecker, vor seiner langen Reise durch Deutschland und die Schweiz ein neues Testament auf. Als Testamentsvollstrecker bestimmt er Sam Moore, Bernstein und Louise Kautsky. In diesem Testament wird genau festgelegt, daß »alle Manuskripte literarischer Art von der Hand meines verstorbenen Freundes Karl Marx und seine sämtlichen, von ihm geschriebenen oder an ihn adressierten Familienbriefe, die sich zum Zeitpunkt meines Todes in meinem Besitz befinden (...) an Eleanor Marx-Aveling zurückzugeben sind.«

87. Eleanor an Laura

7, Gray's Inn Square, W. C.
5. 11. 94

Liebe Laura,
ich will gar nicht erst versuchen, Entschuldigungen für mein Schweigen zu finden. Angesichts Edwards Krankheit und Abwesenheit und des *sehr* ernsten Stands der Dinge am Regent's Park habe ich wirklich nicht die Kraft aufgebracht zu schreiben. Doch wenn man von meinen sonstigen Empfindungen einmal absieht, ich darf nicht länger zögern, da es an der Zeit ist, Dir begreiflich zu machen: Die Lage hat sich in einem Maße zugespitzt, daß Scherze fehl am Platze sind. Es ist unmöglich, in einem Brief oder einem Dutzend Briefen die ganzen Komplikationen zu erklären, doch ich teile Dir im vollen Ernst mit, daß Deine Anwesenheit hier *dringend vonnöten* ist. Glaub mir, ich übertreibe nicht, und ich würde nicht

sagen, was ich sage, wenn ich nicht triftige Gründe dafür hätte. Du wirst wahrscheinlich sagen: Wie kann ich denn jetzt rüberfahren! Du mußt Dir eben einen Grund dafür *ausdenken*. In dem neuen Haus sind jetzt zwei Zimmer frei, während Louise »im Wochenbett liegt«, wird der General auf sich gestellt sein; die Zeit ist günstig, um herzukommen und ihm »Gesellschaft zu leisten«. Bei *drei* Bediensteten kann keine Rede davon sein, daß du zur Last fällst. Wenn das nicht ausreicht, erfinde einen Grund, doch glaub mir, es ist höchste Zeit, daß Du kommst. Pauls Kommen wäre vergleichsweise zwecklos –, davon mal abgesehen, daß der General sehr gegen Paul aufgewiegelt worden ist ¹ und noch wird, so daß sein Einfluß folglich gleich Null wäre. *Du* allein hast noch einigen Einfluß, und wenn du kämest, könntest Du schlimmes Unheil abwenden. Das ist nicht allein meine Meinung. Die Bernsteins, die sehr treue Freunde sind und genau wissen, wie es steht, haben mich schon wochenlang gebeten, Dir zu schreiben und Dich dringend zu bitten, daß Du kommst. Allein kann ich nichts machen. Zusammen könnten wir es vielleicht. Wenn ich Dir sage, daß Freyberger durch Bax und andere in der ganzen S. D. F. und durch die S. D. F. überall in London (soweit unser Bekanntenkreis oder unsere politischen Beziehungen reichen) verbreiten läßt, daß »die Avelings vom General an die Luft gesetzt worden sind und daß *jetzt,* wo die Freybergers für alles zuständig sind, alles anders wird«, daß Louise denselben Bericht (mit Verleumdungen meiner Person, die niederzuschreiben ich mich schäme) in ganz Deutschland verbreitet, wird Dir wohl klar, wie sehr die Lage sich zugespitzt hat. Die Bernsteins und die Mendelsons (die von den F.s gehaßt werden wie die Pest, vermutlich weil sie sehr freundlich zu uns sind und immer so reizend von Dir und Paul sprechen) *sind* praktisch rausgesetzt worden, und obwohl ich nicht annehme, daß der arme alte General überhaupt ganz mitbekommt, wozu man ihn da verleitet, so ist er mittlerweile doch nicht mehr als ein Kind in den Händen dieses monströsen Paars. Nur ein Beispiel für das veränderte Verhalten des Generals mir gegenüber. Letzten Donnerstag ging ich ihn besuchen und fragte ihn nebenher, ob er irgendwas von Bax gesehen oder gehört hätte. Ich sah, daß er sehr verwirrt aussah, nahm jedoch an, es käme daher, daß er dachte, ich wüßte, daß Freyberger am Samstag mit Bax zu Abend gegessen hatte. Ich fügte hinzu, daß ich gern wüßte, was er (Bax) dem General über die jüngsten Attacken in *Justice* gesagt habe. Der General sagte, er hätte nichts von Bax gehört, doch F. hätte ihn am Samstag getroffen! Doch wie ich danach erfahren habe, war Bax am selben Nachmittag eingeladen gewesen und hatte beim General großartig zu Mittag gegessen und konnte das Haus höchstens eine halbe Stunde vor meinem Eintreffen verlassen haben! Du wirst sagen: Weshalb denn diese Geheimnistuerei? Wenn Du das ganze Intrigenspiel der Fs. kennen würdest, würdest Du wissen, weshalb. Bax, dem größten Klatschmaul in London, wird mitgeteilt, daß *ich* an die Luft gesetzt worden sei; er wiederum wird aufgefordert, dem General alle Lügen zu erzählen, die er über uns gehört hat, und so schließt sich der Kreis. Dies ist nur eine *Lappalie,* doch kannst Du Dir vorstellen, daß es mit dem General so weit gekommen sein soll? Lange Zeit haben sich die Dinge immer nur verschlimmert, und es bereitet mir echte Pein, ins Haus des Generals zu gehen. Wenn er mich allein sieht – immer nur einen Augenblick lang –, scheint er sich richtig zu freuen, und dann, wenn die beiden anderen erscheinen, wird er wie sie, und es fehlt nur noch, daß sie mir direkt ins Gesicht sagen, daß ich de trop [überflüssig] bin. Außer wenn sie dulden, daß den General jemand besucht, ist der arme alte Mann (dem das Alleinsein so verhaßt ist) völlig sich selbst überlassen. Die zwei sind *ständig* in ihrer »Wohnung« – Du kannst Dir vorstellen, wie bedrückt und elend er sich fühlen muß. Doch stelle ich mir vor, daß eine Krise ins Haus steht, und zwar in folgender Hinsicht: als der General aus Eastbourne zurückkehrte, fanden wir, wie ich Dir erzählt habe, daß es ihm ganz und gar nicht gut zu gehen schien – doch Du weißt, ich habe nichts Bestimmtes über seine Krankheit gesagt. Das kam daher, daß der arme alte Mann mir *streng vertraulich* mitgeteilt hatte, welcher Art diese Krankheit war – daß er *einen Schlaganfall gehabt hätte,* doch daß *niemand* außer den Fs. und wir das wissen dürften und daß er sich auf mein Ehrenwort verließe, daß ich es niemandem gegenüber erwähnen würde. Da ich selbst Dir gegenüber kein Sterbenswörtchen habe verlauten lassen, kannst Du gewiß sein, daß ich das auch anderen gegenüber nicht tat. Am letzten Donnerstag kam jedoch Ede Bernstein mit einer Postkarte von Kautsky zu mir, worauf letzterer schrieb: »Weißt Du irgend etwas über den Schlaganfall, den der General laut Adler (der auf dem Kongreß gewesen war) gehabt hat? Ist das wahr, oder ist es eine Erfindung der Fs.?« Ede nahm an, daß es in der Tat eine Erfindung wäre, doch als ich feststellte, daß diese Angelegenheit, die der General so ängstlich geheimzuhalten bemüht war, im Gerede war und da ich ja wußte, was Louise ständig für Sachen über ihn schreibt, hatte ich das Gefühl, ich müßte ihn aus reinem Selbstschutz wissen lassen, daß die peinliche Sache *doch* bekannt geworden war und das nicht durch mich. Ich schrieb ihm folglich und berichtete ihm von Karls [2] Postkarte und machte keinen Hehl daraus, *weshalb* ich wollte, daß er Bescheid wüßte, nämlich deshalb, damit er, wenn das Gerücht an seine Ohren dringen würde, jedenfalls nicht in mir die Urheberin suchen würde. Ich habe darauf keine Antwort erhalten, habe jedoch Grund zu der Annahme (wieso, kann ich jetzt nicht erzählen, das wäre eine zu lange Geschichte), daß er sehr wütend ist – wahrscheinlich auf mich! Ich gehe ihn jedoch Mittwoch besuchen, und dann wird bestimmt der Teufel los sein. Es war jedoch nötig, in dieser Sache einen Riegel vorzuschieben. Ich habe die Dinge schon viel zu oft schleifen lassen. Ich kann nicht auf alle erbärmlichen Einzelheiten eingehen – es macht einen ganz krank, wenn man nur daran denkt –, doch im Kern geht es um folgendes: Pumps ist zwar abgeschafft, und wenn der General mich auch nicht genau wie Pumps behandelt, so läuft es im Endeffekt vielleicht auf dasselbe hinaus. Und wenn wir dem General auch ungeheuer viel verdanken, können wir uns doch nicht alles gefallen lassen. *Du* bist der einzige Mensch, den Louise fürchtet, und Du allein könntest jetzt helfen. Wenn Du nicht zusehen willst, wie die Fs. *alleinige Verwalter des literarischen Nachlasses* werden, mußt Du handeln und zwar sofort. Du wirst Dich erinnern, daß Bebel geschrieben hat, die Papiere seien in den richtigen Händen. [3] Ich finde, Du und ich sollten nachfragen, *wessen* Hände das sein sollen. Wenn schon Außenstehende Bescheid wissen, sollten wir das wirklich tun, denn letzten Endes ist das *unsere* Angelegenheit und niemandes sonst. Die Papiere – insbesondere die privaten – gehen *nur uns* etwas an; sie gehören uns – nicht einmal Engels.

Wenn ich Dir alles erzählen könnte, wenn Du auch nur eine schwache Ahnung hättest, wie die Dinge wirklich stehen, wenn Du sehen

282

könntest, wie der General Louise anschaut wie ein Kind, ehe er auch nur zu fragen wagt, ob ihn ein Freund besuchen darf, wenn Du wüßtest, wie sie ihn schikanieren und einschüchtern, indem sie ihn unablässig daran erinnern, daß er zu alt für dieses sei und zu alt für jenes und daß ein Mensch, der solche »warnenden Erfahrungen« hinter sich habe wie er, dies oder jenes unterlassen müsse etc. etc. etc. – wenn Du begreifen würdest, wie sie dem alten Mann einreden, daß sein Leben von ihnen abhängt und mitansehen würdest, wie ungeheuer niedergeschlagen und einsam und elend er ist, dann würdest Du einsehen, daß ich nicht übertreibe, wenn ich sage, daß jede Verzögerung jetzt eine Gefahr ist und daß Deine Anwesenheit um keinen Preis länger entbehrlich ist. Wie ich Dir gesagt habe, hat der sehr gewitzigte Bernstein mich schon lange immer wieder aufgefordert, ich sollte Dich dringend herrufen, und gerade heute erst hat er gesagt, was für ein Unding das sei, daß wir uns nicht verteidigen. Man kann die Lage überhaupt nicht düster genug schildern. Ich kann *nichts* unternehmen – jedenfalls nicht, solange ich ganz allein bin. Du könntest noch viel ausrichten. Der beste Beweis dafür ist Louises Haß auf Dich und die Tatsache, daß sie es *noch* nicht gewagt hat, den General gegen Dich aufzuwiegeln. Denke sehr ernsthaft über das nach, was ich geschrieben habe und sei versichert, daß ich nicht so albern wäre, dermaßen auf Dein Kommen zu drängen, wenn es dafür nicht die triftigsten Gründe gäbe. Wenn Paul ohne Dich herkäme, wäre das völlig nutzlos, glaub es mir, vielleicht sogar schlimmer als nutzlos.

Liebe, ich wünschte, ich hätte bessere und erfreulichere Nachrichten. Es ist alles so quälend (wenn Du die ganzen kleinen Verrätereien und Gemeinheiten hörst, wirst Du Dich genau wie ich fragen, ob es sich vielleicht um einen gräßlichen Alptraum handelt), daß ich das Schreiben aus reiner Feigheit vor mir hergeschoben habe. Doch Du *solltest* im Bilde sein. Ich kann Dir nur noch einmal und mit allem mir zu Gebote stehenden Ernst sagen: wenn wir – Du und ich – eine letzte Anstrengung machen wollen, dann muß das bald geschehen, und Deine Anwesenheit hier ist dringend vonnöten.

Sei herzlich gegrüßt, liebe alte Lottie,
von Deiner
TUSSY

283

1. Engels warf Lafargue vor, er habe sich während des Kongresses in Nantes »ein bißchen zu sehr aufs opportunistische Glatteis begeben«; er hatte dort einen Bericht über Modifikationen des Agrarprogramms vorgelegt, für das der Kongreß von Marseille votiert hatte.
3. Kautsky.
4. s. Anhang 2

Trotz der stürmischen Appelle Tussys rührt Laura sich nicht vom Fleck. Unterdessen hatte Engels am 14. November an die beiden Schwestern einen Brief abgefaßt, worin er sie über sein Testament ins Bild setzt, und am selben Tag hatte er in einem an seine Testamentsvollstrecker gerichteten Schriftstück zusätzliche Verfügungen getroffen. Er teilt Laura und Tussy mit, daß er seine gesamte Bibliothek (darunter die Bücher, die er bei Marx' Tod erhalten hat) der deutschen Partei vermacht. Jede von ihnen wird drei Achtel seiner Hinterlassenschaft erhalten, wovon wiederum jede ein Achtel für Jennys Kinder aufbewahren soll. Und schließlich sollen die Einkünfte aus den Autorenrechten an den Marxschen Werken direkt an sie ausgeschüttet werden.

In einem weiteren Brief, der auf den 17. Dezember datiert und an Laura gerichtet ist, beschreibt der schwächliche Greis, der »arme alte Mann« seine Aufgaben und Arbeiten, mit denen er im Alter von 74 Jahren eingedeckt ist, in dem er »die Arbeit von zwei Vierzigjährigen« leistet: er verfolgt den Fortgang der Bewegung in Europa und den Vereinigten Staaten, indem er sieben Tageszeitungen und zweiundzwanzig Wochenzeitschriften liest, manche davon in Sprachen, »die er sich erst anzueignen im Begriffe ist«, dann sind da die Besuche und die Korrespondenz, die ihn viel Zeit kosten; die Publikation des Briefwechsels zwischen Lassalle und Marx, wozu er die Anmerkungen und das Vorwort schreiben muß; schließlich ist da auch noch seine eigene Arbeit, die seit Jahren hinter der vorrangigen Publikation der Marxschen Werke zurückstehen muß, darunter Der deutsche Bauernkrieg, den er völlig umschreiben muß. Was den vierten Band des Kapital angeht (Band III war gerade bei Meißner erschienen), so schreibt er, das Manuskript sei sehr rudimentär. Kautsky habe davon einen geringen Teil entziffert, habe diese Arbeit jedoch nicht zu Ende führen können, da die Neue Zeit seine ganze Zeit in Anspruch nähme. Bernstein, der ebenfalls darin geschult worden sei, Marx' Handschrift zu entziffern, habe sich gerade erst von einer schweren Depression erholt. Engels beabsichtigt, Tussy zu bitten, die unterbrochene Arbeit weiterzuführen.

88. Eleanor und Aveling an Laura

7, Gray's Inn Square, W. C.

22. II. 94

Liebe Laura,

ich habe nichts von Dir gehört, so daß ich nicht wissen kann, ob Dich mein letzter Brief erreicht hat, und natürlich weiß ich auch nicht, was Du meinst, oder ob du es für geraten hältst, rüberzukommen. Sei versichert, liebe Laura, daß ich nicht im mindesten *übertrieben* habe und daß die Sache sehr ernst ist. Tatsächlich ist leider kaum zu bezweifeln, daß die ganzen Papiere, wenn es noch nicht der Fall ist, demnächst in den Besitz der Freybergers übergehen werden. Ich muß Deine Aufmerksamkeit in diesem Zusammenhang noch auf ein *sehr* wichtiges Faktum lenken, da Du die Sache im *Vorwärts* sicher übersehen haben wirst. Ich hatte es nicht bemerkt, bis Bernstein uns davon erzählte. Worauf ich anspielte, ist die Verlautbarung, daß der 4. Band des *Kapital* nicht herausgegeben wird. Nun hat der General aber wieder und wieder gesagt – nicht nur zu mir und Edward, sondern auch zu Bernsteins, Mendelsons etc. –, daß der 4. Band ihm vergleichsweise wenig Schwierigkeiten bereiten würde, da er weit fortgeschrittener sei als der 3. Band usf. Tatsächlich hat Karl Kautsky, als er in London war, bereits einen großen Teil davon übertragen! Und nun erfahren wir plötzlich – und durch eine öffentliche Bekanntmachung und nicht durch eine *private* Mitteilung an Dich und mich, die das ja letztlich am allermeisten betrifft –, daß die Daten unzureichend seien und Engels ihn nicht herausgeben will.– Natürlich sind wir überzeugt, daß Freyberger dem General eingeredet hat, daß er für diese Arbeit nicht gesund genug sei. Die Manuskripte werden in Freybergers Hände übergehen, und *sie* werden sie als Verwalter des literarischen Nachlasses später dann herausgeben – es sei denn, wir unternehmen irgendwelche Schritte, und das sehr bald. Wenn ich allein meine Stimme erhebe, wird das nichts einbringen. Der General ist überzeugt worden, daß ich mich ihm gegenüber wie Pumps rein berechnend verhalte und nur *eifersüchtig darauf bin, daß Louise in seinem Haus ist* etc. Von Dir kann man so etwas schlecht behaupten – und wenn Du rüberkommen solltest, würde ich vorschlagen, daß Du

286

und ich uns den General allein vornehmen (wir müßten ihn hierher-
holen, damit das gewährleistet ist) und ihn ohne alle Umschweife
auf die Manuskripte ansprechen und ihm mitteilen, daß wir den
Wunsch und das Recht haben zu erfahren, was er hinsichtlich sämtlicher Papiere Mohrs beschlossen hat und daß wir keinerlei Vertrau-
en in die Freybergers haben. Es wäre zwecklos, nur auf den Busch
zu klopfen. So weit müssen wir einfach gehen, und ich versichere
Dir, je länger wir die Sache aufschieben, desto ernster wird sie.– Sie
machen dem General Angst wegen seiner Gesundheit, und sie haben in seinem Schlafzimmer eine Glocke angebracht, damit er – falls
er »plötzlich Hilfe brauchen sollte« – Freyberger sofort herbeirufen
kann! Ich brauche wohl nicht zu sagen, daß der arme alte Mann sich
jedesmal, wenn er die Glocke sieht, in großer Gefahr glaubt. »Lud-
wigs« Einfluß nimmt in dem Maße zu, wie er den General glauben
macht, daß er unersetzlich ist, und jetzt, wo ein Baby da ist, wird
der General noch höriger sein.–
Der General hat Dir zweifellos geschrieben und über das Ereignis
berichtet. Ich habe bislang weder Louise noch das Baby gesehen
und bin auch nicht erpicht darauf, doch ich bin auch eine Woche
nicht beim General gewesen.– Edward kehrte letzten Freitag zurück und sah sehr krank aus; er klagte über schreckliche Schmerzen
in der Seite, die ihm seit etwa zehn Tagen oder zwei Wochen zu
schaffen machten. Als ich nachschaute, entdeckte ich einen enormen Abszeß – doppelt so groß wie meine Faust! Ich ließ sofort
einen Arzt holen. Als er das Ding am Samstag sah, sagte er, es müßte auf der Stelle geöffnet werden. Das war kein Vergnügen, kann ich
Dir sagen, denn der Abszeß war sehr übel, und bei seinem ohnehin
geschwächten Zustand war eine derartige Operation für Edward
natürlich eine große Strapaze. Es scheint jedoch aufwärts zu gehen,
wenn der Schnitt auch riesig ist, und Edward von dem Abfluß-
schlauch, der an den Abszeß angelegt worden ist, ziemliche
Schmerzen hat. Es war eine schlimme, sorgenvolle Woche, das
darfst Du mir glauben, und Edward ist immer noch sehr krank und
schwach, aber ich hoffe, unterdessen doch auf dem Wege der Besserung. Ich glaube jedoch nicht, daß wir uns länger hier aufhalten
können. Er braucht weiter Ruhe und, sobald er wieder halbwegs
hergestellt ist, Luftveränderung. Der General hat sehr freundlich

287

und nett geschrieben – sagt jedoch, er dürfe nicht hinaus, da er eine Erkältung habe. Ich weiß, daß man ihm nicht erlauben wird, zu uns zu kommen, solange die Freybergers das irgend verhindern können.

Und noch einmal, liebe Laura, willst Du Dir meinen Vorschlag nicht überlegen und rüberkommen? Es gibt *zwei möblierte* Zimmer beim General. Er kann nicht nein sagen oder eine Ausrede finden (ich glaube auch keineswegs, daß *er* das wollen würde), um Dich fernzuhalten. Und wenn er versuchen *würde,* Dich fernzuhalten, bewiese das nur umso mehr, daß Dein Kommen dringend erforderlich ist. Könntest Du nicht zum 28. (seinem Geburtstag) kommen? Jedenfalls, wenn Du wie ich das Empfinden hast, daß es absolut unrecht wäre zuzulassen, daß diese Manuskripte, Papiere und Dokumente (einschließlich des praktisch vollständigen 4. Bandes!), die nicht nur *uns* gehören, sondern denen gegenüber wir auch eine ganz eindeutige Verpflichtung haben, nicht in die äußerst gewissenlosen Hände der Freybergers fallen dürfen, wirst Du nicht säumen und sofort kommen. Ich versichere Dir, ich würde Dir nicht auf diese Weise schreiben, wenn die Lage nicht so ungeheuer ernst wäre. Ich wünschte so sehr, ich könnte Dich und Paul sehen und mit Euch gemeinsam beratschlagen! Doch da ist wirklich nichts anderes zu machen, als daß wir beide, die wir ein *Recht* darauf haben, die Sache mit dem General klären. Wie die Dinge liegen, könnte Paul nichts tun –, und es ist eher wahrscheinlich, daß der General entweder in Rage gerät oder ihn mit Ausreden abspeist.

Das war's, liebe Laura, was ich Dir jetzt zu erzählen hatte. Es ist ein elendes Geschäft. Vorletzten Sonntag hatte der General mich wie üblich zum Essen gebeten, *hatte jedoch nicht gewagt,* Freyberger davon in Kenntnis zu setzen – woraus ersichtlich wird, wie wenig er noch Herr im eigenen Hause ist. Das hat übrigens zwei Türschilder, auf denen, selbstverständlich, auch Freybergers Name steht!

Gute Nacht, Liebes. Mein armer Edward ist seit ein paar Stunden im Bett (er kann tagsüber auf sein), sonst würde er gewiß noch etwas dazu schreiben. Liebe Grüße für Dich und Paul.

Herzlich,
Deine Tussy

288

P. S. Was sagst Du zu Jean?[1] Ich freue mich wirklich, daß er es endlich geschafft hat! Achte auf die *Neue Zeit* entweder von dieser oder von nächster Woche. Ich habe einen Artikel[2] gegen Brentano losgelassen, den Du hoffentlich billigst. Wenn Du meinst, daß Paul das im mindesten interessieren könnte, könnte ich ihm eine Kopie des englischen Rohmanuskripts schicken.

Alles Liebe –

Freitag morgen

Liebe Laura,
komm, komm, KOMM! Du machst Dir keine Vorstellung von der *unmittelbaren* Dringlichkeit. Der General ist in so einer gefährlichen Stimmung. Er wird keinerlei Einmischung dulden außer von Euch beiden Frauen, denen er das Recht einräumen muß, Rechenschaft über die Papiere Eures Vaters zu verlangen. Ihr müßt diese Forderung stellen und ohne Umschweife Euren Beweggrund nennen; daß Ihr nämlich den Fs. nicht traut. Glaub mir – es ist der einzige Weg, die Manuskripte zu retten.

Herzliche Grüße an Dich und Paul,

EDWARD

1. Jean Longuet hatte gerade das Abitur bestanden.
2. «Wie Lujo Brentano zitiert«, *Die Neue Zeit*, 13. Jahrgang, 1894/95, Bd. I, Nr. 9

89. Eleanor an Laura

7, Gray's Inn Square, W. C.
15. 12. 94

Liebe Laura,
nur ein paar Zeilen in einer Angelegenheit, zu der ich gern *sofort* etwas von Dir hören würde. Es geht um folgendes: letzten Sonntag fing der General von der *Abschrift* von Mohrs Manuskript zu sprechen an; er sagte, er hätte Karl einen Teil davon gegeben, doch Karl hätte nicht weitergemacht; er wüßte nicht, wen er nehmen sollte, da Ede Bernstein wahrscheinlich aus Zeitmangel ablehnen würde. Ed-

ward und ich verstanden sehr wohl, daß das die Einleitung zu der Eröffnung sein sollte, daß er die Fs. darum bitten wolle, weil die im Hause wohnten usf. Ich erwiderte, daß Bernstein die Arbeit mit Freuden übernehmen würde. Der General sah nicht gerade erbaut aus, sagte jedoch, daß er ihn fragen würde. Er hat jedoch nicht ein Wort zu Bernstein gesagt. Wir aber, und Ede sagte, daß er einverstanden wäre, wenn sonst niemand zur Verfügung stünde, doch sei er entschieden der Ansicht, daß Du und ich die geeigneten Personen seien, um diese Arbeit zu übernehmen. Außerdem wäre das eine Methode, um an die Manuskripte heranzukommen. Was meinst Du dazu? *Vielleicht* lehnt der General mich mit der Begründung ab, daß ich sehr beschäftigt bin und die Arbeit verzögern würde, und *vielleicht* würde er gegen Dich einzuwenden haben, daß Du nicht hier bist und der Postweg zu gefährlich ist. Aber wie Karl das Manuskript nach Stuttgart mitgenommen und Bebel es wieder zurückgebracht hat, so könntest Du das auch organisieren. Du könntest anbieten, das Manuskript zu holen, und *Bonnier,* der so oft rüberfährt, könnte es wieder herbringen. Wir könnten *beide* daran arbeiten und so wenigstens irgendwelchen Anspruch geltend machen. Ich werde nichts dazu sagen, bis ich von Dir gehört habe, also bitte antworte so schnell wie möglich. Wenn Du einverstanden bist, werde ich dem General unser Angebot umgehend unterbreiten, und Du könntest ebenfalls direkt an ihn schreiben: sag, ich hätte Dir von den Schwierigkeiten mit der Abschrift erzählt und Du wärst bereit, das zu übernehmen, entweder allein oder mit mir zusammen. In jedem Fall ist das eine Chance!
Herzliche Grüße Euch beiden. Edward geht es langsam besser.

Alles Liebe,
Deine
TUSSY

290

Laura beugt sich langsam den Argumenten ihrer Schwester. Sie schreibt jedoch nicht an Engels, obwohl sie ständig brieflichen Kontakt mit ihm hat. Sie findet es diplomatischer, Tussy einen Brief zu schreiben, den diese dann Engels zeigen kann. Da Tussy am 22. Dezember 1894 wegfährt, um drei Vorträge für die S. D. F. zu halten, wird Aveling diese Aufgabe übertragen, und er entledigt sich ihrer beim traditionellen Sonntagsessen. Er berichtet Laura und Paul Lafargue in seinem sehr persönlichen Stil darüber.
Engels antwortet Laura direkt am 29. Dezember: »Ich bewahre die Sachen für Euch auf (...), und sie fallen nach meinem Tode infolgedessen wieder an Euch.« Ebenso teilt er ihr mit, daß er Sam Moore ein neues Testament aufsetzen lassen wird, worin die »Klausel klar und eindeutig festgelegt sein wird«. Es scheint, daß Laura sich gekränkt gefühlt hat, denn am 19. Januar 1895 schreibt Engels ihr in sehr herzlichem Ton: »... wenn Dich am Ton dieses Briefes irgend etwas befremdet hat, so ganz gegen meinen Willen und meine Absicht. Was mich in der Tat geärgert hat, ist die Art und Weise, wie Tussy es angefangen hat, daß diese Frage an mich herangetragen wurde ... Ich habe ihr daraufhin, nicht einmal, sondern bestimmt drei- oder viermal, *gesagt, daß ich an Deinem Brief weder inhaltlich noch bezüglich der Ausdrucksweise etwas auszusetzen hätte« (Friedrich Engels, Paul et Laura Lafargue, Correspondence, Bd. III).*
Die beiden Briefe von Tussy, die auf den Brief von Aveling folgen, machen uns mit den Einzelheiten dieser peinlichen Angelegenheit bekannt.

90. Edward Aveling an Laura und Paul Lafargue

7, Gray's Inn Square, W. C.
25. 12. 94

An meine herzliebe Laura
und an Paul, mit Grüßen! Und ebensolche zu Weihnachten.
Folgende Depesche vom Kriegsschauplatz. Übergab, liebe Madam, Ihren schicksalhaften Brief an Eleanor an F. Engels, Esq. 1. »an« hat die Bedeutung »gerichtet an«; 2. »an« hat die Bedeutung »weitergegeben an«. Erste Resultate der Weitergabe, geschehen am Sonntag um 14 Uhr 40, vor dem Essen und in Gegenwart von Frey-

berger ♂. a) Was die Abschrift angeht, alles in Butter, und ja, b) was die Frage der Verfügung über die Manuskripte angeht, ebenfalls alles in Butter, bedachtsames Lautlesen zu Nutz und Frommen von F. ♂ eingeschlossen, welchselber sich flach machte wie Meister Lampe und nix sagte. *Dann*, die überaus gelassene, würdevolle Erklärung, daß Marx' Manuskripte und Papiere *selbstverständlich* für seine Töchter sicher aufbewahrt würden und ausschließlich für diese bestimmt seien. Das war alles klar und deutlich, und, mein Eindruck ist, wenn Du und Eleanor erstmal dieselbe förmliche Zusicherung erhalten habt, dann ist die Sache fürs erste erledigt. Doch nun ahnet und vermutet. Und denkt fein nach. Nach dem Essen, weitere Resultate. Man bedenke dabei, daß ich nach dem Essen mit dem General um die Wette schlief, und derweil ich wettschlief, hatte Freyberger ♂ Zeit, ihn auf seine Seite zu ziehen und F. ♀ in Tränen aufgelöst zu selbigem Zwecke herunterzuholen. Jedenfalls, als ich in aller Unschuld wieder erschien, sagt der General in seinem militärischsten Tonfall: »Zeig mir den Brief von Laura nochmal.« Welchselbiges ich tat. Dann brach der Sturm los. Da gab es eine Verschwörung – da hatte es Verschwörungen gegeben, seit er das neue Haus hatte –, er wisse alles darüber – er wisse, wer daran beteiligt sei –, man hätte Dich genötigt, das hier zu schreiben – wir hätten das in Paris alles beredet –, Du und Eleanor mißtrautet ihm – ob Ihr eine gesetzliche Verfügung wolltet –, ausgiebige Wiederholung der schon vorher gemachten Zusagen bezüglich der Sicherheit aller fraglichen Papiere. Das alles stammelnd und unter großen Gewissensqualen und viel Auf- und Ab-Gehen und mehr oder minder erfolgreichem Umschiffen der Möbel. Ich sagte, es hätte keinen Zweck, mich zusammenzustauchen. Ich wär bloß der Bote, und er müßte die Sache mit Euch beiden Frauen klären. Den Vorwurf der Verschwörung wies ich rundheraus zurück und auch, daß wir Dich bekniet haben sollen – denn diesen Brief zu schreiben, war, wie Du weißt, Dein eigener Entschluß. Heute essen wir wieder alle quietschvergnügt zusammen. Und danach sprechen wir uns aus. Ich ging Sonntagabend, als Freyberger ♂ wieder seinen liebenswürdigen Auftritt hatte.

Herzliche Grüße Euch beiden,
Euer EDWARD

292

91. Eleanor an Laura

Weihnachten 1894

»Friede auf Erden und den Menschen ein Wohlgefallen!«

Mein lieber alter Hottentotte,
um die Sprache der eleganten Welt zu benutzen: Der Deubel ist los.
Inwiefern, wirst Du Edwards Depesche entnehmen. Um diese Depesche etwas verständlicher zu machen, laß mich jedoch noch sagen, daß ich in Salford (Manchester) auf Vortragsreise war, und das waren Vorträge, die ich längst hätte halten sollen, meinem Kranken zuliebe jedoch aufschieben mußte, weil ich ihn nicht alleinlassen konnte.
Am Samstagmorgen gingen wir in die Nummer 41,[1] und alle waren ausgegangen – nicht gemeinsam –, denn der alte Mann muß selbst sehen, wie er zurechtkommt. Wir konnten nicht warten, da ich den Zug kriegen mußte. Als ich gestern zurückkehrte (und nebenbei gesagt, diese »Propaganda«besuche – 3 Vorträge am Tag – sind wirklich Knochenarbeit), erzählte mir Edward, was vorgefallen war. Ich schrieb sofort an den General und habe einen Ton angeschlagen, zu dem wir, finde ich, durchaus berechtigt sind, d. h. den der Partei, die beleidigt worden ist. Weshalb sollte der General – es sei denn, er hat ein schlechtes Gewissen oder wird aufs übelste beeinflußt – eine schlichte Frage als Zeichen des Mißtrauens werten? Jedenfalls habe ich folgendes geschrieben: Als er mir gegenüber davon gesprochen hätte, welche Schwierigkeiten es mit Ede[2] und Karl Kautsky gäbe, was die Arbeit der Abschrift betrifft, hätte ich lediglich daran gedacht, Ede dazu zu bewegen, das zu übernehmen. Als ich später dann darüber nachgedacht hätte, wäre ich jedoch auf die Idee gekommen, daß Du oder ich und Du zusammen das doch übernehmen könnten, und ich hätte Dir in diesem Sinne geschrieben. Daß ich ihn nicht zuerst damit konfrontiert hätte, hätte den Grund gehabt, daß ich mir vorstellte, Du würdest erstmal gefragt werden wollen und ihm dann Deine Entscheidung mitteilen. Wenn es mir allerdings in den Sinn gekommen wäre, daß er Deinen Brief derartig mißverstehen würde, hätte ich ihn ihm nicht überbringen lassen, und, wenn ich ihn am Samstag zu Hause angetroffen hätte, hätte ich alles mit ihm bespro-

chen. Wörtlich: »Was Mohrs Manuskripte im allgemeinen betrifft, so weißt Du doch genau, daß Laura und ich sicher sind, daß *Du* damit verfährst, wie Mohr selbst es getan hätte. Aber Du wirst doch auch einsehen, daß es uns nicht gefallen würde, wenn die Briefe und Papiere (die ja zum Teil rein persönlicher Natur sind) irgend jemand anderem in die Hände fielen ... Edward sagt, Du schienest zu glauben, daß wir da von langer Hand etwas eingefädelt hätten. Das würde mich überhaupt nicht wundern, denn ich müßte in der Tat blind sein, wenn ich nicht gemerkt hätte, welche Bemühungen es da gegeben hat, um Dich gegen uns einzunehmen, und ich kann mich folglich nicht wundern, wenn Du Sachen denkst, die Dir nie in den Sinn gekommen wären, wenn unsere Nymmy [3] noch bei Dir gewesen wäre ... Es kann doch gar nicht wahr sein, daß Du wirklich glaubst, daß Laura und ich Dir mißtrauen? Wem auf der Welt sollten wir trauen, wenn nicht Dir? ... Wenn das alles überstanden ist (Weihnachten), möchte ich mit Dir über alles sprechen, und ich wäre froh, wenn Laura hier wäre und für sich selbst sprechen könnte. Mehr will ich jetzt nicht sagen, außer daß Du, wenn Du nicht sehr gegen uns aufgehetzt worden wärest, niemals so schlecht von Mohrs Kindern hättest denken können, daß Du sie hättest für fähig halten können, *Dir* zu mißtrauen.«

Das wär's! C'est la guerre – doch es *mußte* ja mal sein, und es ist besser, wir klären die Sache. Natürlich werde ich sagen, daß wir den Fs. nicht trauen –, ich werde ihm sagen, was *ich* dafür für Gründe habe. Daß Louise mich auffordert, ein Papier zu unterschreiben und Dich ebenfalls dazu zu veranlassen, das *sie* zum alleinverantwortlichen Besitzer macht, weil sie Angst hat, daß Pumps sie sich aneignet, hat mich überhaupt erst auf die Sache gebracht, und daß wir lediglich wissen wollen – das sei doch wohl nichts Schlimmes –, *wie jemand, der offenkundig ein Außenstehender ist wie Bebel*, wissen kann, was er über den Nachlaß [4] (dt. i. O.) verfügt hat. Ich werde ihm dann die ganze Bebel-Liebknecht-Singer-Korrespondenz zeigen und *das* auch gleich klären. Mit einem Wort, Schatz, wir haben Krieg, und da heißt es kämpfen. Was man dem General eingeredet hat, ist, daß wir alle Pumpse sind und nur etwas aus ihm herausholen wollen. *Das* müssen wir ihm austreiben. Wir bitten ihn – wie jeder Fremde ihn darum bittet –, uns doch zu *sagen*, was er vorhat. Weiter nichts.

Und jetzt muß ich die Wunde meines Invaliden »zurechtmachen« –
sie ist immer noch offen – und dann mich selbst zurechtmachen,
und auf geht's zu einem fröhlichen Weihnachtsfest mit unseren lieben Freunden, den Fs. Was für ein falsches Getue das alles ist!– Und
wie gern wäre ich bei Dir, wir unter uns, und keine Feiern, durch
die man sich durchquälen muß!

Grüß den Nigger[5] herzlich, lieber Hottentotte,

Deine

Tussy

1. 41, Regent's Park Road
2. Bernstein
3. Helene Demuth
4. der literarische Nachlaß von Marx
5. Anspielung auf die Mulattenvorfahren von Lafargue

92. Eleanor an Laura

7, Gray's Inn Square, W. C.

2. 1. 95

Liebe Laura,

ich hatte zwar vor, Dir die neuesten Kriegsberichte zu schicken,
doch ich bin diese traurige Angelegenheit so leid, daß ich das Schreiben hinausgezögert habe.

Fangen wir mit dem Anfang an. Am Weihnachtstag holte der General mich in sein »Empfangszimmer« – als Appetizer vor dem Festessen –, und wir läuteten unsere erste Runde ein. Er hätte sich über
meinen »Mangel an Takt« geärgert, sagte er, als ich den Brief an ihn
weitergeleitet hätte. Gegen den Brief – als einen von Dir an mich –
hätte er nichts einzuwenden, doch daß ich ihn weitergegeben hätte,
sei in seinen Augen etc. etc. etc. Selbstverständlich habe ich ihm
nicht erzählt, daß Du mich aufgefordert hast, ihn weiterzuleiten.
Ich hob einfach nur hervor, daß ich das getan hätte, sei doch der
beste Beweis dafür, daß ich nicht angenommen hätte, daß er sich
durch ihn gekränkt fühlen könnte. Nach dem gehörigen Sparring –
während dessen ich ihm vorhielt, er hätte sich ja gar nicht geärgert,

wenn andere ihn nicht dazu gebracht hätten, worauf er entrüstet erwiderte: »Nein! Ich war nur eine halbe Stunde mit Louise zusammen, als Edward schlief!«–, kamen wir zur Sache – die Manuskripte. Er sagte, sie gehörten uns und würden selbstverständlich an uns fallen. Ich sagte, wenn ich seine Zusicherung hätte, wäre ich vollkommen zufriedengestellt, und ich wüßte, Du wärst es auch. Ich fügte hinzu, ich hätte mich in der Tat unbehaglich gefühlt, da ich den Fs. nicht traute und gänzlich Außenstehende getan hätten, als wüßten sie alles über seine Absichten, während wir nichts gewußt hätten. Das war im wesentlichen das Resultat der Weihnachtsrunde – ich erklärte jedoch, daß wir die Sache klären müßten, und da das auch der Wunsch des Generals war, kam er dann letzten Freitag zum Mittagessen zu uns. Da gingen wir dann in die zweite – und soweit es den General betrifft, letzte – Runde. Vieles nahmen wir noch einmal durch. Ich erzählte ihm einiges von dem, was Louise so über uns sagt und schreibt, erzählte ihm natürlich auch, daß die Leute, zu denen sie das gesagt hätte, das abstreiten würden: daß wir selbst ja auch die größte Verachtung für August[1] empfinden würden, wenn er Louise in den Rücken fiele. Der General weiß im Grunde ganz gut Bescheid, muß aber natürlich sehen, daß er irgendwie damit zurechtkommt. Ich habe nie auch nur eine Sekunde erwartet, daß er sich gegen die »energiegeladene« Mutter des »energiegeladenen« Säuglings stellen würde oder könnte. Es war jedoch *wichtig*, ihm begreiflich zu machen, daß *wir* ebenfalls Bescheid wissen und daß wir in Louise nicht sein zweites »Ich« sehen. Er sagte wieder, er würde *dafür sorgen*, daß Mohrs sämtliche Papiere an uns fallen, sagte jedoch nichts von seinem Testament. Natürlich erwiderte ich, ich sei vollkommen zufriedengestellt und daß ich, was alles andere beträfe, kein Wort mehr darüber verlieren wollte usw. Ich finde, Du solltest ihm auch mitteilen, daß Du zufriedengestellt bist, was die Papiere angeht. Natürlich muß man dem Problem ins Auge sehen, daß die Fs. sich die Papiere einfach aneignen könnten, doch in dem Punkt können wir nichts mehr sagen oder unternehmen.

Daß ich dem General Bebels Brief gezeigt habe (er hatte Louises Version der Bebel/Louise-«Affäre« gehört), geschah, weil ich fand, er sollte Bebels kühle Zusicherung an mich sehen, daß Du und ich

296

uns wegen Mohrs Papieren keine Sorgen zu machen brauchten, denn *er* wisse, daß die Sache in Ordnung ginge. Der General war äußerst peinlich berührt, weil er weiß, daß Bebel nur wiederholt haben konnte, was Louise ihm erzählt hatte, und ich merkte, daß sich sein Tonfall danach beträchtlich veränderte. Das greifbarste Ergebnis ist augenblicklich jedoch, daß der General (so hoffe ich!) konkrete Schritte unternehmen wird, um uns hinsichtlich der Papiere abzusichern und daß er erklärt hat, daß zwei so *»famose Frauenzimmer«* wie L. und ich – wenn ich auch nicht so »nobel« bin wie sie – doch miteinander auskommen müßten. Wir – d. h. die Noble und ich – werden wohl eine stürmische Aussprache miteinander haben, und dann wird der Friede wieder hergestellt sein – an der Oberfläche! . . . Ich wünschte weiß Gott, Du könntest bald rüberkommen. Es wäre großartig, wenn Du könntest. Edward kommt halbwegs zu Rande, ist aber immer noch schwach . . . Dem Himmel sei Dank, daß die gräßlichen Festtage vorüber sind.– Mein lieber Hottentotte, ich wünsche Dir und Paul alles Gute fürs Neue Jahr.* Ich habe immerhin einen Trost, was mich betrifft: Es kann einfach nicht schlimmer werden als das letzte!

Alles Liebe,

Deine

Tussy

* Ich auch.

    Edward

1. Bebel

Am 26. März 1895 verfaßt Engels einen testamentarischen Nachtrag, durch den verfügt wird, daß sämtliche Briefe an oder von Marx (mit Ausnahme des Briefwechsels zwischen ihm und Marx) wieder an Eleanor fallen sollen. Bernstein und Bebel waren als Erben der Engelschen Manuskripte ebenso wie seines Briefwechsels mit Marx und seiner eigenen Autorenrechte eingesetzt. Sein persönlicher Besitz würde zwischen Laura, Tussy und Louise aufgeteilt werden, wobei letztere obendrein alle Möbel und Kleidungsstücke zugesprochen bekam und die Option auf das Wohnrecht in seinem Hause. Seine Testamentsvollstrecker sollten jeweils einen Betrag von 250Pf erhalten, während Bebel und Singer als Treuhändern 1000Pf zur Finanzierung der Reichstagswahl übergeben werden sollten. Pumps (Mary Ellen Rosher) war auch nicht vergessen worden; sie sollte das hübsche Sümmchen von 2230Pf erhalten.

Im Verlauf des Jahres 1895 und insbesondere ab Mai geht es mit Engels gesundheitlich bergab, obwohl seine unverminderte Aktivität nicht darauf schließen läßt. Er leidet an Speiseröhren- und Kehlkopfkrebs, den er für eine Mandelentzündung hält. Im Juni bereitet Laura ihm große Freude mit ihrem Besuch. Er fährt mit ihr nach Eastbourne, wo Tussy und Aveling sich ihnen Ende des Monats anschließen. Auch der letzte bekannte Brief von Engels ist an Laura gerichtet. Er trägt das Datum des 23. Juli. Er spricht darin zwar von seinem Leiden, doch in der Hoffnung, daß eine bevorstehende Operation ihn davon befreien wird. Am 5. August schläft er friedlich ein (s. Anhang III).

Seinem Wunsch entsprechend findet die Trauerfeier im engsten Kreise statt. Nur seine nahen Verwandten und seine persönlichen Freunde nehmen daran teil. Am 10. August ist die Einäscherung, und am 27. August werfen Aveling, Tussy, Lessner und Bernstein die Urne mit seiner Asche bei Eastbourne, dieser Stadt, die er geliebt und in der er sich so oft aufgehalten hatte, ins offene Meer.

298

93. Laura an Eleanor

(Le Perreux) 27. August 95

Liebe Tussy,

ich bin persönlich entschieden dafür, die Aktien und Wertpapiere zu verkaufen, weil ihr Transfer Schwierigkeiten und möglicherweise Streitigkeiten mit sich bringen würde. Crosse[1] ist Fachmann genug, um zu wissen, ob der Verkauf rätlich ist, und wir fahren gewiß am besten, wenn wir seinem Rat folgen.

Ich hatte Louise gesagt, daß Pumps' Legat bar ausgezahlt werden muß, und zwar so rasch wie möglich. Sie wurde hitzig, als ich das sagte, doch Moore erklärte ihr in bestimmtem Ton, daß das so und nicht anders zu geschehen habe, und glücklicherweise ist Moores Wort *Gesetz*. Ich begreife ihre Einwände nicht, denn wenn es ihr beliebt, kann sie ja sofort wieder investieren.

Angèles Stil hat sich während unserer Abwesenheit[2] ungeheuer verbessert, le style c'est l'homme (frz. i. O.), und sie ist gegenwärtig bei ihrer dritten Schreibweise angekommen.

Lebwohl, liebe Tussy!

Deine

LAURA

1. Engels' Anwalt
2. Die Lafargues hatten an der Trauerfeier teilgenommen, ebenso Jean, der bis Ende September bei den Avelings bleiben wird.

Nach Engels Tod nähern die Avelings sich der S. D. F. an, die sich als die einzige marxistische Partei in England darstellt. So kam es dazu, daß Aveling als Vertreter von Justice und mehrerer kontinentaler Blätter am Kongreß der Trades Unions in Cardiff teilnimmt und Tussy in Burnley, einer Hochburg der S. D. F., eine Reihe von Vorträgen hält.
Im Herbst, vom 7. bis 14. Oktober, gehen die Avelings in Schottland für die S. D. F. und I. L. P. auf Vortragsreise und halten in Lancashire für die S. D. F. allein weitere Vorträge.

94. Eleanor an Laura

Green Street Green, Orpington
4. 9. 95

Liebe Laura,

Sam[1] hat mir gerade geschrieben, daß er von Dir noch keine Antwort auf seinen Brief vom 28. August hat, worin es um den »Verkauf« ging, doch angesichts dessen, was Du mir geschrieben hast, meiner eigenen Meinung und insbesondere angesichts Crosses, mit großem Nachdruck vertretener Ansicht hat er Crosse jetzt definitiv angewiesen zu »verkaufen«. Natürlich werden wir dabei wohl Einbußen haben – Du machst dir keine Vorstellung, was ein englischer Anwalt für Honorare nimmt –, doch es wird uns viele Unannehmlichkeiten ersparen. Ich werde Crosse, soweit es mich betrifft, auffordern, sofort wieder zu investieren. Ich sollte Dir auch noch sagen, daß Sam mich gebeten hat, Dir seine endgültige Entscheidung in der Angelegenheit mitzuteilen.

Was die Kinder angeht, so habe ich Crosse geschrieben, ich sei ganz Deiner Meinung und überzeugt davon, daß der General den Wunsch hatte, daß alle Kinder zu gleichen Teilen bedacht werden sollen.

Ich war in Burnley (eine Sache, die schon lange ausgemacht war), um drei Vorträge zu halten, und Edward ist in Cardiff wegen des Kongresses. Jean verbrachte den Samstag, Sonntag und Montag bei Lessners. Natürlich habe ich die Sache »geschäftlich geregelt«.

In Cardiff tut sich eine endgültigere Kluft auf als zwischen »alten«

300

und »neuen«[2] Gewerkschaftsanhängern, und wie Sam schreibt, es sieht nach einer ordentlichen Rauferei aus«. Burns spielt eine etwas bedauerliche Rolle, und wenn ich auch stets geglaubt habe, daß das Vertrauen unseres Generals in ihn sich als gerechtfertigt erweisen würde, so kommen einem bei seinem derzeitigen Vorgehen doch Zweifel.[3]

Wann kommst Du rüber? Ich würde es gern *ungefähr* wissen, denn ich habe vor ein paar Monaten eine Vortragsreise in Schottland übernommen und muß jetzt endgültig Bescheid geben, ob ich die Verpflichtung einhalten kann oder nicht.

Bonnier hat mir über Carmaux[4] geschrieben doch (unter uns gesagt), die Lage der Glashüttenarbeiter in England ist absolut verzweifelt. Die Glasverhüttung ist, soweit es England betrifft, ein sterbendes Gewerbe, und die Lage der Menschen ist entsetzlich. Innerhalb von *drei* Jahren haben viele nur 3 bis 9 Monate Arbeit gehabt. Firma nach Firma geht ein – und Du weißt ja, was das heißt. Ich fürchte, die Stunde der Solidarität ist abgelaufen.

Grüße von Johnny und mir an Euch beide, meine untertänigste Reverenz Novo (besonders Novo), Filou, Luna und Co.[5]

Deine
Tussy

1. Sam Moore
2. Der »Old Unionism« war der der Arbeiteraristokratie der Facharbeitergewerkschaften, die sehr exklusiv waren und stets zu einer Zusammenarbeit der Klassen tendierten. Der New Unionism war die gewerkschaftliche Massenbewegung der ungelernten Arbeiter, die aus den großen Streiks von 1889 hervorgegangen war.
3. John Burns wird in der Tat immer ehrgeiziger, und seine Attacken gegen Keir Hardie zielen auf die Spaltung der Arbeiterbewegung ab.
4. Streik der Glashüttenarbeiter, der Anfang August ausgebrochen ist und sofort politische und nationale Bedeutung gewinnt. Auf der einen Seite die unnachgiebigen Unternehmer, die den Streik gesucht haben, um die Gewerkschaftsbewegung zu brechen, und die sich auf die politische Macht stützen: der Präfekt läßt mehrere Gewerkschaftsführer verhaften und holt Truppen nach Carmaux; auf der anderen Seite die starke Tradition des Arbeitskampfs, die 1893 bereits im Bergarbeiterstreik einen Höhepunkt gehabt hatte und von den Sozialisten unterstützt wird: es war eine Folge des

Bergarbeiterstreiks gewesen, daß Jaurès zum Abgeordneten gewählt wurde; im Jahre 1895 versucht er, sich einzuschalten, um den Konflikt zu schlichten. Er erhebt ihn vor dem Abgeordnetenhaus zu einem nationalen Problem, und mit seiner Rede nimmt der Niedergang des Ministeriums Ribot seinen Anfang. Der Streik sollte bis Februar 1896 andauern. Sein Ausgang ist sogar von noch größerer symbolischer Bedeutung als der des letzten Streiks: einer Initiative von Jaurès und Rochefort folgend, gründen die Facharbeiter in Albi eine Arbeiterglashütte; sie wird am 2. Oktober 1896 eingeweiht und ist eins der ersten Experimente auf dem Gebiet der »Selbstbestimmung«.

5. Hunde und Katzen der Lafargues

95. Eleanor an Laura

Green Street Green Orpington
7. 9. 95

Liebe Laura,

Gelobet sei Gott in der Höhe! Ich habe den Lachâtre [1]- Vertrag gefunden. Ich dachte mir, er könnte vielleicht in einer Schachtel sein, die Mohr mir gegeben hat (die von seinem Vater) und die ein paar Briefe und Kleinkram von Lupus[2], die Briefe von Darwin und Spencer enthielt usw., zu denen ich noch Briefe gelegt hatte, die anläßlich Mohrs Tod gekommen waren. Ich wollte jedoch keine falschen Hoffnungen wecken und habe deshalb nichts gesagt, ehe ich nicht nachgeschaut hatte.

Ich lege eine Kopie des Vertrages bei. Meinst Du, Du kannst mit der Sache in Frankreich fertigwerden, oder sollen wir höchst offiziell über Crosse mit Lachâtre Kontakt aufnehmen? Wenn Du damit allein fertig wirst, um so besser, dann schicke ich Dir das Original des Vertrages. Crosse hat mir jedoch wie Mohr gesagt, ich dürfte nichts unterschreiben, ohne mich vorher beraten zu lassen, da ich (unglücklicherweise) rechtlich verantwortlich bin, nicht nur Dir, sondern auch *Longuet* gegenüber. Moore hat mir geraten, in allen Angelegenheiten, die Mohr betreffen, Crosse zu konsultieren, die französische Übersetzung des *Kapital* eingeschlossen. Da ich jedoch weiß, was für ein *ungeheurer* Luxus englische Anwälte sind (für jeden Brief 3 Shilling 4 Pence!), wäre ich froh, wenn Du die französische Angelegenheit übernehmen könntest. Wenn Du kannst und willst, schicke ich Dir, wie bereits gesagt, den Originalvertrag. Unterdessen kannst Du der Kopie entnehmen, wie die Bedingungen sind. Ich gestehe, ich steige da nicht völlig durch. Wann kommst Du? Gib mir Bescheid. Ich habe soviele offene Verpflichtungen, über die ich erst endgültig entscheiden kann, wenn ich von Dir gehört habe.

Deine

Tussy

Grüß Paul herzlich – und Novo natürlich und Luna und *freundliche Grüße* an Filou.

1. Der französische Verleger des *Kapital,* das von Joseph Roth übersetzt worden ist.
2. Wilhelm Wolff, dem Marx dem ersten Band des *Kapital* gewidmet hatte.

Ehe sie noch ihren Teil der Erbschaft erhalten haben, machen Laura und Tussy sich jeweils auf die Suche nach einem Haus. Laura wird das Haus kaufen, von dem in diesem Brief die Rede ist; es liegt in Draveil (Seine-et-Oise), Grande-Rue 20. Wegen der notwendigen Reparaturen kann sie jedoch erst im März 1896 einziehen. Es handelt sich in der Tat um einen sehr schönen Besitz, ein Haus mit dreißig Zimmern, einer Wohnung für den Gärtner, Nebengebäuden, Gewächshäusern, einer Orangerie, einem Park, der sich bis an die Seine und den Wald von Sénart erstreckt und einen Lustgarten, Gemüsegarten und Obstgarten, Hühnerhof etc. einschließt.
Tussy wird sich hingegen mit einem bescheideneren Haus begnügen, das in dem ruhigen Vorort Lewisham liegt (vgl. Brief vom 10. Dezember 1895, Nr. 100).

96. Laura an Eleanor

23. September 1895

Liebe Tussy,

ich danke Dir für den Scheck von 24Pf, den ich am 21. erhalten habe.

Was das Geld der Kinder angeht, so kann man natürlich keine Summen von 5, 10 oder 20 Pf investieren. Doch es steht ihnen noch eine Summe von über 100Pf zu, die zusammen mit den 24Pf, die gerade von Meißner eingetroffen sind, und ihrem übrigen Geld angelegt werden könnten. Später könnten wir, wenn Du das für angebracht hältst, ein gemeinschaftliches Bankkonto für sie einrichten.

Was unsere Reise betrifft, so läßt sich nicht nichts endgültiges sagen. Paul muß noch nach Bordeaux, ehe wir nach London rüberfahren können, so daß wir jedenfalls nicht vor Mitte Oktober hier wegkönnen.

Ich war sehr beschäftigt, ohne Dienstmädchen und wo ich fast meine ganze Zeit damit verbracht habe, die Vororte von Paris »durchzumachen« auf der Suche nach einem Haus, das zum Verkauf steht. Es gibt eins, das am 25. per Auktion losgeschlagen werden soll, und wir haben gewisse Hoffnungen, daß wir es kriegen. Das Haus selbst ist so lala und reparaturbedürftig, aber der Garten ist großartig und erstreckt sich direkt bis an den Wald von Sénart.

304

Wir machen uns gleich nach dem Mittagessen wieder auf, und so sage ich Dir Lebwohl, in der Hoffnung, Dich recht bald zu sehen.

Deine
LAURA

97. Eleanor an Laura

36, Montgomery Street
Edinburgh, 8. 10. 95

Liebe Laura,

Dein Brief ist mir gerade hierher nachgeschickt worden, wo wir – ich glaube, ich hatte es Dir erzählt – eine Woche Vorträge für die S. D. F. halten sollen, d. h. im Norden, denn heute fahren wir nach Dundee und dann nach Glasgow. Natürlich bezahlt die S. D. F. die Auslagen.

Ich *kann* Deinen Brief einfach nicht begreifen! *Was* war denn »unsinnig« und »unklug« an meinem Brief an Dich? Weder Bernstein noch ich konnten wissen, was Paul »immer schon gemeint hat«. Wir wußten nur, was er *geschrieben* hat – nämlich daß Bebel und er (Bernstein) »ferairent bien« (frz. i. O., gut daran täten), für Mohrs Briefe dieselbe Suchmeldung in die Zeitung zu setzen wie für die von Engels. Und wenn sie das tun, dann sind natürlich sie verantwortlich und nicht wir. Und selbst, wenn sie uns übergeben würden, sehe ich nicht ein, weshalb sie via Bebel kommen sollten. Doch wenn man sich an Pauls Vorschlag hält, dann wäre doch genau das der Fall!– Zuerst sollten *wir* jetzt, finde ich, *unverzüglich* unsere Suchanzeige drucken lassen. Viele Leute, die Briefe von Engels haben, mögen auch welche von Marx haben und entschließen sich vielleicht, beide zusammmen abzuschicken. Ich schlage vor, daß wir Folgendes schreiben sollten:

An den Chefredakteur
von . . .

Sehr geehrter Herr,
wir würden uns über Ihre Zeitung gern an all diejenigen wenden,

305

die sich im Besitz irgendwelcher Briefe oder sonstiger Papiere von Karl Marx befinden, und sie bitten, diese Dokumente freundlicherweise einer von uns zuzuschicken. Uns ist daran gelegen, im Hinblick auf eine eventuelle Publikation eine möglichst vollständige Sammlung der Briefe unseres Vaters zusammenzubekommen. Jegliche Briefe oder Dokumente, die uns zugesandt werden, werden selbstverständlich äußerst schonungsvoll behandelt und auf Wunsch des Einsenders zurückgegeben, sobald sie kopiert sind. Wir würden jede Anweisung seitens der Besitzer und Einsender der Briefe berücksichtigen, die die Auslassung bestimmter Passagen betreffen, deren Veröffentlichung eventuell nicht gewünscht wird.

Hochachtungsvoll

L. L. (Le P. etc)

E. M. A. (G. S. G. etc.)

Das ist die Form, die Darwins und Ernest Jones' Söhne gewählt haben, und sie ist für England die beste. Für Deutschland brauchen wir uns natürlich nur mit einer Suchmeldung an den *Vorwärts* zu wenden, die die Parteipresse verbreiten soll. Was Frankreich betrifft, so kennst Du Dich am besten aus. Teil mir mit, was Du meinst oder ob Du irgendwelche Vorschläge zu machen hast. Wenn Du einverstanden bist, schicke ich das betreffende an alle Londoner Zeitungen und durch die Press Association an die Provinzblätter. Leider ist es hier so, daß der Brief, wenn man nicht wirklich an jede einzelne einen schickt, nur in ein oder zweien erscheint. Selbstverständlich schicke ich ihn auch nach Amerika, doch da werden Schlüter und Sanial[1] genügen.

Von diesem ungebrochenen Flegel Freyberger habe ich heute morgen gehört; er sagt, die Bücher[2] seien abgeschickt und sie hätten gern, daß wir unsere »Gegenstände« entfernen – und seinen Manieren entsprechend, hat er noch hinzugefügt »auf unsere Kosten«! Da ich sie (selbst wenn ich in London wäre) nicht in unserer Wohnung in Green Street Green unterbekäme, lasse ich sie lagern, bis wir ein Haus finden. Der Herr gebe, daß das bald sein möge! Die Sucherei ist ein wahres Kreuz!

Herzliche Grüße Euch beiden, und sag Paul, daß er mich runterputzen kann, soviel er Lust hat (wenn ich auch nicht weiß, was er davon hat!). Es macht mir nichts aus.– Du sagst nicht, wann Ihr kommt. Denk dran, daß unser Vertrag für den Safe [3] im November erlischt. Ich nehme an, ich soll ihn verlängern? Es sei denn, Du kämest rüber und entschiedest Dich anders. Die Sachen vom General sind alle bei Mottelers. [4]

Deine

TUSSY

Ich liebe Guesdes Unverschämtheit! Doch wir haben auch unsere Guesdes (wenn auch nicht solche prachtvollen Kaliber)!

1. Schlüter ist Chefredakteur der *New Yorker Volkszeitung* und Sanial Chefredakteur des *Journal of the Knights of Labor*.
2. Die Bibliothek von Marx und Engels, die er der deutschen Partei vermacht hat.
3. Im September 1895 hatte Tussy ein Schließfach bei der Chancery Lane Deposit gemietet, um Marx' Papiere dort aufzubewahren. Sie hoffte, daß Laura alsbald käme, um die ganzen Manuskripte mit ihr zu sichten. Laura rührt sich jeodch nicht weg, und das Schließfach muß viel länger gemietet werden als vorgesehen, obwohl Tussy es übernimmt, Laura Pakete mit Briefen zu schicken, die sie durchsehen soll.
4. Sozialdemokratische deutsche Familie, Freunde von Engels und Bernstein.

98. Eleanor an Laura

Green Street Green, Orpington

19. 10. 95

Liebe Laura,

das Beiliegende ist, wie ich weiß, in einer großen Anzahl von Zeitungen erschienen und zweifellos auch noch in anderen, die ich nicht gesehen habe. Ich habe auch an Library [1], Kautsky und Adler geschrieben (sie können praktisch die gesamte deutsche und österreich-ungarisch-böhmische Presse übernehmen) und nach Amerika.

Augenblicklich sind wir hauptsächlich mit der Haussuche beschäftigt, denn das hier ist zu weit von London entfernt und bei winterli-

307

chem Wetter, das jetzt wie toll über uns hereinbricht, nicht angenehm. Alle *netten* Häuser sind zu teuer, und alle billigen sind schäbig und liegen in schäbigen Gegenden.– Wie steht's denn bei Euch damit? Habt Ihr versucht, das Haus zu bekommen, hinter dem Ihr, wie Paul sagte, »hinterher wart«?

Wir waren, wie Du weißt, eine Woche in Schottland, und wenn Edward gesundheitlich nicht so auf dem Hund gewesen wäre, wäre es sehr angenehm gewesen. Wir hatten großartige Versammlungen in Edinburgh, Dundee, Glasgow, Blantyre und Greenock. Edinburgh ist – vielleicht mit Ausnahme von Prag – gewiß die schönste Stadt, die ich je gesehen habe (die ville lumière [frz. i. O., Lichterstadt] eingeschlossen). Bei der Rückkehr haben wir Crosse gesehen. Wie Du wahrscheinlich von ihm weißt, hat er den »Wein« jetzt in vier Teile aufgeteilt, und sobald er Deine Einwilligung hat, will er dafür sorgen, daß das Viertel (d. h. der Anteil der Kinder) verkauft wird. Er sagt, er hätte einen Käufer – der, wenn ich richtig wittere, er selbst ist. Unterdessen schreibe ich auch an Brett, da ich wissen möchte, 1) was er für Lagergebühren berechnet, 2) was er zu zahlen bereit wäre. In jedem Fall sollte der Anteil der Kinder sofort verkauft werden.

Mr. Percy mit seiner »Lebensverischerung« wird uns (d. h. »die Erbmasse«) mit einer Geldstrafe von 87Pf belegen. Der General hatte für diese Summe *garantiert* – ergo wird die Gesellschaft, wenn sie nicht bezahlt wird, die Nachlaßverwalter belangen. Die wiederum könnten natürlich Percy belangen –, aber da können sie auch gleich den Mann im Mond belangen. Inzwischen haben wir Bernstein (und Crosse) vorgeschlagen, einen Kompromißversuch zu machen. Da Crosse Percy zu einem hohen Zinssatz Geld vorschießt, ist es jedoch *möglich*, daß Crosse nicht gerade darauf brennt, eine Einigung zu erzielen. Die *einzige* Chance Percy gegenüber besteht darin, ihm *anzudrohen*, daß Pumps (und auch allen anderen) nichts ausgezahlt wird, ehe Moore nicht zurück ist. Da Ede[2] und die Herzogin[3] Crosse am Donnerstag treffen sollten, haben sie sich möglicherweise irgendwie arrangiert, doch ich habe noch nichts gehört. Es scheint nicht unwahrscheinlich, daß (Crosse zufolge) in vier Wochen alles verkauft, so daß die Sache an Weihnachten geregelt sein wird!

Ich kopiere (der Druck ist mühsam, so daß ich nicht sehr schnell vorankomme) dreimal die Artikel aus der *Tribune* über »Deutschland«.[4] Eine Kopie schicke ich Dir. Das ist eine herrlich interessante Geschichte von '48.*

Wir grüßen Euch beide herzlich. Und natürlich allen schuldigen Respekt den vierbeinigen Familienmitgliedern, besonders Monsieur Novo.

Deine

TUSSY

* Ich schicke Dir eine Kopie.
1. Spitzname von Liebknecht
2. Eduard Bernstein
3. Louise Freyberger
4. Es handelt sich um 18 Artikel von Marx, die in der *New York Daily Tribune* erschienen waren und die Tussy 1896 unter dem Titel *Revolution und Konterrevolution in Deutschland* herausbringen wird. Was Tussy nicht wußte, ist, daß diese Artikel zu einer Zeit, wo Marx' Englisch noch sehr unbeholfen war, von *Engels* verfaßt worden waren.

In Zusammenarbeit mit Aveling wird sie 1897 eine weitere von Marx unterzeichnete Artikelserie herausbringen, *Die orientalische Frage;* sie war in derselben Zeitschrift erschienen. Auch bei dieser Serie waren, ohne daß sie das ahnte, manche Artikel von Engels abgefaßt worden.

99. Eleanor an Laura

Green Street Green, Orpington

24. 10. 95

Liebe Laura,

sag Paul meinen Dank für seinen Brief. Ich werde sehr froh sein, wenn wir einander wieder über andere Dinge schreiben können als über diese dummen (und zum größten Teil) ganz überflüssigen geschäftlichen Angelegenheiten.

Wir haben Crosse gestern getroffen (mir graut bei dem Gedanken, wie die Crosse-Rechnung aussehen wird!), und es versteht sich natürlich, daß die »Police«, wenn die Erben zahlen – was sie müssen, um Gerichtskosten zu sparen – solange von den Testamentsvoll-

309

streckern als Sicherheit zurückbehalten wird, bis Percy alles abbezahlt hat. Mittlerweile beschwert sich Percy, daß seine Frau »genötigt« wird, seine Schulden zu zahlen. Crosse hielt ihm entgegen, daß *wir* sagen könnten, *wir* würden genötigt, eine Schuld zu zahlen, die mit uns nicht das mindeste zu tun hätte. Percy hatte mit Crosse einen Termin ausgemacht, wo sie die Sache regeln wollten, doch hat er ihn bislang nicht wahrgenommen. Auch haben wir erfahren, daß Pumps Freitag nach Amerika fährt! Wenn das stimmt, tut mir der arme Willy Burns [1] leid – das einzige wirklich anständige und tüchtige Mitglied der Familie Burns. Ein wirklich großartiger Kerl. Doch wo er – soweit es in seinen Kräften steht – schon für seine Mutter, eine Schwester und zwei Brüder sorgt – von den Kindern seines einen Bruders sowie seiner eigenen Frau und seinen Kindern ganz zu schweigen –, wird das ganz schön strapaziös, wenn Pumps es schafft, ihm Percy und ihre eigenen Bälger auch noch anzuhängen. Natürlich kann die Amerikareise auch eine Lüge von Percy sein.

Ede Bernstein hat Euch zweifellos von dem Brief von Hermann Engels [2] und den 6000 (oder so) Mark in Deutschland und vom albernen Brief der Herzogin an Hermann erzählt. Ede hat sie glücklicherweise daran gehindert, an Hermann Engels zu schreiben, daß er das Geld »behalten« solle – eine überflüssige und grundlose Beleidigung. Sie teilte Crosse mit, sie wünsche, daß dies Geld bei Familie Engels verbliebe, weil Engels und seine Familie in politischen Fragen nicht einer Meinung gewesen wären! Die Familie könnte sich zurecht über den Affront erbittern, daß man ihnen 500Pf »gibt«, wenn der Rest an andere geht! Natürlich habe ich zu Ede gesagt, ich sähe keinerlei Veranlassung, unfreundlich zu Menschen zu sein, die sich so bewundernswürdig benommen haben.

Nun zu den Kindern. Crosse rät, *ihren* Teil einfach in Staatsanleihen zu investieren. Das wird zweifellos weniger einbringen, als wir es von einigen unserer eigenen Wertpapiere erhoffen, doch hat es den Vorteil *absoluter Sicherheit*, und wir haben damit keinerlei Schererein oder sind in irgendeiner Weise verantwortlich. Ich persönlich meine, daß das die beste Anlage für die Kinder ist, habe aber natürlich gesagt, daß ich das nicht entscheiden könnte, bis ich von Euch gehört hätte. Gebt mir also Bescheid. Eine erfreuliche Tatsache ist, daß die »Erbengemeinschaft« Crosse im nachhinein 57Pf für den Erwerb des neuen Hauses vom General zahlen muß. Crosse sagt, er hätte dem General empfohlen, die ganze Sache auf sich beruhen zu lassen – doch der wollte das nicht. Jetzt zahlen wir den beiden Einbrechern im nachhinein auch noch die Leiter.– Sowie ich ein paar Kopien bekomme, schicke ich Dir ein kleines Pamphlet von mir (ich habe es für Wurms *Encyclopedia* geschrieben) über die Bewegung der englischen Arbeiterklasse. Sie fanden es gut genug, um es mit einer Einleitung von Library[3] herauszugeben. Es taugt nichts, weil ich die riesige Materialmenge auf sehr engem Raum zusammenpressen mußte. A propos. Hast Du im *Vorwärts*[4] die *sehr* kühle und sachlich unrichtige Mitteilung von Bebel und Singer in bezug auf die Bücher gesehen? Sie teilten einfach mit, sie hätten 27 Kisten Bücher vom General erhalten. Ich mußte Library schreiben (wegen anderer Dinge – Kongreß etc) und gab ihm zu verstehen, daß ich mehr als überrascht gewesen sei, daß Bebel und Singer Mohr nicht einmal erwähnt hätten; ich fände, schrieb ich weiter, daß es sich doch wohl gehört hätte zu sagen, daß gut die Hälfte der 27 Kisten die bewundernswerte Bibliothek von Marx enthielten, die der deutschen Partei von Marx' Kindern (dem Wunsch des Generals folgend, daß die Bibliotheken zusammenbleiben sollten) übermacht worden seien. Die Partei selbst wüßte das gewiß gern und *sollte* das wissen. Ich hoffe, Du findest, daß ich gut daran getan habe, das zu schreiben. Ich finde es durchaus angebracht, und obendrein wird es, wenn wir uns nicht sofort darum kümmern, in gar nicht langer Zeit heißen, *Louise* habe die ganzen Bücher großzügigerweise der Partei gegeben. Wo sie sich doch geweigert hat, auch nur die Bücher*kisten* herzugeben!

Wir sind immer noch hinter einem Haus her und Ihr auch, soweit ich gehört habe! Wie sich herausgestellt hat, sind alle netten Häuser entweder vermietet oder zu teuer. Und die »Häuser für höchste Ansprüche« liegen in der Mehrzahl der Fälle in irgendeinem unbeschreiblichen Slum. Vor den Mieten hier kann es einen grausen. Crosse rät jedoch sehr dazu zu kaufen, statt Miete zu zahlen, wenn wir etwas wirklich Hübsches finden. Manchmal habe ich nicht übel Lust, mein Geld in einen Wohnwagen zu stecken (wie Dr. Gordon Stables) und irgendwo zu leben wie die Zigeuner.

Der Herzog und die Herzogin »legen los« im großen Stil. Sie haben

– oder *sagen,* sie hätten – 300Pf für neue Möbel ausgegeben und sprechen nur noch abfällig von dem, was sie den armen alten General haben kaufen lassen.

Ich nehme an, Du kannst noch nicht sagen, wann Du kommst. Ich wünschte, es wäre bald, damit wir die Papiere in der Chancery Lane durchgehen können. Ich glaube, wenn wir die »Spreu« vom Weizen trennen würden, könnten wir die *wirklich* wertvollen Dinge in einen Safe für ein oder zwei Guinees tun. So müssen wir – es sei denn, wir täten das noch – den Raum behalten und weiter bezahlen: (ich glaube) 8 Guinees. Die 3 Monate laufen im November ab. Bedenke das und sieh zu, ob Du es nicht einrichten kannst zu kommen. Wenn wir bis dahin eine Bleibe gefunden haben sollten, gibt es natürlich überhaupt kein Problem, denn dann werden wir ein Gästezimmer haben. Wenn nicht, könnten wir für die Woche oder zwei, die Du bleiben würdest, irgendwelche Zimmer besorgen.

Für mehr ist kein Platz.

Liebe Grüße von uns beiden,

Deine

Tussy

Wenn Du mit dem einverstanden bist, was ich Library hinsichtlich der Bücher geschrieben habe, fände ich es schön, wenn Du ihm ebenfalls in diesem Sinne schriebest.

1. Neffe von Lizzie Burns (Engels' verstorbener Frau), der nach Amerika emigriert war. Er war verheiratet, hatte drei Kinder und war ein glühender Sozialist.
2. Ein Bruder von Engels, der in Barmen lebte.
3. Liebknecht.
4. *Vorwärts* vom 20. Oktober

100. Eleanor an Laura

Green Street Green, Orpington
10. 12. 95

Liebe Laura,

Dein Brief – er trägt das Datum 8. Dezember und beantwortet meinen vom *17. November*!!!– hat sich mit meinem gekreuzt, den ich heute morgen abgeschickt habe. Jetzt habe ich also Antworten auf viele von den Fragen erhalten, die ich Dir gestellt habe; ich freue mich, daß Du bezüglich des Int. Kongresses [1] meiner Meinung bist, weil ich weiß, daß der liebe alte General das gewollt hat, und ich bin froh, daß Du wegen Lessner eine Entscheidung gefällt hast. Ich werde ihm sofort meine 20Pf schicken. Doch wie steht's mit den Kindern? Wenn Du und ich jede 20Pf geben, warum nicht auch sie? Jenny hätte das getan. Wenn Du findest, daß weitere 20Pf überwiesen werden sollen, müßtest Du und Paul offiziel an Crosse schreiben, und ich gebe dann meine Einwilligung. Das ist der einzige Weg, wenn man hier nicht irgendwelches rechtliche Schlamassel auslösen will. Moore hat mir das besonders eingeprägt. (*Was Freddy betrifft, so weiß ich wirklich nicht, welche Summe ihm zusteht, doch ich kläre das umgehend. Ich glaube, es waren um die 30Pf.* Diese Summe muß ebenfalls über Deine und Pauls und meine Zustimmung durch Crosse gezahlt werden.)

Und nun zu unserem Haus. Ich habe es gekauft – aber wer oder was da gekauft oder verkauft wurde, bleibt abzuwarten. Wir hätten jedoch zu gern, daß Ihr kämt und das Haus selbst anschaut. Im Ernst, Ihr müßt einfach rüberkommen – weshalb nicht zum neuen Jahr? Euer Zimmer ist dann fix und fertig für Euren Empfang (oder im Grunde sogar zwei Zimmer, wenn Ihr wollt), so daß es Euch gewiß nichts ausmacht, wenn sonst noch nicht alles an seinem Platz ist. Ich sollte eigentlich dazu sagen, daß meine Einladung nicht ganz so liebenswürdig ist, wie sie sich anhört. Ich brauche nämlich dringend Pauls Hilfe beim Garten! So, nun ist die Katze aus dem Sack. Wenn Paul noch das geringste bißchen für mich übrig hat, kommt er her und bringt uns bei, wie man gärtnert.

Und nun zum Haus selbst (ich bin stolz wie nur eine Jüdin auf mein Haus am Jew's Walk). Voilà. Erdgeschoß: Großes Zimmer (Ed-

313

wards Arbeitszimmer und zugleich allgemeines Wohnzimmer); Eßzimmer (geht auf den hinteren Garten hinaus), Küche, Spülküche, Speisekammer, Kohlenkeller und Weinkeller, Schränke und große Diele. Eine (bequeme) Treppe: Schlafzimmer – Gästezimmer (*Euers*), Mädchenzimmer, Badezimmer, (so groß, daß es bei besonderen Gelegenheiten als weiteres Gästezimmer genutzt werden kann) und mein *Arbeitszimmer*!!! Überall haben wir elektrisches Licht, das, da wir in der Nähe des (Crystal) Palace sind, weit billiger ist als Gas, obwohl auch Gas da ist und ich einen Gasherd habe und Gaskamine in den meisten oberen Räumen. Was schließlich die Möbel angeht, so müßt Ihr wissen, daß der Besitz Austin Friars, von dem Edward ein Teil gehört, in letzter Zeit so sehr im Wert gestiegen ist, daß er eine sehr gute Hypothek darauf bekommen hat (ohne natürlich das Anrecht auf seinen Anteil zu verlieren), und er kauft nun alle Möbel, ohne die man leider nicht auskommen kann. Du sollst das wissen, denn es wäre unrecht, wenn alle denken würden, daß ich alles allein bezahle ... (Schluß des Briefes fehlt.)

1. Es handelt sich um den Kongreß der II. Internationale, der unter dem Namen »Internationaler Sozialistischer Arbeiter- und Gewerkschaftskongreß« vom 24. Juli bis 1. August 1896 in London stattfinden sollte.

101. Eleanor an Laura

The Den Jews Walk Sydenham,
London 17. 1. 96

Liebe Laura,
das ist lieb, daß Du an den 16. gedacht hast.
Und Du tust das immer auf so fürstliche Weise! Ich bekomme dafür alle möglichen Dinge, auf die ich schon lange versessen war – besonders die »Paston Letters«[1] und einige andere historische Werke, die ich mir sehr gewünscht habe.
Die französischen Skandale[2] sind tatsächlich über alle Maßen wunderbar! In den englischen Zeitungen hat weniger darüber gestanden, als es der Fall gewesen wäre, wenn sie nicht so voll wären von unseren eigenen kleinen Problemen – Transvaal, Jamesons Piraterien, der deutsche Kaiser, Venezuela.[3]

314

Ich war entzückt, in der *Petite République*, die ich regelmäßig zugeschickt bekomme, zu lesen, daß Bel Ami[4] dafür eingebuchtet worden ist und hoffe aufrichtig, daß Sévérine ordentlich reinfällt. Ich begreife einfach nicht, weshalb sie gegenwärtig soviel Anklang in Frankreich finden. Das wenige, was ich von ihnen gelesen habe, fand ich unerträglich. Mag sein, daß sie »schreiben kann« – doch was sie schreibt, geht mir entschieden auf die Nerven.

Die Nachricht, daß das Triumvirat in die *Petite République*[5] eintreten soll, ist *sehr* erfreulich. Wenn wir bloß eine Tageszeitung in Paris haben können, dann schicken wir bald alle anderen – ich meine die anderen »Parteien« – zum Teufel. Ich höre, daß Allemane, Keir Hardie und die Holländer (die von Domela) Unheil brüten.[6] Weißt Du irgend etwas darüber?

Respektierliche Grüße den Vierbeinern. Ich vermute doch richtig, daß Luna schon wieder rückfällig geworden ist? Wie geht es Novo? Läßt Paul ihn immer noch Tränen vergießen? Und herzliche Grüße von uns beiden für Euch –

Deine

Tussy

Sag Paul, ich warte begierig auf seine Tips für Taubenzucht und Garten! Das entzückende Hachette-Bändchen (wundervollstes aller Bücher!) ist gerade eingetroffen. Vielen, vielen Dank.

1. Briefwechsel einer bürgerlichen Familie in der Grafschaft Norfolk aus dem 16. Jahrhundert.

2. Es handelt sich um die Affäre Lebaudy (»der kleine Zuckerfabrikant«): Erpressung, Steuerbetrug und passive Bestechung; außerdem um den Prozeß gegen die 104 »Bestechlichen« von Panama, den Skandal um die südfranzösische Eisenbahngesellschaft, auch um den Streik von Carmaux. Die Sozialisten sind, insbesondere Ende 1895, unermüdlich mit der Anprangerung von Skandalen beschäftigt.

3. Anspielung auf eine unselige Episode des Transvaal-Kriegs: im Dezember 1895 scheiterte der militärische Vorstoß Dr. Jamesons. Präsident Krüger erhielt daraufhin ein Glückwunschtelegramm von Wilhelm II., dem deutschen Kaiser, das die Engländer als Affront auffaßten. In Venezuela hinderten die diplomatischen Bemühungen der Vereinigten Staaten die Engländer daran, das Delta des Orinoco zu besetzen.

315

4. George de Labruyère (Bel-Ami), boulangistischer Journalist; er war am Skandal um Lebaudy beteiligt und am 13. Januar verhaftet worden. Sévérine, mit der er sehr eng befreundet ist, hat im *Echo de Paris* und in *La Libre Parole* zwei Artikel veröffentlicht, worin sie bestimmte Offiziere bezichtigt, sie hätten Lebaudy vom Militärdienst befreit.

5. *La Petite République socialiste,* seit 1893 das Nachfolgeblatt der *Petite République,* hat seit zwei Wochen eine Skandalspalte mit dem Titel »Die Meister der Bestechung«. Die Zeitung ist allen sozialistischen Strömungen gegenüber offen und wird von Millerand geleitet. Die Guesdisten, die ihre Mitarbeit vorübergehend aufgekündigt hatten, nehmen sie Ende Januar mit großem Einsatz wieder auf. Das »Triumvirat« besteht zweifellos aus den guesdistischen Herausgebertrio Guesde, Lafargue und Chauvin. Von Februar bis Mai 1897 haben sie sogar die alleinige Kontrolle über das Blatt.

6. Im Verlauf des Kongresses von 1896 verließen 8 der 13 holländischen Delegierten den Saal, als der Kongreß entschied, daß Sozialisten sich Parlamentswahlen stellen dürften. Die Hauptfigur war dabei Domela Nieuwenhuis.

Seit sie in den Besitz der Manuskripte ihres Vaters gelangt ist, ist Tussy hauptsächlich darum bemüht, sein Werk fortzusetzen. Wir haben bereits gesehen, daß sie aus Artikeln von Marx in der New York Daily Tribune einen Band zusammengestellt hat. Am wichtigsten erscheint ihr jedoch der vierte Band des Kapital. *Kautsky hatte zwar einen kleinen Teil davon entziffert, doch war er nach seiner Scheidung nach Deutschland zurückgekehrt und hatte das Manuskript mitgenommen. Zwei Jahre lang ließ er nichts mehr von sich hören. Engels, der, als er Band III redigierte, bestimmte Punkte überprüfen wollte, bat ihn, ihm das Manuskript zurückzuschicken. Zwölf Tage nach Engels' Tod wandte Tussy sich an Kautsky und drängte ihn, diese Arbeit wieder aufzunehmen. Auch begann sie, mit dem Verleger Dietz zu verhandeln, der die* Neue Zeit *herausbrachte. Der vierte Band erschien erst viele Jahre nach Tussys Tod, zwischen 1905 und 1910, unter dem Titel* Theorien über den Mehrwert.

102. Eleanor an Laura

The Den, Jews Walk, Sydenham
5. 3. 96

Liebe Laura,
ich kann Dir nicht sagen, wann Kautsky nach London *zurückzukehren* beabsichtigt, und zwar aus dem einfachen Grunde, weil er überhaupt noch nicht wieder aufgetaucht ist! Er hatte eine Erkältung und war krank –, damit fing es an. Dann kamen andere Dinge dazwischen. *Jetzt* kann er nicht kommen, sagt er, weil er *Revolution und Konterrevolution* [1] *umgehend* herausbringen muß. Die Sache ist einigermaßen lächerlich, und sowohl Bernstein als auch ich haben an den übereifrigen Karl geschrieben und erwarten ihn jeden Augenblick. Sobald er kommt, gebe ich Dir Bescheid. Ich wünschte mir wirklich, Ihr könntet kommen, wenigstens einer von Euch, wenn K. K. hier ist. Wir *müssen* einfach bestimmte Dinge regeln. Vor allem die Hauptsache – die Veröffentlichung des vierten Bandes. Natürlich ist es überhaupt kein Problem, Karl Tantiemen einzuräumen wie Moore und Bernstein sie für den ersten Band bekom-

317

men, doch Karl wird mehr leisten müssen, als zu übersetzen, und er wird seine ganze oder doch fast seine ganze Zeit an die Arbeit wenden müssen. Und unterdessen muß er ja leben –, und von künftigen Tantiemen kann er das nicht. Irgendein Verleger muß Karl folglich wöchentlich oder monatlich eine entsprechende Summe vorschießen; die Vorschüsse werden dann hinterher mit den Gewinnen verrechnet und bei der allgemeinen Aufteilung dieser Gewinne berücksichtigt. Ich habe in voller Absicht nicht an Meißner geschrieben, 1) weil ich nicht wußte, wie die Abmachungen mit ihm ausgesehen hatten und nicht wollte, daß er diese Unkenntnis wittert, und 2) weil man mir gesagt hat, Dietz habe die Absicht, Meißner aufzusuchen und mit ihm auszuhandeln, daß er den vierten Band herausbringen kann und, da eine solche zweigeteilte Veröffentlichung für alle nachteilig wäre, ihm anzubieten die ersten drei Bände zu kaufen. Obwohl wir aus seinen Briefen schließen konnten, daß er *sofort* nach Hamburg fahren wollte, hat er das doch nicht getan, und jetzt höre ich, er sei »nervös« und müsse sich in Kur begeben. Der Himmel weiß also, wann wir die Sache regeln werden. Ich nehme an, am Ende werden Du und ich das tun müssen, und ich frage mich, ob es alles in allem nicht das Einfachste wäre, nach Hamburg zu fahren. Gine Bernstein ist gerade von einem Besuch bei ihrer Mutter in Berlin zurückgekehrt, und sie sagt, der arme alte Library nehme es dem General sehr übel, daß er ihn in seinem Testament so überhaupt nicht berücksichtigt hat. Er sagt (vor aller Ohren), der Grund sei, daß er nicht wie Adler und Bebel »mitgeliebt« habe.

Nun zu Edward und der S. D. F. Als Antwort auf den Rundbrief[2] bekamen wir solche Antworten, daß Hyndman einfach einlenken *mußte*. Wie die Dinge liegen, hat er sich (diesmal) von den Freebooters[3] einseifen lassen, die ihm eingeredet haben, der arme alte General habe sich danach *gesehnt*, ihn, Hyndman, zu sehen, und wir hätten das verhindert. Angesichts der großartigen Briefe von *allen* Leuten auf dem Festland – einschließlich (und deren Briefe waren die beeindruckendsten, denn sie waren vor der Rückfrage bei den Freebooters geschrieben) Bebels und Adlers und natürlich Liebknechts zog das Exekutivkomitee der S. D. F. am Dienstag *einstimmig* seine Erklärung zurück; alle gaben sich die Hand, und die Freebooters haben uns *ungewollt* dabei geholfen, eine sehr nützliche

»Aussöhnung« zwischen uns und der S. D. F. zustandezubringen. Seit Jahren kommen wir (zum Kummer des Generals) gut zurecht mit den *Mitgliedern* der S. D. F. Jetzt sollen wir *offiziell* zusammenarbeiten. Du weißt, was solche »offiziellen« Freundschaften bedeuten – Edward und Hyndman lieben 'einander nicht mehr als Paul und Brousse –, doch es ist nützlich für die Bewegung und insbesondere für den bevorstehenden Kongreß.[4] Ich erwähnte die Drucker, weil man mich darum gebeten hatte –, und diese »Nebenkongresse« von Gewerkschaften haben sich als sehr nützlich erwiesen: denke nur an die Glashüttenarbeiter, die Schuhmacher usw. Liebknecht kommt im Mai für 3 Wochen herüber. Am 15. kommt er an. Am 16. spricht er in London (die ganze Tour wird vom »Zürich-Komitee« des Kongresses arrangiert); dann geht er nach Southampton, Bristol ...

(Der Schluß des Briefes ist verlorengegangen.)

1. *Revolution und Konterrevolution in Deutschland* (vgl. S. 319, Anm. 4) Tussy schickte das Buch an Laura, die es ins Französische, und an Kautsky, der es ins Deutsche übersetzen sollte. Letzterer nutzte das als Vorwand, um seine Londonreise aufzuschieben.
2. Nach Engels' Tod bemühte sich Hyndman um eine Annäherung zwischen seiner Partei, der S. D. F., und den deutschen Sozialdemokraten. Bernstein machte geltend, daß unter diesen Bedingungen doch nichts mehr dagegen spräche, die Avelings in die Reihen der S. D. F. aufzunehmen. Das Exekutivkomitee dieser Partei – insbesondere Hyndman und auch Bax, der den Freybergers nahestand – hatte Vorbehalte bezüglich der Persönlichkeit Avelings und ging soweit, ein Rundschreiben an sämtliche Sektionen zu schicken, aus dem hervorging, daß Aveling versucht habe, die Annäherung zwischen den beiden Parteien, der englischen und der deutschen, zu vereiteln, und worin sie aufgefordert wurden, ihn nicht mehr zu Vorträgen einzuladen. Aveling konterte mit einem Rundschreiben an die bekanntesten Marxisten des Kontinents, worin er die Anschuldigungen zurückwies und Zeugnisse zu seinen Gunsten verlangte.
3. Die Freybergers
4. Der vierte Kongreß der 2. Internationale (vgl. Anm., S. 319)

Der internationale Kongreß vereinigt außer den englischen Delegierten der S. D. F., der I. L. P., der »Fabian Society« und der Gewerkschaften Delegierte aus einundzwanzig Nationen, darunter Alexandre Millerand, Jaurès, Viviani, Louise Michel, Jules Guesde, Lafargue und Jean Longuet, der mit zwanzig Jahren Delegierter der Fédération Basse-Normandie der Arbeiterpartei ist.

Der größte Teil des Kongresses vergeht mit den Reibereien zwischen den anarchistischen und antiparlamentarischen Kräften, die der Kongreß von Zürich 1893 abgewiesen hatte, und den anderen, die für eine sozialistische Vertretung im Parlament sind. Erst am letzten Tag macht man sich Hals über Kopf an die wirklichen Probleme.

Tussy nimmt an diesem Kongreß nicht nur als Übersetzerin teil (inmitten des unaufhörlichen Tumults ist ihre Arbeit beschwerlich und bisweilen unmöglich), sondern auch als Delegierte der Gewerkschaft der Gaswerker.

103. Laura an Eleanor

Draveil, S. et O.
September 1/96

Liebe Tussy,

inliegend findest Du Meißners Abrechnung und meine Empfangsbestätigung.

Ich war entzückt, einen so langen Brief zu bekommen, nachdem ich mich entschlossen hatte, bis Ende September geduldig auf Nachricht zu warten – und angenehm überrascht über die Höhe der ausgeschütteten Summe.

Ich habe während der letzten Tage das Haus voller Leute gehabt, sonst hätte ich Dir schon eher den Erhalt Deines Briefes nebst Beilage bestätigt.

Ich weiß nicht, ob Du in Geschäften unterwegs oder im *Den* [1] bist – ein *crystal den* muß das sein mit dem vielen Gas und Strom – da können wir Dörfler nur Mund und Nase aufsperren.

In einem früheren Brief habe ich in der Absicht, Dich nach Draveil einzuladen und unseren Garten anschauen zu lassen, solange er noch über und über grün und golden ist, nachgefragt, ob Du die Absicht hast, dieses Jahr die Stadt zu verlassen. Doch von Deiner

320

Abreise habe ich erst durch Deine Postkarte von den Scilly Isles erfahren – es mag ja himmlisch sein da, aber Draveil ist auch nicht übel.

Ich stelle mir vor, daß Du froh bist, Deine ganzen kosmopolitischen Viecher loszusein – die zahmen ebenso wie die wilden, doch Dein Mädchen wird das Haus nach der ganzen Aufregung der Kongreßzeit öde finden.

Edwards Brief muß, da er den heiligen Vater[2] dazu gebracht hat, 50 frs. herauszurücken, ein wahres Meisterwerk literarischer und diplomatischer Kunst gewesen sein. Wir haben seit längerem von keinem Mitglied dieser unheiligen Familie irgend etwas gehört oder gesehen. Dormoys Kleine, Jeanne, ein nettes Kind von zehn Jahren, verbringt die Ferien bei uns und läßt mich voller Bedauern an Mémé denken, die in etwa einer Woche vierzehn wird und immer noch lebt »comme l'oiseau sur la branche« (frz. i. O. »unbeschwert wie ein Vogel«). Mémés natürlicher Liebreiz macht, daß ihr alle Herzen zufliegen, obwohl sie nicht sehr anschmiegsam ist, und daß man eine sehr liebenswerte Gefährtin an ihr hat.

Was das *Devenir Social*[3] angeht, so ist sein Verzicht auf Politik nicht sein Versagen, sondern sein Unglück. Es ist verpflichtet, theoretisch zu sein und sonst nichts, oder es würde seine Chance verwirken, von Grand und Brière gedruckt zu werden und folgerichtig auch jede Chance, gekauft und gelesen zu werden.

Jeanne Dormoy ist die ganzen Ferien über hier, so daß ich Draveil nicht verlassen kann; ihr kleiner Bruder Marx[4] soll später auch noch herkommen. Unsere Gegenwart während der Liquidation ist unnötig, doch ich möchte Dich aus zahllosen anderen Gründen sehen und bin willens und bereit, das Castle zu räumen, so bald es irgend geht.

Ich habe sehr üble Kopfschmerzen, so daß ich mir idiotischer vorkomme als angemessen und Dir mit einem Kuß für beide Lebwohl sage.

Deine

LAURA

Paul schickt die Inhaltsangabe des Manuskripts zusammen mit dem Manuskript.

1. «The Den« (Die Höhle) ist der Name des Hauses, in dem Tussy jetzt wohnt und das sich, wie bereits berichtet, in der Nähe des Crystal Palace in Sydenham befindet.

2. Longuet

3. *Revue internationale d'économie, d'histoire et de philosophie* (1895–98). Marxistisch inspiriert, veröffentlicht sie Texte von Engels und Marx.

5. Jeanne und Marx Dormoy, Kinder des militanten Sozialisten Jean Dormoy. Marx Dormoy wird bekanntlich Innenminister der Volksfrontregierung unter Präsident Léon Blum. In dieser Funktion deckt er das rechtsradikale Komplott im Jahre 1937 auf, das als »la Cagoule« bezeichnet wird. Unter dem Régime Vichy wird Marx Dormoy zuerst interniert, dann in Montélimar unter Hausarrest gestellt, wo er im Juli 1944 durch eine Bombenexplosion getötet wird. Obwohl man für diesen Mordanschlag zunächst ehemalige Mitglieder der »Cagoule« verantwortlich gemacht hatte, ging es letztlich aufs Konto der profaschistischen »Parti populaire français« von Jaques Doriot, dessen Wahl zum Bürgermeister von Saint-Denis vom damaligen Innenminister annulliert worden war.

104. Eleanor an Laura

> The Chancery Lane Safe Deposit
> 6162 Chancery Lane
> London W. C.
> 2. 1. 97

Liebe Laura,

vor allem anderen erstmal ein glückliches neues Jahr, und ich hoffe, es ist immer noch glücklich, wenn es zum alten Jahr wird.

Ich schreibe Dir, wie Du siehst, aus der Chancery Lane, wohin ich eine Masse sortierter Briefe gebracht habe – und von wo ich einen neuen Berg mitnehme. Allmählich lichtet sich der Wust, und damit sind wir bei der wichtigen Frage, was als nächstes zu tun ist und bei der noch wichtigeren, was wegen Mohrs Briefen an Engels geschehen soll. Natürlich sind die im Besitz von Bebel und Bernstein – und in der Obhut der Motteler.[1] Alle, die Briefe von Mohr haben, haben wir gebeten, sie uns zu schicken (das Echo war nicht groß, und wir müssen bald *persönlich* an Sorge und Kugelmann schreiben, die eine große Anzahl Briefe haben müssen). Die *bei weitem* wichtigsten Briefe sind jedoch die an Engels, und wenn wir die notwendigen Dokumente für eine Biographie zusammentragen, *müssen* wir Zugang zu diesen Briefen haben. Dies ist um so dringlicher, als Bernstein es übernommen hat, für einen englischen Verleger ein *Leben Engels'* zu schreiben – es ist bereits angekündigt –, und er hat mir gesagt, er wolle wegen der Marx-Engels-Briefe an Bebel schreiben, weil er sie einsehen möchte. Das kann er nicht ohne Bebels Zustimmung. Die Kiste bei Motteler ist zweifach verschlossen; einen Schlüssel hat Ede –, den anderen der weibliche Freebooter als Bebels Stellvertreterin. Ede will Louise nicht bitten, mit ihm zu Motteler zu gehen und die Briefe zu holen, und infolgedessen muß Engels' Leben warten. Ich indessen finde (ich habe Ede gegenüber nichts davon erwähnt, weil ich mich natürlich erst mit Dir absprechen muß), *wir* sollten sofort *offiziell* an Sorge, Kugelmann, Liebknecht, *Bebel* und *Bernstein* schreiben, sie möchten uns entweder die Originalbriefe – leihweise – oder Kopien sämtlicher Briefe von Marx zur Verfügung stellen. Ich brauche wohl nicht zu betonen, daß das notwendig ist; Du wirst einsehen, wie wesentlich das ist. In jedem Fall müssen wir diese – und andere Angelegenheiten – durchsprechen, und ich wünschte wirklich, Du könntest bald rüberkommen, wenn Du Dich wohl genug fühlst. Doch selbst, wenn Du Dich nicht wohlfühlst, könnte die Abwechslung Dir guttun. Ich würde mich auch zu Dir aufmachen, wenn nötig, doch schließlich sind sämtliche *Papiere* hier, und es wäre sehr nützlich, sie durchzusehen.

Zu alldem kommt die Tatsache, daß ich – sagen Crosse und Moore – Johnny[2] im *Mai* Rechenschaft über die Gelder ablegen muß, die ihm zustehen. Davor würde ich sehr gern ganz allgemein mit Dir über die Kinder zu Rate gehen. Auch Dir muß ich Abrechnungen schicken – und eine leider sehr kleine Summe –, doch bin ich damit noch nicht weit genug gediehen, um sie losschicken zu können. Die *Revolution*[3] scheint immerhin sehr gut zu gehen. Zwischen dem Erscheinungstermin und Juli sind etwa 400 Exemplare verkauft worden. Das bringt uns zwar *noch* nicht viel ein, doch wenn der Verkauf so weitergeht, ist das bald der Fall.

Was die *Orientalische Frage*[4] angeht, so gibt es fortwährend Schere-

reien. Ich habe einen neuen Verleger zu finden versucht – denn mit Sonnenschein ist das so eine Sache; ich habe es bei Methuen, Macmillan, Unwin versucht (denen, bei denen am meisten *Aussicht* zu bestehen schien), doch ohne Erfolg. Ich will noch einen letzten Versuch mit Longman machen. Wenn es auch bei ihm nicht klappt, müssen wir zu Sonnenschein gehen. Ich will, daß das Werk rauskommt. Es ist einfach brillant. Doch viele von den zitierten Zeitungsartikeln müssen unbedingt aufs Wesentliche zusammengekürzt werden. Sonst gibt das einen Band oder Bände, die *kein Mensch* nehmen wird. Und vieles *läßt* sich auch raffen. Natürlich war es einfacher für Mohr, einen langen Artikel aus der Zeitung auszuschneiden und mitzuschicken, als den Inhalt gerafft wiederzugeben. Ich bin mir jedoch sicher, daß er die Zeilenschinderei für ein *Buch* komprimiert hätte. Jedenfalls *müssen* wir das tun, sonst...
(Schluß fehlt.)

1. Motteler wurde von manchen der »Geschäftsmann der Sozialdemokratischen Partei Deutschlands« genannt.
2. Jean Longuet
3. *Revolution und Konterrevolution in Deutschland*
4. vgl. S. 323, Anm. 4, Tussy hatte noch zwei andere Werke vorbereitet, die 1899 nach ihrem Tod erscheinen werden: »*The Story of the Life of Palmerston* (1899) und *Secret Diplomatic History of the Eighteenth Century*, (1899), und sie wird *Lohn, Preis, Profit* (mit einem Vorwort von Aveling) herausbringen, Text eines Vortrags, den Marx 1865 vor dem Generalrat der Internationalen Arbeiterassoziation gehalten hatte.

105. Eleanor an Laura

Mrs. Aveling,
The Den, Jews Walk, Sydenham, London
10. 1. 97

Liebe Laura,
Dein einigermaßen langer Brief hat mir wohlgetan –, denn Du überschüttest mich ja nicht gerade mit Briefen.
Heute nur ein paar Zeilen zu zwei Punkten. Erstmal zu Danielson. Ich habe ihn nicht erwähnt, weil ich sämtliche Briefe, die er von

Mohr hat, schon vor langer Zeit für den General kopiert habe, der, glaube ich, die Originale zurückgegeben hat. Danielson hat kürzlich ein-, zweimal geschrieben (über den armen Lopatin gibt es nichts Gutes zu berichten!), und er hat mir gerade den dritten Band geschickt – auf russisch. Wie eh und je wartet er begierig auf die Fahnen des nächsten Bandes, doch ich habe ihm mitgeteilt, daß er darauf leider noch eine ganze Weile wird warten müssen!

Und nun die italienische Sache. Weißt Du oder weiß Paul irgend etwas über den Übersetzer, der sich bereit erklärt hat – ich meine, was seine Eignung für die entsetzlich schwierige Aufgabe angeht, die er übernehmen will? Ist das womöglich derselbe Italiener, der einmal an den General geschrieben hat und von dem der General nichts wissen wollte, weil es keine Garantie für die Tüchtigkeit des Mannes gab? In *jedem Fall* halte ich es nicht für rätlich, einer Übersetzung zuzustimmen, ohne Erkundigungen über den Übersetzer einzuholen. Wir haben jede Menge italienische gute Freunde, die sich bereitwilligst für uns erkundigen würden – Ferri, Turati, die Labriolas und eine Menge andere. Ich werde in dieser Angelegenheit umgehend nach Italien schreiben.

Es überrascht mich, daß wir nichts von der Übersetzung des ersten Bandes gehört haben (noch habe ich sie in den italienischen Zeitungen erwähnt gefunden, oder jedenfalls habe ich nichts dergleichen bemerkt). Wir müssen bedenken, daß das Buch unter Copyright steht und daß der Autor *und der Verleger* den unternehmungslustigen Freibeutern, die sich literarische Werke kapern, die Suppe versalzen können. Meißner – falls der Band aus dem Deutschen übersetzt ist, und Sonnenschein, falls er aus dem Englischen übersetzt ist, könnten und würden zweifellos sofort an den italienischen Verleger schreiben. Ich ziehe Erkundigungen ein und gebe Meißner oder Sonnenschein dann Bescheid. Ich weiß, daß gerade vor kurzem erst eine nicht autorisierte englische Übersetzung von Mme. Eagrens italienischem Buch untersagt worden ist und daß entweder – ich weiß nicht genau, was von beiden – gehörige Vereinbarungen getroffen wurden, oder ein anderer Verleger das Werk bekommen hat.

Ich weiß nicht, ob Du nicht eine Mikrobe in Deinem Brief mitgeschickt hast, doch habe ich eindeutig Rheumatismus bekommen –

im rechten Arm. Es mag aber auch dies verdammt feuchte Wetter sein. Wie kann es nur jeden Tag so regnen!

Herzliche Grüße an Euch beide. Was macht das lebende Inventar?

Deine

Tussy

Das Jahr 1897 ist hauptsächlich ausgefüllt von den Vortragsreisen der Avelings für die S. D. F. und von ihrer Mitarbeit bei der antikolonialistischen Kampagne, die von dieser Partei geführt wird. Beide schreiben in der neuen Monatsschrift der S. D. F., dem Social-Democrat, und Tussy setzt ihre Serie »Internationale Anmerkungen« in Justice fort, worin sie über die sozialistische Bewegung in der ganzen Welt berichtet.

Am 8. Juni, sie nimmt als Dolmetscherin am achten internationalen Kongreß der Bergarbeiter teil, heiratet Aveling unter seinem Autorennamen Alec Nelson heimlich die unbekannte 22jährige Schauspielerin Eva Frye. Er lebt jedoch weiter mit Tussy zusammen, die sich bezüglich seiner Treue vielleicht wenig Illusionen macht, von einem derartigen Betrug jedoch nichts ahnen kann. Avelings Arbeit hat unter den Turbulenzen seines Privatlebens allerdings nicht zu leiden. So nimmt er im August 1897 mit Tussy an der Jahreskonferenz der S. D. F. teil, in deren Verlauf er zum Mitglied des Exekutivkomitees gewählt wird.

Ende August verläßt er jedoch in Tussys Abwesenheit von heute auf morgen ihr gemeinsames Zuhause, nimmt alles mit, was irgend von Wert ist und hinterläßt nur einen kurzen Brief mit der Adresse eines Mittelsmannes, über den er zu erreichen ist.

Tussy ist außer sich vor Angst. Nicht nur, daß Edward ständig von Krankheiten bedroht ist, er überläßt sie auch einer heiklen finanziellen Situation: er hatte durch seine zügellose Geldverschwendung bereits die Hälfte des Engelsschen Erbes aufgebraucht. Man wird wohl niemals wirklich erfahren, was die Ursache dieses brutalen Bruchs war. Es ist möglich – Bernstein äußert sich später in diesem Sinne –, daß Aveling von Tussy verlangt hatte, sie sollte eins der Manuskripte ihres Vaters verkaufen, und daß sie sich geweigert hatte, diesen Schritt zu tun, der in ihren Augen ein Sakrileg darstellte.

In ihrer Verzweiflung wendet Tussy sich an Freddy und fleht ihn an, Edward wiederzufinden. Doch der kommt am 1. September von allein zurück. Hat er sie dadurch zu erpressen versucht, daß er ihr mitteilte, er habe eine Geliebte, die er heiraten müsse, es sei denn, er böte ihr eine große Entschädigungssumme an? Der

kummervolle Brief, den Tussy an Freddy schickt, läßt solche Ver-
mutung zu: »Ich bin mit einem entsetzlichen Problem konfron-
tiert: totaler Ruin bis auf den letzten Pfennig oder totale öffentli-
che Bloßstellung.« Oder hat er ein anderes erpresserisches Mittel
angewendet – die Drohung, Freddys Herkunft zu enthüllen? Wie
dem auch sei, es sieht ganz so aus, als hätte er eine beträchtliche
Geldsumme erhalten und versprochen, sein Verhältnis zu been-
den. Sie nehmen ihr gemeinsames Leben wieder auf. Den Sep-
tember verbringen sie in Draveil bei den Lafargues.
Im November unternimmt Aveling mit Tussy trotz einer Grippe
eine Vortragsreise in Lancashire, von der er mit einer schweren
Lungenentzündung zurückkehrt. Außerdem hat er einen offe-
nen Abszeß, der im Februar 1898 operiert wird.
Trotz ihrer privaten Tragödie setzt sich Tussy aktiv für die For-
derungen der Metallarbeitergewerkschaft, eine der ältesten eng-
lischen Gewerkschaften, ein, die den Achtstundentag fordert.
Die Unternehmer antworten mit Aussperrung. Dieser Kampf,
der zur unmittelbaren Konfrontation zwischen Gewerkschaften
und Arbeitgeberverband führt, genießt weitreichende interna-
tionale Unterstützung und dauert von Juli 1897 bis Mitte Januar
1898.
Bernsteins Haltung, die immer offensichtlicher dem Revisionis-
mus zuneigt, ist für Tussy ebenfalls ein Anlaß zu ernsthafter Be-
sorgnis. Liebknecht, der (aufgrund des Sozialistengesetzes) zu
vier Monaten Gefängnis verurteilt worden ist, kann dessen zu-
nehmenden Einfluß innerhalb der deutschen Partei nicht verhin-
dern.

106. Eleanor an Laura

The Den, Jews Walk, Sydenham, London
8. 1. 98

Liebe Laura,

das ist so ganz Deine zartfühlende, liebevolle Art, mein Geburtstagsgeschenk schon vor diesem nicht übermäßig willkommenen Tag zu schicken. Ich bekam Deinen Brief gestern zu spät, um unsere Post (17 Uhr) noch zu erwischen. Das Geschenk war höchst willkommen, denn, wie ich Dir wohl kaum erzählen muß, Krankheiten sind in jeder Hinsicht ungeheuer teuer. Jede ärztliche Visite 5 Shilling und das bisweilen zweimal täglich – wahrlich keine Kleinigkeit.

Edward geht es wirklich besser. Tatsächlich arbeitet er bereits wieder – obwohl ich froh wäre, wenn er es nicht täte. Ich habe jedoch die Gefährlichkeit seines Zustands nicht übertrieben. Am Tag, nachdem ich Dir geschrieben hatte, erklärte mir der Arzt, »Edwards Zustand könnte jeden Augenblick kritisch werden« (er hatte zeitweilig über 40 Fieber) und ich sollte sofort seine Verwandten verständigen. Was ich natürlich bleiben ließ, weil er (abgesehen vielleicht von einer Schwester, die jetzt in Devonshire lebt) nie irgend jemanden von seiner Verwandtschaft sehen wollte. Ich hätte mir allerdings gewünscht, daß *Du* etwas mehr in meiner Nähe wärst, und während jener sorgenvollen Stunden schien Draveil mir schrecklich weit von Sydenham entfernt zu sein. Wie gesagt, es geht Edward besser, doch er ist noch furchtbar schwach und abgezehrt. Er ist ein einziges Gerippe – nur noch Haut und Knochen. Und deshalb ist er noch nicht gänzlich übern Berg, und ich mache mir immer noch große Sorgen. Die kleinste Verkühlung – sagen die Ärzte – wäre absolut fatal. Edward ist obendrein das Gegenteil eines fügsamen Kranken – ich schreibe ungeniert, weil er im Bett liegt und schläft (Gott sei Dank *schläft* er gut!), und außer, wenn Du an mich *allein* schreibst, darfst Du nichts davon durchblicken lassen, daß immer noch soviel Anlaß zur Besorgnis besteht. Wenn ich kann, will ich ihn nach Hastings schaffen, weg von dem gräßlichen Nebel, den wir hier haben.

Und nun wollen wir nicht länger von unseren eigenen Sorgen reden.– Ich meine, wir haben für die »Kinder« getan, was wir konnten, obwohl *alle* (außer Mémé) unzufrieden scheinen. Edward sagt (bitte entschuldige die Ausdrucksweise),daß sie wohl alle mal den Hintern versohlt haben möchten. Sie stellen unsere Geduld auf eine harte Probe, muß ich zugeben. Und nun zu Pauls Hemden. Beiliegendes erklärt, weshalb er sie nicht bekommen hat. Ich hätte Dir früher Bescheid geben sollen, doch über den ganzen Sorgen habe ich es vergessen. Nun sagt mir dieser Esel von Burnley doch tatsächlich nicht, was für eine Größe er hat – ich kann hier folglich keine bestellen, ehe Seine Lordschaft im Herrenhaus mich nicht wissen läßt, wieviel Zoll sein durchlauchter Hals mißt. Es ist eigenartig, daß man hier die Hemden besorgen soll, die im Norden hergestellt werden!

Ich schicke Dir den *Chronicle*[1] von heute, worin Du das neuste über den Streik[2] findest. Unsere große (*unter uns gesagt*, unsere einzige) Hoffnung ist das Ende der Parlamentsferien. Solange halten wir mit Leichtigkeit durch, versichert Barnes mir positiv (Thorne sagt das ebenfalls). Dann wird die Partie sogar noch interessanter. Beispielsweise wird Goschen[3] erklären müssen, weshalb er, besonders angesichts der Krise im Fernen Osten, nicht darauf besteht, daß die Schiffsbauverträge eingehalten werden. Die Arbeitgeber *können* nicht unter Berufung auf die »Streikklausel« Schadenersatz fordern, weil die Männer *nie gestreikt haben*. Sie sind ausgesperrt, und die Arbeitgeber geben zu, daß sie außer in *zwei oder drei Fällen in London*, keinerlei Streit mit den Männern hätten. Seit den großen Streiks von 1853 und 1859 (der große Dockstreik von 1889 eingeschlossen) hat es in England keine solche Bewegung gegeben. Unglücklicherweise begreifen einige unserer Sozialisten das nicht, und sagen, daß sei keine »sozialistische« Bewegung! Diese Dummköpfe! Und *nie zuvor* hat es in England eine Bewegung gegeben, die so international gewesen wäre. Die Hilfe, die wir vom Ausland kriegen, ist großartig, und bei jeder Versammlung werden die »ausländischen Brüder« stürmisch gefeiert. Meine einzige Befürchtung ist, daß Deutschland, das sich bislang so großartig bewährt hat, jetzt nachlassen könnte, wo Liebknecht nicht mehr imstande ist, seine Leitartikel zu schreiben. Der *Vorwärts* gerät mehr und mehr unter Bernsteins Einfluß, und seine demoralisierenden Artikel im *Vor-*

wärts und in der *Neuen Zeit,* Du liest sie doch?, sind zu diesem Zeitpunkt nicht gerade nützlich. Zugegeben, eine kritische Haltung ist notwendig und nützlich. Doch zu Zeiten ist ein bißchen Begeisterungsfähigkeit – selbst wenn sie »unkritisch« ist – von größerem Wert. Bernsteins Position ist der Bewegung äußerst abträglich und eine, die *unsere* Position sehr erschwert. Man kann seine Haltung unmöglich verteidigen, und ich fürchte täglich, daß jemand das Barnes erzählt und daß Barnes dann darauf besteht, Bernstein zu antworten. Barnes würde garantiert auf meine Unterstützung rechnen, und dann wäre ich in einer äußerst peinlichen Lage. Unseligerweise ist nun, wo wir den General nicht mehr haben, niemand da, der auf Bernstein einwirken und dafür sorgen könnte, daß er sich wieder fängt. Und Bernstein schreibt Engels' »Leben« für Fisher Unwin!⁴ Obwohl er die Korrespondenz zwischen Engels und Mohr benutzen muß (würde ich annehmen), hat er mir nichts davon gesagt. Natürlich können wir die *Verwendung* der Briefe nicht verhindern, doch nach englischem Recht darf kein einziger Brief von Mohr abgedruckt werden, ohne daß *wir unsere Einwilligung* gegeben haben. Das Gericht hat erneut erklärt, daß ein Brief Eigentum dessen, der ihn *geschrieben* hat, und seiner Erben und Testamentsvollstrekker ist, *nicht* Eigentum dessen, an den der Brief gerichtet ist. Selbstverständlich weiß ich, daß Bernstein *niemals* Mißbrauch mit irgendeinem Brief treiben würde – doch ist es gut, daß wir die gesetzliche Kontrolle darüber haben.
Nun gute Nacht, Liebes. Vielen Dank und einen Kuß und noch einen Kuß für Paul
Deine
TUSSY

P. S. Ich war gestern ziemlich entsetzt, als ich bei meinem Geflügelhändler *fünf* (tote) Perlhühner in einer Reihe hängen sah. Ich dachte an die getreuen Fünf und kam mir wie ein Rohling vor, nur weil ich etwas Fisch gekauft hatte! Tut mir leid, daß Du Nachporto für den *Chronicle* zahlen mußtest. Ich dachte, für Frankreich würde dieselbe Regel gelten wie für England *und Deutschland,* d. h. daß eine Zeitung (keine Illustrierte) ½ Penny pro Zeitung kostet, ganz gleich, wieviel sie wiegt. So ist das für Deutschland.

1. *Daily Chronicle*, liberale Tageszeitung
2. Streik der Metallarbeiter. Der Generalsekretär der Gewerkschaft ist Barnes.
3. Schatzkanzler
4. Es sieht nicht so aus, als hätte Bernstein dies Projekt verwirklicht.

Aveling wird im Februar 1898 operiert und verbringt die Rekonvaleszenzzeit mit Tussy in Margate. Am 27. März kehren sie nach Sydenham zurück.

Am 3. April vergiftet Tussy sich mit Blausäure. Sie ist dreiundvierzig Jahre alt.

Zwei Monate nach Engels' Tod, am 16. Oktober 1895, hatte Tussy ein Testament aufgesetzt, durch das sie ihre Bezüge aus den Autorenrechten am Werk ihres Vaters Jennys Kindern vermachte und Aveling ihren übrigen Besitz. Ein Jahr später fügte sie eine ergänzende Klausel hinzu, durch die festgelegt wurde, daß ihre Einkünfte aus den Autorenrechten bis zu dessen Tod an Aveling gehen und danach an Jennys Kinder fallen sollten.

Gleich nach Tussys Tod legt Aveling sein Amt bei der S. D. F. nieder und zieht mit seiner legitimen Ehefrau Eva Frye zusammen. Gesundheitlich bereits schwer angeschlagen, stirbt er am 22. August 1898, vier Monate nach Tussy.

Tussys Selbstmord löste in bezug auf Aveling eine ganze Reihe von Fragen und Verdächtigungen aus (vgl. Anhang IV und V).

Anhang

Anhang I

Engels' für den Sozialdemokrat *bestimmter Nachruf auf Jenny Marx erschien am 8. Dezember, die Grabrede, in Englisch verfaßt, hielt Engels am 5. Dezember 1881.*

Friedrich Engels
Jenny Marx, geb. v. Westphalen

[*Der Sozialdemokrat*
Nr. 50 vom 8. Dezember 1881]

Wiederum hat der Tod sich ein Opfer geholt aus den Reihen der alten Garde des proletarischen, revolutionären Sozialismus.

Am 2. Dezember d. J. starb in London, nach langer schmerzhafter Krankheit, die Gattin von Karl Marx.

Sie war geboren in Salzwedel. Ihr Vater, bald darauf als Regierungsrat nach Trier versetzt, wurde dort eng befreundet mit der Familie Marx. Die Kinder wuchsen zusammen heran. Die beiden hochbegabten Naturen fanden sich. Als Marx die Universität bezog, war die Gemeinsamkeit ihrer künftigen Geschicke schon entschieden.

1843, nach der Unterdrückung der ersten, eine Zeitlang von Marx redigierten »Rheinischen Zeitung«, war die Hochzeit. Von da an hat Jenny Marx die Schicksale, die Arbeiten, die Kämpfe ihres Mannes nicht bloß geteilt, sie hat daran mit dem höchsten Verständnis, mit der glühendsten Leidenschaft Anteil genommen.

Das junge Paar ging nach Paris, in ein freiwilliges Exil, das nur zu bald ein wirkliches wurde. Die preußische Regierung verfolgte Marx auch da. Alexander v. Humboldt gab sich dazu her, bei der Erwirkung eines Ausweisungsbefehls gegen Marx mit tätig zu sein. Die Familie wurde nach Brüssel getrieben.

Es kam die Februar-Revolution. Während der in ihrem Gefolge auch in Brüssel ausbrechenden Unruhen wurde nicht bloß Marx verhaftet. Die belgische Polizei ließ es sich nicht nehmen, auch seine Frau ohne allen Anlaß ins Gefängnis zu werfen.

Der revolutionäre Aufschwung von 1848 brach schon im nächsten Jahre zusammen. Neues Exil, zuerst in Paris, dann, infolge erneuerter Einmischung der französischen Regierung, in London. Und diesmal war es in der Tat für Jenny Marx ein Exil mit allen seinen Schrecken. Den materiellen Druck, unter dem sie ihre beiden Knaben und ein Töchterchen ins Grab sinken sah, hätte sie trotzdem verwunden. Aber daß Regierung und bürgerliche Opposition, von der vulgär-liberalen bis zur demokratischen, sich zusammentaten zu einer großen Verschwörung gegen ihren Mann; daß sie ihn mit den elendesten, niederträchtigsten Verleumdungen überschütteten; daß die gesamte Presse sich ihm verschloß, ihm jede Verteidigung abschnitt, so daß er momentan wehrlos dastand vor Gegnern, die er und sie verachten mußten – das hat sie tief getroffen. Und das dauerte sehr lange.

Aber nicht für immer. Das europäische Proletariat kam wieder in Existenzbedingungen, in denen es sich einigermaßen selbständig bewegen konnte. Die Internationale wurde gestiftet. Von Land zu Land drang der Klassenkampf des Proletariats, und unter den Vordersten kämpfte ihr Mann, der Vorderste. Da begann für sie eine Zeit, die manche harte Leiden aufwog. Sie erlebte es, daß die Verleumdungen, die hageldicht auf Marx herabgeregnet, wie Spreu vor dem Winde zerstoben, daß seine Lehren, die zu unterdrücken alle reaktionären Parteien, Feudale wie Demokraten, so ungeheure Mühe aufgewendet, nun von den Dächern gepredigt wurden in allen zivilisierten Ländern und in allen gebildeten Sprachen. Sie erlebte es, daß die proletarische Bewegung, mit der ihr ganzes Sein verwachsen war, die alte Welt von Rußland bis Amerika in ihren Fugen erschütterte und allem Widerstand zum Trotz immer siegesgewisser vorwärts drang. Und eine ihrer letzten Freuden war noch der schlagende Beweis unverwüstlicher Lebenskraft, den unsere deutschen Arbeiter in den letzten Reichstagswahlen gegeben.

Was eine solche Frau, mit so scharfem, kritischem Verstande, mit solch politischem Takt, mit solcher Energie und Leidenschaft des

338

Charakters, mit solcher Hingabe für ihre Kampfgenossen, in der Bewegung während fast vierzig Jahren geleistet, das hat sich nicht an die Öffentlichkeit vorgedrängt, das steht nicht in den Annalen der zeitgenössischen Presse verzeichnet. Das muß man selbst miterlebt haben. Aber das weiß ich: Wenn die Frauen der Kommuneflüchtlinge ihrer noch oft gedenken werden, so werden wir andern noch oft genug ihren kühnen und klugen Rat vermissen – kühn ohne Prahlerei, klug, ohne der Ehre je etwas zu vergeben.

London, den 4. Dezember 1881   Friedrich Engels

Friedrich Engels

Rede am Grab von Jenny Marx

The noble-hearted woman at whose grave we stand was born in Salzwedel in 1814. Her father, Baron W[estphalen] was soon afterwards appointed R. R. in Trier where he became intimately acquainted with the Marx family. The children of both families grew up together. By the time M[arx] went to the university, he and his future wife knew that their fates would henceforth be inseparable.
In 1843, after Marx had first publicly distinguished himself as editor of the first Rh[einische] Z[ei] t[un]g, and after the suppression of that paper by the Prussian gov[ernmen]t, the marriage took place. From that day she not only followed the fortunes, the labours, the struggles of her husband, she took an active part in them with the highest intelligence and the deepest passion.
The young couple went to Paris, into an exile, first voluntary, soon compulsory. Even in Paris the Prussian government persecuted him. With regret I have to state, that a man like A. v. Humboldt so far demeaned himself as to cooperate in inducing the government of Louis-Philippe to expel M[arx] from France. The family moved to Brussels. The revolution of february ensued. During the troubles caused by this event in Brussels, the Belgian police not only arrested Marx, they must needs throw into prison his wife too, and that without the pretence of a pretext.

The revolutionary effort of 1848 collapsed in the following year. New exile followed, first again in Paris, then, owing to great government interferences, in London. And this time it was real exile with all its bitterness.

The ordinary sufferings of exiles she might have overcome, though in consequence of these she had to lose three children, amongst them both her boys. But that all-parties governmental as well as oppositional, feudalist, liberal and so-called democratic, combined into one vast conspiracy against her husband, heaped upon him the vilest and most baseless calumnies; that the whole press without exception shut him out, that he stood helpless and defenceless before antagonists whom he and she must utterly despise; that hurt her to the life. And that lasted for years.

But not for ever. By and by the working class of Europe found itself placed in political conditions which gave it at least *some* elbowroom. The Internat[ional] W[or]k[in]g Men Ass[ociation] was formed; it drew into the struggle one civilized country after the other, and in that struggle foremost amongst the foremost, fought her husband. Then a time began for her which made up for many past sufferings. She lived to see the base slanders heaped up around her husband fly away as chaff before the wind; she lived to hear the doctrines of her husband, to stifle which the reactionists of all countries, feudalists as well as so-called democrats, had spent all their efforts, she lived to hear them proclaimed openly and victoriously in all civilized countries and all civilized languages.

She lived to see the revolutionary movement of the proletariat seize one country after another and raise its head, conscious of victory, from Russia to America. And one of her last joys, on her deathbed, was the spendid proof of an irrepressible life, in spite of all repressive laws, which the German work[in]g class gave at the late elections.

What such a woman with such clear and critical intellect, with such political tact, with such passionate surges of character, with such capacity for self-sacrifice, has done in the revolutionary movement, that has not been pushed forward into publicity, that is not registered in the columns of the periodical press. That is only known to those who lived near her. But that I know, we shall often miss her

340

bold and prudent counsels, bold without brag, prudent without sacrifice of honor.

Of her personal qualities I need not speak. Her friends know them and will never forget them. If ever woman found her highest happiness in rend[er]ing others happy, that woman was she.

The place where we stand is the best proof that she lived and died in the full conviction of atheist materialism. Death had no horrors for her. She knew that one day she would have to return, body and mind, to the bosom of that nature from which she had sprung. And we, who now have laid her on her last resting-place, let us keep her memory and try to be like her.

C. 2.

The noble hearted woman at whose grave we stand,
was born in Salzwedel in 1814. Her father, Baron v. was
soon afterwards appointed R.R. in Trier where he became
intimately acquainted with the Marx family. The children
of both families grew up together. By the time A. went
to the university, he, his future wife knew that their fates
would henceforth be inseparable.

In 1843, after Marx had first publicly declared
himself as editor of the first Rh. Ztg., & after the
suppression of that paper by the Prussian govt, the marriage
took place. From that day she not only followed the fortunes,
the beliefs, the struggles of her husband; she took an
active part in them with the highest intelligence & the deepest
passion. The grey couple went to Paris, into an exile, first
voluntary, soon compulsory. Even in Paris the Prussian
government persecuted him. & the regret & time to do it;
that a man like A. v Humboldt so far demeaned himself
as to cooperate in inducing the French Government of
Louis Philippe to expel the . for in France. The family
moved to Brussels. The revolution of February ensued.
During the troubles caused by this event in Brussels,
arrested the Belgian police not only arrested Marx, they
must needs throw into prison his wife too, & that without
the pretence of a pretext

The revolutionary effort of 1848 collapsed in the
following year. New exile followed, first again in Paris,
then, owing to French government interference, in London. And
this time it was real exile with all its bitterness.

C.20

all its sufferings the ordinary sufferings of exiles she might have overcome - though in consequence of them she had to lose three children, amongst them both her boys. But that the powers of all parties - governmental as well as oppositional, feudalist, liberal & even so-called democratic, combined into one vast conspiracy against her husband, heaped upon him the most virulent & most baseless calumnies; that the whole press without exception shut him out, that he stood helpless & defenceless before antagonists whom he & she must utterly despise - that hurt her to the life. And that lasted for years.

But not for ever. By & bye the working class of Europe found itself placed in political conditions which gave it at least some elbow-room. The International Working Men's Ass^n was formed; it conquered one district, the struggle one civilized country after the other, & in that struggle, foremost amongst the foremost, fought her husband. Then a time began for her which made up for many past sufferings. She lived to see the base slanders, heaped up & around her husband, fly away as chaff before the wind; she lived to hear the doctrines of her husband, to stifle which the reac- tionists of all countries, feudalists as well as so-called democrats, had spent all their efforts - she to hear them proclaimed & surely & victoriously in all civilized countries & in all civilized languages. She lived to see the revolutionary movement of the

Anhang II
August Bebel an Eleanor

Berlin W., 20. September 1894

... Wie immer Du über Freyberger denkst – ich glaube Du thust ihm Unrecht und beurtheilst *ihn und seine Stellung falsch*. Du kannst ruhig sein, Louise wird nie das Geringste thun oder zulassen, was Deine Interessen oder Deine Stellung Gen[eral] gegenüber schädigt; andererseits ist ganz unmöglich und undenkbar, daß Gen[eral] etwas thäte, das wider Dich oder L[aura] ginge.

Ich meine, wenn Du über irgend etwas im Zweifel bist, etwa bezügl. der Anordnungen Gen[eral]s' für die Zukunft, es am besten wäre Du erbätest Dir von selbst Auskunft, der sie Dir ohne weiteres geben wird. So viel glaube ich sicher zu wissen, die Ordnung des etwaigen litterarischen Nachlasses für künftig gelangt in Hände, *denen Du volles Vertrauen schenken kannst. Offenbar haben Deine* Äußerungen auf Lbk. [Liebknecht] einen Eindruck gemacht, den ich bedaure, der aber nach dem auch Dir bekannten Verhältnis zwischen Gen[eral] und Liebknecht natürlich war.

Ich verrathe auch Dir kein Geheimnis, wenn ich weiter hinzusetze, daß ein großer Theil meiner Zeit während meines letztjährigen Aufenthaltes in London der Durchsicht der Papiere von Gen[eral] und Deinem Vater gewidmet war, aus denen ich brauchbares Material für die Geschichte der Partei zu erlangen suchte u. in beschränktem Masse gefunden habe, da das Meiste sich für die Veröffentlichung nicht eignete. Wenn nun dieses ganze Material in *bester* Ordnung sorgl. gesichtet vorliegt, so ist dieses nur Louise zu verdanken, die diese Arbeit mit Geschick gemacht hat. Ohne sie läge noch heute alles in schönster Unordnung. Ich schreibe Dir so ausführlich weil ich wünsche, daß das Verhältnis zwischen Dir und Louise wieder das alte werde.

Mit herzl.[ichem] Gruß, Dein

AUGUST

345

Anhang III
Louise Freyberger an Tussy

5. August [1895]

Liebe Tussy,
der liebe alte General ist heute um 10. 30 friedlich u. schmerzlos eingeschlafen.
Ich ging aus dem Zimmer, um mich für die Nachtwache umzuziehen, war nicht 5 Minuten fort, wie ich wieder kam, war alles vorbei.

Deine LOUISE

Nach Tussys Tod lassen ihre Freunde, die es mit Rücksicht auf sie vermieden hatten, ihre Feindseligkeit gegen Aveling offen zu zeigen, ihren Gefühlen freien Lauf und machen ihn verantwortlich für das tragische Ende.
Einige wollten Aveling gerichtlich belangen. Doch es fehlte an handfesten Beweisen.
Liebknecht, der am 18. März gerade erst aus dem Gefängnis gekommen war, weigerte sich in seiner gewohnten Großherzigkeit und seinem Optimismus, soviel Niederträchtigkeit für möglich zu halten.
Anders Bernstein. Unter Berufung auf die Briefe, die Freddy Demuth während der Monate vor ihrem Selbstmord erhalten hatte, veröffentlichte er am 21. Juli 1898 in der Neuen Zeit einen Artikel mit dem Titel »Was Eleanor Marx zum Tode trieb«, der in englischer Übersetzung am 30. Juli auch in Justice erschien.
Als Anhang V haben wir das Fragment eines Briefes, den er nach Tussys Tod an Laura schrieb und worin er seinen Verdächtigungen und seinem Haß gegen Aveling freien Lauf läßt.

346

Anhang IV
Liebknecht an Laura

9. April 1898

Liebe Laura!

Das sind ja schreckliche Geschichten, die man von Aveling erzählt. Ich kann das einfach nicht alles glauben und warte voller Unruhe auf weitere Nachrichten von Dir und Paul. Jedenfalls war es eine Niederträchtigkeit zu behaupten, Tussy habe eine krankhafte Neigung zum *Selbstmord* gehabt. Das *stimmt einfach nicht.* Noch wenige Stunden vor der Verzweiflungstat befaßte sie sich mit Arbeiten, die dem Gedächtnis Eures Vaters dienen sollten, wie man dem Brief an *Reynolds' Newspaper* entnehmen kann.

Paul ist zurück; ich weiß, daß er alles weiß.

Schreibt mir rasch, ob ich Euch nützlich sein kann und wie. Ich bin zu *allem* bereit. Und jetzt kann ich ja nach London reisen oder sonst irgendwohin, falls es nötig ist. Ich werde alles für Euch tun, was Ihr von mir verlangt.

Allein ein Prozeß gegen Aveling, wie *Bernstein* ihn möchte, scheint mir nicht sehr vernünftig.

Ich erwarte Eure Nachricht und halte mich zu Eurer Verfügung. Ganz der Eure, Grüße (dt. i. O.) von uns allen,

Dein

LIBRARY

347

Anhang V
Bernstein an Laura (Auszüge)

April 1898

... Ich habe in der letzten Zeit nicht viel über den Verbrecher gehört. Immerhin ist er noch nicht in Neuseeland, sondern genießt sein Leben in London. Ein Freund von Motteler hat ihn mit einer Frau in einem schicken Restaurant festlich tafeln und scherzen sehen. Und er macht gar keinen Hehl daraus, daß er mit einer Frau zusammenlebt. Ich weiß nicht, ob ich Euch damals geschrieben habe, daß in London das Gerücht ging, Aveling habe zu Tussys Lebzeiten heimlich *legal* eine Ehe geschlossen, und daß *das* Tussy in den Tod getrieben habe. Es erschien mir unglaubwürdig, doch gibt es Dinge, die sich anders nicht erklären ließen und auf diese Weise eine Erklärung fänden.

Vor nur wenigen Wochen habe ich folgendes gehört – nicht von einem Mann, der Freude am Klatsch hat, sondern von einem Mann, der nur widerstrebend auf das Thema zu sprechen kam und das auch nur mir gegenüber getan hat (er kannte Deinen Vater und Engels sowie auch Tussy sehr gut). Dieser Mann hat einen Sohn von untadeligem Lebenswandel, der letzten November mit dem Zug nach Newcastle wollte. Bei der Abfahrt auf dem Bahnhof stellte man ihm Aveling vor, der ebenfalls nach Norden fuhr. Bei der Rückkehr hat der junge Mann sich seinem Vater gegenüber in der verachtungsvollsten Weise über Aveling geäußert. Als sein Vater ihn um eine Begründung bat, hat er gesagt, Aveling sei mit einer Frau gereist, was er ihm (dem jungen Mann) erzählt habe, und er habe hinzugefügt, *Tussy sei nicht seine legitime Frau!*

Und das fand nun im letzten November statt, wenige Monate, ach was, wenige Wochen nach der Parisreise, die doch allem Anschein nach eine Art Versöhnung nach der grausamen Geschichte Ende August/Anfang September darstellte. Weshalb dieser Schuft zu Tussy zurückgekehrt ist, können wir nur mutmaßen, doch für mich kann kein Zweifel daran bestehen, daß ihr Geld der Grund war ...

(Schluß fehlt.)

348

KARL MARX' NACHKOMMEN

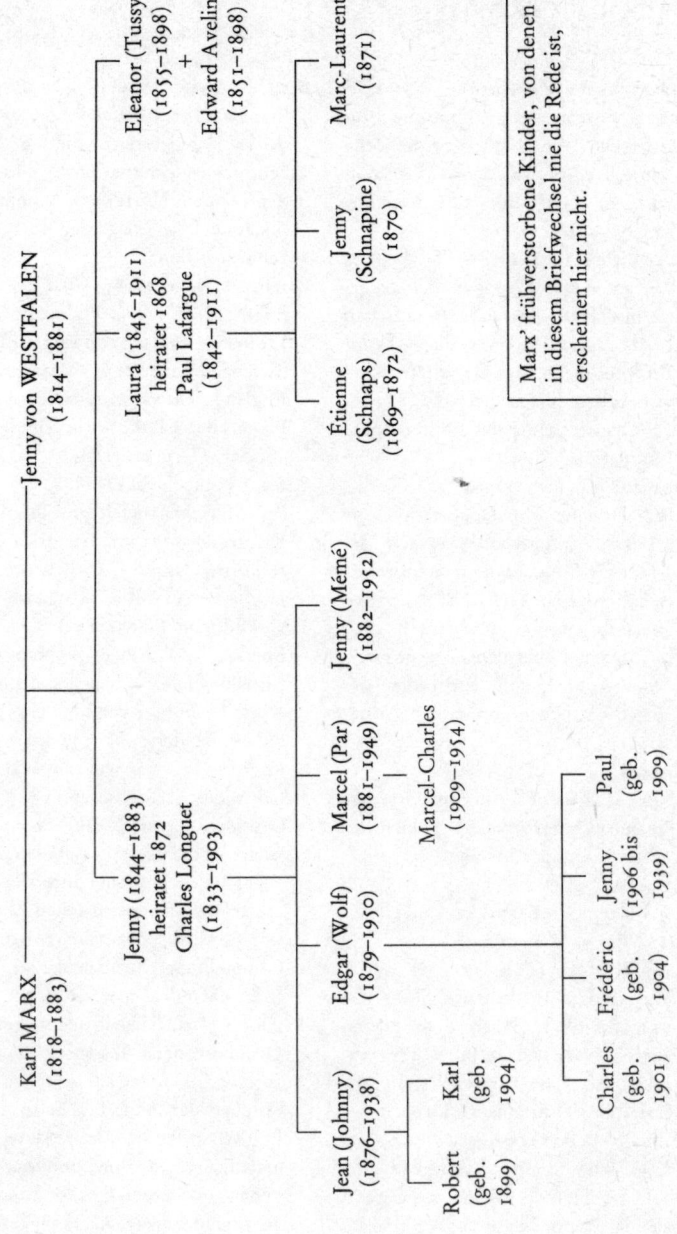

Karl MARX (1818–1883) — Jenny von WESTFALEN (1814–1881)

Jenny (1844–1883) heiratet 1872 Charles Longuet (1833–1903)

Laura (1845–1911) heiratet 1868 Paul Lafargue (1842–1911)

Eleanor (Tussy) (1855–1898) + Edward Aveling (1851–1898)

Jean (Johnny) (1876–1938)

Robert (geb. 1899) — Karl (geb. 1904)

Edgar (Wolf) (1879–1950)

Charles (geb. 1901) — Frédéric (geb. 1904) — Jenny (1906 bis 1939) — Paul (geb. 1909)

Marcel (Par) (1881–1949)

Marcel-Charles (1909–1954)

Jenny (Mémé) (1882–1952)

Étienne (Schnaps) (1869–1872)

Jenny (Schnapine) (1870)

Marc-Laurent (1871)

Marx' frühverstorbene Kinder, von denen in diesem Briefwechsel nie die Rede ist, erscheinen hier nicht.

349

Namenverzeichnis

Adam Juliette (1836–1936)
Frz. Schriftstellerin, Freundin von Gambetta. Gründete 1879 die Zeitschrift *La Nouvelle Revue*. Ihr Salon war ein Treffpunkt der Republikaner.

Adler Victor (1825–1918)
Wiener Arzt. Gründer der österreichischen Sozialdemokratischen Partei. Gründete 1889 die *Arbeiter Zeitung*, die er bis 1918 leitete. Korrespondenz mit Engels von 1889 bis 1895. Später einer der Führer der 2. Internationale.

Allemane Jean (1843–1935)
Frz. Drucker. Zur Deportation verurteilter Kommunarde. Nach der Amnestie Mitglied der französischen Arbeiterpartei. Geht 1882 zu den Possibilisten über und bricht 1890 mit ihnen. Leitet den *Parti ouvrier*, das von ihm gegründete Organ der sozialistisch-revolutionären Arbeiterpartei.

Allsop Thomas (1795–1880)
Engl. Chartist, Freund von Marx. Aktiv an der Unterstützung der Flüchtlinge der Kommune beteiligt.

Arndt Paul
Sozialdemokrat, Pariser Korrespondent des *Vorwärts*

Bancel Baptiste (1822–1871)
Frz. radikalbürgerlicher Journalist und Politiker. Nach dem Staatsstreich vom 2. Dezember 1851 exiliert. Ab 1869 Parlamentsmitglied. Kandidat der Freimaurerlogen.

Banner Robert (1855–1910)
Engl. Buchbinder, Mitglied der S.D.F., dann der »Socialist League«, später einer der Gründer der »Fabian Society«.

Bastélica André (1845–1844)
Frz. Drucker. Organisiert gegen Ende des 2. Kaiserreichs die Marseiller Sektion der Internationale. Mitglied der ersten Marseiller Kommune. Nach der Niederlage der Kommune Schweizer Exil.

Bax Ernest Belfort (1854–1926)
Engl. Historiker, Philosoph und Journalist, Freund von Engels. Einer der ersten Vertreter des Marxismus in England. Aktives Mitglied des linken Flügels der S.D.F. Mitbegründer der »Socialist League« (1884).

Bazaine François (1811–1888)
Frz. Marschall; befehligt während des Krieges 1870/71 erst das dritte Heereskorps, dann die Rheinarmee. Kapituliert im Oktober 1870 in Metz.

Beales Edmund (1803–1881)
Engl. Jurist. Präsident der Nationalen Liga für die Unabhängigkeit Polens, einer der Führer der Liga gegen den Sklavenhandel; Vorsitzender der »Reform League« von 1865–1869.

Bebel August (1840–1913)
Gründet 1869 mit Liebknecht in Eisenach die Sozialistische Arbeiterpartei. Einer der wichtigsten Führer der deutschen Sozialdemokratischen Partei.

Beesly Edward Spencer (1831–1915)
Londoner Geschichtsprofessor. Positivist. Mitglied der »Reform League«. Hatte den Vorsitz bei der Gründung der 1. Internationale.

Bernstein Eduard (1850–1932)
Mitglied der deutschen Sozialdemokratischen Partei. Chefredakteur des erst in Zürich, dann in London erschienenen *Sozialdemokrat*. Freund von Marx und Engels. Ab 1898 Vertreter der revisionistischen Strömung.

Besant Annie (1847–1933)
Von 1874–1888 Mitarbeiterin von C.
H. Bradlaugh. Mitglied der »Fabian
Society« und der S.D.F.; am Aufbau
der gewerkschaftlichen Massenorganisation der ungelernten Arbeiter beteiligt. Konvertiert später zur Theo-
sophie und geht nach Indien.
Beust Friedrich von (1817–1899)
Angeheirateter Cousin von Engels,
lebt in Zürich.
Bismarck Otto von (1815–1898)
Er ist sieben Jahre Reichskanzler, als
er 1878 das Sozialistengesetz durch-
bringt.
Blanc Louis (1811–1882)
Frz. Historiker und Journalist. De-
mokratischer Republikaner. 1848
Mitglied der provisorischen Regierung. Wandert nach England aus. Als
er 1871 zum Abgeordneten gewählt
wird, spricht er sich gegen die Kommune aus.
Blanqui Auguste (1805–1881)
Frz. Sozialist und Revolutionär,
Gründer von Geheimgesellschaften,
Vorkämpfer aufrührerischer Minder-
heiten. Seine langen Gefängnisjahre
brachten ihm den Beinamen »l'Enfer-
mé« (der Eingesperrte) ein.
Bonnier Charles (1863– ?)
Frz. Sozialist, Schriftsteller und Journalist. Lebt lange in England; Mitglied der französischen Arbeiterpartei. Beteiligt sich aktiv an der organisation der Kongresse von 1889 und
1891.
Boulanger Georges (1837–1891)
Frz. General; besiegt die Kommune.
Kriegsminister von 1886–87. Äußerst
populär, strebt er nach einer politischen Rolle und fordert eine Verfas-
sungsrevision. Nach seinem trium-
phalen Wahlsieg 1889 weiß er seinen
Vorteil jedoch nicht zu nutzen. Von

den Republikanern vor das Verfas-
sungsgericht zitiert, flüchtet er nach
Belgien, wo er am Grab Mme. Bon-
nemains, seiner Geliebten, Selbstmord begeht.
Boulé
Frz. Erdarbeiter. Sozialist und Gewerkschafter. Kandidiert bei den
Parlamentswahlen von 1885 gegen
Boulanger. Einer der Organisatoren
des Kongresses von 1889.
Bradlaugh, Charles (1833–1891)
Engl. Radikaler, Freidenker. Leiter
der Wochenzeitschrift The National
Reformer. Als er in Northampton
zum Abgeordneten gewählt wird,
weigert er sich, den Eid auf die Bibel
zu leisten. Seine Wahl wird erst 1886
bestätigt. Nach der Kommune bekämpft er Marx und die Internationale.
Bright John (1811–1899)
Engl. Politiker, mehrere Male Kabi-
nettsmitglied der liberalen Regierungen. Tritt besonders durch seine Stel-
lungnahmen gegen die Korngesetze
und für die »Reform League«
hervor.
Brousse Paul (1844–1912)
Frz. Arzt, einer der Gründer der
französischen Arbeiterpartei. Provoziert 1882 auf dem Kongreß von
Saint-Etienne die Spaltung der Partei
und wird einer der Führer der Possibilisten.
Burgess Joseph (1858– ?)
Engl. Gewerkschafter. Herausgeber
der Workman's Times (1891–1894).
Mitbegründer der »Independent Labour Party« (1893).
Burns John (1858–1943)
Einer der Führer der neuen engl. Gewerkschaftsbewegung. Nimmt an
der Organisation des Dockarbeiter-
streiks 1889 teil. Ab 1892 Parlaments-

mitglied und 1905 Minister des liberalen Kabinetts.

Burns Lizzie (?–1878)
Engels' Lebensgefährtin

Burns Mary-Ellen (genannt Pumps) (1860– ?)
Nichte von Lizzie Burns. Heiratet 18 81 Percy Rosher.

Carter James
Mitglied der »Reform League«, des Generalrats der Internationale und korrespondierender Sekretär für Spanien.

Cassagnac Paul de (1843–1904)
Frz. Bonapartist. Chefredakteur des *Pays*. Gründet 1886 die Zeitschrift *L'Autorité* und fördert die Kandidatur Boulangers. Berühmt für seine Duelle.

Cathelineau Henri de (1813–1891)
Frz. Royalist. 1870 erteilt ihm die Delegation von Tours die Erlaubnis, in der Vendée ein Freiwilligenkorps aufzustellen. Zum Brigadegeneral ernannt, kehrt er sich gegen die Kommune.

Champion Henry (1857–1928)
Engl. Journalist. Mitglied der S.D.F. bis 1887. Wird ausgeschlossen, weil er Torygeld genommen haben soll. Gibt den *Labour Elector* heraus.

Chanzy Alfred (1823–1883)
Befehlshaber der 2. Loire-Armee im Krieg von 1870. Wird 1873 Gouverneur von Algerien.

Clemenceau Georges (1841–1929)
Bürgermeister des 18. Arrondissements von Paris zu Beginn der Kommune. Radikaler Abgeordneter, Leiter von *La Justice*. Stützt zunächst Boulanger, trennt sich dann von ihm. Lange politische Laufbahn.

Cluseret Gustave
Demissioniert bei der französischen Armee, um zunächst mit Garibaldi am italienischen Unabhängigkeitskampf, dann in den USA am Sezessionskrieg teilzunehmen. Mitglied der Internationale, Bakunin-Anhänger. Nimmt an den Aufständen von Lyon und Marseille teil. Mitglied der Kommune. Nach dem Fall der Festung von Ivry am 30. Mai 1871 inhaftiert; Freilassung am 21. Mai.

Conolly Thomas
Führer der Maurergewerkschaft in den 60er Jahren des 19. Jhs. Mitglied des Exekutivkomitees der »Reform League«.

Cunninghame Graham Robert (1852–1936)
Schott. Schriftsteller aristokratischer Abstammung. Beteiligt sich an der sozialistischen Bewegung. Parlamentsmitglied (1886–1892). Delegierter beim Internationalen Kongreß von 1889. Arbeitet eng mit John Burns und Keir Hardie zusammen.

Cuno Theodor (1847–1934)
Sozialdemokratischer deutscher Journalist und Ingenieur. Geht ins italienische Exil und gründet die Mailänder Sektion der Internationale. Emigriert 1878 in die Vereinigten Staaten und wird einer der Führer der »Knights of Labor«. Mitarbeiter der *New Yorker Volkszeitung*.

Danielson Nicolaï (1844–1918)
Volkswirtschaftler; übersetzt das *Kapital* ins Russische.

Delboy
Mitglied der Internationale in Bordeaux.

Delecluze Alfred (1857–1923)
Gründer der französischen Arbeiterpartei in Calais. Delegierter bei den internationalen Kongressen von 1889, 1891 und 1893. Schließt sich später den unabhängigen Sozialisten an.

Demuth Helene (Nim, Nimmy; (1823–1890)
Freundin und Dienerin der Familie Marx. Wird nach Marx' Tod 1883 Engels' Haushälterin.

Demuth Frederick (1851–1929)
Facharbeiter, unehelicher Sohn von Marx.

De Paepe César (1842–1890)
Mitglied der Internationale. Einer der Gründer der belgischen Arbeiterpartei.

Disraeli Benjamin (Lord Beaconsfield; 1804–1881)
Einer der Führer der konservativen Partei. Premierminister zunächst 1868, dann von 1874–1880.

Dombrowski Jaroslaw (1836–1871)
Poln. Offizier, der, nachdem er am Aufstand von 1863 teilgenommen hat, nach Frankreich flüchtet und an der Kommune beteiligt ist. Wird am 29. April 1871 zum Befehlshaber sämtlicher Streitkräfte des rechten Seine-Ufers ernannt. Setzt nach dem Einmarsch der Versailler den Kampf fort und wird am 23. Mai auf einer Barrikade in der Rue Myrrha tödlich verwundet.

Dormoy Jean (1851–1898)
Metallarbeiter, Anhänger des Guesdismus. Stadtrat 1888. Generalratsmitglied 1889, dann Bürgermeister von Montluçon.

Dupont Eugène (1831–1882)
Instrumentenbauer. Nimmt an der Revolution von 1848 teil. Emigriert nach London. Mitglied des Generalrats der Ininternationale. Vorsitzender des Kongresses von Lausanne 1867. Korrespondierender Sekretär für Frankreich und Belgien. Mitglied der Kommune.

Duruy Victor (1811–1894)
Historiker, Minister während des 2.

Kaiserreichs. Als Unterrichtsminister verwirklicht er wichtige Reformen auf diesem Sektor.

Eccarius Johann (1818–1894)
Deutscher Schneider. Mitglied des »Bunds der Kommunisten«. Emigriert nach London. Sekretär des Generalrats der Internationale. Delegierter bei allen Kongressen und Konferenzen bis 1872. In der Folgezeit in der englischen Gewerkschaftsbewegung.

Favre Jules (1809–1880)
Franz. Anwalt und Politiker. Republikanischer Gegner des 2. Kaiserreichs. Außenminister in der Regierung der Défense nationale und der Regierung Thiers. Acharnierter Gegner der Kommune. Bekämpft als einer der ersten die Internationale.

Fischer Richard (1855–1926)
Sekretär der deutschen Sozialdemokraten, dann Reichstagsabgeordneter. Redakteur beim Sozialdemokrat.

Flourens Gustave (1838–1871)
Ethnograph und Physiologe. Flüchtet nach der Kundgebung vom 7. Februar 1870 nach England. Bekannter der Familie Marx. Kehrt nach der Proklamation der Republik nach Frankreich zurück. Mitglied der Kriegskommission unter der Kommune. Wird am 3. April 1871 in Chatou ermordet.

Foulger, J. C.
Gibt 1879 die Monatsschrift Modern Thought heraus. Danach Mitherausgeber von To-Day.

Fox Peter (?–1869)
Engl. Journalist. Einer der Führer der britischen Liga für die Unabhängigkeit Polens. Gründungsmitglied der Internationale, Mitglied des Generalrats, Mitglied des Exekutivkomitees der »Reform League«.

353

Frank A.
Verleger in Paris. Hat 1847 Marx'
Elend der Philosophie herausgebracht. Verkauft sein Verlagshaus
1865 an Vieweg.

Freiligrath Ferdinand (1810–1876)
Dtsch. Dichter, alter Freund von
Marx, Mitarbeiter der *Neuen Rheinischen Zeitung*, Mitglied des »Bunds
der Kommunisten«. Emigriert 1851
nach London und zieht sich aus dem
politischen Kampf zurück.

Freyberger Ludwig
Wiener Arzt; heiratet 1894 Louise
Kautsky.

Gambetta Léon (1838–1882)
Frz. Rechtsanwalt. Verteidigungsmi-
nister in der Regierung der Défense
nationale, schließt er sich am 7. Oktober 1870 der Delegation von Tours
an und organisiert die Verteidigung in
der Provinz. Demissioniert nach der
Kapitulation. Präsident der Kammer
im Jahr 1879 und 1888 Präsident des
Conseil général.

Gély André
Stadtrat in Paris, Possibilist.

Girardin Emile de (1802–1881)
Konservativer frz. Abgeordneter
während der Restauration; wird 1877
Republikaner. Leiter der Zeitung *La
Presse*.

Gladstone William (1809–1898)
Chef der Liberalen und politischer
Hauptgegner Disraelis. Als Premierminister (1868–1874, 1880–1885 und
1892) versucht er vergeblich, die Ir-
landfrage zu lösen.

Glais Bizoin (1800–1877)
Frz. Anwalt, Gegner des 2. Kaiserreichs; im November 1869 in Paris
gewählt.

Greenwood A.
Gewerkschaftssekretär der engl.
Glashüttenarbeiter 1891.

Greulich Hermann (1842–1925)
Im Jahre 1867 führt er die Züricher
Sektion der Internationale. Einer der
Gründer der Schweizer Sozialdemo-
kratischen Partei und Führer ihres
rechten Flügels.

Guesde Jules (eigentlich Mathieu Basile
1845–1922)
Gründet mit Paul Lafargue die französische Arbeiterpartei (1879). Propagiert den Marxismus in Frankreich.
1893 Abgeordneter von Roubaix.

Gumpert Eduard (?–1893)
Dtsch. Arzt in Manchester, Freund
von Marx und Engels.

Hardie James Keir (1856–1915)
Schott. Bergarbeiter und militanter
Gewerkschafter. Gründer und Füh-
rer der »Independent Labour Party«
(1893). 1892 Parlamentsmitglied.
Später einer der aktivsten Führer der
»Labour Party«.

Helmholtz Hermann von (1821–94)
Dtsch. Physiker und Physiologe. Begründer der modernen musikalisch
akustischen Forschung.

Hirsch Karl (1841–1900)
Dtsch. sozialdemokratischer Journalist. 1874 nach Paris emigriert, von
wo er ausgewiesen wird. Lebt in Belgien, dann, ab 1879, in London, wo
er Umgang mit Marx hat. Läßt sich
1880 in Paris nieder.

Howell George (1833–1910)
Engl. militanter Gewerkschafter,
Mitglied des Parlamentskomitees der
Trade Unions. Mitglied der Interna-
tionale seit 1864, die er zur Zeit der
Kommune verläßt. Parlamentsmit-
glied von 1885–1895.

Hughes Thomas (1823–1896)
Verfasser von *Tom Brown's School-
days*. Christlicher Sozialist; unterstützt die Arbeiterbewegung in den
Jahren 1860–1870. Mitglied des Re-

daktionskomitees vom *Workman's Advocate*. Parlamentsmitglied von 1865–74.

Humbert Alphonse (1846–1922?)
Frz. Politiker und blanquistischer Publizist. Mitarbeit beim *Père Duchêne*; wegen seiner Beteiligung an der Kommune zur Deportation verurteilt, wird er 1879 amnestiert. Stadtrat (1886), Abgeordneter (1893).

Hunt Leigh (1794–1859)
Engl. Dichter und Kritiker. Gründete den *Examiner*, eines der wichtigsten Organe der Whigs. Gefängnishaft wegen angeblicher ehrenrühriger Äußerungen über den Prinzregenten.

Hyndman Henry Mayers (1842–1921)
Propagiert als einer der ersten den Marxismus in England. Überwirft sich mit Marx wegen Plagiats des *Kapital*. Gründet und leitet seit 1881 die »Democratic Federation«, die 1884 zur »Social Democratic Federation« wird.

Jaclard Charles Victor (1843–1903)
Mitglied der Internationale bis 1868. Nach der Teilnahme an den Kämpfen der Kommune flüchtet er in die Schweiz, später nach Rußland. Kehrt nach der Amnestie nach Frankreich zurück.

Jacques Edouard (1828–1900)
Gemäßigter Republikaner. Seit 1871 Mitglied des Pariser Stadtrats. Seit 18 87 Vorsitzender des Generalrats des Départements Seine. Besiegt 1889 Boulanger bei den Parlamentswahlen.

Johannard Jules (1843–1892)
Mitglied des Generalrats der Internationale von 1868 bis 1872. Während der Belagerung von Paris Mitglied im Zentralkomitee der 20 Arrondissements, Mitglied der Kriegskommis-

sion. Emigriert nach England und nimmt 1872 am Kongreß im Haag teil, wo er für den Ausschluß Bakunins votiert.

Jones Ernest (1819–1869)
Engl. Chartist, Mitarbeiter beim *Northern Star*. Anhänger der Marxschen Ideen.

Joynes James (1853–1893)
Engl. Professor und Journalist. Führendes Mitglied der S.D.F., Gründer von *ToDay*, Mitarbeiter bei *Justice* und *Commonweal*. Übersetzer von Marx' *Lohnarbeit und Kapital*.

Jung Hermann (1830–1901)
Dtsch. Uhrmacher, Emigriert nach der Revolution von 1848 nach London. Mitglied des Generalrats der Internationale. Parteigänger von Marx bis 1871, dann schließt er sich dem reformistischen Flügel der »Trade Unions« an.

Kaub Karl
Dtsch. Arbeiter. Mitglied des Generalrats der Internationale; emigriert nach London, später, 1865, nach Paris.

Kautsky Karl
Österr. Sozialist, Freund Engels'. Lebt zwischen 1885 und 1890 in London. Gibt in Wien die *Neue Zeit*, das Organ der Sozialdemokratischen Partei Österreichs, heraus. Propagiert den Marxismus.

Kautsky Louise (geb. Strasser, 1860–1950)
Erste Frau Kautskys, der sich 1889 von ihr scheiden ließ. Heiratet 1894 Dr. Freyberger. Haushälterin und Sekretärin von Engels.

Keller Charles (1843–1913)
Frz. Sozialist, Mitglied der Internationale. Übersetzt einen Teil des I. Bandes vom *Kapital* ins Französische. Beteiligt sich an der Kommune

355

und flüchtet nach der Niederlage in die Schweiz.

Kowalewski Maxim (1851–1916)
Russ. Soziologe, Historiker, Jurist, Ethnograph. Verfasser zahlreicher Werke über den Ursprung der Familie und des Eigentums.

Kropotkin Pjotr (1842–1921)
Russ. Revolutionär, Theoretiker der Anarchie. Entzieht sich der Verhaftung durch die Flucht nach England und, später, in die Schweiz. Mitglied der Jurassischen Föderation. Kehrt nach der Revolution von 1917 nach Rußland zurück.

Kugelmann Ludwig (1828–1902)
Dtsch. Arzt, Freund von Marx und Engels. Teilnehmer der Revolution von 1848. Aktives Mitglied der Internationale in Hannover. Delegierter beim Kongreß von Lausanne 1867 und von Genf 1872. Umfangreiche Korrespondenz mit Marx zwischen 1862 und 1872.

Labriola Antonio (1843–1864)
Ital. Philosoph und Publizist. Einer der ersten Fürsprecher des Marxismus in Italien. Delegierter beim Kongreß von 1893. Regelmäßige Korrespondenz mit Engels.

Lassalle Ferdinand (1825–1864)
Einer der Begründer des deutschen Sozialismus. Nahm an der Revolution von 1848 teil. Bis 1862 regelmäßige Korrespondenz mit Marx. Gründete 1863 den »Allgemeinen Deutschen Arbeiterverein«. Im Duell getötet.

Laurier Clément (1832–1878)
Frz. Rechtsanwalt und Politiker; stand Gambetta nahe. Leiter des Innenministeriums.

Lawrow Peter (1832–1900)
Russ. Sozialist. Zur Deportation verurteilt, flüchtet er und läßt sich 1870

in Genf nieder. Kommt 1877 nach Paris, wo er als Journalist arbeitet.

Lavy Aimé (1850–1921)
Possibilist, Pariser Abgeordneter (1890–1898).

Le Lubez Victor (1834– ?)
Nach London emigriert. Gründungsmitglied der Internationale und ihres Generalrats von 1864 bis 1866. Zu diesem Zeitpunkt wegen seiner verleumderischen Intrigen gegen Hermann Jung und Eugène Dupont vom Genfer Kongreß ausgeschlossen.

Lessner Friedrich (1825–1910)
Dtsch. Schneider. Freund und Kampfgefährte von Marx und Engels. Mitglied des »Bunds der Gerechten« und des »Bunds der Kommunisten«. Emigriert 1856 nach London. Mitglied des Generalrats der Internationale.

Lissagaray Prosper (1838–1901)
Frz. Schriftsteller und Journalist. Beteiligt sich an der Kommune, flüchtet nach London. Kehrt nach der Amnestie nach Frankreich zurück und gründet *La Bataille*, worin er die Possibilisten zu Wort kommen läßt. Gegner Boulangers. Seine *Histoire de la Commune de 1871* (dt. 1878) ist von Eleanor Marx ins Englische übersetzt worden.

Lopatin Hermann (1845–1918)
Russ. Revolutionär, Freund von Marx und Engels. Mitglied des Generalrats der Internationale. Übersetzte einen großen Teil des I. Bandes vom *Kapital* ins Russische.

Lormier
Frz. Familie, die in London lebte und mit den Marx befreundet war. Scheint nicht politisch aktiv gewesen zu sein.

Mac-Mahon Patrice de (1808–1893)

Frz. Marschall, der 1870 bei Reichshoffen geschlagen wurde. Befehligt die Versailler Armee im Kampf gegen die Kommune. Präsident der Republik von 1873–1879; Mann des »ordre moral«.

Malon Benoît (1841–1893)
Frz. Sozialist, Mitglied der Internationale und der Kommune. Nach der Amnestie Anhänger der Arbeiterpartei. Von 1880/81 an tritt er mit Brousse den Marxisten entgegen und wird einer der Führer der Possibilisten. Gründet 1885 die *Revue socialiste*.

Mann Tom (1856–1941)
Metallarbeiter. Mitglied des linken Flügels der S.D.F., dann der I.L.P. (ab 1893). Einer der Begründer der neuen gewerkschaftlichen Massenbewegung. Organisator verschiedener Streiks. Wird nach dem Ersten Weltkrieg Mitglied der Kommunistischen Partei Großbritanniens.

Massard Emile (1857–1932)
Frz. sozialistischer Journalist, Mitglied der französischen Arbeiterpartei, Mitglied der Redaktion des *Citoyen*. Verläßt die frz. Arbeiterpartei gegen Ende der 80er Jahre. Unterstützt danach Boulanger.

Massingham Henry (1860–1924)
Chefredakteur des *Star* (1890), der *Labour World* (1891) und des *Daily Chronicle* (1895).

Mehring Franz (1846–1919)
Dtsch. Schriftsteller und Historiker. Seit 1885 Anhänger des Marxismus. Autor einer Geschichte der deutschen Sozialdemokratie und einer bedeutenden Marx-Biographie.

Meißner Otto Karl (1819–1902)
Verleger in Hamburg. Hat das *Kapital* sowie den *18. Brumaire* von Marx und Werke von Engels herausgebracht.

Mendelson Stanislaw (1857–1913)
Einer der Gründer der Sozialistischen Partei Polens. Delegierter bei den internationalen Konferenzen von 1888 und 1891.

Mesa José (1840–1904)
Mitglied der Internationale. Einer der ersten Fürsprecher des Marxismus in Spanien. Einer der Gründer der Sozialistischen Arbeiterpartei Spaniens. Enger Freund von Lafargue. Übersetzte mehrere Werke von Marx und Engels ins Spanische, darunter *Das Elend der Philosophie*.

Millière Jean Baptiste (1817–1871)
Frz. Rechtsanwalt, Journalist, Geschäftsführer der *Marseillaise*. Nimmt während des Krieges von 1870 an der Verteidigung von Paris teil. Wird als Abgeordneter des Départements Seine in die Nationalversammlung gewählt. Votiert gegen den Frieden. Unterstützt die Sache der Kommune in der Versammlung von Versailles, nimmt jedoch nicht an den Kämpfen teil. Auf Anordnung des Generals de Cissey verhaftet und am 26. Mai 1871 erschossen.

Mink Paule (1840–1901)
Journalistin und Rednerin poln. Herkunft. Nach der Kommune geht sie ins Schweizer Exil, wo sie unter Bakunins Einfluß gerät. Nach der Amnestie betreibt sie sozialistische Propaganda.

Molin Jules Antoine (1832–1871)
Sozialistischer Arzt und Journalist. Nimmt an der Kommune teil und wird von den Versaillern erschossen. Einer der Medizinprofessoren Paul Lafargues.

Monroe
Schott. Familie, bei der Jenny Marx eine Zeitlang Hauslehrerin war.

Moore Sam (1830–1912)

357

Engl. Jurist, enger Freund von Engels. Mitübersetzer des *Kommunistischen Manifests* und des *Kapital*. Mitglied der Ersten Internationale. Einer von Engels Testamentsvollstreckern.

Morris William (1834–1896)
Engl. Dichter, Schriftsteller und Künstler. Mitglied der S.D.F., von der er sich 1884 trennt, um die »Socialist League« zu gründen. Verläßt sie 1890, als er unter anarchistischen Einfluß gerät. Mitherausgeber der *Commonweal*. Sein utopischer Roman *Kunde von Nirgendwo* beschreibt ein kommunistisches England im 22. Jahrhundert.

Most Johann (1846–1906)
Dtsch. Buchbinder und Journalist. Erst Sozialdemokrat, dann Anarchist. Reichstagsmitglied von 1874–1878, Redakteur der Zeitschrift *Berliner Freie Presse*. 1878 aus Berlin ausgewiesen, emigriert er nach London, wo er 1879 die *Freiheit* herausgibt. Seit 1880 aus der deutschen Partei ausgeschlossen, emigriert er in die Vereinigten Staaten, wo er seine anarchistische Propagandaarbeit fortsetzt.

Motteler Julius (1838–1907)
Dtsch. Sozialdemokrat. Nach der Flucht in die Schweiz gibt er den *Sozialdemokrat* heraus, der heimlich in Deutschland vertrieben wird. Als er 1888 aus der Schweiz ausgewiesen wird, geht er nach London, wo er bis 1901 lebt.

Murray James
Einstiger Chartist, Mitglied der »Democratic Federation«.

Nieuwenhuis Ferdinand Domela (1846–1919)
Einer der Gründer der Sozialistischen Partei Hollands. Ging zum Anarchismus über.

Noir Victor (1848–1870)
Republikanischer Journalist, Mitarbeiter der *Marseillaise*. Am 10. Oktober 1870 ermordet vom Prinzen Pierre Bonaparte.

Odger George (1820–1877)
Schuster. Einer der Gründer des »London Trades Council«. Mitglied der Liga für die Unabhängigkeit Polens. Nimmt an der Gründungssitzung der Internationale teil. Mitglied ihres Generalrats von 1864–1871. Mitglied des Exekutivkomitees der »Reform League«. Wendet sich 1871 gegen die Kommune und die »Adresse« des Generalrats. Scheidet aus dem Generalrat aus, als der seine ablehnende Haltung verurteilt hat.

Okecki Alexandre
Frz. Sozialist, Leiter der Wochenzeitschrift *L'Autonomie*, Schatzmeister des Wahlkomitees von Boulé. Delegierter beim Kongreß von 1871.

Ollivier Emile (1845–1883)
Republikaner. Minister des liberalen Empire. Vorsitzender des Conseil général von Januar bis August 1870.

Parnell William
Müller. Radikaler Gewerkschafter. Sekretär der »Labour Electoral Association«.

Pelletan Pierre (1813–1884)
Frz. Journalist und republikanischer Politiker. Mitglied der gesetzgebenden Versammlung und der Regierung der Défense nationale.

Pietri Joseph (1820–1902)
Polizeipräfekt unter Napoléon III. Verhängt harte Strafen gegen die Teilnehmer an republikanischen Kundgebungen, insbesondere anläßlich der Beisetzung von Victor Noir. Ab 1973 ist er Berater der Bonapartisten.

Prim y Pratz Juan (1814–1870)
Span. General und Politiker. Als

Kriegsminister der provisorischen Regierung von 1868 schlägt er republikanische Aufstände nieder.

Proudhon Pierre-Joseph (1809–1865)
Sozialistischer Theoretiker. Tritt für den »Mutualismus« und für die Rückkehr zur Handwerksarbeit ein. Lehnt den Klassenkampf ab. Marx hat seine Vorstellungen in *Das Elend der Philosophie* schonungslos kritisiert.

Prudhomme
Mitglied der Sektion der Internationale in Bordeaux.

Quelch Harry (1858–1913)
Einer der Führer der neuen gewerkschaftlichen Massenbewegung und des sozialistischen linken Flügels. Chefredakteur von *Justice*. Bekämpft den Opportunismus in der englischen Arbeiterbewegung. Delegierter bei den Kongressen von 1891 und 1893.

Radford Ernest (?–1919)
Engl. Jurist, Freund der Familie Marx. Dollie Maitland (eine enge Freundin von Eleanor) hatte ihn dort eingeführt; er heiratete sie später.

Ranc Arthur (1831–1908)
Frz. Politiker. Zusammen mit Gambetta in Bordeaux Chef für allgemeine Sicherheit. Mitglied der Kommune. Flüchtet nach Belgien. Nach seiner Rückkehr nach Frankreich wird er zum sehr gemäßigten Radikalen.

Ranvier Gabriel (1828–1879)
Blanquist. Beteiligt sich an der Kommune und emigriert nach England. Mitglied des Generalrats der Internationale bis zum Kongreß im Haag 1872.

Raspail François (1794–1878)
Chemiker. Nimmt an der Revolution von 1830 und 1848 teil. Abgeordneter der Verfassunggebenden Versammlung ab 1848. Bei Ausbruch des Krieges von 1870 gehört er der bürgerlich republikanischen Opposition an.

Robin Paul (1837–1912)
Frz. Lehrer. Bakuninanhänger. Mitglied des Generalrats der Internationale 1870/71.

Rochefort Henri de (1830–1913)
Politiker, Schriftsteller, Polemiker. Während des Zweiten Kaiserreichs gründet er *La Lanterne*, später die Marseillaise. Mitglied der Regierung der Défense nationale. Greift während der Kommune in seinen Schriften die Versailler an. Zur Deportation verurteilt, flieht er. Nach der Amnestie gründet er *L'Intransigeant*. Als Anhänger Boulangers muß er erneut ins Exil gehen. Gegen Ende der 80er Jahre wird er Monarchist.

Rose Edward
Dramatiker und Freund von Eleanor Marx.

Rossel Louis (1844–1871)
Offizier; nimmt am Krieg von 1870 teil. Akzeptiert die Kapitulation von Paris nicht und stellt sich der Kommune zur Verfügung. Generalstabschef von Cluseret, dann in die Kriegskommission entsandt. Demissioniert nach 10 Tagen. Am 8. Juni 1871 verhaftet, wird er am 28. November 1871 von den Versaillern hingerichtet.

Roy Joseph
Übersetzt das *Kapital* (Bd. I) ins Französische, dsgl. Werke von Feuerbach.

Sassanov Nikolai (1815–1862)
Liberaler russ. Journalist. Emigriert in den 40er Jahren und arbeitet bei verschiedenen Zeitschriften mit.

Scheu Andreas (1844–1925)
Einer der ersten Führer der öster-

reichischen sozialistischen Partei. Emigriert nach England. Mitglied der Internationale. Einer der Gründer der S.D.F.

Schily Victor (1810–1875)
Dtsch. Rechtsanwalt. Emigriert nach dem Badischen Aufstand nach Frankreich. Mitglied der Internationale.

Schorlemmer Carl (Jollymeier; 1834–1892)
Chemiker, seit 1859 Professor an der Universität Manchester. Enger Freund von Engels.

Serrailler Auguste (1840– ?)
Arbeiter in der Schuhfabrik, Mitglied der Internationale, Mitglied der Kommune. In Abwesenheit zum Tode verurteilt, flieht er nach London. Korrespondierendes Mitglied der Internationale für Frankreich.

Séverine (1855–1929)
Journalistin, Freundin von Jules Vallès, Leiterin des *Cri du Peuple* von 1886–1888.

Shaw Robert (?–1869)
Maler. Beteiligt sich an der Gründung der Internationale, Mitglied ihres Generalrats. Propagiert die marxistischen Ideen in englischen Gewerkschaftskreisen.

Shipton George (1839–1911)
Redakteur des *Labour Standard* (1881–1885). Sekretär des Londoner »Trades Council« (1871–1896). Reformist.

Simon Jules (1814–1896)
Gegner des Zweiten Kaiserreichs. Mitglied der Gesetzgebenden Versammlung und Unterrichtsminister in der Regierung der Défense nationale und der Regierung Thiers. Ab 1876 Vorsitzender des Conseil général. Antikommunarde und Antiboulangist.

Singer Paul (1844–1911)

Mit Bebel einer der Führer der Sozialdemokratischen Partei Deutschlands. Reichstagsabgeordneter von 1884 bis 1911. Bekämpft Opportunismus und Revisionismus.

Sorge Friedrich (1828–1906)
Enger Freund und Kampfgefährte von Marx und Engels. Emigriert 1852 in die Vereinigten Staaten. Wird nach seiner Übersiedlung nach New York Generalsekretär der Internationale (1872–1874).

Steenackers
Orleanist; 1861 zum Abgeordneten des Dép. Haute-Marne gewählt. Generaldirektor des Post- und Fernmeldewesens.

Stepniak (Pseudonym für Kraftschinski), Serge (1851–1895)
Russ. Schriftsteller und Publizist. Revolutionär, Anhänger des Terrorismus. Ermordet 1878 den Polizeichef von Petersburg. Emigriert 1884 nach London.

Talandier (Tallandier) Pierre (1822–1890)
Frz. Journalist. Nimmt an der Revolution von 1848 teil. Emigriert 1851 nach London. Mitglied der Internationale. Abgeordneter (1876–1880 und 1881–1885).

Taylor H. R.
Gewerkschafter, Mitglied der S.D.F., Delegierter beim Kongreß von 1891; kandidiert für die Wahlen von 1892.

Thiers Adolphe (1797–1877)
Staatsmann und Historiker. Verhängt schwere Strafen über die Mitglieder der Kommune. Präsident der Republik von 1871 bis 1873.

Thorne William (1857–1946)
Mitglied der S.D.F. und der Gewerkschaft der Gaswerker. Spielt eine bedeutende Rolle beim Kampf für den Achtstundentag.

Tolain Henri (1857–1946)
Graveur, Proudhonist. Einer der Gründer der Internationale und einer der Führer der Pariser Sektion. Abgeordneter der Nationalversammlung seit 1871. Geht während der Kommune zu den Versaillern über und wird aus der Internationale ausgeschlossen, Gegner der Amnestie.

Tridon Edme (1841–1871)
Journalist und Historiker, Blanqui-Anhänger. Nimmt 1866 am Kongreß der Internationale in Genf teil. Wird bei der Rückkehr verhaftet, als »Verschwörer« zur Deportation verurteilt. Als Mitglied der Nationalversammlung stimmt er gegen den Frieden und tritt zurück. Beteiligt sich an der Kommune und flüchtet nach Belgien, wo er wenig später stirbt.

Trochu Louis (1815–1896)
Orleanistischer General. Regierungspräsident der Défense nationale und Gouverneur von Paris.

Turati Filippo (1857–1932)
Ital. Anwalt und Publizist, Mitglied der ital. Arbeiterpartei. Delegierter beim Kongreß von 1891. Einer der Gründer der Sozialistischen Partei Italiens. (1892).

Utin Nicolas (1845–1883)
Russ. Revolutionär, organisiert in Genf die dortige Sektion der Internationale. Gegner Bakunins.

Vacherot Etienne (1809–1897)
Philosoph und Politiker. Gegner des Zweiten Kaiserreichs. Abgeordneter von Bordeaux. Wird gegen Ende seines Lebens Monarchist.

Vaillant Edouard (1840–1915)
Arzt. Vor 1870 Blanquist. Nimmt an der Kommune teil. In Abwesenheit zum Tode verurteilt. Mitglied der Internationale. Flieht nach England, hat dort Umgang mit Marx und En-

gels. Bricht nach dem Kongreß im Haag 1872 mit der Internationale. Nach der Amnestie gründet er in Frankreich das Zentrale Revolutionskomitee. Ab 1894 Abgeordneter.

Vermersch Eugène (1845–1878)
Während des Zweiten Kaiserreichs Journalist beim *Figaro* und während der Belagerung von Paris beim *Cri du Peuple*. Unter der Kommune gründet er den *Père Duchêne*. Aus dem Londoner Exil attackiert er die Kommunarden. Er wird von der Mehrzahl der Verbannten gemieden und endet schließlich in geistiger Umnachtung.

Vesinier Pierre (1823–1902)
Frz. Journalist, Verbannter des 2. Dezember. In London ab 1864 Anhänger der Internationale. Kehrt 1868 nach Frankreich zurück. Mitglied der Kommune, anstelle Longuets Leiter des *Journal officiel*. Flüchtet erneut nach England und kehrt nach der Amnestie nach Frankreich zurück. Überwirft sich mit sämtlichen alten Genossen und verfaßt feindselige Schriften gegen die Kommune.

Veuillot Louis (1813–1883)
Katholischer Schriftsteller. Leiter des *Univers*.

Vinoy Joseph (1800–1880)
Bonapartistischer General. Beteiligt am Staatsstreich vom 2. Nov. 1851. Wird am 22. Januar 1871 zum Gouverneur von Paris ernannt und befehligt die Versailler Reservearmee.

Volders Jean (1855–1906)
Einer der Gründer der belgischen Arbeiterpartei. Chefredakteur des *Peuple*.

Walpole Spencer Horatio (1806–1898)

Tory-Politiker. Innenminister 1852, 1858–59 und 1866–67.

Wheeler George
Mitglied des Generalrats der Internationale, Mitglied des Exekutivkomitees der »Reform League«.

Wrobleweski Walerij (1836–1908)
Nach dem polnischen Aufstand von 1863 nach Frankreich emigriert. Mitglied des Komitees der Vereinigten Demokraten Polens. Befehligt während der Kommune die Truppen des Abschnitts Süd. In Abwesenheit zum Tode verurteilt, flieht er nach London, wo er dem Generalrat der Ersten Internationale als korrespondierender Sekretär für Polen beitritt. Nach der Amnestie kehrt er nach Frankreich zurück.

Sassulitsch Vera (1851–1919)
Russ. Revolutionärin. Übersetzt Werke von Marx ins Russische. Redakteurin bei der *Iskra*.

Emile Bottigelli, geboren 1910 in Chambery, gestorben 1975 in Villefranche, widmete sein ganzes Leben wissenschaftlichen Arbeiten. Nach Studien und Lehrtätigkeit in Lyon, Paris, Leipzig (1933) und Wien (1934) wandte er sich intensiv den Werken von Marx und Engels zu. Während des Zweiten Weltkriegs Militärdienst, Gefangenschaft, Flucht und Anschluß an die französische Widerstandsbewegung. Nach dem Krieg Lehrtätigkeiten in Paris, Nanterre und Nizza. 1975 zog sich Emile Bottigelli von der Universität zurück und führte eine Arbeit fort, die er bereits in Paris begonnen hatte: das Ordnen der Briefe von Jenny, Laura und Eleanor Marx. Diese wertvollen Dokumente sind ihm in den fünfziger Jahren von Marcel-Charles Longuet, einem Urenkel von Karl Marx und Enkel von Jenny, anvertraut worden. Mitten in der Arbeit erlag Emile Bottigelli am 11. 12. 1975 einem Herzinfarkt.

Olga Meier, eine langjährige Freundin der Familie Bottigelli, setzte die Arbeit fort. Sie nahm die Edition der französischen Ausgabe (1979 bei Albin Michel) vor, fertigte von den handschriftlichen Briefen Typoskripte an und übertrug sie (bis auf wenige Ausnahmen) aus dem Englischen. Olga Meier hat zahlreiche Werke ins Französische übersetzt, darunter auch das zweibändige Werk von Yvonne Kapp *Eleanor Marx* (1972 und 1976 bei Lawrence and Wishart, London).